문자를 향한 열정

세계 최초로
로제타석을 해독한
샹폴리옹 이야기

레슬리 앳킨스,
로이 앳킨스
배철현 옮김

민음사

THE KEYS OF EGYPT:

The Race to Read the Hieroglyphs
by Lesley Adkins and Roy Adkins

리즈, 존, 포피에게
사랑을 담아

일러두기

1 '오리엔트'는 18세기부터 유럽인들의 연구 대상이 된 이집트, 팔레스티나, 터키, 메소포타미아, 페르시아를 이르는 용어이다. 때로는 인도와 중앙아시아를 포함하기도 한다.

삽화
목록

윌리엄 워버턴

장자크 바르텔미

나폴레옹 보나파르트

로제타석비 @대영 박물관

조제프 푸리에의 이집트식 무덤

마리알렉상드르 르누아르

에듬프랑수아 조마르의 무덤

토머스 영

토머스 영의 생가

장프랑수아 샹폴리옹의 생가

장프랑수아 샹폴리옹, 에메루이 샹폴리옹피자크의 책 *Les Deux Champollion*(1887)의 그림을
    대영 도서관(10662h20)의 허락으로 게재

자크조제프 샹폴리옹피자크, 에메루이 샹폴리옹피자크의 책 *Les Deux Champollion*(1887)의
    그림을 대영 도서관(10662h20)의 허락으로 게재

그르노블 시립 도서관과 박물관의 원래 입구

장프랑수아 샹폴리옹, 1823년

루브르 박물관의 쿠르카레 입구, 1830년

『이집트 묘사』에 실린 람세스 3세 무덤 입구에 있는 채색된 부조

람세스 4세 무덤 안쪽에 적힌 「라 신의 기도문」이라는 장례 주문(呪文)

람세스 4세 무덤 입구 복도에서 내려다본 장면

람세스 4세 무덤 도면

카르낙에 있는 파라오 투트모세 4세의 출생 이름이 새겨진 카르투시

카르낙 신전에 새겨진 관용구적 성각문

카르낙 신전 첨탑 벽에 새겨진 여러 행의 성각문

여러 가지 형태의 이집트 문자

'순수한'을 뜻하는 단어의 선형 음가를 가진 신관 문자와 민중 문자 등가어를 적은 표. 샹폴

리옹의 『성각 문자 체계 개요』에서 발췌.

샹폴리옹의 『성각 문자 체계 개요』에서 발췌한, 파라오의 카르투시

샹폴리옹의 『성각 문자 체계 개요』에서 발췌한 고대 이집트의 그리스 왕들의 카르투시

장프랑수아 샹폴리옹을 기념하는, 피자크에 있는 이집트 건축 양식 오벨리스크

장프랑수아 샹폴리옹의 무덤

유럽과 이집트의 지도

이집트와 누비아의 나일 계곡 지도

시간의
기원

장프랑수아 샹폴리옹이 칩거하며 성각 문자(hieroglyph)를 연구했던 마자랭 거리 28번지는 그의 형 자크조제프의 사무실이 있는 프랑스 학술원에서 200미터 거리였다. 1822년 9월 14일 정오쯤에 샹폴리옹은 이 거리를 단숨에 달려갔다. 그는 자신의 논문, 연구 노트, 삽화 들을 움켜쥐고서는 좁고 어두침침한 거리를 지나쳐 모퉁이를 돌아 학술원으로 질주했다. 샹폴리옹은 아직 완쾌되지 않은 상태였지만 너무 흥분했기 때문에 그가 형의 사무실로 박차고 들어갔을 때에는 거의 숨이 끊어질 지경이었다. 그는 자신의 연구 노트를 책상에 힘차게 던지면서 "발견했어!"라고 소리쳤다. 이른 아침부터 아부심벨에서 가장 최근에 발견된 비문의 성각 문자들을 연구하다가, 겉보기에는 전혀 이해할 수 없는 이집트 성각 문자들 밑에 숨어 있던 문자 체계를 마침내 발견했던 것이다. 이제 다른 성각 문자 문헌들을 읽는 것은 시간문제였다. 그는 형에게 자신이 발견한 내용을 말하기 시작했으나, 몇 마디를 던지곤 기절해 버렸다. 아주 잠시 동안이었지만, 그의 형은 샹폴리옹이 죽은 줄 알았다.

아마도 샹폴리옹은 그의 파란만장한 삶 가운데 가장 중요한 그 순간을 그런 식으로 맞이하길 바라지는 않았을 것이다. 성각 문자에 몰두한 몇 년 동안, 그는 오직 이 목적을 향해 달려왔다. 그러나 사실 샹폴리옹이 그 운명적인 작업을 하겠다고 선택하기도 전에, 심지어 그가 이집트 성각 문자를 보기도 전에 준비 작업은 이미 이루어지고 있었다. 다시 말해, 세상의 기원에 대한 무한한 호기심이 결국 그를 그러한 운명으로 몰아갔던 것이다. 샹폴리옹의 부모는 어린 시절 그를 방치해 두었지만, 그의 형과 누나들이 보살펴 주었기 때문에 그는 어느 정도는 응석받이로 자랐다. 그들은 자신들보다 훨씬 어린, 그러나 똑똑했던 이 아기에게 푹 빠졌다. 샹폴리옹의 형은 샹폴리옹의 높은 지능과 언어에 대한 천재성을 감지하고 그 재능을 살려 주기로 마음먹었다. 프랑스 혁명의 끔찍한 격변기를 거치면서 정규 학교를 그만둬야 했던 자크조제프는 동생 샹폴리옹에게 그런 일이 일어나더라도 그 영향을 최소화하겠다고 결심했다. 모든 학교가 문을 닫았기 때문에 그는 스스로 샹폴리옹을 가르쳤고 그 후에는 가정 교사를 구했다. 보나파르트 나폴레옹이 등극한 후, 프랑스는 위태롭기는 했지만 그럭저럭 정치적 안정을 되찾았고, 학교들은 다시 문을 열었다. 당시 열두 살이었던 샹폴리옹은 놀랍게도 라틴어와 그리스어를 완벽하게 습득했고, 히브리어, 아랍어, 시리아어, 그리고 칼데아어(성서 아람어)(칼데아는 기원전 7세기쯤에 메소포타미아 남부에 등장한 제국이다. 그들은 스스로 바빌로니아 제국을 계승했다고 여기며 신바빌로니아라고 불렀다. 신바빌로니아 시대 구어로 아람어가 점차 사용되기 시작했는데, 그 아람어를 칼데아어라고 부른다.—옮긴이) 공부를 시작했다. 그는 라틴어와 그리스어 실력 덕분에 여러 분야의 책들을 섭렵할 수 있었다. 그러나 샹폴리옹은 남서 프랑스 피자크라는 작은 시골 마을에서 태어난 서점 주인의 아들일 뿐이었고, 그의 고대 오리엔트 언어에 대한 열정은 기이한 충동 정도로 보였다. 하지만 그때 이미 샹폴리옹은 인류의 위대한 지적 모험 중 한 분야를 탐구하기로 결정했다. 그는 우주의 창조와 시간의 기원에 대해 탐구하고자 결심했던 것이다.

프랑스 혁명이 가톨릭교회를 불법으로 간주하고 탄압했지만, 그 무렵 우주의 기원에 대한 유일한 설명은 구약 성서에 담긴 『창세기』뿐이었다. 당시 『창세기』는 지구의 역사를 신이 우주를 창조한 시간부터 기술한 책이라고 여겨졌다. 학자들은 다양한 초기 성서 본문과 관련된 문헌들을 연구하기 위해 고대 오리엔트 언어에 대한 조예가 깊어야 했다. 그 당시 사람들은 세상이 시작된 직후부터 인간이 살았다고 믿었기 때문에, 그 기원을 찾기 위해 역사와 고전 문헌학의 도구들에 의존해야만 했다. 고고학과 지질학은 아직 걸음마 단계여서 사람들에게 존경받을 만한 과학적 학문이 아니었다. 샹폴리옹은 끊임없는 호기심 때문에 여러 학문 분야에 유혹을 느꼈지만 고대 이집트의 무한한 가능성을 단번에 감지했기에 고대 이집트에 집중했다. 실로 샹폴리옹은 그 신비한 나라에 완전히 매료되었다. 이집트 역사는 이스라엘 역사와 밀접한 관계가 있었지만, 실제로 이집트에 관한 모든 지식은 아직 판독되지 않은 성각 문자 문헌 안에 숨어 있었다. 샹폴리옹은 그 문헌들에 상상을 초월하는 비밀, 심지어 세상의 기원에 관한 정확한 기록 같은 정보가 담겨 있을지 모른다고 생각했다. 그것은 그의 재능에 걸맞은 도전이었고, 그 도전에 성공하면 그 보상으로 수천 년 동안 잊혀 있던 지식을 얻을 수 있었다. 그 모든 것은 그가 성각 문자를 판독하느냐 마느냐에 달려 있었다.

언어에 대한 비범한 재능 외에 샹폴리옹의 성공에 결정적인 역할을 했던 것은 놀라운 시각적 기억력이었다. 그는 서로 비교해야 하는 수천 개의 성각 문자 중에서 유사한 기호들과 동일한 유형에 속하는 기호들을 구분할 수 있었다. 그는 어렸을 때 글자와 그림을 특별히 다르다고 생각하지 않아서 글자를 그림으로, 그림을 글자로 여겼다. 이것 때문에 어린 시절 샹폴리옹은 글자와 철자를 배우는 데 힘들어했다. 이러한 비전통적이고 대범한 접근 방식은 그가 어릴 적, 책에 나오는 단어들을 적을 때에 스스로 개발한 방법이었다. 샹폴리옹은 자신만의 독특한 방식으로 문제를 해결하는 법을 찾아냈다. 샹폴리옹이 성장할 때 누구도 그를 집중해서 가르치지 않았지만, 그는 광범위한 호기심을 발전시켰고 그것은 이후에도 그의 삶을 이끄는 힘이 되어 주위에 있는 흥미로운 것들의 유혹에 흔들리지 않게 해 주었다. 그러나 비범한 어린 시절이 샹폴리옹에게 이롭기만 했던 것은 아니다. 프랑스 혁명으로 거리는 어린아이들이 놀기에 적합하지 않았고 샹폴리옹은 방에서 뒹굴 수밖에 없었다. 따라서 그는 집 안에서는 관심 있는 것이 무엇이든 그것에 자유롭게 집중할 수 있었지만, 학교에서 여러 과목을 공부해야 하는 상황에 처하자 문제가 발생했다. 예를 들어 그는 수학 같은 과목엔 전혀 흥미를 느끼지 못했다. 그는 정상적인 학생으로 생활하기까지 몇 년이 걸렸고 사실상 완전히 적응하지도 못했다. 왜냐하면 그는 보통 학생이 결코 아니었기 때문이다. 날카로운 재치를 가진 샹폴리옹은 엄격한 학교생활에서 살아남기 위해 풍자와 통렬한 기지(奇智)에 점점 더 의지했다. 그럼에도 불구하고 그는 친구들과 가족들에게는 항상 친절하고 너그러웠다.

샹폴리옹의 초기 학교생활은 좌절로 가득 차 있었고 걷잡을 수 없는 기분의 변화와 분노의 연속이었다. 그는 학교에서 전혀 이해할 수 없고 지루하게 반복되는 수업을 억지로 감수해야만 했다. 그는 이에 대한 분노를 억누르고 지겨운 티를 내지 않으려고 노력했지만, 그의 선생들은 감동을 주기는커녕 화를 돋웠다. 그러나 그의 관심을 끌었던 과목들에 대한 열정과 능력은 감출 수 없었다. 그는 처음에는 취미로 그림을 그렸는데 그것을 계속 발전시켜 나중에 성각 문자를 연구하는 데 유용하게 활용했다. 식물학에 대한 열정도 일생 지속되었다. 하지만 무엇보다도 언어에 대한 소질과 열정 덕분에 그는 고대사에 점점 심취했다.

샹폴리옹이 학업에 매진하는 동안, 그의 성각 문자 연구에 결정적인 역할을 하게 될 자질이 여가 시간에 나타나기 시작했다. 샹폴리옹은 한번 연구를 시작하면 가장 완벽하게 해냈다. 그는 인내심을 가지고 끈질기게 모든 접근 가능한 자료들을 모아 조사하고 파악했다. 그는 결과를 얻기 위해 엄격한 논리적 추론을 하기 전에, 자료를 열거하고 분류하기를 몹시 좋아했다. 무엇보다도 그는 중도에 포기하거나 손 떼라고 요구받을지라도, 또 정신이 분산되고 작업에 방해될 만한 일들이 수없이 발생할지라도, 계속해서 자신의 과업을 수행했고 결코 포기하지 않았다. 그는 열린 자세로 문제에 접근할 수 있는 용기와 독립성도 갖추고 있었다. 종교가 공식적으로 폐지되고 심하게 탄압받던 프랑스 혁명기에 태어나고 자랐지만, 그는 항상 신실한 가톨릭 신자들(대부분 혁명 전에는 사제나 수도사)에게서 교육을 받았다. 그 덕분에 샹폴리옹은 성각 문자를 이해하는 데 가장 결정적인 요소였던 유연한 사고(思考)를 기를 수 있었다. 반면 동시대 그의 경쟁자들은 문제를 부분적으로만 보고 편파적 자세를 나타내는 경향(예를 들어 교회를 옹호하거나 반대하거나, 나폴레옹을 지지하거나 반대하거나 등)이 있었고, 따라서 지적인 이론에 대해서도 완고한 자세를 유지했다. 그들과 달리 샹폴리옹은 증거들을 면밀하게 파악하고 자신만의 결론을 도출했다. 그러한 접근 방식은 축복이기도 했지만 동시에 저주이기도 했다. 다시 말해, 학문적 문제들을 다룰 때에는 그러한 접근 방식이 필수였지만, 샹폴리옹이 살았던 정치적 혼란기에는 개인에게 치명적인 약점이 될 수 있었다. 특히 초기에 나폴레옹에 대해 비판적 입장을 취했던 샹폴리옹은 나폴레옹이 퇴위하기 몇 주 전 무렵에는 열정적으로 그를 옹호했다. 이후 왕정이 복고되고 권력을 잡은 왕당파들의 눈에는 샹폴리옹이 눈엣가시였다.

샹폴리옹이 성공할 수 있었던 마지막 요소는 자료에 대한 접근성이었다. 샹폴리옹 이전의 학자들이 다룰 수 있었던 성각 문자 자료들은 제한적이었고, 대개 오래전에 유럽으로 수입된 이집트의 기념비들이나 유물들에서 발견된 것이었다. 그 후 이집트는 몇 세기에 걸쳐서 외부와 교류를 일체 끊었고 성각 문자를 해독하려는 시도들도 자료 부족으로 갑작스럽게 중단되었다. 그러나 샹폴리옹이 처음 학교에 나가 공식 교육을 받기 시작했을 무렵, 나폴레옹이 대규모 이집트 원정을 강행했고 그 덕분에 이집트의 모든 것이 서구 유럽인, 특히 프랑스인에게 알려졌다. 나폴레옹의 원정은 실패로 돌아갔으나, 군대와 동행했던 많은 학자들이 가져온 이집트 관련 기록과 그림과 유물은 유럽인을 매료시켰다. 또한 군인들이 이집트라는 독특한 나라에서 가지고 온 경험담이 입에서 입으로 전해지며 그 재미와 신비로움을 더해 갔다. 나폴레옹 자신부터 계급이 가장 낮은 징집병까지, 원정을 다녀온 모든 이들은 강렬한 경험을 했으며, 새롭게 발견한 나라 이집트에 대한 환상과 매혹이 프랑스 전역에 퍼지면서 이집트 열풍(Egyptomania)을 불러일으켰다. 그 후 수십 년이 지나면서 그러한 열기는 조금씩 식었지만, 프랑스가 결코 식민지로 삼을 수 없었던 나라 이집트에 대한 프랑스인들의 애착은 지금도 지속되고 있다.

샹폴리옹이 1807년 파리에 도착했을 무렵, 파리는 유럽에서 최고로 뛰어난 언어학자들의 메카였다. 또한 파리는 나폴레옹의 이집트 원정에서 가져온, 흥미로우나 아직 한 번도 연구되지 않은 최신 자료들로 넘쳐 나고 있었다. 도서관들은 나폴레옹 군대가 수집한 귀중한 책들과 문헌들로 가득 차 있었다. 샹폴리옹이 이미 시작했던 성각 문자를 해독하려는 도전은 점차 유럽 전역에 있는 학자들과의 경쟁으로 치달았고, 그 이상한 경쟁은 암암리에 계속되었다. 경쟁자는 상대방이 스스로 연구 내용을 공개하기 전에는 그 작업 상황을 전혀 알 수 없었다. 성각 문자를 연구하는 유럽 대륙의 학자들은 새롭게 발견된 로제타석 비문에 초점을 맞췄다. 학자들은 로제타석의 성각 문자 본문을 그리스어 본문과 맞춰 볼 수 있었고 따라서 번역할 수 있겠다는 희망을 품었다. 더 많은 사람들이 해독에 착수하면서 유력한 두 후보(한 명은 프랑스인, 다른 한 명은 영국인, 즉 장프랑수아 샹폴리옹과 토머스 영)로 경쟁 구도가 좁혀졌다. 물론 경쟁은 누구에게나 열려 있었지만, 그것은 공식적인 것도 아니었고, 또 성공한다고 해서 상을 받는 것도 아니었다. 상금도, 메달도 없었다. 무엇보다도 그 경쟁에는 정해진 규칙이 없었다. 그러나 자칭 해독가들은 자신들이 무엇을 위해 경쟁하는지 잘 알고 있었다. 바로 역사에 이름을 남기는 것, 고대 이집트를 둘러싸고 있던 무지와 모호성을 제거하고 그것을 해방하는 자, 그 불멸의 칭호를 받기 위해 경쟁했던 것이다.

1장　이집트 땅

조제핀은 결국 이집트를 보지 못했다. 그녀는 나폴레옹에게 이집트에 데려가 달라고 애원했지만, 나폴레옹은 항상 단호했다. 그는 이집트 원정이 도박이라는 것을 알고 있었다. 만약 군대와 물자와 무기를 실은 프랑스 함대가 영국 해군에게 잡힌다면, 싸우거나 도망갈 방법이 거의 없을 터였다. 조제핀이 나폴레옹과 동행했다면, 천 년도 넘는 세월 만에 이집트를 본 최초의 서양 여인이 되었을 것이다. 무모하거나 어리석거나 자살하려는 사람들만이 나일 계곡을 따라 올라갈 정도로 이집트 현지 상황이 위험했기 때문이다.

1798년 5월 19일, 나폴레옹은 프랑스 함대에게 항해를 시작하라고 명령을 내렸다. 그는 결국 부인 조제핀을 데려가지 않기로 결정했고, 일단 원정대가 영국군을 피해서 가는 데 성공하면 그녀를 부르기로 했다.

사실 나폴레옹은, 세탁부나 재봉사처럼 공식적으로 허가된 소수 이외에는 어떠한 여자도 원정대와 함께 가서는 안 된다고 명령했다. 당시에는 여자들이 군사 작전에 참가하는 남편이나 애인을 따라가는 일이 흔했기 때문에 나폴레옹의 명령은 그리 엄격하게 지켜지지 않았다. 일부 장교의 아내들은 공공연히 함께 여행한 반면, 일부 여자들은 배에 몰래 타거나 남자로 변장하기도 했다. 이렇게 전부 다 해서 여자들은 300명 정도가 이집트로 갔다.

원정대가 항해를 시작한 지 나흘 만에 나폴레옹은 위험을 감수하고 조제핀을 부르기로 결정했다. 그녀를 부르러 쾌속선 포모네를 급파했지만, 배가 도착할 즈음에 조제핀은 너무 아파서 여행을 할 수 없는 상태였다. 조제핀은 나폴레옹이 떠나는 것을 보려고 툴롱에 머물다가, 온천욕을 하기 위해 로렌의 플롱비에르라는 마을에 갔는데, 6월 20일에 나무 발코니가 5미터 아래로 무너지면서 심한 사고를 당했다. 그녀는 건강이 회복될 때까지 세 달간 길고도 고통스러운 시간을 참아야 했는데, 그동안 그 지역 의사가 그녀에게 감자 요리와 브랜디, 압축된 장뇌, 거머리, 뜨거운 목욕물을 제공했고 자주 관장을 하라고 권했다. 어느 정도 회복해서 편지를 쓸 수 있게 되자 그녀는 친구들에게 자신은 이집트까지 배를 타고 갈 수 없으며 할 수 있는 것이라고는 탄식뿐이라고 말했다. "나는 보나파르트에게서 매력적인 편지를 받았어. 그이는 나 없이는 살 수 없다면서, 나더러 와서 자신을 만나고, 나폴리에 가서 배를 타자고 말했어. 난 정말이지, 건강만 허락한다면 당장 떠나고 싶은데, 치료가 언제 끝날지 모르겠어. 십 분만 서 있거나 앉아 있어도 신장과 등 아래쪽이 끔찍하게 아파. 난 울기만 해."

그 사고 탓에 나폴레옹과 조제핀은 위기에 빠졌다. 조제핀이 회복되어서 여행할 수 있게 되었을 즈음, 나폴레옹은 불행히도 그녀가 간음한 증거를 잡아 더 이상 이집트에서 그녀를 보고 싶어 하지 않았다. 한때 나폴레옹은 자신보다 여섯 살이나 많은 조제핀에게 매혹되어 이 년 전에 결혼까지 했지만, 그녀와의 관계는 결코 예전 같지 않았고, 얼마 후에 나폴레옹은 첫 번째 정부를 두었다. 그녀는 한 장교와 갓 결혼한 폴린 푸레라는 여자로, 군인으로 변장해 남편을 따라왔는데 군인들 사이에서 클레오파트라로 알려져 있었다. 클레오파트라라는 이름은 그리스 문자와 성각 문자 둘 다로 표기되어 있어 나중에 성각 문자를 해독하는데 중요한 열쇠가 되었다.

보나파르트 나폴레옹은 1769년 코르시카의 아작시오에서 하급 귀족으로 태어나, 프랑스에서 군사 교육을 받고 1785년 프랑스군 포병대에 들어갔다. 그로부터 사 년 후에 발발한 프랑스 혁명 때문에 프랑스는 사회 개혁이 확산될 것을 염려한 많은 유럽 국가들과 전쟁을 하게 되었고, 1796년부터 군대를 지휘한 나폴레옹은 이탈리아에서 오스트리아 군대에게 대승을 거두었다. 얼마 동안 프랑스는 숙적인 영국과 전쟁만 일삼았는데, 나폴레옹은 해상을 장악하지 못한 상황에서 영국을 치려는 시도들이 위험하다고 판단했다. 그 대신 그는 이집트를 점령해서 영국을 멸망시키려고 했다. 만약 프랑스가 이집트를 장악한다면 당시 가장 활발히 이루어지고 있었던 인도와 영국 사이의 무역을 방해하고, 아시아 대륙으로 진출하기 위한 원정 기지도 얻을 수 있었다.

또한 나폴레옹이 당시 파리 정치에서 멀리 물러나 있기에도 적합했다. 그는 이집트에서 승리하고 돌아와서 다른 사람들이 이미 짜 놓은 쿠데타의 주도권을 잡고 싶어 했다. 한편 총재 정부(1795년 8월 22일 혁명 헌법 아래 집행권을 가진 총재 다섯 명으로 이루어진 위원회) 구성원들은 이집트 원정이 실패하여 야심에 찬 젊은 장군의 정치 인생이 끝나기를 기대하면서, 원정길에 오르겠다는 나폴레옹의 제안에 재빨리 동의하고 그가 떠나는 것을 기쁘게 지켜봤다.

나폴레옹의 원정대가 프랑스를 떠난 지 거의 여섯 주 만에 이집트에 도착하기까지, 이집트는 거의 삼백 년 동안 오스만 제국의 일부였다. 오스만 제국은 그들보다 약 구백 년이나 앞서 들어온 아랍인들에게서 이집트의 지배권을 빼앗았다. 나폴레옹 이전에는 단지 몇몇 남자 여행자들만이 나일 강 삼각주 남부를 탐험했을 뿐이다. 소수 상인들의 여행지는 대개 카이로, 알렉산드리아, 로제타, 다미에타로 한정되어 있었는데, 서쪽 중심지인 카이로에는 자치 구역이 있었고 오스만 제국 군인들이 그 입구를 지켰다. 나일 삼각주에서조차 서양인들이 무장한 호위병 없이 정착지 외부를 돌아다니는 것이 안전하지 않았고, 그 남부 지방은 아예 생각할 수도 없었다. 그래서 이집트에 살던 프랑스 상인 50~60명도 이집트에 대한 정보를 별로 제공해 줄 수 없었다. 나폴레옹과 그 군대가 도착했을 때, 그들은 자신들이 지배하러 온 땅에 대해 얼마나 아는 것이 없는지 깨달았다.

프랑스 원정대를 실은 배들은 순전히 운이 좋았다. 그들을 찾아내 없애기 위해 지중해를 샅샅이 뒤지던 막강한 영국 함대를 피할 수 있었다. 그들은 마침내 1798년 6월 말 이집트 해변에 도착했다. 그 원정대에는 배 400척으로 수송된 3만 8000명가량의 군대, 총 60정, 대포 40문, 그리고 약 3000명의 기마병만을 위해 가져온 1200마리의 말이 있었다.(나폴레옹은 운송 수단으로는 낙타를 이용할 생각이었다.) 또한 학자들도 있었는데, 목적지도 모른 채 열대 지방 여행에 초대받았는데도 국립 연구소 학자들 150명 이상이 기꺼이 그 탐험에 동참했다. 1795년 파리에 설립된 국립 연구소에는 과학 전 분야의 저명한 학자들이 속해 있었는데, 나폴레옹은 1797년에 자신이 그 연구소에 회원으로 뽑힌 것을 자랑스럽게 여겼다. 아마도 그것이 그토록 많은 학자들(공식 기록으로는 167명)을 특이한 미지의 탐험에 참가하도록 설득하는 데 도움이 됐을 것이다. 만약 그때 영국군이 프랑스 함대를 찾아내 궤멸했다면, 프랑스 지성과 예술의 핵심이 사라졌을 것이다. 그런 위험 때문에 각 분야별 학자들이 서로 다른 배 열일곱 척에 나눠서 탔다.

전문 학자 집단에는 천문학자, 토목 기사, 제도공, 언어학자, 오리엔탈리스트, 화가, 시인, 음악가 등과 뛰어난 수학자인 장 바티스트 조제프 푸리에, 도형 기하학을 발명한 과학자이자 수학자인 가스파르 몽주, 화학자인 클로드루이 베르톨레 같은 유명 인사들이 포함되었다. 다른 유명 학자들 중에는, 아마 연필을 발명해서 가장 잘 알려진 발명가이자 기구 비행사 니콜라 콩테, 자신의 이름을 따서 광물 돌로마이트(백운석)의 이름을 지은 광물학자 데오다 그라테 드 돌로미외, 박물학자인 조프루아 생틸레르, 화가이자 조각가인 도미니크 비방 드농, 시인 프랑수아 오귀스트 파르저발 그랑메종, 기술자이자 지리학자인 에듬프랑수아 조마르 등이 있었다.

나폴레옹이 다수의 유능한 학자들을 위험한 원정에 데려간 진짜 의도에 대해서는 알려진 바 없으나, 그들의 존재에 힘입어 나폴레옹은 그 원정을 제국주의적 정복이 아닌 문명화를 위한 임무라고 주장할 수 있었다. 심지어 동방에 새로운 바닷길을 제공해 주기 위해서 지중해와 홍해를 연결해 수에즈 지협을 관통하는 운하를 만들 계획도 세웠다. 이런 면에서 나폴레옹이 스스로 알렉산더 대왕의 발자취를 따른다고 여겼다는 점이 드러난다. 알렉산더 대왕은 기원전 331년 이집트를 지배한 마케도니아의 그리스인으로, 그 후 페르시아 제국과 힌두쿠시 산맥 너머의 인도와 아프가니스탄까지 정복해 나갔다. 그는 바빌론에서 독약 혹은 열병으로 인해 죽었고, 장례를 치르기 위해 자신이 세운 이집트의 신도시 알렉산드리아로 이송되었다. 알렉산더 대왕은 페르시아 원정에 많은 학자들과 과학자들을 데려갔고, 그 후 몇 세기 동안 유럽의 동방에 대한 모든 과학적 지식은 그 학자들이 수집한 정보를 기초로 하였다. 나폴레옹의 학자 집단은 알렉산더의 학자 집단에 필적하거나 그것을 능가하기 위해 고안된 것으로 볼 수 있다.

바로 그들 중에 고대 이집트 유적에 관심을 둔 소수 학자들이 있어 성각 문자 해독이 본격적으로 시작되었다. 모든 학자들은 지리학, 수리학, 동물도감과 식물도감, 종교, 농업과 공업 등을 포함한 이집트 관련 내용을 전부 기록하도록 요청받았는데, 이는 군사 원정이라는 공식 목적과는 관계없는 일이었다. 학자들은 대부분 남아 있는 엄청나게 많은 고대 유적들에 대해 몰랐기 때문에, 고대 유적에 대한 기록은 중요 관심사가 되지 못했다. 이집트를 프랑스 식민지로 만들려는 관점에서 당시 이집트의 부, 전략적 가치, 개발 가능성 등을 측정하고 기록할 수 있다는 점이 과학자들이나 기술자들을 데려가서 얻을 수 있는 실질적 이득이었다. 하지만 그 당시 프랑스의 정치적 혼란을 감안한다면 그들을 데려가는 것은 실질적으로 불가능한 일이었다. 이집트에 간 학자들의 존재는 알렉산더의 위업을 계승하기를 꿈꿨던 나폴레옹의 일시적 충동의 산물이었다. 그러나 그러한 충동이 없었다면, 이집트 성각 문자는 여전히 해독되지 않은 채로 남아 있었을 것이다. 이집트에 남아서 벽과 무덤과 사원에 그려진 성각 문자 수천 개를 연구하던 학자들이 프랑스로 돌아오자, 성각 문자 해독에 대한 관심이 새롭게 불타올랐을 뿐만 아니라 그 연구를 위한 대량 자료가 처음으로 제공되었다. 그 자료들을 모으는 데 만 삼 년이라는 위태롭고도 험난한 시간이 걸렸다. 또한 그것은 프랑스인들의 이집트를 향한 열정의 시작이었다.

이집트에 안전하게 도착하자, 프랑스인들은 해변에서 시간을 낭비하고 있을 수가 없었다. 프랑스 군대가 배에서 내려 전투태세를 채 갖추기도 전에 영국 군함이 나타나 공격해 올지도 몰랐기 때문이다. 프랑스 군대는 1798년 7월 1일, 알렉산드리아 서쪽 마라부트 해변에서 상륙을 시도했지만, 배들은 육지에서 5킬로미터 정도 떨어진 암초와 모래톱이 많은 곳에 정박했고, 날씨는 급속히 나빠졌다. 처음 출발한 보트들이 뭍에 도달한 것은 저녁 8시였고, 군대는 밤새도록 배에서 내려왔다. 높은 파도와 장애물들을 피하느라 함선에서 육지까지 보트를 타고 노를 저어 가는 데 여덟 시간이나 걸렸고, 거친 바다 위에서 함선에서 보트로 옮겨 타는 동안 많은 사람들이 부상을 입거나 배에서 떨어졌다. 나폴레옹은 그 과정에서 단지 열아홉 명만 익사했다고 기록했으나, 아마도 그 숫자는 정확한 기록이라기보다 선전용일 것이며 실제 희생자 수는 훨씬 많았을 것이다.

프랑스 군대는 7월 3일이 되어서야 완전히 다 상륙했지만, 나폴레옹은 그것을 기다리지 않았다. 그는 대포와 말, 그리고 마실 물조차 아직 배에서 내리지 않았음에도 불구하고 7월 2일 새벽에 군인 5000여 명을 이끌고 알렉산드리아로 진군하기 시작했다. 지치고 굶주린 군인들은 자기 무기와 옷만 챙긴 채 걸어갔다. 상륙한 지점에서 알렉산드리아까지 길이라고는 없었고, 우물과 저수지 몇 개도 유목민인 베두인족이 파괴해 버렸다. 그들은 계속해서 프랑스인들을 공격하고 낙오자를 모두 납치해 갔다. 베두인족이 프랑스 포로들에게 가한 잔혹 행위가 알려지자, 그 후

프랑스 군인들은 행군에서 낙오할 엄두를 내지 못했다. 프랑스인들은 알렉산드리아 교외에 아침 8시쯤 도착했고, 군인들은 극심한 더위와 갈증으로 피폐했고 괴로웠으나, 나폴레옹은 즉시 공격을 명령했다. 거주민들에게는 변변한 무기 하나 없었고 그들은 다가오는 군대를 두려워하며 밤새 카이로에 증원을 요청하는 메시지를 보냈다. 프랑스인들은 물이 절실했고 거주민들의 저항도 미약했기 때문에 세 시간 만에 그 도시를 점령했다.

학자들은 7월 4일에야 육지에 내렸다. 그들은 찬밥 신세였고, 주력 부대가 배를 떠난 후에 일부는 갑판에서 자야 하거나 음식을 못 먹는 등 제대로 대접받지 못했다. 학자들은 대부분 자기 짐과 함께 알렉산드리아 교외에 대충 버려졌고, 스스로 살길을 찾아야 했다. 알렉산드리아는 충격이자 실망이었다. 70만 권도 넘는 책이 있었던 유명한 도서관, 신전들, 극장들, 궁전들과 알렉산더 대왕의 무덤 등 한때 고대 세계 문화와 지성의 중심 도시로서의 흔적을 전혀 찾을 수 없었다. 그 도시는 한때 가로 5킬로미터, 세로 1.6킬로미터 크기로 구획되어 있었고, 쌍둥이 항구를 수호하기 위해 기원전 3세기에 건설된 유명한 파로스 섬의 등대는 세계 7대 불가사의 중 하나이기도 하다. 도시 인구가 30만 명이 넘었다고 전해지며, 아마 심지어는 100만 명일 수도 있는데, 7세기 중반 아랍인들이 지배하면서부터 알렉산드리아가 점차 쇠퇴했고, 지진이 일어나 도시 상당 부분이 함몰하면서 침체되었다. 고고학자들의 물 밑 탐사를 통해 예전 알렉산드리아의 영광을 조명할 수 있는 것은 현재에나 가능한 일이다. 그 당시에는 실망스럽게도 보이는 것이라고는 지저분하고 비좁은 길들 주위에 몰려 있는 황폐한 집들과 거기 사는 6000명도 안 되는 사람들이 전부였다.

고위급 군인들은 학자들이 안중에 없었다. 학자들은 이미 알렉산드리아에 살고 있었던 유럽인들의 집이나 프랑스인들이 오기 전에 떠난 영국 장교들의 집을 찾아 며칠씩 머물렀다. 광물학자인 돌로미외는 학자들에게 배급하는 식량이 조정되기 전에(그때도 이미 병사들과 비슷한 양의 양식만을 받고 있었다.) 나폴레옹에게 직접 이의를 제기했다. 나폴레옹은 알렉산드리아에서 가능한 빨리 이동하려 했고, 이에 도처에서 격앙된 움직임이 일어났다. 학자들을 담당했던 카파렐리 장군은 군사공학자들에게만 시간을 할애했고, 나머지는 무시했다. 출정이 진행될수록 학자들은 군대의 일부처럼 취급받는 것에 익숙해졌지만, 처음에는 자신들이 군대에서 계급이 가장 낮은 병사보다도 무시당하는 것에 분개했으며 (심하게 불평하는 학자들에게 카파렐리가 맡긴 업무인) 종업원이나 배달부 일을 하는 것은 재능의 낭비라고 생각했다.

군인들과 학자들 사이의 마찰은 이미 프랑스에서 오는 배 안에서 불거지기 시작해, 양쪽 다 나폴레옹에게 불평을 했다. 나폴레옹은 양쪽에 한 발씩 걸쳐 놓았기 때문에 불화의 이유를 알지 못했고 불평하는 자들을 참을 수가 없었다. 사실 매일 토론을 열어서 그 상황을 더 악화시킨 사람은 나폴레옹이었다. 학자들과 장교들은 종종 배의 갑판에서 열리곤 했던 토론회에 참석해 많은 문제를 논해야만 했다. 아마도 나폴레옹이 설립하려 했던 이집트 연구소를 준비하기 위해서였을 것이다. 군인들은 학자들에게 욕을 하곤 했는데, 그중에서 제일 흔한 것이 '당나귀'였다. 행군하면서 짐을 옮기는 당나귀들을 농담 삼아 '준(準)학자(반(牛)과학자)'로 부르기도 했고, 전투에 앞서 방어 태세로 대열을 정비할 때면 "당나귀들과 학자들은 대열 중앙으로."라고 소리치는 명령이 군인들의 폭소를 자아내기도 했다.

학자들은 알렉산드리아에 잠시 머물면서 그 비참한 도시와 극소수의 탐구할 만한 고대 유물에 아무런 흥미도 느끼지 못했다. 가장 눈에 띄는 유물은 폼페이 기둥으로, 마을이 내려다보이는 언덕 꼭대기에 세워진 로마 돌기둥이었다. 그 기둥의 이름은 기원전 1세기의 장군인 폼페이에게서 따온 것인데, 그의 잘린 머리는 기원전 48년 그를 쫓아 이집트에 온 율리우스 카이사르 앞에 놓였다. 그러나 실제로 그 기둥은 디오클레티아누스 황제의 통치 기간(기원후 284~305)에 황제의 알렉산드리아 방문을 기념하기 위해 세운 것으로, 그는 이집트에 발을 들여놓은 마지막 로마 황제가 되었다. 더욱 흥미로운 유물은 '클레오파트라의 바늘'이었다. 하나는 아직 서 있지만 다른 하나는 쓰러져 반쯤 모래에 묻혀 있는 두 개의 오벨리스크이며 둘 다 표면에 성각 문자가 잔뜩 쓰여 있다. 그것은 프랑스인들이 처음 만난 이집트 유물로, 클레오파트라와는 아무 관계가 없으며 원래는 기원전 1500년쯤에 고대 도시인 헬리오폴리스(현재 카이로 외곽 아래)의 사원 앞에 세운 것이다. 그런데 그 후 기원전 10년에 로마 아우구스투스 황제의 명에 따라 알렉산드리아로 옮겨졌을 뿐이다. 오벨리스크 기단에는 그리스어와 라틴어 비문이 새겨져 있었지만, 모래에 묻힌 기둥과 마찬가지로 볼 수가 없었다. 학자들은 거기에 쓰인 성각 문자를 읽을 수 없었기 때문에, 그 유물들이 이미 이집트 전역을 떠돌아다녔다는 사실을 알 수 없었다. 그것은 헬리오폴리스에 세웠다가 다시 알렉산드리아에 세우기 위해, 멀리 남쪽 아스완 근처에 있는 채석장에서 온 것이었다. 나폴레옹 이후 수십 년 뒤에 쓰러져 있던 오벨리스크를 런던의 템스 제방으로 옮겼는데 그것은 현재에도 여전히 '클레오파트라의 바늘'로 알려져 있고, 서 있던 오벨리스크는 뉴욕으로 옮겨서 센트럴 파크에 세워져 있다.

학자들이 오벨리스크에서 본 성각 문자 비문들 중 대부분은 다음 그림과 같은 타원형 장식 안에 있는 이름들이다.

이것은 '태양신 라의 아들, 람세스, 아몬 신이 사랑하는 자'라는 의미이다. 그러나 당시에 학자들은 이처럼 거의 모든 파라오의 이름과 칭호로 이루어진 헌정용 비문이 흔하지 않다는 사실을 알지 못했다. 학자들은 이미 로마인들이 천오백 년이나 먼저 이집트에서 약탈해 로마로 가져온 오벨리스크나 다른 기념비적인 조각품들에 새겨진 비문을 알고 있었다. 그것들이 그들이 아는 성각 문자 비문의 유일한 형태였기 때문이다. 그 때까지 나일 삼각주 남쪽의 사막과 알렉산드리아의 실망스러운 잔재만을 봐 왔던 학자들이 자신들을 기다리고 있는 고대 이집트 유물들이 얼마나 풍부한지 완전히 알기까지는 몇 달이 걸렸다.

사막과는 극명하게 대조적으로, 매년 강이 범람해서 습하고 비옥한 흑토가 나일 계곡을 따라 길고 두껍게 쌓였다. 그것 때문에 고대 이집트를 지칭하는 말로 다음과 같은 것이 생겼다. (케메트, 검은 땅), 비옥하여 이집트의 진정한 황금인 (곡식)을 생산하는 땅. 수천 년 동안 매년 홍수의 주기가 이집트인의 생활 방식을 지켜 왔고, 그 생활 방식은 대대로 너무나 느리게 바뀌어서 그 변화를 감지할 수 없었다. 곡식과 다른 작물이 이집트를 부유하게 해 주었고, 이집트는 왕들의 거대한 무덤 단지와 신들을 위한 대규모 사원들을 건축하는 데 필요한 엄청난 노동력을 유지할 수 있었다. 신들이 해마다 나일 홍수를 통제하고 날마다 햇빛을 비춰 주는 상황에서 이집트는 변화할 이유가 없었다. 그런 목가적인 땅을 주변 국가들이 가만히 놔둘 리 없었으므로 이집트에는 전쟁이 잦았다. 결국 알렉산더 대왕이 페르시아로부터 이집트를 빼앗았고, 그 뒤를 이은 프톨레마이오스 왕조는 기원전 30년 로마에 패한 클레오파트라 7세가 자살하면서 밀려나고 말았다. 이집트를 정복한 로마 장군 옥타비아누스는 로마로 돌아가 자신의 적들을 없애고 로마의 첫 황제가 되었고 이집트를 로마 제국의 속국으로 만들었다.

로마인들에게, 낯선 신들과 막대한 부의 땅 이집트는 상상을 뛰어넘는 상이었다. 비옥한 나일 계곡에서 나오는 많은 곡식이 중요해서 로마 황제가 이집트를 직접 통치할 정도였고, 이집트의 풍부한 황금은 은에 비해 값비싼 수입품이었다. 나중에 이집트를 방문한 로마의 여러 황제들은 그곳의 고대 유적들에 매료된 나머지 오벨리스크, 스핑크스, 다양한 조각상을 로마로 가져갔는데 그것들은 모두 신비한 성각 문자로 장식되어 있었다. '이집트 열풍'이 로마 전역으로 퍼져서, 무덤을 피라미드 모양으로 짓기도 하고, 집과 정원을 이집트 스타일로 꾸미는 경우도 많아졌다. 일부 평범한 오벨리스크에도 가짜 성각 문자를 새겨 넣어 좀 더 이집트 것처럼 보이게 만들기도 했다. 나중에 나폴레옹 원정의 직접적인 결과로 '이집트 열풍'이 프랑스 전역에 퍼졌을 때, 그것 때문에 성각 문자 해독에 혼란이 빚어지기도 했다. 이집트 스타일에 더 가까울수록 고급 패션이 되었으며, 피라미드와 오벨리스크의 특징을 가진 무덤들이 18세기 이전에 로마 성벽 외곽에 만들어졌던 것처럼 파리의 묘지에도 만들어졌다.

로마의 지배 아래 성각 문자 사용 빈도가 점차 감소했고, 그리스도교가 일어나 이교의 사원들과 그에 연관된 성각 문자 문서를 없애도록 강요했다. 결국 394년 8월 24일 상이집트 아스완 근처 필레 섬 사원 입구에 새겨진 성각 문자 비문이 마지막이었다. 그 후 성각 문자를 읽을 수 있는 사람들이 점점 더 줄어서, 샹폴리옹이 성각 문자를 해독해 내기 전까지 사람들은 ⸱⸱⸱⸱⸱⸱처럼 간단한 비문조차도 이해하지 못했다.

1798년 7월 알렉산드리아에 도착한 지 닷새 만에 학자들은 세 집단으로 나뉘었다. 가스파르 몽주와 클로드루이 베르톨레는 7월 7일 카이로를 장악하기 위해 군대를 이끌고 알렉산드리아를 떠난 나폴레옹과 함께 갔다. 다음 날, 또 한 무리가 로제타로 향하는 메누 장군을 따라갔으며, 나머지는 클레베르 장군과 함께 알렉산드리아에 머물렀다. 나폴레옹은 최대한 빨리 카이로에 가기를 열망하여, 다만후르로 가는 도중 사막에서 드제 장군과 레이니에 장군이 이끄는 부대를 카이로에 미리 보냈다. 나폴레옹은 그 부대와 카이로에서 만날 생각이었으나, 군인들은 그런 행군에 적합한 장비를 갖추지 못했고, 물병도 없이 마른 빵 조각만 식량으로 받았다. 그 가운데 몇 명만 떠나기 전에 겨우 물통을 찾았고, 그 행군은 그들의 갈증을 해소해 줄 무언가를 맹렬히 찾는 것으로 변질되었다.

알렉산드리아를 떠나는 순간부터 군대는 다시 베두인족의 공격을 받았고, 그 공격은 카이로에 가는 내내 계속되었다. 일 년 중에 가장 더운 여름이라, 동이 트기도 전에 행군을 시작해도 군인들은 해가 뜨자마자 델 정도의 열기에 괴로워했다. 두꺼운 군복과 갈증을 달래기엔 턱없이 부족한 물 때문에 상황은 더 나빠졌다. 베두인족이 파괴하지 않은 우물과 저수지도 금방 바닥났고, 드제 장군의 부대가 물을 거의 다 마셔 버려서 뒤따라오는 레이니에 장군의 부대는 물을 못 먹는 일이 많았다. 물이 있는 저수지가 눈에 띄면 군인들은 앞다투어 달려갔으나, 모두가 마실 만큼 물이 충분한 적은 거의 없었다. 마른 빵 조각을 부드럽게 적실 정도의 물도 없는 상태에서, 군인들은 목마름뿐 아니라 배고픔으로도 고통을 겪었다. 그들은 가끔 저 멀리에 식물이 우거진 호수나 물웅덩이를 보고 달려갔으나, 가 보면 거기엔 아무것도 없었다. 물이 절박했고 그전에 신기루를 본 적이 없었기 때문에, 군대는 몇 번이나 속고 또 속았다. 가스파르 몽주는 나중에 신기루를 연구해 그 원인을 설명해 냈지만, 알렉산드리아에서 카이로로 가는 동안 신기루로 인한 절망감 때문에 많은 군인들이 미쳐서 자살한 후였다.

알렉산드리아에서 다만후르로 출발한 인원은 약 1만 8000명이었는데, 그중 수백 명이 베두인족에게 죽임을 당하거나, 자살하거나, 열병과 갈증으로 죽었다. 나폴레옹이 보기에는 그 희생자들의 수가 적었으나, 70킬로미터의 여정은 군인들에게 끊임없는 고통이었고, 적어도 200미터마다 한 명씩 죽어 나갔으며, 어떤 장교는 그들이 길게 늘어선 시체들을 뒤로하고 떠났다고 기록하기도 했다. 구역질 나는 항해에 뒤이은 위험한 상륙과 알렉산드리아 공격으로 이미 떨어져 있던 군인들의 사기는 그 행군 때문에 완전히 무너졌다. 변명의 여지가 있기는 했지만, 군인들과 장교들은 하나같이 나폴레옹의 지휘에는 선견지명도 결여되어 있고 군대에 공급되는 물자도 부족하다고 비난했다. 나폴레옹은 군대의 사기를 되찾으려면 맘루크를 살해하고 많은 전리품을 얻으며 승리해야 한다는 사실을 잘 알고 있었다.

오스만 제국이 쇠망할 때, 이집트는 여전히 콘스탄티노플의 술탄들에게 종속되어 있다가 마침내 맘루크에게 점령당했다. 맘루크는 '값을 치르고 팔려 온 사람'을 뜻하는 아랍어로, 보통 캅카스에서 어린 노예로 팔려 왔다가 전사로 훈련받으면서 자동적으로 군사 명령을 따르는 자유인이 된 사람들을 가리킨다. 맘루크들은 이집트의 귀족이 되어, 나머지 백성에게서 징수한 세금으로 호화롭게 살았다. 맘루크들은 '베이(bey)'라고 불리던 지방 장관 신분을 이용해 나라를 위협하고 때때로 오스만 제국 군대와 전쟁을 하기도 했다. 나폴레옹이 이집트를 침략할 당시 두 명의 주요 지방 장관 이브림 베이와 무라드 베이가 술탄을 대신해 통치하고 있었다. 아는 것이라곤 기마와 살인과 약탈이 전부인 맘루크들은 각자 개인적으로는 용감했지만 놀랄 만큼 빨리 퇴각할 수도 있었는데, 그 사실을 나폴레옹이 재빨리 알아냈다.

남아 있는 모든 군대가 7월 9일에 다만후르에 도착했고, 나폴레옹은 결집한 병력을 나일 강의 엘라마니야로 인솔했다. 나일 강의 수위가 일 년 중에 가장 낮을 때였지만, 나일 강에는 물이 풍부했기 때문에 군인들은 기뻐했다. 그들은 물에 뛰어들어 한참을 즐겼는데, 몇몇은 오랜 시간 갈증으로 고생하다가 너무 많은 물을 급하게 마셔서 죽기도 했다. 나폴레옹은 무라드 베이가 이끄는 맘루크 병력이 남쪽으로 12킬로미터 떨어진 슈브라키트 마을에 다가오고 있다는 보고를 받고, 엘라마니야에서부터 나일 강을 거슬러 올라갔다. 체격이 크고 잔인하고 교활한 지휘관 무라드 베이는 전쟁만을 위해 살아왔고 결코 패배를 인정한 적이 없었다.(이긴 적이 한 번도 없었는데도 말이다.) 나폴레옹은 포함(砲艦)으로 구성된 소함대를 이끌고 나일 강으로 나갔는데, 그 배들은 로제타에서 수송선으로 사용했던 것으로, 무라드 베이의 군대가 타고 있다고 보고된 맘루크의 포함들을 습격할 계획이었다. 그 배들은 가스파르 몽주, 클로드루이 베르톨레, 폴린 '클레오파트라' 푸레를 포함한 비(非)전투원들의 운송 수단이기도 했다.

　프랑스인들은 1798년 7월 13일 슈브라키트에 도착해 맘루크 군대와 처음으로 마주쳤다. 맘루크들은 주로 기병대에 의존했으나, 고작 몽둥이를 무기로 들고 나온 이집트 농부들이 대부분을 차지하는 보병대도 있기는 있었다. 프랑스 보병대는 사각형으로 정렬하고, 각 모퉁이마다 대포를 두었으며, 소수의 기병대를 가운데에 배치해 보호했다. 맘루크들은 그런 대형에 당황했지만 평소대로 앞뒤 가리지 않고 돌격하면 될 것이라고 예상했다. 그전까지의 수많은 전투에서 맘루크들은 거의 잡히지 않았다. 빠른 공격과 후퇴 덕분에, 이기고 급히 퇴각하거나 죽은 것이다. 맘루크들은 언월도, 투창, 철퇴, 전투용 도끼, 단검, 기병총 등으로 중무장을 하고, 종종 권총을 몇 자루 차기도 했으며, 밝은색 실크와 모슬린 옷을 화려하게 입고, 동전과 보석 등 각각 개인 재산을 가지고 다녔다. 그들은 전투할 때 우선 기병총과 권총을 발사한 후, 총을 뒤로 내던져 부하들이 다시 장전하게 하고 그사이에 돌격했다. 창을 던지다가 마지막에는 언월도로 공격하는데, 일부는 이로 말의 고삐를 물고 달리면서 언월도 두 개를 양손에 하나씩 잡고 휘두르기도 했다.

　몇 시간 동안 맘루크 기병들은 사각형으로 정렬한 프랑스 군대 주위를 맴돌면서 공격할 만한 약점을 찾다가, 마주 보고 있는 두 소함대의 포함들이 대포를 발사하기 시작하고 나서야 돌격했다. 프랑스군은 맘루크들이 일단 사정거리 안에 들어오면 대포와 소총과 권총을 연속 발사하여 그들이 공격하기 전에 쫓아 버렸으며, 한 시간쯤 후에 그들은 원래 있던 위치로 물러났다. 한편 프랑스 포함들이 최악의 전투를 치르고 있어서 민간인들도 싸움에 나서야 했다. 나폴레옹은 자신의 군대에 포함들을 도우라는 명령을 내렸고, 곧 대포가 맘루크 함대의 기선을 명중시켜서 배가 크게 폭발하며 부서졌다. 흥분한 프랑스인들은 웃음을 터뜨렸다. 맘루크 기병대는 방향을 돌려 달아났고, 나머지 맘루크 군대도 그 뒤를 허겁지겁 따라갔다.

슈브라키트 전투에서 승리하고 나서 얼마 동안은 프랑스 군대의 사기가 충천했고, 무라드 베이와 그의 군대는 그냥 달아나 버렸다. 카이로까지 고통스러운 행군이 다시 시작되었고, 일사병 때문에 프랑스 병력은 서서히 소모되었으며, 갈증과 자살이 계속되었다. 7월 20일에 프랑스군이 카이로 근처에 이르렀을 때, 그들은 무라드 베이가 카이로 바로 북쪽 엠바바에서 나일 강 양쪽에 병력을 총집결해 두었다는 사실을 알았다. 다음 날, 프랑스인들은 열두 시간을 행군해 하루 중 가장 더운 낮 2시에 엠바바에 도착했다. 16킬로미터쯤 떨어져 있는 피라미드들이 멀리 보였으므로 그 전투는 '피라미드 전투'로 알려져 있다. 나폴레옹은 자서전에서, 자신이 피라미드를 가리키면서 군인들에게 "제군들, 사천 년 역사가 자네들을 내려다보고 있다."라고 연설했다고 기록했다. 많은 군인들이 피라미드의 중요성을 이해하거나 거기에 신경을 썼는지 의심스럽지만, 어쨌든 군인들은 넓은 장소에 분산 배치되어 있었으므로 나폴레옹 근처에 있던 몇 명만이 그 말을 들었을 것이다. 아마 그것은 군대 전체를 고무하려고 한 말이라기보다는, 내심 역사의 한 페이지를 장식하고 싶어하는 장교들의 숨은 야심에 호소한 말일 것이다.

사각형으로 대열을 정비한 프랑스 군대는 맘루크가 참호에 설치한 총들의 사정거리를 벗어난 상태에서 맘루크 기병대가 돌격해 나오도록 자극했다. 프랑스인들은 맘루크들이 50미터 거리 안으로 들어올 때까지 사격을 보류하다가, 때가 되자 일제히 총을 쏴서 그들의 돌격을 저지했다. 맘루크들은 한 시간 동안 프랑스의 사각형 대열로 계속 돌진했으나 헛수고였고 결국 자신들의 참호로 퇴각했는데, 마침 앞서 간 드제 장군과 레이니에 장군의 군대가 그 참호를 공격하고 있었다. 맘루크 군대는 당황하여 참패하고 말았다. 무라드 베이는 일부 기병대와 함께 도망쳤고, 맘루크 보병대의 대부분은 나일 강을 건너 달아났다. 무라드 베이를 놓친 것이 흠이었지만, 나폴레옹이 바라던 압도적인 승리였다. 프랑스 군대는 나일 강에서 건진 맘루크들의 시체에서 금과 보석과 값진 물건들을 전리품으로 챙기면서 그다음 한 주일을 보냈다. 그 승리 덕분에 나폴레옹은 그간 환멸을 느끼고 잠정적으로 폭동까지 일으킬 뻔했던 프랑스 군대를 다시 통제할 수 있게 되었다. 다음 날인 7월 22일, 카이로의 지도자들은 나폴레옹이 보낸 항복 조건을 놓고 협상할 길을 찾았고, 이틀 뒤에 나폴레옹은 카이로에 들어갔다.

1798년 7월 초에 프랑스 군대가 처음 상륙해서 알렉산드리아와 카이로를 정복하기까지 거의 한 달이 걸렸다. 그동안 넬슨 제독이 지휘하는 영국 함대는 프랑스 원정대를 찾기 위해 지중해 동쪽을 계속 헤맸다. 허레이쇼 넬슨은 1770년 해군에 입대해 서인도 제도에서 여러 해를 복무했다. 1794년 코르시카에서 오른쪽 눈이 멀었고, 삼 년 후 테네리페에서 오른팔마저 잃었으나, 넬슨은 여전히 위대한 장군이자 해상 전략의 대가였다. 8월 1일, 알렉산드리아에 도착한 넬슨은 프랑스 함대가 동쪽으로 몇 킬로미터 떨어진 곳에 정박해 있는데 자신이 원하는 방향으로 바람이 분다는 것을 알아차리고는, 즉시 아부키르 만으로 배를 몰았다. 프랑스 사령관인 브뤼예 제독은 수송선들과 소형 선박들은 알렉산드리아 항구에 정박했으나, 여울과 역풍을 염려해 가장 큰 전함들은 열일곱 척 모두 아부키르 만 건너에 곡선형 방어 라인으로 정박해 두었다. 우선 식량을 찾아야 했기 때문에 프랑스 항해사들 중 4분의 1 이상이 육지에 있었고, 몇몇은 알렉산드리아와 로제타처럼 먼 곳까지 가기도 했다. 배들은 막강해 보였지만, 바다 쪽 공격에만 대비했을 뿐, 육지 쪽 대포에는 배치된 병사도 없었고 일부는 비품과 짐으로 막혀 있었다.

넬슨 함대 선두의 배들이 아부키르곶을 에워싼 것은 낮 2시였다. 넬슨과 그의 함장들은 프랑스 원정대를 찾아 오랫동안 지중해를 수색하면서 전술을 충분히 논의했기 때문에, 영국 함대는 프랑스군이 놀랄 만큼 빠르게 공격할 준비를 마쳤다. 기선 로리앙 호에서 회의 중이던 프랑스 함장들은 각자의 배로 급히 돌아가야 했다. 4시까지 영국 함대의 배 열네 척이 모두 곶에서 출항했고 바로 두 시간 후, 해가 거의 질 무렵에 전쟁이 시작되었다. 브뤼에 제독은 위험을 깨닫자마자 육지에 있는 병사들에게 돌아오라는 신호를 보내고 곧 전투를 준비했으나, 프랑스 전함들은 해변에서 2.5킬로미터 이상 떨어져 있었고, 프랑스 함대의 육지 쪽을 보호해 주던 여울에서도 800미터 이상 떨어져 있었다. 영국군 선두의 배들은 프랑스 전함 전열의 육지 쪽을 따라 항해하는 위험한 도박을 택했고, 그 결과 영국 함대는 프랑스 전열을 양쪽에서 공격할 수 있었다. 프랑스 전함 한 척에 영국 배가 두 척씩 달라붙었는데, 멀리 전열 끝 부분에 있어서 영국군의 공격을 받지 않는 프랑스 배들도 아군을 거의 도울 수 없었다.

전투는 저녁 내내, 그리고 밤새도록 계속되었다. 프랑스 배에서 대포를 발사할 수 있는 뱃머리가 적어도 둘씩은 망가졌다. 뱅가드 호에 타고 있던 넬슨은 치통으로 몹시 괴로워했고, 전투가 시작되기 전에 장교들에게 이렇게 말했다. "내일 이 시간 전에, 나는 귀족 작위를 얻거나 웨스트민스터 사원의 무덤에 묻힐 것이다." 저녁 8시 30분쯤 넬슨은 이마에 총을 맞았는데 상처에서 벗겨져 나온 피부가 그의 왼쪽 눈을 덮자,

그는 사실상 아무것도 볼 수 없게 되었다. 그는 베리 함장의 팔에 쓰러지면서 "나는 죽는다. 아내에게 내 최후를 전해라."라고 중얼거렸다. 배에 있던 의사는 넬슨에게 상처가 치명적이지 않다고 말했고, 넬슨은 상처를 치료한 후 어느 정도 시력을 회복하자 갑판으로 돌아가 잠시 동안 있었다. 그곳에서 그는 프랑스 기선 로리앙 호가 알렉산드리아에서도 보일 만한 화염에 휩싸여 40킬로미터 밖에서도 들릴 만한 폭음을 내면서 부서지는 것을 목격했다. 베리 함장은 이렇게 기록했다. "로리앙 호는 정말 끔찍한 파열음을 내면서 폭발했다. 두려운 정지 상태와 적막이 삼 분가량 지속되는 동안, 엄청나게 높이 솟았던 돛대와 활대의 파편들이 물속으로 또는 주변의 배들 위로 떨어졌다."

전투는 영국의 완전한 승리로 끝났고, 단지 프랑스 전함 두 척만 달아났다. 프랑스군의 희생은 엄청나서 사망자가 1700명, 부상자가 1500명이었다. 또 프랑스는 학자들의 장비를 포함해 배에서 미처 내리지 못했던 다양한 비품들을 잃었는데, 기선 로리앙 호에는 이집트까지 오는 동안 몰타 섬에서 약탈한 금은보화도 실려 있었다. 최근 프랑스 고고학자 팀은 로리앙 호의 난파 지점을 다시 설정하면서, 금화와 이름이 새겨진 청동 장식, 그리고 그 전함의 일부였음을 알 수 있는 파편들과 일부 승무원들의 잔해를 성공적으로 찾아냈다.

로리앙 호를 비롯한 다른 전함들이 파괴된 것은 동방 정복이라는 나폴레옹의 야심이 파괴되었다는 의미였다. 나폴레옹이 괜찮다는 표정을 지으면서 여전히 군대를 인도로 보내는 문제를 이야기했지만, 프랑스군은 이제 이집트에 고립되었다. 수송선은 있었지만 영국 해군에게서 그들을 보호해 줄 전함이 없었기 때문에 프랑스로부터의 물자 공급 노선은 위협받았다. 전투의 결말보다 더 중요한 것은 정치적 결과였다. 프랑스 원정대가 약해진 틈을 타서 오스만 제국이 프랑스와 맺은 협정을 깨 버리고 프랑스의 적국과 동맹을 맺더니, 마침내 군대를 소집해 이집트에 있는 프랑스 군대와 싸우러 왔던 것이다. 전함에 실어 놨던 금은을 잃은 것도 타격이었다. 왜냐하면 나폴레옹이 평소 하던 대로 군인들에게 육지 에서 원하는 건 무엇이든 그냥 취하게 하는 대신 이번에는 필요한 모든 것에 대가를 지불해서 토착민들의 환심을 사려 했기 때문이다. 나폴레 옹은 급속히 돈을 탕진했다.

아부키르 만의 승리는 프랑스에 대항하는 세력들에게는 전쟁에서 얻을 수 있었던 최고의 성과였지만, 그때까지 프랑스 선전문에서 무적으 로 칭송받던 나폴레옹에게는 최초의 좌절이었다. 넬슨은 영국의 국민적 영웅이 되었고, 영국 왕 조지 3세가 넬슨에게 작위를 수여하기도 전에 《더 타임스》는 "넬슨 경(Sir Nelson)"이라고 보도했다. 그 전투는 아부키르 만 전투보다는 나일 강 전투로 알려졌고, 넬슨은 나일 강의 넬슨 남작이 되었으며, 매년 2000파운드의 연금을 평생 받게 되었다. 넬슨이 받은 기 타 여러 가지 영예와 선물 중에는, 로리앙 호의 침몰에 일조한 전함 스위 프트슈어 호의 핼로웰 함장에게 받은 섬뜩한 실용품도 있었는데, 바로 장례용 관이었다. 그 선물에 동봉된 핼로웰의 편지는 이렇게 시작했다. "장군님, 이 편지와 함께 로리앙 호 중앙 돛대의 일부로 만든 관을 보냅 니다. 장군님께서 이런 삶에 싫증이 나시면, 장군님의 전리품들 중 하나 에 묻힐 수 있을 겁니다." 실제로 1806년 1월 9일, 그 관은 넬슨 경의 시 체를 담은 채 런던 세인트 폴 성당 안에 있는 지하 납골당으로 내려가게 된다.

그 나일 강 전투 때문에 학자들은 대부분의 참고 서적과 많은 과 학 기구를 잃었을 뿐 아니라, 이집트 조사를 마치고 프랑스로 빨리 돌아가겠다는 희망도 상실했다. 알렉산드리아에 있던 학자들은 처음에는 당장 영국 함대가 항구를 공격할지 모른다고 두려워했고, 그래서 발명가인 니콜라 콩테가 적군의 배에 쏠 뜨거운 대포알을 만드는 용광로와, 물에 떠다니면서 불길을 잡을 수 있는 펌프를 고안했다. 콩테는 나중에 카이로에 작업실을 열어서 조력자들과 함께 잃어버린 과학 기구와 군사 장비를 대신할 물건을 발명하기 시작했는데, 첫 번째 문제는 정밀 장비 제작에 필요한 도구들을 만드는 일이었다. 그 작업실에서 만든 과학 기구로는 컴퍼스, 현미경, 망원경, 수술 장치, 제도 및 측량 설비 등이 있었고, 군대 용품으로는 칼날, 나팔, 옷과 심지어 군복 단추 등도 있었다.

1798년 8월 22일, 나폴레옹은 카이로에 이집트 인문 과학 연구소를 설립했고, 장차 회원들을 선발할 위원 일곱 명을 뽑았다. 그 연구소에는 4개 분과(수학, 물리학, 정치경제학, 문학과 예술)가 있었고, 가장 우수하고 유망한 학자들이 소속되었으며, 수학자인 조제프 푸리에가 종신 사무관으로 임명되었다. 그 연구소의 업적은 굉장한 중요했다. 이집트 전투가 잊히고 나일 강 전투에서 생긴 엄청난 인명 피해와 그 후 이 년에 걸친 나폴레옹의 이집트 행군 등이 역사에서 각주 정도로만 쓰이게 된 다음에도, 그 업적만은 오랫동안 유용했다. 나폴레옹은 그 연구소와 학자들의 연구를 상당히 중시했는데, 그가 학자들에게 제공한 카이로 나스리야 외곽의 숙소가 예전 맘루크 궁전 주변의 복합 건물이었던 점에서도 그것을 짐작할 수 있다. 학자들의 숙소에는 회의실, 화학 실험실, 도서관, 관측소, 인쇄소, 동물원과 식물원, 농경 실험용 땅, 콩테의 작업실, 심지어 광물학 및 고고학 자료 전시실, 소규모 자연사 박물관도 있었다. 학자들은 궁전과 그 주변 몇몇 집들에 살면서, 한때 후궁들이 살았던 곳에서 공식 회의를 하고 매일 저녁 정원에서 비공식 회의를 했다.

연구소의 목적은 실로 광범위하여 이집트의 자연, 산업, 역사적 실상을 조사, 연구, 발표하고 그곳에서 도출된 지식을 보급하기도 했다. 연구소는 처음부터 주어진 문제들에 대해 다양한 학문적 접근 방식을 택했고, 곧 전염병과 우편 제도, 병원, 관개 계획, 하수 처리 시설, 위생 부서 등 이집트에 관한 전반적인 문제들을 거의 모두 관리하게 되었다. 다양한 연구 결과는 1809년부터 1824년까지 『이집트 묘사』라는 책으로 출판되었다. 그 책은 대부분 고대 이집트에 관한 내용으로 (비록 이집트학이라는 용어가 19세기 중반에야 사용되었지만) 이집트학 발전에 중요했다. 특히 프랑스인들이 이집트를 떠난 후 몇 년 사이에 파괴된 일부 유적에 대해서는 그 책이 유일한 기록이었다. 유적에 새겨진 성각 문자들이 점차 출판되면서 자칭 해독가라는 사람들 모두에게 중요한 자료들이 제공되었지만, 성각 문자가 해독된 후 그것들을 유적들 자체와 비교하기 전까지는, 그 그림들의 오류와 실수가 연구자들을 얼마나 헤매게 만들었는지 아무도 알지 못했다.

일단 나스리야 구역에 자리를 잡은 학자들은 즐거운 시간을 보냈다. 각자 자신의 전문성을 추구하면서 전례 없이 다른 학자들과 즐겁게 교류했다. 학자들은 이집트에서 발견한 모든 것에 매료되었고, 이집트 풍습에 점점 익숙해졌다. 여러 학자들은 터키식 커피를 마시고 나르길레(수연통)를 피웠으며, 면도한 턱이 노예의 징표임을 알게 된 학자들은 턱수염을 기르기도 했다. 그러나 학자들의 이러한 열의가 카이로 자체에 대한 사랑으로까지 확산하는 경우는 거의 없었다. 카이로에 대해서는 군인들과 학자들의 의견이 시종일관 일치했다. 기술자인 빌리에 뒤 테라주는 300개에 달하는 카이로의 모스크의 아름다움에는 감탄했지만 거리가 더럽다는 사실도 잘 알고 있었다. 화가인 드농은 낙담하여 이렇게 썼다. "나는 카이로에서 엄청난 인구와 거대한 공간을 봤지만, 아름다운 길과 멋진 유적은 하나도 못 봤다. 거대한 광장이 하나 있었지만 들판처럼 보였고, 성벽에 둘러싸인 궁전들은 거리를 아름답게 꾸며 주기보다는 칙칙하게 했고, 주민의 4분의 1에 해당하는 빈민들은 다른 도시의 빈민들보다 더 지저분했다." 나폴레옹이 보기에, 인구 30만의 카이로는 '세계에서 가장 꼴사나운 천민들'이 사는 도시였다.

한편 프랑스인들이 카이로에 대해 애정을 갖는 데 실패하는 동안 카이로 주민 중에도 프랑스인을 싫어하는 사람이 많아졌다. 프랑스인들은 여러 가지 현지 풍습과 종교적 전통을 어겼다. 예를 들어 그들은 아무리 신분이 고귀한 사람이라도 죽은 자를 도시 안에 매장하는 것을 금지했고, 사적 소유이거나 때로는 종교적 의미가 있는 건물들에 대해서도 서류 조사에 필요하다며 세금을 부과했다. 그 밖에 거리 청소와 쓰레기 줍기를 강요하는 등 별로 중요하지 않은 일에도 많은 규제를 가했다. 프랑스인들의 공중도덕이 카이로 주민들에게는 종종 부도덕하게 보였는데, 그들은 왜 어린 소년이 아니라 여자들이 매춘을 하는지 이해하지 못했다. 더욱 나쁜 점은 이집트 아내들과 딸들이 유럽식 자유를 모방해 베일도 쓰지 않고 공공장소나 침략자들 무리 앞에 나타나기 시작한 것이었고 이에 대해 이집트 남자들은 심각하게 걱정했다. 1801년 프랑스가 이집트에 대한 지배권을 잃었을 때, 그 여인들 중 다수가 그러한 행동 때문에 참수형을 당했다. 종교적 광신도들과 맘루크의 대리인들은 프랑스인을 못마땅하게 여기는 이집트인의 감정을 이용했는데, 오스만 군대가 이집트에서 프랑스인을 몰아내기 위해 오는 중이며, 프랑스와의 성전(聖戰)이 일어날 것이라고 약속했다. 모스크의 첨탑에서 기도를 드리는 시간마다(하루에 다섯 번) 성전을 주장하는 외침이 있었지만, 프랑스인들은 그런 상황을 전혀 몰랐고 10월 21일에 실제로 반란이 일어나자 완전히 놀라고 말았다.

반란은 아침 일찍 시작되었는데, 거리에는 바리케이드가 세워졌고 무장한 남자들이 모스크에 모였으며 상점들은 문을 닫았다. 프랑스 군대는 8시쯤 경보를 울렸으나 프랑스 집행부는 미처 그 위험성을 인식하지 못했고, 심지어 나폴레옹과 세 장군들은 도시 외부에 건설한 몇몇 요새들을 점검하러 나가기까지 했다. 10시가 다 되어서야 카이로 전역에서 반란이 일어났다는 소식이 나폴레옹에게 전해졌고 그는 서둘러 돌아와서 길에 버려진 시체들과 도시 전체에 발생한 화재, 그리고 비(非)이슬람 지역이 공격받는 것을 봤다. 카파렐리 장군의 집에서 군중들은 학자 네 명을 죽였고 많은 과학 기구들을 약탈하거나 파괴했다.

프랑스인들의 수중에는 요새, 막사, 에스베키야 광장의 군사 본부와 이집트 연구소 건물만 남았다. 도시 대부분을 장악한 군중은, 그리스도교도 소유든 이슬람교도 소유든 상관없이 상점을 약탈하기 시작했다. 에스베키야 광장에서 3킬로미터 떨어진 이집트 연구소도 성난 무리들에게 포위당했고, 지원 병력은 저녁에야 겨우 도착했는데 척탄병 중대가 학자들에게 처음 보는 소총 40자루를 가져왔다. 수학자 가스파르 몽주가 연구소의 방어 체제를 편성했는데, 주로 그곳에 보관 중인 기구와 장비 들을 보호하기 위해서였다. 그러나 그날 밤은 조용히 지나갔고, 다음 날 아침에 학자들이 두 시간 정도 산발적으로 소총을 쏘면서 반란군들을 저지하고 있을 때, 프랑스 순찰대가 그들을 구하러 왔다. 나폴레옹은 질서를 되찾기 위해 반란의 중심지인 엘아즈하르 모스크에 군대를 집결해 대포를 퍼부었다. 총검을 든 보병 대대 세 개와 칼을 빼 든 기병 300명이 모스크를 빼앗았다. 반란자 수백 명이 생포되었고, 모스크는 조직적인 약탈과 의도적인 신성 모독을 당했다. 해 질 녘이 되어서야 싸움은 끝났다. 프랑스인 희생자는 300명 정도인 반면, 사망한 이집트 주민들은 5000명이나 되었다.

카이로 폭동이 단연 최악이기는 했지만, 프랑스가 지배하는 다른 지역에서도 반란이 일어났다. 모든 반란은 신속히 진압되었으나 여전히 맘루크의 존재는 위험했다. 피라미드 전투에서 패배한 후 도망친 무라드 베이는 또 다른 군대를 모으고 있었다. 10월 반란이 일어나기 여덟 주 전인 1798년 8월 25일, 드제 장군이 무라드를 찾아 상이집트로 출발했는데, 보병 2861명과 야포(野砲) 두 대가 함께 떠난 그 5000킬로미터도 넘는 여정은 여러 달 동안 계속되었다. 드제는 훌륭한 장군이었지만 무라드가 사막 지형을 유리하게 이용했기 때문에 그 원정은 도저히 성공할 수 없었다. 그러나 그 역사적인 여정은 나중에 이집트학과 성각 문자 연구에 지속적인 영향을 주는데, 화가인 드농이 드제 장군의 여정을 오랜 시간 따라다녔기 때문이다. 11월 초에 드농은 드제 장군을 따라잡아서 그와 지원 부대를 이끌고 막 도착한 벨리아르 장군이 지휘하는 군대와 함께, 아홉 달 동안 나일 계곡을 위아래로 여행했다.

그 당시 도미니크 비방 드농은 쉰한 살로, 학자들 중에서 나이가 가장 많은 축에 속했다. 그는 이미 돋보이는 경력을 갖고 있었는데, 루이 15세 때 궁정의 일원이었고 퐁파두르 부인이 총애하던 화가였다. 그는 미술과 문학을 공부한 후 다양한 그림들을 그렸고, 포르노 그림 모음집 한 권을 포함해 책을 몇 권 냈으며, 성공적인 희곡도 한 편 썼다. 드농은 여행 경험이 많았고 러시아, 스웨덴, 스위스, 이탈리아에서 외교관으로 일한 적도 있었다. 프랑스 혁명이 시작될 당시 그는 베네치아에 있었는데, 겨우 프랑스에 돌아와 사형수 명단에서 이름을 빼내긴 했으나 모든 재산을 몰수당했고, 그 후로 그림과 글을 팔아서 간신히 생계를 꾸려 가야 했다. 드농은 파리의 조제핀의 살롱에 자주 출입하는 예술가와 지식인 중 한 사람이 되었다. 조제핀은 그 살롱에서 그녀의 남편인 나폴레옹을 만났다. 나폴레옹은 드농이 구체제 왕조와 깊이 관련되어 있고 그가 너무 늙었다고 생각해서 처음에는 이집트 원정대에 합류하는 것을 허락하지 않았다. 조제핀이 나폴레옹을 설득해 드농을 초청하도록 했는데, 고대 이집트가 서양의 주목을 받고 수십 년간 유럽 스타일과 패션에 영향을 주는 일련의 사건들이 바로 거기에서부터 시작되었다.

이집트에 상륙한 후로 드농은 가능한 모든 시간을 자신이 본 것을 전부 스케치하는 데 할애했고, 이미 꽤 많은 그림들을 모은 상태였다. 학자들에게는 항상 보급품이 부족했기 때문에 드농은 연필을 다 쓸까 봐 걱정하며 카이로 작업실에서 연필을 만드는 콩테에게 계속 연필을 더 많이 달라고 요구했다. 보급품이 드제 장군의 진영에 도착하지 못했을 때는 납으로 만든 총알을 녹여 임시로 연필을 만들어 썼다. 연필이 부족한 것은 시간이 부족한 것에 비하면 그리 심각한 문제가 아니었다. 안전을 위해서 드농은 항상 군대와 함께 움직였는데, 군대는 무라드 베이를 쫓아 빠르게 이동했고 한곳에 오래 머무는 일이 거의 없었다. 드농은 이동 명령이 떨어지기 전에 단 몇 분 안에 스케치를 완성해야 했다.

군대는 사막 사이에 끼어 있는 나일 계곡을 따라 남쪽으로 갔다. 알렉산드리아에는 이집트 고대 유물이 사실상 없었고, 드농은 카이로 근처에서 피라미드와 스핑크스 몇 개만 보고 실망했다. 그러나 그러한 실망감은 상이집트의 엄청난 사원과 무덤을 보자 놀라움으로 바뀌었다. 드농은 순간순간 모든 기회를 활용해 유물을 탐구하고 재빨리 스케치를 하면서 거의 모든 유적들이 성각 문자로 뒤덮여 있음을 알게 되었다.

스케치의 한계는 금방 드러났는데, 그는 성각 문자로 인한 문제를 정확히 요약하고 있다. "그 언어가 세상에 알려진다면, 그것을 읽는 데 몇 달이 걸릴 것이고, 그것을 베끼는 데는 몇 년이 걸릴 것이다." 군대가 덴데라에 도착했을 때, 군인들과 장교들은 다 같이 사원을 보고 너무나 놀라서 자기도 모르게 대열을 이탈해 그곳으로 달려갔다. 특히 드농은 그날 남은 시간 내내 그림을 그렸는데, 다른 군인들과 마찬가지로 그 또한 사원의 장엄함에 압도당해 무엇을 먼저 그려야 할지 몰랐다. 건축물의 각 면, 모든 부조 작품, 모든 그림, 사원 안팎 표면을 거의 전부 뒤덮고 있는 수많은 성각 문자들, 그 모든 것이 동시에 드농의 주의를 잡아끌었다. 그는 "나는 손에 연필을 들고 여기저기로 옮겨 다녔다. 내가 접하는 모든 것을 보고 그리고 분류하기에 내 눈과 손은 충분하지 않았고, 내 머리는 너무 작았다. 그런 숭고한 것들을 내 미숙한 그림으로 표현하기가 부끄러웠다."라고 기록했다. 드농은 완전히 몰입해서 맹렬히 스케치를 하다가, 해가 질 무렵에야 군대가 가 버린 것을 알았다. 다행히 드농의 친구인 벨리아르 장군이 남아서 그를 지켜 주고 있었고, 그들은 밤이 오기 전에 군대를 따라잡느라 말을 타고 전속력으로 달려야 했다.

덴데라는 프랑스 군대가 처음으로 가까이에서 본 중요한 고대 유적지였고 많은 군인들을 깊이 매료시켰다. 완전히 미지의 건축 양식으로 지어진 사원은 성각 문자로 뒤덮여 있었고, 어느 방 천장에는 황도 십이궁을 표현한 불가사의한 원형 그림이 새겨져 있었다. 드농은 유적들에 경탄하면서 "내가 받은 감동을 독자들도 느낄 수 있다면 좋겠다. 나는 정말 많이 놀랐다."라고 기록했다. 그날 저녁에 하급 장교 한 명이 드농에게 다가와서 많은 사람들이 느낀 점을 말했다. "저는 이집트에 온 후 모든 것에 속아서 계속 낙심하고 불행했는데, 덴데라가 저를 치유해 주었습니다. 오늘 제가 본 것은 모든 피로를 보상해 주었습니다. 앞으로 이 탐험에서 제게 무슨 일이 일어나든, 저는 이 원정에 참여한 것을 평생 기쁘게 여길 것입니다."

군대는 계속해서 맘루크의 우두머리인 무라드 베이를 뒤쫓았고, 드농은 틈날 때마다 스케치를 했는데, 대개 "무릎에 대거나, 서거나, 심지어 말 등 위에서 그렸다. 나는 단 한 작품도 마음에 들게 완성할 수가 없었다. 자를 사용할 수 있을 만큼 단단히 고정된 테이블을 일 년 내내 한 번도 못 봤기 때문이다." 그러나 때때로 친절한 군인들이 드농의 화판을 받쳐 주기도 했고 강렬한 햇빛을 가려 주기도 했다. 1799년 1월 27일, 군대는 굽이진 곳을 돌아 고대 테베의 장관을 처음으로 보게 되었고, 놀란 군인들은 멈춰 서서 저절로 감탄사를 터뜨렸다. 하지만 드농에게 그것은 더 큰 좌절을 의미했다. 군대는 멈출 수 없었기 때문에 그가 할 수 있는 일이라고는 기병의 호위 아래 바쁘게 움직이며 이 사원에서 저 사원, 네크로폴리스(고대 도시의 공동묘지 — 옮긴이)로 갔다 온 뒤, 앞서 가는 부대를 따라잡기 위해 열심히 말을 달리는 것이 전부였다. 여러 고대 유적지들을 지나서 계속 남쪽으로 간 군대는 열흘 동안 400킬로미터를 여행했고, 맘루크들이 떠난 지 이틀 뒤인 2월 2일에 아스완에 도착했다. 그곳에서 벨리아르 장군은 자신의 일기에, 장엄한 폭포와 거대한 사막은 대자연이 "멈춰라, 더 이상 가지 마라."라고 말하는 것처럼 보였다고 기록했다. 아스완에서 이틀을 보낸 후, 군대는 다시 북쪽으로 행군하기 시작했고, 그 후 오십 일 동안 맘루크들을 찾아서 나일 강을 위아래로 오르내리며 약 900킬로미터를 돌아다녔다.

군대가 몇몇 고대 유적지들을 여러 차례 지나간 덕분에 드농은 각 유적지를 스케치한 그림들을 점차 모을 수 있었다. 그의 그림 파일은 점점 더 귀중해져서, 드농은 파일에서 눈을 떼지 않았으며 잘 때에는 그것을 베개로 사용했다. 또한 그가 가져갈 수 있는 유물은 모두 모았는데, 도자기들과 조각상들, 심지어 왕가의 계곡에 있는 무덤에서 발견한 미라 여인의 발까지 가져갔다. 그 발은 나중에 「미라의 발」이라는 단편 소설도 탄생시켰는데, 1840년에 테오필 고티에가 출간한 이 소설은 미라를 다룬 최초의 작품은 아니었지만 그 후에 로맨스와 공포 장르가 전반적으로 등장했으며 일련의 공포 영화로까지 이어졌다. 드농의 수집품 중 자랑거리는 그가 테베에서 얻은 성각 문자가 적힌 파피루스 두루마리였다. 프랑스 군대가 항복한 일부 이집트 족장들과 협상하는 동안, 손에 파피루스 두루마리를 쥐고 있는 미라를 눈앞에서 본 그는 감격에 휩싸였다. "나는 말문이 막혔다. (……) 나는 내 보물을 망가뜨릴까 봐 너무나 겁이 나서 어찌해야 할지 몰랐다. 이 책, 현재까지 알려진 책들 중에서 가장 오래된 이 책을 감히 만지지도 못했다. (……) 내 책에 쓰인 언어처럼 이 책의 내용도 읽을 수 없다는 점은 생각하지도 않고, 잠시 내가 이집트 문학 개론서를 들고 있다고 상상했다."

드농이 최선을 다해 고대 유물을 기록하고 수집하는 동안, 군대는 가끔 맘루크들을 겨우 따라잡아서 전투를 벌였다. 무라드의 전술은 늘 똑같았다. 어떤 지역에 프랑스 군대보다 며칠 먼저 도착해서 그 지방 농민들을 선동해 자기 군대에 입대시키거나 징집했다. 프랑스 군대가 공격하면 무라드는 반드시 농민들이 선봉에 나가 싸우게 해 놓고, 프랑스 군인들이 그들과 싸우는 사이에 맘루크들은 사막으로 달아나 버렸다. 농민들도 수천 명씩 죽었지만, 어쩔 수 없이 프랑스의 인명 피해가 맘루크들보다 더 많았다. 맘루크들이 나일 계곡의 다른 곳으로 옮겨 가서 새로 농민군을 조직해 소모전을 계속했기 때문이다. 프랑스 군대는 자신들이다 없어질 때까지 이런 일이 계속될 것 같다고 생각했다. 그러나 프랑스 군대가 맘루크의 추종자들을 죽이는 동안, 맘루크 베이들 사이에서도 자기 사람들만 보호하려고 전투를 시작하자마자 달아나는 것에 대해 의견 차이가 커지고 있었다. 1799년 3월 중순에 이르러서는 무라드 부대가 해체되기에 이르렀고, 사실상 프랑스군에게 지배권을 내줬다. 그러나 베이들이 다시 연합해 프랑스군을 압도할 만큼 많은 병력을 조직할 수도 있었기 때문에, 프랑스는 추격을 포기할 수 없었다. 드제 장군은 여러 차례 군대를 분산해 흩어져 있는 맘루크 무리를 처치하려 했고, 한편 벨리아르의 별동대는 계속해서 나일 계곡 위아래를 왔다 갔다 하면서 맘루크들을 발견할 때마다 전투를 벌였다.

3월에는 최고 기술자인 피에르 지라르가 이끄는 기술자 단체가 카이로에서 파견되었는데, 그들은 나일 강을 연구하고 나일 강이 토지 생산성 증가에 어떻게 기여했는지 조사하기 위해 벨리아르 장군과 합류했다. 그 기술자들 중에서 프로스페르 졸루아와 빌리에 뒤 테라주는 고대 유물에 특별히 감명하여 가능한 많은 것을 기록하기로 했다. 5월 25일, 그들이 케나에서 비방 드농을 만났을 때 그 결심이 더욱 확고해졌는데, 드농은 그들에게 덴데라의 엄청난 유물들을 그린 그림을 보여 주었다. 케나에 머무는 동안 그들은 나일 강 반대편에 있는 덴데라를 여러 번 방문하면서 측량 설계도, 단면도, 투시도를 만들고 건축물과 건설 방법을 연구했다. 예술가라기보다는 기술자인 그들이 유적을 기록하는 방식은 과학적이었고, 황도 십이궁에 대한 기록은 드농이 했던 것보다 훨씬 더 정확했다. 지라르는 그들이 유물에 관심을 두는 것을 강력히 반대하면서 그들을 막기 위해 할 수 있는 일을 다 했다. 그러나 그들은 나일 강의 수문학에 관련된 자신들의 임무를 완수하고도 여전히 유적 연구에 할

애할 시간이 있었으며, 드농의 영향으로 그런 작업의 중요성에 대해 확신을 얻은 벨리아르 장군의 지지를 받기까지 했다. 두 기술자는 덴데라뿐만 아니라 아스완 근처 필레 섬과 콤옴보와 에드푸와 에스나의 사원들, 테베의 사원들과 무덤들을 방문하여, 설계도와 건축 도면들, 수백 개의 성각 문자 사본들을 그려 냈다. 드농과 마찬가지로, 그들도 카이로에서 콩테가 만들어 보낸 연필이 다 떨어지자 총알을 녹인 납을 빈 갈대 안에 부어서 임시로 연필을 만들어 써야 했다.

1799년 7월 19일, 나폴레옹은 상이집트의 고대 유적들을 과학적으로 연구하고 정확히 기록하기 위해, 수학자인 조제프 푸리에와 루이 코스타즈가 지휘하는 학술 위원회를 두 개 설립했다. 그러나 그들은 8월 중순에 드농이 카이로에 돌아온 후에야 그 일의 규모를 파악할 수 있었다. 드농이 자신이 본 것을 모두 말하고 자신의 그림들과 유물들을 보여 주자 그들은 놀랐고, 덴데라나 테베의 경이로운 유적들에 비하면 하이집트에 있는 피라미드를 포함해 그나마 얼마 없는 유적들은 아무것도 아님을 깨달았다. 사실, 드농의 증언은 거의 모든 유적들을 뒤덮고 있는 성각 문자가 얼마나 중요한가를 새삼 강조한 것이었다. 만약 그들이 성각 문자를 해독할 수 있다면 그 유적들을 이해할 수 있을 테지만, 당시 그들이 할 수 있는 일은 성각 문자를 베끼는 것이 전부였다. 학자들은 성각 문자의 의미에 대해서 언급할 수 없었기 때문에, 자신들이 기고한 학술지에서 그 모든 성각 문자들의 눈에 보이는 생김새만을 묘사했다. 두 위원회는 8월 20일에 카이로를 떠나 상이집트에 도착해 졸루아와 빌리에를 만났다. 푸리에와 코스타즈는 현명하게도 그 두 기술자가 한 작업을 반복하는 대신, 앞으로 기록되기를 기다리고 있는 것들에 집중하기로 했다. 그래서 장기적인 연구를 위해 엄청난 양의 메모, 그림, 파피루스, 미라, 조각상 그리고 다른 유물 전반을 카이로로 가져갔다.

　나폴레옹이 상이집트 연구 위원회를 설립하던 바로 그날, 성각 문자 해독의 실마리 하나가 로제타에서 발견되었다. 군인 한 무리가 폐허가 된 라시드 요새의 방어 시설을 강화하고 있었는데, 라시드 요새는 로제타에서 북서쪽으로 3~4킬로미터 정도 떨어져 있고 프랑스인들이 쥘리앵 요새라고 새로 이름 붙인 곳이다. 망가진 벽을 허물던 중에, 도트풀이라는 군인이 한 면에 비문들이 새겨진 손상된 어두운 회색 석판을 찾아냈다. 담당 장교인 피에르 프랑수아 그자비에 부샤르는 그 석판이 상당히 중요하다고 생각해서 상관인 미셸앙주 랑크레에게 알렸다. 그것을 살펴본 랑크레는 거기에 다른 문자 세 개로 된 비문 세 개가 있음을 발견했는데, 하나는 그가 알아볼 수 있는 그리스어였고, 다른 하나는 성각 문자, 나머지 하나는 알지 못하는 또 다른 언어였다. 일단 그리스어 문헌을 번역했더니 그것이 기원전 204년에서 180년까지 이집트를 다스린 프톨레마이오스 5세를 기념해 기원전 196년 3월 27일에 멤피스의 사제들이 쓴 칙령임을 알 수 있었다. 곧이어 그 세 개의 비문이 세 개의 다른 문자와 언어로 동일한 텍스트를 표현하므로 성각 문자 해독의 열쇠가 될 수 있다는 명제를 가정하게 되었다.

　거의 1.2미터 높이에 무게 750킬로그램에 달하는 그 단단한 비석을 카이로로 운송하는 임무를 부샤르가 맡았는데, 이집트 연구소 회원으로 선출된 지 얼마 안 되었던 랑크레가 동료들에게 "당신들의 관리인, 부샤르 회원이 로제타 마을에서 어떤 비문들을 발견했는데 이를 조사하면 흥미로울 것."이라고 알렸다. 카이로의 학자들은 비석을 보자마자 비문들의 정확한 필사본을 만드는 방법을 고안하기 시작했고, 실제로 다양한 탁본과 그림, 주물이 만들어졌다. 학자들은 모두 성각 문자를 해독하기 위한 돌파구를 기대하면서 흥분했으나, 기뻐하기에는 아직 일렀다. 누군가가 성각 문자를 읽기 시작할 수 있게 되기까지는 이십삼 년이라는 고된 작업과 큰 고통의 시간이 더 걸렸다. 학자들은 라시드 요새에서 발견한 비석을 로제타석이라 부르기 시작했고, 그것은 곧 세계에서 가장 유명한 기념물 중 하나가 될 터였다.

학자들이 마침내 고된 작업과 고통을 보상받을 만한 눈부신 결과를 바라보고 있는 동안 드제 장군과 벨리아르 장군의 병력은 나일 계곡의 질서와 지배력을 어느 정도 회복했다. 반면 나폴레옹이 이끄는 대규모 군사 원정대는 그다지 선전하지 못하고 있었다. 영국군이 이집트를 봉쇄해서 공급 물자나 사람, 정보가 통과하는 길을 거의 차단했으며, 더 심각한 문제는 투르크인들이 노골적으로 적대적이라는 점이었다. 1799년 2월, 나폴레옹은 투르크인들이 시리아를 지나 이집트로 남하하는 육군과 해군 양쪽 모두를 이용해 두 갈래로 공격을 계획하고 있다는 사실을 알게 되었다. 그 위협을 막기 위해, 투르크의 육상 병력이 완전히 정비되기 전에 그들을 궤멸하기 위해, 나폴레옹은 자기 군대를 대부분 시리아 원정에 데리고 갔다. 만약 그의 계획이 성공하고 맘루크들과 아랍인들이 그의 군대에 합류했다면, 나폴레옹은 아마도 알렉산더 대왕에 필적하게 되어 인도로 행군하는 꿈을 이룰 수 있었을 것이다. 하지만 운이 없었던 나폴레옹에게 시리아 원정은 재앙이었고, 그는 투르크인들의 이집트 진출 속도만 늦췄을 뿐 막지는 못한 채로 아크레에서 후퇴해야 했다.

6월 14일에 다시 카이로에 돌아온 나폴레옹은 마치 자기가 성공한 것처럼 승리를 내걸었지만, 프랑스에서 물자와 추가 병력을 공급받지 못하면 프랑스 군대가 이집트에 대한 지배력을 상실하는 것은 단지 시간 문제임이 명백해졌다. 7월에 영국 배들을 포함한 오스만 제국 함대가 (몇 달 전 넬슨이 프랑스 함대를 격파했던) 아부키르에서 거대 병력을 출정시켰다는 소식이 들려왔다. 아부키르로 급히 행군해 간 프랑스 군대는 오스만 제국 군대에게 결정적인 패배를 안겨 주었다. 포로들을 영국 장교와 교환하는 사이, 나폴레옹은 프랑스가 심각한 경제 위기에 봉착했고 왕당파들은 군주제를 회복하려 하고 있으며 총재 정부를 무너뜨리려는 쿠데타가 임박했음을 알게 되었다. 그것은 나폴레옹이 기다려 왔던 집권할 수 있는 기회였지만 그는 제때 파리로 돌아갈 수 없을 것 같았다. 8월 17일, 그는 서둘러 알렉산드리아를 떠나서 닷새 후에 프랑스로 출항했는데, 베르티에, 란, 뮈라 장군과 군대 측근 몇 명과 경호원, 민간 학자로는 몽주, 베르톨레와 드농, 이집트 연구소에 소속되어 있는 군인 세 명만 데리고 갔다. 마지막 순간에 그 비밀스러운 출발을 알게 된 시인 파르저발 그랑메종이 그 배들 중 하나에 뛰어올라서 돛대에 매달려 프랑스로 돌아가게 해 달라고 구걸했는데, 다른 학자들이 끼어들어서 나폴레옹이 그를 배에서 내던지는 것을 겨우 막았다.

다행히도 나폴레옹이 최근 아부키르에서 오스만 제국 군대를 이겼다는 소식이 전해진 바로 뒤에 프랑스에 도착한 덕분에, 자신의 이집트 원정을 유리한 방향으로 보여 줄 수 있었다. 지지자들과 함께 거의 한 달 동안이나 정교한 계획을 세운 후에 나폴레옹은 11월 9일 쿠데타를 일으켜 정권을 거머쥐었고, 프랑스는 총재 정부 대신 세 통령이 다스리게 되었으며, 나폴레옹이 십 년 동안 제1 통령으로 있었다. 그 후 그는 다른 두 통령을 내쫓고 1804년 12월 황제로 즉위하면서 그 민주 정치의 겉모양마저도 떨쳐 버렸다.

일단 나폴레옹이 이집트를 떠나자 전체 통솔권은 클레베르 장군에게 넘어갔는데, 그는 나폴레옹의 출발을 통고받지 못하고 고의적으로 원정에서 버림받았다는 사실에 분노했다. 클레베르는 "당신이 이것을 읽을 때면, 장군이여, 나는 광활한 바다 한가운데 있을 것이오."라고 시작하는 나폴레옹의 서면 지시를 무시하고, 프랑스 군대를 이집트에서 철수하기 위해 즉시 영국 장군들과 협상을 시작했으며, 곧 합의가 이루어져 조약이 체결되었다. 1800년 2월 4일, 학자 사십여 명이 떠날 준비를 했다. 처음에는 역병이 발생해서 출발이 지연되었으나, 마침내 3월 27일 로제타석을 포함한 수집품을 모두 챙겨 알렉산드리아에서 배에 올랐고, 나중에 더 많은 학자들이 합류했다. 만약 그들이 그때 프랑스로 출항했다면, 로제타석은 현재 대영 박물관 대신 루브르 박물관에 전시되어 있을 것이다. 그러나 조약 체결 소식이 영국에 전해지자 영국 정부가 조약의 이행을 거부하고 프랑스의 무조건 항복을 주장했고, 그래서 기대했던 출항 허가가 곧바로 나지 않았다.

학자들은 날마다 프랑스로 떠나기를 바라면서 배 위에서 한 달을 보낸 후, 즉각 철수할 가능성이 전혀 없음이 분명해지자 배에서 내렸다. 그들은 몹시 실망한 데다 이집트에서 겪은 고초에 지쳐서 마지못해 일터로 돌아갔다. 열여덟 달이 지난 후에야 그들은 떠날 수 있게 되었고, 영국과 계속 협상하는 과정에서 심지어 어떤 물품을 가져갈 수 있는지 없는지도 망라했는데, 그런 교섭은 때로 폭력을 불렀다. 결국 학자들은 모든 기록과 대부분의 수집품을 가져갈 수 있다는 허가를 받았으나, 그 대신 영국은 귀중한 로제타석을 포함해 가장 중요한 물품들을 챙겼다.

1799년 로제타석이 발견된 직후, 그 위에 새겨져 있던 세 개 비문의 잉크 탁본이 이집트에서부터 파리 프랑스 연구소 학자들을 포함해 유럽 전역의 학자들에게 도착했다. 영국군과 협정한 조항에 따라 영국에 넘겨준 총 50톤의 고대 유물들은 영국으로 가는 배에 실렸고, 로제타석은 영국군이 알렉산드리아 항구에서 프랑스군으로부터 빼앗은 HMS 이집트호라는 적절한 이름의 범선에 실려서 1802년 2월 포츠머스에 도착했다. 로제타석은 런던 고미술 협회로 운송되었는데, 거기서 옥스퍼드, 케임브리지, 에든버러 대학과 트리니티 칼리지, 더블린으로 보낼 석고 주물들을 만들고 유럽 전역의 주요 학술 연구소들에 배포할 조판 제작에 착수했다. 1801년 3월부터 1803년 5월까지 영국과 프랑스가 잠시 휴전한 동안에는 파리 국립 도서관에도 그것을 보냈다. 로제타석 자체는 최종적으로 1802년 말 대영 박물관에 안치되었으나, 그리스어, 이집트 민중 문자, 성각 문자 문헌의 조판들은 1815년에야 고미술 협회에서 간행되었다.

나폴레옹이 공식 기록을 조작했기 때문에 이집트 원정에서 발생한 프랑스 사상자들의 정확한 숫자는 알려지지 않았으나, 그가 이집트에 데려간 군인 5만 명 중 절반 이상이 거기서 죽었고 수천 명 이상이 눈이 멀거나 장애인이 되었다. 삼 년간 모험하면서 학자들도 희생되었는데, 최소한 스물다섯 명이 (비록 일부는 전투에서 죽거나 암살되었지만, 대개 역병과 다른 질병으로) 이집트에서 죽었고, 모두 병들었다. 질병은 군인들과 학자들 모두를 끊임없이 위협했고, 선글라스가 없던 시대에 거의 모두가 안염 때문에, 즉 강렬한 햇빛과 날아다니는 먼지와 모래의 자극에 의해 눈이 감염되어 고통을 겪었다. 안염에 걸렸을 때 최악의 경우에는 영원히 장님이 될 수도 있었다. 이집트인들 다섯 명 중 하나는 적어도 한쪽 시력을 잃었고, 많은 학자들은 여러 주일, 심지어 여러 달 동안 눈 상태 때문에 제대로 일을 할 수 없었다. 또한 군인들과 학자들은 오염된 물을 마시고 목구멍, 위, 기도에 붙은 거머리 때문에 고통스러워했고, 이질이 퍼졌으며, 일사병과 티푸스를 포함한 각종 열병에 자주 걸렸다. 그러한 모든 고통과 잦은 식량 및 음료 부족을 차치하고 가장 심했던 것은 계속해서 그들을 위협하는 가래톳 페스트였고, 그 병으로 여러 학자들과 수백 명의 군인들이 죽었다.

군사적 측면에서 보자면, 원정은 실패였다. 삼 년 동안 전쟁을 벌인 끝에 프랑스군은 동방의 제국을 얻지 못했고 마침내 이집트를 포기해야만 했다. 그 원정에서 유일한 성공은 맘루크들이 이집트의 자유를 억압하던 상태를 타파했다는 것이었다. 오스만 제국이 다시 이집트를 지배하게 되었고, 십 년 후에 맘루크들은 소탕되었다. 원정 이후에는 나일 강을 따라 올라가는 여행이 점점 더 안전해졌고, 유럽인들이 곧 그 지역을 탐험하기 시작했다. 나폴레옹의 정치적 야망으로 보자면 아슬아슬한 승리였고, 그는 권력을 잡으러 때맞춰 프랑스에 돌아오는 데 성공했다. 하지만 진정한 성공은 학자들의 몫이었다. 그들이 기록과 수집품 들을 가지고 프랑스로 돌아온 것은, 군사적인 면에서 원정이 크게 실패한 것과 맞먹을 만큼, 적어도 학문적으로는 큰 수확이었다. 프랑스와 이집트 사이에는 항상 특별한 연결 고리가 남아 있을 것이었다.

1799년 나폴레옹과 함께 온 비방 드농은 가장 먼저 프랑스에 돌아온 학자들 중 하나였다. 그는 즉시 자신의 메모들을 분류하기 시작했고 그림들을 도판으로 인쇄했다. 그 결과물인 『하이집트와 상이집트 여행』이라는 화보집이 1802년에 출판되어 대단한 성공을 거두었다. 그 책은 19세기에만 40판 이상 나왔고 여러 언어로 번역되었다. 무엇보다도 이 대단한 베스트셀러 덕분에 프랑스뿐만 아니라 서유럽 전체의 일반 대중이 이집트에 관심을 갖게 되었다. 나중에 이집트에서 돌아와 모험담을 써낸 다른 사람들은 그 책을 흉내 냈다.

학자들의 연구가 공식 기록으로 나오는 데는 다소 오랜 시간이 걸렸다. 초창기의 두 편집자, 니콜라 콩테와 그의 후임자 미셸앙주 랑크레는 첫 권이 출판되기도 전에 사망했다. 세 번째 편집자인 기술자이자 지리학자 에듬프랑수아 조마르는 이십 년이나 걸려 그 작업을 완성했고, 1809년부터 1828년까지 『이집트 묘사』라는 기념비적인 책 20권이 파리에서 출판되었다. 이 책에는 이집트 역사에 대한 조제프 푸리에의 서문도 들어 있었다. 수백 개의 삽화들 중 컬러 그림도 많은 이 책은 드농의 책이 일반 대중에게 미친 것만큼의 충격을 서유럽 학자들에게 안겨 주었다. 그러나 이 책은 크기 때문에 비쌌고 상대적으로 적은 수량만 생산되었다.

　　나폴레옹의 이집트 원정으로 인해 나온 출판물들은 독자들에게 그동안 전혀 듣지도 보지도 못한 세계를 보여 주었다. 수천 년 된 문명의 잔재, 그것이 현존한다는 사실은 예전에는 단지 소수의 학자들에게만 알려져 있었다. 드농이 말한 것처럼 이집트는 "유럽이 다만 이름으로만 겨우 알던 나라"였다. 이제 서유럽에서 바라본 그 세계는 예전보다 훨씬 넓고 오래되고 신비한 것이었다. 그것 자체가 서유럽 전역에 이집트 열풍을 일으키기에 충분했지만, 특히 프랑스에서는 나폴레옹이 이집트 테마를 적극적으로 홍보했다. 나폴레옹은 그전 정권들이 사용했던 어떤 상징도 차용하지 않으면서 자신의 제국과 궁정에 정당성을 부여할 스타일을 창조해야 한다고 생각하고 있었다. 정권을 획득한 나폴레옹은 이집트에서의 군사적 참패를 승리로 그려 낼 수 있었고, 건축, 가구, 장식에 이집트 모티프가 널리 쓰였다. 1806년 나폴레옹의 명령으로 파리에 새로 만든 분수 열다섯 개 중 여섯 개가 이집트 스타일이었고, 스핑크스, 파일론(이집트 기념 건물, 특히 신전 입구를 지칭하는 그리스어이다. 양쪽으로 점점 작아지는 탑이 가운데 신전 입구를 향하고 있는 건축물을 지칭한다. 이 모양은 이집트 성각 문자에서 '지평선'을 의미하는 *akhet* 모양을 형상화한 것이다.─옮긴이), 피라미드 등은 건축 장식으로 자주 사용되었다. 이처럼 이집트 스타일을 활용하는 것에 더 많은 대중이 관심을 보이면서 연극과 오페라의 무대 디자인에도 이집트 배경이 사용되었고, 그중에서 제일 영향력 있는 것은 유럽 전역의 오페라 하우스에서 공연된 모차르트의 「마술피리」 세트였다.

파리가 유럽 패션의 중심이었던 당시에는 드농의 책에 있는 도판들이 건축가와 디자이너에게 영감을 주었고, 특히 가구와 대부분의 인테리어 물품을 제작하는 데 영향을 미쳤다. 예를 들어 세브르의 도자기 공장에서 만든 이집트 식기는 드농의 그림들 속 이집트 풍경들로 장식되었고, 필레 사원, 룩소르 오벨리스크, 에드푸 사원의 탑, 양 머리가 달린 스핑크스 거리 등의 모형이 포함된 웅장한 테이블 중앙 장식도 만들어졌다.

프랑스의 옛 왕조들과 철저히 단절하고자 했던 나폴레옹은 심지어 부르봉 왕가와 연관된 백합 상징을 성각 문자에서 바로 따온 꿀벌 문양으로 대체했다. 그때는 비록 알려지지 않았지만, 꿀벌은 하이집트의 성각 문자 상징이고 상이집트의 상징은 사초였으므로 이집트 전체를 다스리는 파라오는 ⚘🐝(사초와 꿀벌의 그분)라고 불렸다. 나폴레옹이 꿀벌 상징을 채택한 것은 아마도 (325~395년쯤에 살았던) 고대 로마 작가 암미아누스 마르켈리누스의 진술에 힘입은 것으로 보이는데, 그는 "통치자는 달콤함과 뾰족한 침을 동시에 겸비해야" 하기 때문에 꿀벌이 이집트에서 왕족의 상징이었다고 말했다. 꿀벌은 나폴레옹 제국의 지배적인 표상이었으나, 별이나 월계수 잎 같은 다른 표상들도 역시 사용되었다. 월계수 잎은 승리자를 나타내는 고전적 표상을 참고한 것으로, 로마 황제는 월계관을 관직의 문양으로 사용했다. 별은 꼭지점이 다섯 개로, 실제로는 '별'을 의미하지만 '신성'을 상징하는 것으로 오해받았던 성각 문자의 ★과 동일한 모양을 취하기도 했다. 이처럼 나폴레옹 시대의 이미지 중에서 별은 꿀벌과 함께 '신성한 왕'을 암시하기 위해 사용되었다.

유럽을 집어삼킨 이집트 열풍 덕분에 성각 문자가 해독되어야 한다는 필요성이 더욱 부각되었다. 많은 학자들이 영원한 명성과 막대한 부를 얻기 위해 그 상징들을 풀 열쇠를 찾는 경주를 시작했고, 그것은 여러 해 동안 치열한 경쟁과 쓰디쓴 비난을 낳았다.

2장   학생

샹폴리옹이 마침내 성각 문자를 해독해 내자, 그는 프랑스에서 전설적인 존재가 되었다. 사람들은 그의 화려한 성공을 예견했던 어린 시절의 신기한 사건들에 대해 이야기하기 시작했고, 이제는 그의 초년 기록에서 무엇이 사실이고 무엇이 허구나 과장인지를 구별하기도 어려워졌다. 그의 아버지 자크 샹폴리옹은 발보네부터 알프스 그르노블 남쪽까지 돌아다니면서 책을 팔았는데, 그곳에서는 생활이 힘들어서 젊은이나 노인이나 모두 생계를 꾸리기 위해 행상이나 거지처럼 몇 달씩 가족을 떠나 있곤 했다. 1770년 자크는 프랑스 남서부 지방, 오베르뉴의 서쪽 가장자리에 있는 케르시의 피자크 마을에 정착했고, 그 마을에서 최초로 시장에 서점을 열어 새 책과 헌책을 팔았다. 그 서점에는 종교 서적, 기도서, 정치 서적과 논문, 사전, 신문, 의학이나 농업 같은 주제를 다룬 실용서 등을 포함해 다양한 책이 있었다. 스페인의 산티아고데콤포스텔라 성당으로 가는 순례의 길에 있는 피자크에서 자크는 처음으로 넉넉한 생활을 할 수 있었고, 이 년 후에는 그곳에 집을 샀다. 1773년에 그는 잔프랑수아 구알리외와 결혼했는데, 그녀는 제조업에 종사하는 지역 유지 가문 출신이었다. 그녀는 서점 주인의 아내였지만 놀랍게도 읽고 쓰는 법을 전혀 몰랐다. 그녀와 자크는 결혼할 당시에 모두 서른 살이었고, 전부 아이를 일곱 명 낳았는데 그중 두 아들, 기욤은 태어나면서, 장바티스트는 두 살쯤에 죽었다. 장프랑수아는 살아남은 오 남매 중 막내로, 형 자크조제프와 세 명의 누나들(테레즈, 페트로니유, 마리잔)이 있었다.

샹폴리옹이 태어나던 해 1월, 그의 어머니는 몹시 아팠고 류머티즘으로 몸이 거의 마비될 지경이었다. 의사들도 더 이상 그녀를 위해 아무것도 해 줄 수가 없었다. 그런데 마술사 자크라 불리는 지역 치유자에게 진찰을 받고 약초 치료제를 사용하면서 그녀는 회복되기 시작했다. 자크는 치료의 성공에 덧붙여서, 앞으로 그녀가 완전히 회복될 것이며, 마지막 출산 이후 팔 년이나 지났지만 앞으로 수백 년 동안 유명해질 아들을 하나 낳을 것이라고 예언했다. 그녀가 계속 건강을 회복하면서 자크의 첫 번째 예언은 사실로 여겨지기 시작했고, 그의 두 번째 예언도 실현되리라는 기대로 마을 전체가 들떴다.

샹폴리옹의 출생과 관련된 사건들에 대한 그 지역의 전설은 이 정도 수준이었고, 이것은 허구로 치부당하기 쉽다. 하지만 예언까지는 아니더라도 그 이야기가 완전히 말도 안 되는 것은 아니다. 현대 의사들이 아스피린을 처방하는 것만큼이나 자주 치료사들이 거머리를 사용하던 시대에는, 소위 '마술사'라 불리는 사람이 준 약초들이 더 효과가 있었을 것이다. 그리고 최소한의 건강 관리만 해 온 마흔여섯 살 된 여인이 심각한 질병을 앓은 후에 일 년도 채 안 되어 건강한 아들을 낳은 것은 분명히 놀라운 일이었다. 장프랑수아 샹폴리옹은 1790년 12월 23일 새벽, 일 년 중 가장 깜깜한 시간에 피자크의 가정집에서 태어났고, 같은 날에 지금까지도 마을을 내려다보고 있는 언덕 꼭대기의 중세풍 노트르담 뒤 퓌 성당에서 세례를 받았다. 그의 대부는 그보다 열두 살 많은 형 자크조제프였고, 대모는 그의 숙모인 도로테 구알리외였다.

샹폴리옹은 프랑스 혁명의 아이였다. 그가 태어나 유년기를 보낸 집은 어둡고 좁은 부두스퀘리 거리에 있었다. 그 거리에서 불과 30미터 떨어진 곳에 작은 광장이 있었는데, 그곳은 혁명의 상징으로, 정치적 모임이 열렸고 '자유의 나무'와 교수대가 있었다. 그 광장에서 끔찍한 처형을 보며 소리 지르던 군중의 외침과 혁명가들의 떠들썩한 소리를 샹폴리옹은 태어나서 처음으로 들었다. 그 당시에는 세금을 내지 않고도 특권을 누리는 다수의 귀족과 과도한 세금을 내면서도 점점 더 가혹하게 억압받는 민중 사이에 긴장이 고조되고 있었다. 그로 인해 결국 프랑스혁명이 일어난다. 혁명은 샹폴리옹이 태어나기 일 년 전인 1789년에 발발했다. 그 후 십 년 동안 부르봉 왕가는 프랑스 왕좌에서 완전히 제거되었고, 국왕 루이 16세와 많은 귀족들은 교수대에서 처형되었다. 가톨릭교는 억압받았고, 군주제는 잇따른 임시 정부들로 대체되었다.

혁명 기간 동안 사람들은 어떤 식으로든 새 정권에 반대하는 이유를 들면서 자신들의 적을 당국에 고발하곤 했다. 많은 사람들이 그 당시의 혁명 정부에 반대하는 말을 했다는 혐의만으로 처형당했다. 프랑스의 다른 지역과 마찬가지로 피자크의 거리도 아이들이 나가 놀기에 안전하지 않았고, 종교 단체들이 운영하던 학교들은 대부분 문을 닫았다. 샹폴리옹은 대체로 집 안에 갇혀 지내며 어린 시절을 빼앗겼다. 그러나 사실 어떤 면에서 그는 아이였던 적이 없었던 것 같다. 많은 영재들처럼 그는 또래보다 빠르게 성장했고 어른들과 더 편하게 어울렸다. 샹폴리옹은 일곱 살이 될 때까지, 즉 나폴레옹이 이집트 원정을 떠나던 그해까지, 전혀 교육을 받지 못했다. 그의 어머니는 다시 아파서 그를 돌볼 수 없었던 듯하고, 아버지는 자주 집을 비웠기 때문에 샹폴리옹을 돌보는 일은 형과 누나들의 몫이었을 것이다. 그는 많은 시간 동안 집이나 서점에만 틀어박혀서 혼자 놀아야 했다. 그의 집은 사방이 높은 건물들로 둘러싸여 있었고, 지층과 두 개의 위층과 솔레이오가 있었는데, 아이가 다섯인 가족에게 그 집은 비좁았다. 솔레이오는 그 지역 집들의 특징으로, 돌이나 나무로 된 기둥들이 떠받치고 있고 지붕이 있는 개방형 옥상 다락이다. 혼잡한 마을에서는 솔레이오가 마당의 기능을 하기도 했고, 장작을 보관하거나 빨래를 말리거나 심지어 식물을 기르는 곳으로도 활용되었으며, 아이들에게는 당연히 좋은 놀이 공간이 되었다.

지능이 높은 샹폴리옹은 쉽게 지루해했으며, 공간적인 제약이 사태를 더 악화시켜서 종종 그의 기분은 극단적으로 변하곤 했다. 그는 한순간 난폭한 놀이에 빠졌다가 곧바로 사색에 잠기거나 자신의 흥미를 끄는 것을 조용히 공부하곤 했다. 그러나 그 시기에 그는 조급하고 변덕스러운 기질에서 비롯한 문제들을 극복하는 데 도움이 되는 강한 성격을 키워 나갔다. 그가 제일 좋아하는 동물이 사자였기 때문에 자신을 '리옹(lion)'이라고 불렀는데, 아마도 샹폴리옹을 발음하기 쉽게 줄인 말일 것이다. 나중에 파리에서 학교를 다닐 때에도 그는 몇몇 편지에서 '승리한 사자'를 뜻하는 아랍어구 *Assad Saïd al-Mansour*로 서명을 했다.

책 속에 파묻혀 지냈지만 정식 교육을 받지 못한 샹폴리옹은 스스로 읽기와 쓰기를 터득하기 위해 노력했고, 확실히 어느 정도는 성공했다. 이처럼 미지의 글자를 해독하려는 열정은 그가 그 후에 이루어 낸 전설의 시작이었다. 또한 그는 그림을 베끼기 시작했는데, 사실상 그에게 '쓰기'라는 단어는 그려서 베끼는 것을 의미했고, 이는 그의 일생 동안 지속되는 그림에 대한 재능과 열정의 시작이었음이 분명한 듯하다. 하나의 글을 그림들의 집합으로 보거나 그림들의 집합을 하나의 글로 보는 그의 유연한 사고는 아마 이때 형성되었을 것이다. 평생 동안 지속된 또다른 그의 특성도 어렸을 때 나타났다. 나폴레옹처럼 샹폴리옹도 따뜻한 것을 좋아하고 추운 것을 싫어했다. 그래서 그가 불 가에 있는 장면이 자주 눈에 띄곤 했다. 그의 집에 있는 난로의 가로대 돌에는 나무 옆에서 뛰는 두 마리 개를 표현한 듯한 낡은 문양이 있었는데, 샹폴리옹의 눈에는 그 동물들이 사자로 보였고, 그것 때문에 '사자'라는 상징에 더욱 강한 애착을 갖게 되었다.

　　샹폴리옹이 겨우 네 살일 때, 열여섯 살 된 그의 형 자크조제프가 첫 직장인 피자크 시청에서 일하기 시작했다. 비록 혁명 때문에 학교가 쉬어서 기초 교육만 받았으나, 자크조제프는 일을 빠르게 배웠고 야심도 있어서 곧 새로운 법률과 여권 등록 업무를 맡게 되었다. 당시에는 외국뿐 아니라 프랑스 안을 여행할 때에도 누구나 여권이 필요했다. 또한 그는 책을 좋아했고 고대사에 흥미를 보였는데, 그것은 그의 동생의 관심사와도 유사했다. 특히 당대의 많은 젊은이들처럼 그도 '무적의' 나폴레옹 장군이 정복한 것들에 흥분했다. 1798년 초에 자크조제프는 그의 영웅 나폴레옹이 원정대를 조직한다는 소식을 듣고 거기에 합류하고자 했으나, 군대에서 받아 주지 않은 데다 그 목적지가 이집트라는 사실까지 알고 나서는 갑절로 실망했다. 몇 달 후인 7월, 그의 아버지는 샤텔 안에 있는 그르노블 외곽 지역에 샹폴리옹, 리프 등 사촌들과 자크조제프를 위해 직장을 마련해 주었다. 직물을 전문으로 수출하고 수입하는 작은 사업이었지만 멀리 미국과도 거래를 했다. 그때까지도 자크조제프는 라틴어와 그리스어, 고대사에 재능을 보이면서 실력을 향상해 나갔고, 남는 시간에도 다른 공부를 계속했다.

자크조제프는 그르노블로 옮겨 가기 전에 몇 달 동안 남동생을 가르쳤고, 그래서 그가 떠나자 샹폴리옹은 사랑하는 형과 교육을 모두 빼앗긴 셈이 되었다. 1798년 11월, 여덟 번째 생일 직전에 샹폴리옹은 최근에 다시 문을 연 피자크 지방 초등학교에 다니기 시작했으나, 교과 과정에 익숙하지 않은 데다 대부분의 수업을 싫어한 탓에 학교에서는 전혀 행복하지 않았다. 어떤 과목들은 그에게 너무 쉬웠고, 기계적인 교수법은 그를 지루하게 했으며, 나머지 과목들은 그의 관심을 전혀 끌지 못했다. 그는 수학, 특히 암산을 몹시 혐오했고, 수학과 자신만의 특이한 맞춤법 때문에 계속 고생했다. 그 수재의 특수한 요구에 학교가 부합할 수 없었던 것처럼 샹폴리옹도 학교에 부적합하다는 사실이 곧 명백해졌고, 샹폴리옹은 형이 부추긴 대로 곧 학교를 그만두고 동 칼멜스라는 개인 교사의 지도를 받게 되었다.

(프랑스 혁명으로 수도원들이 문을 닫기 전까지) 베네딕트회의 수도사였던 동 칼멜스는 샹폴리옹을 이 년 동안 가르쳤다. 그의 교육 방식에는, 관찰력과 추리력을 개발하기 위해 학생이 관심을 보이거나 의문을 품는 모든 것에 대해 토론하면서 피자크와 주변 지역을 산책하는 일도 포함되어 있었다. 당시 피자크는 주로 중세풍 사암 건물들이 마을 성벽 안쪽으로 몰려 삼각형의 군집을 형성하고 있었고 좁은 길들로 구획되어 있었다. 피자크는 셀레 강의 완만하게 경사진 북쪽 강둑 위에 있어서, 마을을 에워싼 높고 낮은 푸른 언덕들을 몇 안 되는 트인 장소에서만 어렴

풋이 볼 수 있었다.

샹폴리옹은 어렸을 때 어학적 재능을 드러내면서 라틴어와 그리스어 학습에서 우수한 성과를 거두었고, 마을 주변을 답사하면서 예술과 건축뿐 아니라 자연사에 대한 흥미도 키워 나갔다. 그러나 전체적인 발달은 고르지 않았다. 맞춤법은 아직도 취약한 분야였고, 그의 기분은 여전히 갑작스럽게 변하곤 했다. 일 년 동안 샹폴리옹을 가르친 후, 동 칼멜스는 자크조제프에게 제자의 발전에 대한 편지를 쓰면서 다음과 같이 인정했다. "그는 배우고자 하는 대단한 욕구와 열망을 품고 있지만, 이 욕구와 열망은 조절하기 힘든 냉담함과 무관심 속에 빠져 있습니다. 그는 어떤 때에는 모든 것을 배우려는 듯하다가도, 또 어떤 때에는 아무것도 하지 않으려고 합니다." 그 시기에는 형을 향한 사랑과 존경만이 샹폴리옹을 이끌었던 것 같고, 자크조제프는 동생을 자극하면서 지도하기 위해 격려와 강압, 때로는 위협도 사용하는 기나긴 여정을 시작했다.

샹폴리옹은 자신을 가르치는 교사의 능력을 점차 뛰어넘었고, 동 칼멜스는 그르노블에 있는 선생들이 그의 확연한 천재성을 잘 개발해 줄 것이라고 충고했다. 그래서 자크조제프는 동생에게 편지를 써서 "만약 네가 여기 와서 나와 머물고 싶다면, 빨리 뭔가를 배워야만 해. 무식한 사람은 아무 쓸모가 없어."라고 경고했다. 1801년 3월에 샹폴리옹은 그르노블에서 형과 함께 살기 위해 320킬로미터가 넘게 멀리 떨어진 곳으로 떠났고, 그의 어머니는 다시는 그를 보지 못했다. 샹폴리옹을 멀리서 교육하는 데 가장 큰 영향력을 행사했던 자크조제프는 이제 동생을 완전히 통제하게 되었다. 그르노블에 도착한 열 살 하고도 삼 개월 된 소년은 거무스레한 피부와 검은 곱슬머리, 색깔이 아주 진한 아몬드형 눈을 가졌는데, 그 눈빛에서 활발한 지성과 사나운 기질이 잘 드러났다.

샹폴리옹은 마차에서 내리며 부유하고 고급스러운 마을을 보았다. 프랑스 남동부의 그르노블은 산맥 중앙에 있어서, 자크조제프가 사촌들과 사업하며 살고 있는 중심가 그랑드 거리에서는 어느 방향으로 올려다봐도 산이 보였는데, 어떤 산꼭대기는 일 년 내내 눈으로 덮여 있었다. 그 작은 마을은 이제르 강과 드라크 강이 합류하면서 생긴 평지 위에 (지금은 거의 파괴된) 17세기의 요새들로 둘러싸인 지역으로, 두 개의 강은 물살이 빠르고 사나운 편이어서 여러 차례 홍수가 일어나곤 했다. 샹폴리옹에게는 실제 고향인 피자크보다도 그르노블이 더 고향 같았다. 그는 그곳을 좋아하게 되었다.

그르노블의 매력 중 하나는, 프랑스 여러 마을들처럼 최근에 역사를 망쳐 버린 만행과 학살의 기억이 거의 없다는 점이었다. 그 지역 귀족들은 십 년 전에 전쟁이 터지기 전부터 왕에게 프랑스 의회를 재소집하라고 강요하면서 혁명의 선두에 섰기 때문에, 다른 곳에서 발생한 것과 같은 과격주의와 민란을 피할 수 있었다. 다만 공포 정치가 한창이었을 때, 무고한 희생자들의 유혈 처형을 집행한 공안 위원회가 마을에 들어선다는 사실이 알려지면서 그르노블의 안전도 위협받았다. 1794년 7월, 공포 정치 기간 동안 혁명 정부의 지도자였던 막시밀리앙 로베스피에르가 체포되어 처형당하고 그의 정권이 붕괴하자, 파리 감옥에서 처형을 기다리던 수백 명이 목숨을 건졌다. 그중에는 마리조제프로즈 드 보아르네라는 귀족 출신의 젊은 과부도 있었다. 그르노블에 공안 위원회를 설치하는 것도 중단되었고 다행히 그 마을은 파리에서 일어난 것과 같은 마녀사냥과 대학살도 모면했다. 그러한 위기가 지나간 후 그르노블은 상업과 학문의 중심지로 성장했으며, 샹폴리옹은 거기서 사춘기를 보내게 되었다. 한편 젊은 과부인 마담 드 보아르네는 재혼해서 미래의 프랑스 황후, 조제핀 보나파르트가 되었다.

자크조제프는 그르노블에 오고 얼마 지난 후에 성(姓)을 샹폴리옹에서 샹폴리옹피자크로 바꿨다. 동생인 장프랑수아와 자신을 구별하기 위해 그렇게 했는데, 그가 일찍부터 장프랑수아 샹폴리옹이 앞으로 위대한 일을 할 운명이라는 것을 인식하고 있었기 때문이라고 해석된다. 그러나 이는 사실 자크조제프가 그르노블에서 성이 샹폴리옹인 사촌들과 자신을 구별하려는 방법이었을 가능성이 더 높으며, 야심에 찬 부르주아의 특징이기도 했다. 사회적 포부가 있는 사람들 사이에서는 자기 성에 출신 지역을 덧붙여서 근사한 이름을 짓는 일이 흔했다. 자크조제프는 혁명이 일어나기 전에는 귀족적인 인상을 주기 위해 자신의 이름을 '샹폴리옹 드 피자크'로 바꿨던 것으로 보이지만, 혁명 이후에도 귀족인 체하는 것은 상당히 위험한 일이었다. 다른 많은 귀족들처럼 마담 드 보아르네도 이름에서 '드'를 빼고 '시민 보아르네(Citoyen Beauharnais)'라고 서명했다. 나중에 장프랑수아도 가끔 샹폴리옹피자크라는 성으로 언급되긴 하지만, 그는 유행처럼 이름 고치는 것을 거부하고 '샹폴리옹 르 쥔 (Champollion le Jeune)'(어린 샹폴리옹)이라고 서명하기를 더 좋아한 듯하다. 아주 어렸을 때부터 그는 단어의 힘과 정확하게 메시지를 전하는 것의 중요성을 알았다.(맞춤법이 엉망이었음에도 불구하고.) 그 후에 그가 단어, 특히 별명을 사용하는 것은, 마치 다른 사람이 재능이나 날카로운 무기를 활용하는 것과 같았다. 형이 선택한 성을 그가 의식적으로 거부했다는 점은 어린 나이에도 사회에 대한 태도가 남달랐음을 보여 준다. 샹폴리옹에게는 그의 형과 같은 사회적 야망이 전혀 없었고, 앞서 자크조제프가 어수선한 시대를 원만하게 헤쳐 갈 수 있게 해 준 요령과 수완 같은 것도 전혀 없었는데, 그것은 샹폴리옹에게 손해였다고 볼 수도 있다.

그르노블에 머무는 첫 스무 달 동안, 샹폴리옹은 처음에는 개인 교사에게 배우다가 나중에는 자신의 형에게서만 배웠다. 그는 여전히 감정 변화가 심했고, 자크조제프는 그 점을 유감스러워하면서 동 칼멜스에게 편지를 썼다. "그는 열성적이고 조급할 때는 배움을 향한 정열에 한계가 생길까 두려워하는 것 같다가도, 어떤 때는 무력하고 침체해서 모든 것을 자기가 극복해야 할 장애물, 풀어야 할 어려움으로 보는 것 같습니다." 그 편지는 일찍이 동 칼멜스가 자크조제프에게 보고한 것과 놀라우리만치 유사한 내용이었다. 자크조제프는 샹폴리옹의 이러한 정신적 특성은 어떤 일에도 맞지 않으며, 얼른 고쳐야 하는 단점이라고 나무랐다. 1802년 11월 샹폴리옹은 아베 뒤세르의 사립 학교에 다니기 시작했는데, 뒤세르는 수업료가 비싼 만큼 유명한 교사들이 있었다. 동생을 최고의 학교에 보내는 비용을 지불하는 것은 자크조제프에게 커다란 희생이었지만, 샹폴리옹을 잘 아는 사람이 그의 재능을 개발할 수 있는 좋은 기회를 제공하기 위해 그 정도로 희생하려 했다는 것은 샹폴리옹의 어학적 재능이 비범했음을 보여 주는 분명한 증거이다.

뒤세르의 학교는 당시 프랑스 국영 학교들 중 하나인 '중앙 학교'와 연계해서 운영되었다. 샹폴리옹은 아베 뒤세르에게서 언어들을 배웠으나, 다른 과목은 대부분 중앙 학교에 가서 배웠다. 그의 어학적 소질은 금방 뚜렷하게 드러났고, 일 년 후에는 라틴어와 그리스어에서 상당한 진전을 보여서 히브리어와 다른 세 개의 셈족어들, 즉 아랍어, 시리아어, 칼데아어(성서 아람어) 공부를 시작해도 된다는 허락을 받았다. 그 언어들은 그가 남는 시간에 하기 시작한 연구에 도움이 될까 하여 선택한 것이다. 불과 열두 살이었는데도 그는 인류의 기원에 매료되었고, 그 당시에는 성서가 우주 창조를 분명하게 묘사한 최초의 역사적 텍스트로 여겨졌기 때문에, 샹폴리옹은 후대의 잘못된 번역이 아닌 원래 언어로 성서를 읽기를 원했다. 그는 그때 이미 고대인들의 연대기를 수집하기 시작했고 그의 형도 그것을 격려해 주었다. 자크조제프는 책을 많이 모았는데, 혁명으로 몰락한 사람들에게서 아주 싼 값에 책을 사서 이득을 봤고, 점점 풍족해져 가는 그의 서고는 동생의 연구에 커다란 도움이 되었다. 그것이 샹폴리옹이 일생 동안 진행할 연구의 진짜 출발점이었다.

샹폴리옹은 그르노블에서 처음에는 행복해 보였는데, 고대 언어에 몰두해서뿐만이 아니라 중앙 학교의 여러 과목들을 좋아했기 때문이다. 수학은 그가 여전히 싫어하고 제일 못하는 과목이었지만, 그림 솜씨가 계속 향상되면서 그는 식물학에 큰 흥미를 갖게 되었다. 한때 피자크에서 개인 교사와 거닐며 그들이 보는 모든 것을 공부하고 토론했던 것과 마찬가지로, 그는 그르노블에서도 식물을 수집하고 연구하기 위해 주변 산들을 탐험하기도 했다. 또 샹폴리옹은 그르노블에 온 지 얼마 안 되었을 때 신임 지방관을 만나서 대화하는 절호의 기회를 얻었다. 그 지방관은 바로 장 바티스트 조제프 푸리에였는데, 그는 나폴레옹의 이집트 원정에 참여한 최초의 학자들 중 한 명이자 카이로의 이집트 연구소에서 총사무관을 역임했던 사람이었다. 이집트 원정 이전에도 푸리에는 과학자와 수학자로 이름을 알렸지만, 서른세 살에 프랑스로 돌아와서는 『이집트 묘사』의 역사적 개관이나 서문을 쓰는 임무를 맡고 있었다. 이집트에서 돌아와 몇 달이 지난 후인 1802년 초, 그르노블에 근거지를 둔 이제르 지역 지방관이라는 새로운 지위를 얻기 전에도 푸리에는 이미 상당한 유명 인사였다.

이집트에 갔던 학자들은 스스로를 '이집트인'이라고 불렀으며 여전히 이집트에 연관된 모든 것에 매료되어 있었다. 푸리에도 예외는 아니어서, 지방관으로서의 임무가 허락하면 언제라도, 『이집트 묘사』 작업뿐 아니라 고대 이집트의 다양한 측면, 특히 황도 십이궁을 연구하는 데 몰두했다. 지방관의 임무 중 하나로 정부 학교 시찰이 있었는데, 한 학교에서 그는 장프랑수아 샹폴리옹이라는 학생의 이집트에 대한 열정에 감동하여 자신이 수집한 유물들을 보여 주려고 그 학생을 초대했다. 지방관의 부름을 받은 데다, 유명 과학자이자 '이집트인'이며 그르노블 최고 권력자인 푸리에와 마주하자, 열한 살 소년은 말도 못 할 만큼 긴장해서 심지어 푸리에가 묻는 질문에 대답조차 하지 못했다. 지방관이 이집트 이야기를 꺼내면서 자신의 유물 몇 점을 보여 주자 소년은 비로소 평정을 되찾았다. 돌과 파피루스 조각에 쓰인 성각 문자 비문들을 보면서, 물론 그중에서 이해할 수 있는 것은 하나도 없었으나, 샹폴리옹은 그 고대 글자를 연구해서 해독하겠다고 결심했을 뿐 아니라 자신이 성공하리라는 확신을 선언하며 그 자리를 떠났다. 그것이 예고였든 그저 젊은 혈기에서 나온 과감한 말이었든, 그때부터 샹폴리옹과 푸리에는 1830년 푸리에가 죽을 때까지 서로 영향을 주고받았고, 결국 둘은 파리의 페르라세즈 공동묘지에 나란히 묻혔다.

정부에서 나폴레옹의 이집트 원정을 압도적인 승리로 선전한 이후 이집트는 여전히 프랑스 전역에서 주된 이야깃거리였다. 또한 이집트 열풍이 엄청나게 불고 있었으며, 『이집트 묘사』를 제작하고 발행하는 데 드는 비용도 전적으로 후원을 받고 있었다. 학자들이 파리에서 그 기념비적 출판을 위해 메모들을 맞춰 보는 동안, 푸리에는 그르노블에서 서문을 쓰고 있었고, 샹폴리옹은 아베 뒤세르의 사설 교육과 국영 중앙학교 수업에 시간을 할애하면서 기쁨을 찾았고 성격도 점점 안정되어 갔다. 그러나 불행히도, 그가 다시 학업에 만족하기도 전에 학교 조직이 대대적으로 개편될 조짐이 있었다.

1799년 이집트에서 돌아온 나폴레옹이 마지막 혁명 정부인 총재 정부를 전복한 후에 통령 세 명으로 구성된 통령 정부가 들어섰는데, 제 1통령 자리를 차지한 나폴레옹이 사실상 독재를 했다. 여러 해 동안 그는 프랑스 교육 체계를 개편하는 일에 개인적으로 관심을 갖고 있었고, 1802년 법령을 내려 프랑스 전역에 리세(lycée)를 마흔다섯 개 설립했다. 각 리세에 다니는 학생 180명의 기숙사 비용은 정부가 지불했다. 리세는 엘리트 소년 학교로, 정부가 교과 과정과 교복, 군사 훈련을 정했다. 심지어 각 리세 도서관에 있는 526권의 책에 대해서는 모든 학교에서 동일한 텍스트를 사용하게 되어 있었다. 도서 목록 중에서 56권은 프랑스 문학, 142권은 고대 그리스와 로마의 작품들이었고, 시간표는 라틴어와 그리스어 문학, 수학을 기초로 했으며, 부수적인 과목으로 자연사, 화학, 전문 회화(繪畵), 지리학이 있었다. 철학은 새로 복권된 가톨릭교회에 양보했기 때문에 시간표에서 빠졌고, 역사는 논쟁적인 과목으로 간주되어 시간표에 거의 포함되지 못했다.

리세는 기숙 학교였고 모든 소년들은 교복을 입고 양 끝이 뾰족한 모자를 썼다. 교복은 원래 짙은 파란색이었다. 그런데 프랑스 식민지에서 염료를 수입해야 하는 상황에서 점점 강해진 적군이 프랑스 배의 해로를 봉쇄한 탓에 염료를 얻기가 더 어려워지자, 정부는 교복 색깔을 회색으로 바꿨다. 소년들은 보병대 편성에 상응하는 중대와 횡대로 나눠서 군사 훈련을 받아야 했고, 아침 5시 30분부터 밤 9시까지 일상생활에서도 일정이 바뀔 때마다 군대 북소리가 알려 줬다. 그르노블에는 1804년에야 그전의 중앙 학교 부지에 리세가 세워졌다. 그해 초, 샹폴리옹은 시험에 합격해서 리세 입학 허가와 기숙사 비용에 대한 장학금을 받았으나, 그때는 이미 '감옥'이라는 딱지가 붙은 새 학교에 다니기를 원하지 않는 상태였다.

　오스트리아와 러시아 같은, 프랑스 제국에 인접한 주요 강국들이 기회를 엿보는 동안, 유럽 대륙에는 진정한 평화가 아니라 불안이 내재한 고요한 평화가 존재했다. 그러나 결국 1803년 5월 영국과 프랑스 사이에 다시 전쟁이 터졌다. 이듬해 말에 나폴레옹은 권력의 정점에 올랐고, 1804년 12월 2일에 자신은 황제로, 부인 조제핀은 황후로 즉위했다. 같은 시기에 거의 열네 살이 된 샹폴리옹은 자괴감에 빠졌고, 리세에서 두 주일을 보내면서 도망갈 것을 심각하게 고려했다. 그는 불필요하게 엄격하고 시간만 낭비하는 것처럼 보이는 리세의 군사 교육에 대한 원망과 분노로 가득 차서, 원하는 대로 공부할 수 있는 자유를 바랐고 그전 학교 친구들을 그리워했으며 누구보다도 형을 그리워했다.

　샹폴리옹은 리세의 기숙사에서 거의 이 년 반이나 살았는데, 그동안 거의 날마다 형에게 편지를 썼다. 그 편지들은 당시 그의 생활과 생각과 감정을 상세히 알려 주었지만, 대부분 날짜도 없고 언제 썼는지 알 수 있는 단서도 거의 없어서, 자크조제프는 그 점을 불평했다. "사랑하는 동생아, 네가 나한테 쓴 편지는 받았다만, 네 버릇대로 편지에 날짜가 없어서 네가 언제 쓴 것인지 알 수가 없구나." 또한 자크조제프는 샹폴리옹이 항상 무성의하게 편지를 휘갈겨 쓰는 것에 짜증이 나서 나중에 동생에게 경고했다. "난 네가 언어적인 관점에서 좀 더 성의 있게 편지를 쓰면 좋겠구나. 무슨 말인지 모를 때가 자주 있어. 사람이 막 쓰는 데 익숙해지고 이것은 나쁜 버릇이란다." 샹폴리옹이 공적으로 쓴 글은 처음부터 대개 수준이 높았던 듯하지만, 그의 편지가 급하게, 또 가끔은 멋대로 쓴 메시지 이상이 되기까지는 몇 년이 걸렸다.

실행 불가능한 탈출을 포기한 그는 자신이 리세에 머물기를 형이 원한다는 것을 알면서도, 다른 학교로 옮겨 달라고 자꾸만 간청했다. "형이 리세에서 날 좀 꺼내 줄 수 없어? 지금까지 난 형을 기분 나쁘게 하지 않으려고 노력했지만, 이곳은 정말 못 견디겠어. 난 여기에서 짓눌려 살라고 태어난 게 아니라고 생각해. (……) 만약 여기에 더 머문다면, 형한테 장담하건대 난 죽어 버릴 거야." 분명 그 고뇌의 일부는 새로운 학교를 다니며 처음으로 집을 떠나 사는 데서 비롯한 스트레스 때문이었고, 그런 종류의 스트레스를 기숙 학교의 많은 학생들이 받았지만, 샹폴리옹에게 있어 진짜 문제는 리세의 규율이었다.

엄격한 교과 과정에 갇힌 그에게 어떤 수업들은 너무 쉽고 지루했고 수학 같은 다른 수업들은 너무 어렵고 재미없었다. 샹폴리옹은 자신의 학창 시절 초기를 피폐하게 했던 극단적인 감정 변화 상태로 되돌아가서 때로는 열정에 넘쳤다가 때로는 우울하고 냉담해졌다. 그가 열정적일 때조차도 독특한 사고와 뛰어난 재능 때문에, 그를 단순히 게으르고 거만하고 반항적이라고 생각하는 몇몇 교사들이 적으로 돌아섰다. 리세를 관리하는 성격 나쁜 공무원들을 자극한 일만 문제였던 것은 아니다. 장학금이 생활비의 4분의 3 이상 나오지 않았기 때문에 나머지 4분의 1은 자크조제프가 지급했는데, 그도 동생을 위해 따로 돈을 더 마련하기는 힘들었다. 샹폴리옹은 빈털터리였고, 자신은 신발과 옷, 무엇보다 책 살 돈도 없는 반면, 많은 부잣집 친구들이 충분히 쓰고도 남을 만큼 용돈을 받는 것을 보면서 돈이 부족한 현실을 절실히 느꼈다. 가난은 이 시기에 형에게 보낸 편지들에 자주 등장하는 주제였고, 불행히도 그것은 평생 되풀이되는 주제가 되었다.

그가 참아야 했던 수업들보다 더 나빴던 점은 여가 시간에도 자기 공부를 하는 것이 금지되었다는 사실이다. 그는 교과 과정 외의 과목들, 즉 히브리어와 아랍어 등에 관련한 책들을 숨겨야 했고, 밤에 감시원이 순찰을 마친 후에 그런 책들을 몰래 읽어야 했다. 그렇게 밤마다 은밀하게 공부를 한 탓에 그는 지쳤을 뿐 아니라 시력, 특히 왼쪽 눈이 나빠졌는데, 근처 가로등에서 나오는 유일한 불빛을 이용하기 위해 그가 침대 왼쪽에 누워서 책을 봤기 때문이다. 샹폴리옹은 계속해서 자기 연민에 빠져 항상 괴로워했고, 그는 자주 그 고통의 탈출구를 자신의 연구가 주는 기쁨에서 찾았다. "나는 오리엔트 언어들을 가장 좋아하는데, 오직 하루에 한 번만 그것을 공부할 수 있다. (……) 그리스어, 히브리어와 방언들, 아랍어, 내가 열중하고 배우기를 바라는 것이 여기에 있다." 그가 형에게 보낸 편지에는 필요한 책들을 요청하는 내용이 여기저기에 있는데, 자신의 나이를 능가하는 학식과 성숙함이 드러나 있다. "형, 나머지 책들도 잊으면 안 돼. 추가로 사전하고 루돌프의 에티오피아어 문법책도 보내 줘. 물론 그것 때문에 내가 다른 공부를 망치지는 않을 테니 안심해도 좋아." "사랑하는 형, 나한테 호메로스를 좀 보내 줘. 형이 늦어도 오늘 저녁에 그 책을 보내 줄 수 있다면 나는 정말 기쁠 거야, 난 그걸 정말로 원해."

샹폴리옹은 가장 퉁명스럽게 요구하는 듯한 편지들에서조차 형을 향한 사랑과 감사를 자주 표현했다. "내가 기억할 수 있는, 형이 애정으로 날 위해 해 준 모든 것과 형이 나를 아버지처럼 돌봐 준 것을 단 한 순간이라도 잊을 수 있다고 생각해?" 나중에 그는 절박한 처지에서도 끝까지 형을 후원해서 형의 애정에 보답했고 자크조제프의 아이들을 가르치는 데 오랜 시간을 투자했다. 또한 샹폴리옹은 형이 자신에게 필요한 모든 것을 항상 줄 수는 없지만, 부모님의 재정 상태는 더 열악하다는 것도 정확히 알고 있었다. 그래서 아버지가 그를 도와주겠다고 편지를 썼을 때, 샹폴리옹은 그 상황에서 적당히 거절했다. "전 아무것도 필요 없어요. 도와주신다는 말씀만으로 감사해요. 형이 저에게 필요한 모든 것을 줘요. 형에게 제가 고마워한다고 전해 주세요. 저는 형의 사랑에 힘입어, 형이 감사할 줄도 모르는 사람을 도와준 것은 아니라는 사실을 증명하고 싶어요."

샹폴리옹에게 리세에서 보내는 황량한 겨울 같은 몇 달은 길기만 했고 방학에 자크조제프와 함께 살면서 자유와 햇살을 누리는 몇 주는 쏜살같이 지나가는 것 같았다. 십 대 시절에 그처럼 주기적으로 왔다 갔다 하면서 그는 모든 형태의 자유에 정열적이었다. 특히 생각의 자유에 대해서 그러했다. 샹폴리옹은 영웅을 숭배하듯이 형을 사랑하고 존경했으며, 리세가 형이 제공할 수 있는 최고의 교육임을 알았기에, 형에게 감사하는 마음 때문에 도망가지 못했다. 그러나 리세에 흥미를 잃었다는 사실이 그의 학교생활이 성공적이지 못했다는 뜻은 아니다. 그는 많은 친구들에게 인기가 있었던 듯하고, 리세의 학생들이 자발적으로 만든 여러 학회를 이끌었다. 그는 같은 반 친구들에 의해 여러 번 학급 부장으로 뽑혔는데, 이는 반장과 비슷하게 한 번에 보름씩 맡는 자리였다. 비록 그가 많은 수업들을 싫어하긴 했지만, 여전히 그는 학교에서 최우수 학생이었다.

리세가 샹폴리옹의 연구에 가한 제약들은 그를 더욱 괴롭혔다. 그가 학교에서 자리를 잡기 전인 1804년 여름 방학 동안, 나중에 그가 '첫 광기'라고 부르는 글을 썼기 때문이다. 그는 그 「히브리 어원에 따른 거인 전설의 비평」이라는 글에서 그리스 신화에 나오는 이름들의 어원을 분석하면서, 종종 틀리긴 했지만, 자신이 공부 중인 오리엔트 언어들의 기원까지 추적해 올라갔다. 결과는 틀렸다고 해도, 샹폴리옹은 그 방식에 매료되었고, 고대를 연구하는 최선의 방법이 언어를 통한 것이라고 결론을 내렸다. 그는 몇 년 동안 이집트를 연구해 왔지만 그때까지 성각 문자는 그를 사로잡지 못했고, 그의 참된 열정은 여전히 연대기와 인류의 기원에 있었다. 그 목적에 맞춰서 그는 탐욕스럽게 책을 읽었고 학교 친구들을 완전히 앞질렀다. 그러나 그는 콥트어(이집트 기독교인들이 쓰던 언어)와 성각 문자를 통해 인류 역사에서 가장 초기의 기록, 성서보다 더 오래된 기록들을 포함하고 있는, 아직도 해독되지 않고 알려지지 않은 텍스트에 접근할 수 있으리라는 생각을 하기 시작했다. 천 년이 넘도록 학자들을 좌절시켰던 글자, 성각 문자가 간직하고 있던 비밀이 이제는 밝혀질 때가 되었다고 생각했다.

15세기와 16세기에 고대 그리스어와 라틴어 문헌들이 다수 발견되고 출판되었는데(최초로 인쇄된 책들 가운데 일부가 되었다.) 그 텍스트들 덕분에 성각 문자에 대한 그리스와 로마 역사가들의 해설이 르네상스 세계에 알려졌다. 고대 저자들은 성각 문자를 전혀 몰랐지만 (대부분 자연이나 물건을 알아볼 수 있게 그린 그림들로 구성된) 그 글자 체계가 상징적이거나 비유적인 메시지를 담고 있다는 잘못된 인식을 퍼뜨렸다. 1419년에 「상형 문자」라는 그리스어 원고가 이탈리아에 왔다. 호라폴로라는 저자가 4세기나 5세기에 쓴 글로, 189개 단락에서 각각 특정한 성각 문자를 다루고 있었고, 저자는 성각 문자 글쓰기에 대해 어느 정도 참된 지식을 갖고 있었다. 하지만 그 역시 많은 기호들을 환상적인 비유로 해석했고 심지어 가짜 성각 문자도 만들어 냈다. 그 원고의 많은 사본들이 피렌체를 떠돌았고, 1505년에 처음으로 인쇄되어 출판되었으며, 17세기에는 수많은 해석이 여러 언어로 나왔다. 「상형 문자」 때문에 르네상스 시대 이탈리아와 그 주변의 예술가들과 지성인들이 성각 문자에 매료되었다. 말 그대로 모든 것, 꿈, 풍경, 별조차 설명 가능한 상징으로 분석하던 시기에, 성각 문자는 참된 지식의 열쇠처럼 보였다. 그리고 고대 이집트의 종교는 그리스도교에 대한 예언을 포함하고 있고, 성각 문자는 단순한 단어로 드러낼 수 없으며, 범인(凡人)에게 숨겨야 하는 신성한 진리를 표현한 상징으로 여겨졌다.

그 후 삼백 년에 걸쳐서 성각 문자가 말의 형태로 기록되어 정보를 전달하는 것이 아니라 상징적 의미를 품고 있다는 생각 때문에, 잘못된 방법으로 성각 문자를 해독하려는 시도들이 이어졌다. 이는 이집트인들이 신성한 비유적 글자와 일상적 글자를 둘 다 사용했다고 암시한 고대 저자들의 글에 기초하였다. 그리스 역사가 헤로도토스가 사용한 신관(hiera)과 민중(demotika)이라는 단어에서 기인한다. 초기 학자들에게는 알려지지 않았지만, 단순해진 흘림체(필기체) 글자는 날마다 이집트어를 더 빠르게 쓸 수 있도록 하기 위해 성각 문자로부터 발달한 것이다. 신관 문자는 필기체 글자의 가장 초기 형태로 이집트 역사에서 오랫동안 사용되었다. 시간이 흘러 이집트 언어가 변화하면서 신관 문자도 변했고, 기원전 650년쯤까지 언어와 문자 모두 크게 달라져서 오늘날 민중 문자라는 이름이 붙었다. 신관 문자와 성각 문자의 후예라는 민중 문자는 읽기도 어렵고 거의 알아보기 힘든 글자로, 비문에는 성각 문자가 계속 사용되었지만, 로제타석처럼 일부 기념비에는 민중 문자가 쓰이기도 했다. 로마 시대부터 콥트어로 알려진 새로운 문자가 서서히 변하는 이집트 언어 표기에 사용되었는데, 콥트어는 그리스어와 이집트어 민중 문자 알파벳의 조합으로 이루어져 있었다. 7세기에 아랍의 언어와 필기 체계가 이집트에 소개되었으나, 그리스도교인들은 계속해서 이집트어(콥트어)를 말하고 썼다. '콥트'는 단순히 '이집트'를 의미한다. 샹폴리옹의 흥미를 끈 것은 바로 이 콥트어였다. 요약하자면, 그 언어들은 다음과 같다.

필기한 글씨(문어)	말하는 언어(구어)
성각 문자 *Hieroglyphs* (정식 필기)	고대 이집트어 *Ancient Egyptian*
신관 문자 *Hieratic* (흘림체 '손으로 필기')	

민중 문자 *Demotic* (기원전 650년부터, 통속 언어에만 사용)	민중어 *Demotic* (고대 이집트어의 후기 발전 결과)

콥트 문자 *Coptic* (기원후 250년부터, 콥트 언어에만 사용)	콥트어 *Coptic* (민중어에서 발전된 것)

성각 문자는 오늘날 책이나 기념비에서 발견할 수 있는 글자, 정식 인쇄된 텍스트에 사용된 문자였고, 신관 문자는 손으로 쓴 세련되고 깔끔한 흘림체였다. 신관 문자가 깔끔한 필기체라면 민중 문자는 평범한 필기체로, 성각 문자나 신관 문자의 명확함과 아름다움에 비하면 민중 문자는 종종 낙서보다 조금 나아 보이는 수준이다. 콥트어는 민중 문자에서 발전했지만, 콥트어의 필기 형태는 성각 문자나 신관 문자, 민중 문자와 완전히 다르다. 콥트 문자는 그리스어 알파벳 문자에 새로 생성된 민중 문자 알파벳 몇 개를 더했고, 최초로 모음이 표기되었다.

1505년에 처음 발행된 「상형 문자」의 뒤를 이어 이탈리아에서는 성각 문자를 다룬 수많은 저작들이 출판되었는데, 그것들은 모두 성각 문자의 의미에 대해서 전통적으로 잘못된 관점을 받아들였다. 피에리오 발레리아노는 성각 문자 연구에 매달려 역시 『상형 문자』라고 부른 방대한 주석서 쉰여덟 권을 썼다. 1558년 발레리아노가 죽은 후에 출판된 이 책은 성각 문자를 이교(異敎)의 신, 신체 부위, 식물을 의미하는 범주로 각각 나누었고, 저자가 생각하는 성각 문자의 종교적, 철학적 의미를 논했다. 앞서 나온 다른 저작들과 비교했을 때 이 책이 더 정확한 부분은 하나도 없었으나, 거의 이백 년 동안 성각 문자에 대해 독보적인 권위를 누리면서 거듭해서 판을 찍었고 이탈리아어, 독일어, 프랑스어로도 번역되었다. 성각 문자의 상징을 연구하려는 열정은 끝이 없었지만, 극소수의 저작들은 최근 날조된 성각 문자와 진정한 이집트 성각 문자를 구분하고자 시도했다.

이집트 성각 문자를 해독하려는 실질적 시도는 17세기에 들어가서야 처음 시작되었다. 이를 주도한 아타나시우스 키르허는 30년 전쟁(1618~1648) 기간에 독일에서 로마로 피신한 뛰어난 근동학자였다. 그는 콥트어 학자로, 그 무렵 이집트에서 원고들을 가져와 그것들을 바탕으로 콥트어 어휘와 문법에 대해 책을 쓰는 작업에 참여하게 되었다. 키르허는 이집트 그리스도교인들이 여전히 종교 의식 언어로 사용하는 콥트어가 고대 파라오 시대 이집트의 언어와 동일한 것일 가능성이 있고, 콥트어와 관련된 지식이 성각 문자를 이해하고 해독하는 데 결정적이라고 올바르게 추론했다. 키르허는 로마에서 발견되었거나, 아직 그곳에 남아 있던 이집트 유적들과 유물들을 이용해 진짜 성각 문자를 최초로 연구한 학자였다. 그러나 그는 성각 문자를 하나의 글자로 보지 않고 성각 문자 속에 담겨 있다고 가정되어 있던 모호한 상징성을 계속 추구했기 때문에, 그의 번역은 의미가 없다. 그의 연구로 인한 한 가지 중요한 결과는 학자들 사이에서 콥트어 연구가 유행하게 되었다는 점이다.

키르허와 다른 학자들의 철학, 즉 이집트가 모든 지혜의 원천이라는 생각은 점점 의심을 받았고, 여행자들은 이집트가 신비로운 땅이라는 생각을 버리기 시작했다. 1741년에 윌리엄 워버턴이 『모세의 신성한 임무』라는 책을 냈다. 그 책은 성각 문자에 관한 긴 여담을 포함하고 있었고, 삼 년 후에 프랑스어로 번역되었다. 그는 실제 성각 문자를 연구하는 데는 실패했지만, 그 해독 방법에 대해 이 영국 주교가 말한 것 중 일부는 진실에 가까웠다. 만약 그의 견해가 검증되었다면 성각 문자 해독 과정은 훨씬 짧아졌을 것이다. 르네상스 사상가들과 반대로, 그는 그 글자가 '고대 이집트인들의 지혜를 백성이 알지 못하게 숨기고 감추기 위한' 신성한 발명품이 아니라고 선언했다. 워버턴은 키르허와 그의 신비주의적 신념을 맹렬히 공격하면서, 성각 문자를 과학적으로 이해하는 새 시대를 열었다.

약 이십 년 후, 파리에서 훈장을 관리했던 장자크 바르텔미 신부는 성각 문자 비문에서 자주 발견되는(오늘날 카르투시(cartouche)라고 불리는) 한쪽 밑에 줄이 있는 타원형 고리가 왕족이나 신의 이름을 가리킨다고 최초로 진술했다. 몇 년 후에 파리의 프랑스 대학 시리아어 교수인 조제프 드 기네가 그 개념을 발전시켰다. 드 기네는 중국어 연구를 통해, 중국어 필기에서 카르투시가 고유한 이름을 강조하는 데 쓰였으므로 아마 이집트 비문들에서도 카르투시가 왕족의 이름에 사용되었으리라고 인식했다. 불행히도 그 우연한 일치 때문에, 그는 중국이 이집트의 식민지였고 이집트어는 나중에 그리스어에 의해서 변질된 반면, 중국의 언어와 글자는 변질되지 않은 이집트어의 진짜 형태를 간직하고 있다는 이상한 생각에 빠져들었다. 따라서 드 기네는 콥트어가 아닌 중국어가 성각 문자 해독을 위한 길이라고 주장했는데, 그 개념이 커다란 인기를 얻는 바람에 여러 재능 있는 해독가들이 방향을 완전히 틀리게 잡아 버렸다. 이집트 성각 문자와 중국어 글자 사이에 연관이 있을지도 모른다는 생각이 잘못되었다는 사실이 아직도 입증되지 않은 상태였기 때문에, 샹폴리옹이 접할 수 있었던 성각 문자 관련 책들은 잡다한 이론들을 망라하고 있었다.

그 후 가장 중요한 성과는 덴마크 학자이자 콥트어 전문가인 게오르그 소에가의 연구였다. 1783년 로마로 간 그는 오벨리스크를 주로 연구했는데, 그 후 성각 문자를 관찰한 중요한 결과를 발표했고, 그전 학자들의 많은 연구를 비판했다. 소에가는 최초로 성각 문자를 집성하여 편찬했는데, 전부 958개로 파악된 문자들을 아직 완전히 알려지지도 않은 의미에 따라서 나누지 않고 그것들이 묘사하고 있는 것에 따라서 식물, 도구, 일부 동물 등으로 분류했다. 예를 들어 🐾🎋🎍🎎🎏는 사람들의 각각 다른 면을 묘사하고 🐦🐧🐤🐥🐣는 다양한 새들을 묘사한다. 또한 그는 문자들이 향하고 있는 방향에 따라 비문을 읽는 방향이 결정된다는 중요한 점을 알아냈다. 그래서 "그가 장수하고, 번성하고, 건강하기를 바란다."라는 뜻의 성각 문자 어구 🜍🜍🜍🜍🜍는 글자들이 왼쪽을 바라보고 있기 때문에 왼쪽에서 오른쪽으로 읽어야 한다. 똑같은 뜻의 어구를 🜍🜍🜍🜍🜍로도 쓸 수 있지만, 성각 문자들이 오른쪽을 바라보고 있기 때문에 오른쪽에서 왼쪽으로 읽어야 한다. 즉 성각 문자들은 항상 텍스트의 줄이 시작하는 쪽을 '보고' 있으며, 성각 문자 세로 문단은 항상 위에서 아래로 읽어야 한다. 소에가는 자신은 성각 문자를 전혀 해독하지 못하면서도 카르투시가 고유 명사나 종교적 형식을 암시한다는 확신을 되풀이하여 말했고, 그 주장 때문에 결국 다른 학자들이 로제타석과 관련해 성각 문자의 그런 면을 특별히 조사하게 되었다.

　나폴레옹의 이집트 원정에 참여한 학자들의 연구가 알려지고 1799년에 로제타석이 발견되어 지지를 받기까지, 성각 문자를 해독하려는 시도는 정체되어 있었다. 학자들은 나폴레옹의 군대가 싸워서 이집트 중심부로 들어가는 길을 낸 다음에야 그 뒤를 따라가며 다양한 성각 문자 상징들을 발견했는데, 대부분 이집트 밖에서는 본 적도 없는 것이었다. 그때 학자들은 유럽에 있는 소수 유물들에 새겨져 있는 비문들로만 성각 문자를 해독하려 했던 그전의 시도들이 헛수고였음을 깨달았다. 로제타석은 두 개의 언어로 기록되어 있다. 새겨진 텍스트는 세 개지만 언어는 두 개뿐이다. 대문자로 기록된 그리스어와, (유감스럽게도 비석이 가장 심하게 손상된 부분에) 성각 문자로 쓰인 이집트어가 있고, 세 번째 비문은 민중 문자로 기록된 후기 이집트어이다. 파리에서는 이미 학자들이 이집트에서 가져온 로제타석 사본들과 주물들을 연구하기 시작했고, 그리스어 텍스트를 번역했다. 로제타석 텍스트의 내용이 그 자체로 중요하거나 흥미롭지는 않다. 그것은 기원전 196년의 기록으로, 마케도니아의 그리스인 왕 프톨레마이오스 5세를 예찬하는 사제의 선언문이다. 텍스트는 주로 긴 찬양의 노래로 구성되어 있으며, 이렇게 시작한다. "왕관들의 주인, 위대한 영광, 이집트를 세웠으며 신들 앞에서 경건하고 적들에게 승리한 자, 인류의 문명 생활을 되찾은 자, 삼십 년 축제의 주인인 부왕에게서 왕권을 물려받은 젊은 왕의 통치……." 그리고 이와 비슷한 구절이 이어진다. 이 텍스트는 동일한 메시지를 성각 문자, 민중 문자, 그리스어로 기록한 것처럼 보였고 그래서 민중 문자와 성각 문자를 해독할 단서가 될 수 있다는 점에서 중요했다.

　1802년, 샹폴리옹이 겨우 열한 살이고 그르노블의 리세에 들어가

지도 않았을 때, 파리의 근동학자 실베스트르 드 사시가 로제타석 연구에 매진하기로 결심했다. 그는 민중 문자 글씨에서 그리스어 텍스트의 고유 명사들을 밝히려고 노력하는 데서 시작했으나, '프톨레마이오스'와 '알렉산더'라는 이름을 구성하는 글자 묶음들의 위치를 대략적으로 찾는 데만 간신히 성공했다. 그는 실패를 인정하고 자신의 로제타석 텍스트 사본을 제자인 요한 다비드 오셰르블라드에게 넘겼다. 오셰르블라드는 그전에 콘스탄티노플 주재 스웨덴 외교관이었고, 언어에 관심이 많았다. 그는 놀랍게도 두 달 만에 그리스어 텍스트의 모든 고유 명사들을 민중 문자 텍스트에서 밝혀내는 데 성공했고, 그것들이 표음 알파벳 기호, 즉 알파벳 글자처럼 단일 음가를 표현한 기호로 기록되었음을 증명했다. 프톨레마이오스, 클레오파트라, 알렉산더, 베레니케, 아르시노에, 알렉산드리아 같은 이름을 이제 민중 문자로 읽을 수 있었다. 오셰르블라드는 콥트 문자에 대한 지식을 민중 문자에 적용해서 '사원', '이집트인', '그리스인' 등 다른 단어들도 밝혀냈다. 그는 어떤 단어들은 콥트 문자와 민중 문자에서 유사하며, 이는 콥트어가 실제로 고대 이집트어의 잔재임을 입증하는 것이라고 설명했다. 비록 절반은 틀린 것으로 판명되었지만, 그는 민중 문자 기호 스물아홉 개를 밝히기도 했다. 그의 성과는 실베스트르 드 사시에게 보내는 편지 형식으로 1802년에 출판되었다. 드 사시는 답장에서 오셰르블라드가 발견한 것들 중 몇 가지를 비판했으나, 마지막에는 격려하는 말로 끝맺고 있다. "자네가 영광스럽게도 나에게 보낸 이 편지를 출판하기로 결정했을 때, 내 답장도 거기에 넣어 준다면 정말 기쁘겠네. 내가 자네의 업적을 처음으로 칭송했다는 것을 확인받을 수 있을 테니까."

그러나 오셰르블라드와 드 사시는 민중 문자가 그리스어처럼 전부다 표음 문자라고 확신했기 때문에, 민중 문자 텍스트 안에서 더 이상의 진척을 이루지는 못했다. 숫자에 관한 별것 아닌 작업을 제외한다면, 그들은 성각 문자를 연구하는 단계에도 이르지 못했다. 여전히 아무도 성각 문자를 단 한 글자도 읽지 못했지만, 스웨덴의 근동학자이자 외교관인 닐스 구스타프 팔린 백작이 비문의 열악한 사본으로나마 로제타석의 성각 문자를 해독하려고 시도했다. 오셰르블라드가 연구하던 즈음에 그도 이 주제를 다룬 글을 몇 편 내놓았으나, 그의 이론은 앞서 드 기네가 중국이 이집트의 식민지였다고 생각했던 것만큼이나 허황했다. 팔린은 중국어와 이집트어 성각 문자의 기원과 의미가 동일하다고 주장하면서 "미라들과 함께 발견된 이집트 파피루스를 재현하기 위해 우리는 다윗의 『시편』을 중국어로 번역한 다음 중국어 고대 문자로 쓰기만 하면 된다."라고 했다. 그는 자신이 수집한 수많은 이집트 유물들을 지키려다 로마에서 살해당하여 비극적인 최후를 맞았다.

19세기 초에는 성각 문자 해독에 실질적인 진전이 전혀 없었다. 점점 더 많은 사람이 그 문제에 매달렸지만, 이는 출발선도 없고 경쟁자들끼리도 서로 모르는 비공식적인 경주가 되고 말았다. 일부는 드 사시나 오셰르블라드처럼 경주가 실제로 시작되기도 전에 떨어져 나갔다. 성각 문자는 인기 있는 주제였고 '대개는 교육을 전혀 못 받은, 호기심에 찬 변덕쟁이들이 많은 것을 쓰고 말했다.' 로제타석에 대한 섣부른 희망은 실망으로 바뀌었고, 초기의 강렬했던 관심도 점차 시들해지기 시작했다. 로제타석이 발견되었을 때, 학자들은 몇 주만 조사하면 그 비석의 비밀을 밝힐 수 있다고 생각했지만, 그런 일은 일어나지 않았다. 그러나 신속하게 해답을 얻을 수 없다고 해도 학자들이 마치 성각 문자 해독을 위한 유일한 수단인 것처럼 그 비석을 계속해서 검토하는 일을 막지는 못했다. 자크조제프조차도 로제타석을 연구했고 1804년 여름에 그리스어 비문에 대한 글을 그르노블 학회에서 발표했다.

자크조제프는 그랑드 거리에서 사촌들의 회사 일을 하는 한편, 할 수 있는 최대한 스스로 공부를 계속했다. 그는 관련 서적을 모았고 그르노블 부르주아들의 교육 및 문예 모임에도 자주 나갔다. 그 무렵 그는 실력 있는 고전 문헌학자가 되었다. 그는 고대사 전반에 깊은 흥미를 갖고 있었는데, 그르노블에서 지내는 동안 두 형제의 관심사는 거의 비슷하게 옮겨 다녔다. 자크조제프는 마을의 오래된 건축물들을 연구하여 재능 있는 고미술품 연구자라는 평판을 얻었고 조제프 푸리에의 눈에 들었다. 푸리에는 나폴레옹의 이집트 원정에서 돌아온 노련한 학자로, 역사의 여러 측면에 지대한 관심을 보였다. 그르노블은 그라티아노폴리스라 불리던 로마 도시 꼭대기에 있었는데, 이제르의 지방관이었던 푸리에는 그르노블의 건축 작업을 하면서 만난 자크조제프에게 고대 라틴어 비문을 기록하는 일을 맡겼다. 얼마 후인 1803년 말에 자크조제프는 델피날레 학회에 들어가게 되었다. 프랑스의 모든 학회들처럼 그 학회도 혁명 기간 동안 법령에 따라 탄압을 받았으나, 1795년 '그르노블 인문 과학 협회'라는 명칭으로 활동을 재개했다가 나중에 원래 이름으로 되돌아갔다. 그 학회는 지역에서 명성이 가장 높았고 프랑스 전역과 해외에서도 존경받았는데, 대학 교육도 못 받았고 그르노블에 온 지 오 년밖에 안 된 겨우 스물다섯 살의 자크조제프를 학회에서 받아 줬다는 사실은 그의 능력과 열정이 얼마나 대단했는지 보여 준다. 학회 회원이자 푸리에의 친구로서, 자크조제프는 자신의 학문적 경력과 사회적 입지를 둘 다 더욱 발전시켰다.

푸리에와의 친분 덕분에 자크조제프는 이집트 원정대의 『이집트 묘사』 출판 준비 작업에도 깊이 관여하게 되어 푸리에가 쓰던 방대한 서문의 연구 부분을 도와주었다. 샹폴리옹도 그 연구에 포함되어 다양한 주제의 보고서를 준비했으나, 푸리에는 처음에 그 사실을 몰랐던 듯하다. 1804년까지 두 형제는 모두 고대 이집트 연구에 몰두했고, 그해에 자크조제프는 학회의 공동 사무관이 되었다. 이 년 후에 그는 정식 사무관이 되었고, 그 후 십 년간 그 자리에 계속 뽑혔으며, 앞서 푸리에에게 보냈던 「덴데라 사원의 그리스어 비문에 대한 편지」라는 이집트에 대한 논문도 출판했다.

샹폴리옹은 고대 이집트에 완전히 매료되었고, 그전 연구자들의 저작을 읽으면서 콥트어가 고대 이집트어와 분명히 연관이 있음을 확신하게 되었다. 그래서 콥트어를 배우는 것을 즉각적인 목표로 삼았는데, 리세에서 그것은 결코 쉬운 일이 아니었다. 1805년에 샹폴리옹은 그르노블을 방문 중이던 동 라파엘 드 모나키라는, 한때 콥트 그리스도교 수도사였던 사람을 만났다. 나폴레옹은 이집트 원정대와 함께 돌아온 그를 파리에 있는 오리엔트 언어 학교의 아랍어 강사로 임명했다. 그는 그르노블에 머무는 동안 샹폴리옹이 콥트어를 배우도록 도와주었고 몇 달 후에 콥트어 문법책을 포함한 많은 책들을 보내 주었다. 그 무렵에 샹폴리옹은 이집트를 자신의 평생 연구 대상으로 정한 것 같고, 이집트에 대한 충성심을 열렬히 선언했다. "나는 이 고대 국가를 계속해서 심오하게 연구하고 싶다. (……) 모든 민족들 중에 내가 제일 좋아하는 이 이집트인들을, 아무도 내 마음에서 몰아내지 못하리라고 장담한다."

그 시기에 그는 성각 문자를 해독하기 위해서 경쟁자들이 열심히 공부하고 있다는 사실을 거의 몰랐는데, 어쨌든 그의 탐구에서 경쟁자들에 대한 생각은 교사들이나 동료들과의 관계에 비하면 하찮은 것이었다. 그는 학교에 친한 친구가 적어도 한 명은 있었다. 샹폴리옹을 싫어한 교사들 중 하나가 그 둘을 가능한 한 따로 떼어 놓으려고 하지 않았다면, 우리는 요하니스 방기스라는 그 친구의 이름조차 알 수 없었을 것이다. 샹폴리옹은 형에게 보내는 편지에 분노를 쏟아 내면서, 그가 교사들의 옹졸한 앙갚음이라고 파악했던 일을 신랄하게 비난했다.

내 친구는 교사들의 충고를 무시했어. 그는 항상 내게 위로가 되었는데, 이 괴물들은 그가 여전히 나와 함께 있는 것을 보고 화가 나서는 그의 수업 시간표를 바꿔 버렸어. 나는 복도에서만 겨우 그를 볼 수 있어. (……) 내 머리는 더 이상 내 것이 아냐, 너무 화가 나. 내 고통은 언제 끝날까? (……) 이 리세에서 누군가가 좌절하거나 불행하다면, 그건 바로 나야! 그들 때문에 나는 이성을 잃을 거야.

나중에 어떤 평론가들은 이 두 사춘기 소년 사이에 동성애 관계가 있었다고 주장한다. 샹폴리옹이 형에게 보낸 분노의 편지에서 교사들이 방기스가 "타락하고" 있기 때문에 그에게 자신과 더 이상 어울리지 말라고 경고했다고 적고 있기 때문이다. 그러나 아마도 그것은 능력이 부족한 몇몇 교사들이 샹폴리옹의 재능이 너무 뛰어나 그를 다루기가 힘들다는 사실을 발견하고 그의 영향력을 최대한 억제하고자 한 것일 가능성이 더 높다. 그가 자크조제프에게 보낸 편지들에서 방기스로부터 격리되었다는 내용은 교사들에 대한 다른 불평들과 섞여 있고, 샹폴리옹은 감히 자크조제프에게까지 욕을 한 교사 한 명을 고집불통에 위선자로 간주하여 대놓고 비난한다. 믿을 만한 친구들을 많이 만드는 것만큼 적대적인 적들도 많이 만드는 것이 샹폴리옹의 재주였고, 그것은 그의 만년에 더욱 두드러졌다. 그는 칭찬하거나 비판할 때 모두 요령이 부족하고 직설적이어서 가끔 전혀 의도하지 않았는데도 남을 기분 나쁘게 했다.

그 두 친구가 떨어진 지 몇 달 후, 방기스는 병에 걸렸고 가족의 보살핌을 받기 위해 결국 리세를 떠나야 했다. 학교의 건강 진단서에 따르면 샹폴리옹은 상태가 양호했지만, 그 역시 완전히 튼튼하지는 않았다. 희미한 불빛 아래에서 몰래 무리해서 책을 읽었기 때문에 시력이 나빠졌고 잠을 너무 적게 자서 지쳤다. 이런 문제들은 차치하더라도, 자크조제프에게 보낸 그의 편지들에는 아프다는 불평과 다양한 증상을 묘사한 대목이 자주 보인다. 그런 질병이 얼마나 심각했는지 알기는 어렵지만, 그의 불평은 종종 리세에서 내보내 달라는 간청과 겹친다. 적어도 병세의 일부는 과장된 것처럼 보인다. 자크조제프에게 보낸 다른 편지들은 샹폴리옹의 태도와 더 열심히 공부하지 않는 것에 대한 사과, 그리고 자신을 위해 형이 하는 모든 일에 대한 감사로 가득 차 있다. 리세에서 지내는 동안 그는 감정적 혼란에 빠져 있었다. 그는 형이 많은 것을 희생하여 자신을 가능한 한 최고의 학교에 보냈고 자신의 개인적인 공부를 돕는다는 사실을 알았고, 그래서 기회를 최대한 활용해야 한다는 압박감을 받았다. 그러나 그는 규칙을 싫어했고, 리세에 널리 퍼져 있던 광신적인 나폴레옹 예찬, 일부 교사들의 편협함과 심술, 숨 막히는 구속, 무엇보다도 자기 자신이 선택한 과목들을 공부할 자유가 없다는 점을 싫어했다.

1806년 8월, 샹폴리옹은 학년 말에 지방관인 조제프 푸리에 앞에서 리세에서 제공한 교육의 우수성을 보여 주는 공개 연설을 하도록 선택받았다. 그토록 많은 사람들 앞에서 말한다는 생각에 망연자실한 샹폴리옹은 형에게 그 일을 막아 달라고 애원하는 편지를 썼다. "지방관님이 내게 주려는 영광에 대해선 정말 죄송하지만, 나는 수줍음을 극복할 수 없을 것이라고 생각해. 겨우 네 명 앞에서도 난처해하는 내가 1000명 앞에서는 얼마나 더 그러겠어. 형, 제발 그런 일이 생기지 않도록 가능한 건 다 해 줘." 결국 샹폴리옹은 수줍음을 극복하고 히브리어 『창세기』 일부를 아주 성공적으로 발표했으며, 지역 신문은 지방관이 그의 연설에 큰 만족감을 표했다고 보도했다. 소심한 성격에도 불구하고 샹폴리옹의 비범한 재능은 널리 인정받기 시작했다. 11월에 리세로 돌아왔을 때 열여섯 살이 다 된 샹폴리옹은 어학 공부와 이집트 연구 양쪽에서 탁월한 진척을 이루어 냈다. 말투는 여전히 감정적이었으나 그는 리세를 떠나도록 허락해 달라고 더 집요하게, 더 합리적으로 형에게 간청했고, 자크조제프도 그가 파리에서 공부할 수 있도록 조치들을 취하기 시작했다. 그는 금방 탈출할 수는 없었다. 그는 파리로 옮겨 가기 전에 리세에서 일 년을 더 참아야 한다는 사실을 알고 크게 실망했다.

리세를 떠나 파리로 갈 수 있다는 요원한 기대가 그에게 새로운 힘을 주었다. 그는 몇 년에 걸쳐 모아 온 자료들을 바탕으로 『동방 지리 사전』을 편찬하는 일에 뛰어들었다. 데이터를 대조하고 분류하는 샹폴리옹의 열정을 고려하건대, 사전은 그가 쓰기에 알맞은 유형의 책이었다. 그는 어떤 언어로 쓰였든, 이집트에 대해 가능한 한 모든 자료를 다 읽으려고 이탈리아어, 영어, 독일어를 독학했는데, 독일어는 그가 끝내 통달하지 못했던 유일한 언어였다. 사전을 위한 연구는 성서로까지 확장되었는데, 그는 성서를 신앙의 눈으로 보지 않고 역사가의 비판적 분석력으로 읽었다. 샹폴리옹은 이집트에서 자란 모세가, 전통적인 가설에서처럼, 성서의 첫 다섯 권을 쓴 저자라는 사실을 의심했다. 그 다섯 권은 모세의 모국어인 이집트어로 기록되지 않았기 때문이다. 그와 동시에 샹폴리옹은 '이집트인의 상징적 기호'에 대한 노트 꾸러미를 전부 편찬하기 시작했는데, 신뢰도는 낮지만 그때까지 성각 문자의 의미와 관련해 가장 접하기 쉬웠던 고대 텍스트인 호라폴로의 「상형 문자」를 연구했다.

본격적인 연구는 1807년 초에 리세 기숙사생들의 반란으로 중단되었다. 일부 학생들이 가혹하고 부당한 처벌을 받은 일이 발단이 되어, 기숙사생들 몇몇이 낮에 모아 둔 막대기와 돌을 가지고 밤에 폭동을 일으켰던 것이다. 그들은 돌을 던져 기숙사 창문을 깨고 모든 유리를 박살 내고 나서 요강으로 창틀을 때려 부쉈다. 리세 교감의 호소에도 사태는 진정되지 않았고, 총검을 빼든 군대가 와서야 폭동이 멈췄다. 그 후로는 기숙사를 감시하고 질서를 유지하기 위해 군대가 배치되었다. 형에게 보낸 편지에서 샹폴리옹은 "난 그 일에 조금도 참여하지 않았어."라고 자신의 결백을 항변했으나, 리세에 대한 그의 증오심과 편지 나머지 부분에 반란을 목격한 사실을 기술한 것으로 봐서 그 말을 믿기는 어렵다. 사실이야 어쨌든 그는 그 폭동으로 이득을 얻은 것으로 보이는데, 그가 리세에서 빼내 달라고 형에게 다시 한 번 애원하자 이번에는 지방관 푸리에도 그를 지지했기 때문이다. 자크조제프는 그를 기숙사에서 데리고 나왔고, 샹폴리옹은 다시 형과 살게 되었으며, 리세에는 선택한 수업을 들을 때만 출석했다. 이제 그는 더 오랫동안 더 자유롭게 자기 공부를 할 수 있었고, 실력 향상에 더욱 가속도가 붙었다.

자크조제프는 샹폴리옹이 1807년 가을 파리에서 공부하도록 준비를 해 줬지만, 샹폴리옹은 일련의 사건들 때문에 긴 여름 동안 집중해서 준비하는 데 방해를 받았다. 그가 파리로 떠나기 전에 부모님에게 자신을 보러 오라고 청하는 편지를 쓴 직후, 6월 19일에 어머니가 세상을 떠났다. 그다음 달에는 두 형제가 프로방스에서 며칠을 보내던 중, 홀로 된 아버지와 보케르의 박람회에서 우연히 마주쳤는데, 그들의 아버지는 책을 사고팔러 매년 그 도서 박람회에 오곤 했다. 16세기 초부터 이런 박람회가 서유럽 전역에서 온 행상인들에게 중요해졌고, 행상인들은 독일의 도서 무역뿐 아니라 국제 시장의 중심이 된 프랑크푸르트 도서 박람회에 자신들의 사업을 집중하기 시작했다. 1750년 무렵에는 프랑크푸르트의 세력이 감퇴하고 라이프치히가 그 자리를 대신했다. 사실상 이제 프랑스 출판업자들은 아무도 프랑크푸르트에 가지 않았고, 그 대신에 파리와 이런 보케르 박람회 같은 지역 박람회에 사업을 집중했다.

두 형제가 아버지를 만났을 때, 자크조제프는 그르노블의 안정된 부르주아 가문의 딸인 조에 베리아와 갓 결혼한 상태였다.(결혼식은 7월 초에 있었다.) 그녀의 아버지는 지역의 변호사 협회장이었다. 집안이 특별히 부유하지는 않았으나 그녀는 지참금으로 그르노블 바로 남쪽 비프에 있는 전원주택을 준비해 왔다. 샹폴리옹은 형과 아주 가까운 사이였음에도 불구하고 놀랍게도 질투하지 않고 그 결혼을 인정했으며, 형수와도 사이좋게 지냈다. 그녀는 샹폴리옹의 화를 돋우지 않고 그를 놀릴 수 있었고, 가족 중에 나이가 제일 어리다고 그를 카데(cadet, 막내)라고 부르는 데 이의를 제기함으로써 그를 치켜세워 주었다. 샹폴리옹은 자기 성 대신에 카데라고 서명하는 습관이 있었는데, 아랍어로 세기르(seghir)가 거의 같은 뜻임을 알고 나서는 조에가 그에게 이름을 바꾸라고 권했다. 그때부터 그는 가족들과 친구들에게 항상 세기르로 알려졌다.

1807년 8월 27일은 리세의 학생들이 한 학년을 마치면서 축하하는 날이었다. 샹폴리옹은 '학업 및 품행 상장'을 받았고 이미 파리 학교에서도 입학 허가를 얻었다. 그는 과거의 성과들이 아니라, 미래의 꿈과 무엇보다도 자신이 그토록 싫어했던 곳에서 마침내 해방된다는 점 때문에 그 사실을 축하했다. 그는 축하 의식이 벌어지는 동안 감정에 너무나 압도된 나머지 그만 기절해 버렸다. 리세의 수업들이 그의 개인적인 연구보다 수준이 떨어졌던 것처럼, 오 년 후에 델피날레 학회에서 받을 표창에 비하면 리세의 상장도 그에게는 별것 아니었다. 그 지역의 엘리트 학자들과 지식인들이 참석한 가운데, 열여섯 살의 학생은 「캄비세스가 정복하기 이전의 이집트 지리 묘사에 관한 에세이」를 발표했다. 그전에도 언어에 대한 그의 비상한 재능은 유명했으나, 그 에세이 덕분에 독자적 연구를 수행하고 증거를 대조하고 분석하며 그 결과를 명료하게 표현하는 그의 능력이 실제로 처음 입증되었다. 참석자들은 그 논문의 수준에 놀라서 샹폴리옹을 학회 회원으로 받아들이자고 즉시 제안했다. 그 엄청난 영예는 여섯 달 후에 정식으로 허가를 받았고, 그는 기뻐하면서 자크 조제프에게 편지를 썼다. "내가 그르노블 학회 회원이라는 사실이 정말 기뻐. 그중에서도 나를 가장 즐겁게 하는 것은, 내가 좀 더 형의 동생다워졌다는 사실이야."

3장　도시

⊗
의

　　9월 10일 아침 일찍 샹폴리옹과 자크조제프는 말이 끄는 육중한 대
중교통 수단인 승합 마차를 타고 그르노블에서 파리까지 가는 500킬로
미터의 여행길에 올랐다. 샹폴리옹은 그 후 이 년 동안 그르노블에 다
시 오지 않을 것이었다. 나쁜 도로 사정과 짧은 수면 시간, 그리고 빈
번한 강도질의 위험 속에서 넓은 프랑스 영토를 가로질러 밤낮없이 쉬
지 않고 질릴 때까지 여행한 그들은 9월 13일에 파리에 도착했다. 그들
이 도착한 다음 날, 영국은 철군 조약에 서명했고 이집트의 미래는 결정
되었다. 1801년이 끝나 갈 즈음 프랑스의 이집트 원정대는 본국으로 돌
아왔고 그 결과 이집트의 여러 당파들과 오스만 제국, 그리고 영국이 이
집트 내에서 권력 투쟁에 휘말려 들었다. 프랑스가 패배한 뒤 바로 이집
트를 떠났던 영국은 맘루크 당을 지원하기 위해 재침공하도록 설득당했

으나 그 침공은 커다란 실수였다. 마침내 영국, 맘루크, 그리고 무함마드 알리가 이끄는 알바니아 용병 부대 사이에 협상이 진행되어 영국은 철군했고, 오스만 제국을 대신하여 무함마드 알리가 불안정하나마 이집트의 권력을 잡았다.

샹폴리옹은 리세에서 벗어나고 싶다는 생각을 오랫동안 해 왔지만, 아마도 수도 파리에 대한 그의 높은 기대는 파리에 도착하자마자 꺾여 버렸음에 틀림없다. 그는 선생이나 교육 시설이 아니라 도시 그 자체에 실망했다. 그르노블을 둘러싸고 있는 산맥의 웅장함과 아름다움, 그리고 피자크의 셀레 강 계곡에서 볼 수 있는 그림 같은 경치들을 뒤로한 채, 그가 파리에서 발견한 것은 소음과 더러움, 그리고 비참함이었다. 또한 밀실 공포증을 느끼게 했던 리세라는 공동체에서 아직 친구도 하나 없는 도시로 나왔기 때문에 샹폴리옹은 향수병에 시달렸다. 이미 그르노블로 돌아간 자크조제프에게 그는 절절한 편지를 썼다. "나는 형과 떨어져 있었던 적이 없어. 그런데 지금 난 혼자야. 나한테 편지를 자주 써 줘." 더 심각한 문제는 산속 깨끗한 공기를 마시다가 습한 저지대에 있는 파리의 축축한 공기를 마시게 된 탓에 그의 건강과 정신 상태가 급속도로 안 좋아졌다는 점이다. "속이 너무나 아파. 파리의 공기는 나를 좀먹고, 나는 꼭 정신병자처럼 침을 뱉으며 점점 기력을 잃고 있어. 이곳은 끔찍하고, 발은 항상 젖어 있지. 거리에는 진흙 강이 흐르고(과장이 아니야.) 나는 여기에 완전히 질려 버렸어." 그 당시 파리는 황폐하고 더러웠다. 건물들은 파손된 채 수리가 되지 않은 상태이거나 텅 빈 채 건축 자재들이 뜯겨 나간 상태였다. 역사적인 기념물과 건물 들도 훼손되거나 파괴되어 있었다. 거리는 너무 좁고 어두웠으며 불결하고 악취가 나는 데다 포장(鋪裝)도 제대로 되어 있지 않았고, 배수 시설과 하수구 역시 부족했다. 상상할 수 있는 모든 종류의 쓰레기 더미가 거리에 쌓여 있었고 그것은 센 강으로 흘러 들어갔다. 센 강에는 제방도 다리도 거의 없었으며 그것은 그대로 거대한 개수로 역할을 했다. 나중에 나폴레옹 3세가 프랑스를 수십 년간 통치한 뒤에야, 파리는 넓고 세련된 거리를 가진 도시로 변화할 수 있었다. 샹폴리옹이 아는 파리는 눅눅하고 더럽고 질병을 일으키며, 혁명 기간 동안 많이 손상되어 복구를 기다리는 도시였다.

반면 파리는 지적이고 문화적으로 독보적인 도시였다. 리세에서 샹폴리옹은 광적인 나폴레옹 찬양에 염증을 느꼈으며 진작부터 반제국주의적 견해를 품었다. 그러나 그가 경멸했던 제국주의 덕분에 이집트가 서양에 알려질 수 있었고, 파리가 유럽 학문의 중심이 될 수 있었다. 파리 도서관은 나폴레옹이 점령한 지역에서 약탈한 서적과 필사본 등으로 넘쳐 났으며, 한편 공공 박물관이나 개인 컬렉션은 유럽의 예술 작품들로 채워졌다. 샹폴리옹은 그해 11월에 형에게 다음과 같이 썼다. "최근에 나폴레옹 박물관이 그 훌륭한 소장품을 전시했는데, 수많은 유물과 이집트 조각상의 파편은 물론이고 독일, 프로이센, 러시아에서 강탈해 온 멋진 그림들도 있었어." 나폴레옹은 프랑스 학술원을 각별하게 생각했고, 명망 있는 기관인 이 학술원에서 저명한 학자들이 최신 연구들을 지속적으로 발표했다. 그런 학자들은 공무원으로 간주되어 적당한 수입이 보장되었다. 파리는 이미 많은 학문 분과들의 중요한 중심지였다. 물론 지금도 파리는, 많은 중요한 학자들은 물론이고 프랑스 국내에서도 가장 뛰어나고 유명한 학자들과 교수들을 불러 모으고 있다. 그 결과, 파리는 모든 과학적이고 예술적인 혁신의 역동적인 구심점, 유럽 상류층의 중심이 되었다. 영국인조차도, 프랑스와의 전쟁이 종결되어 적대감이 잠시나마 사라졌던 그 짧은 시기에 파리로 모여들었다. 나폴레옹이 처음으로 유배당했던 1814년에는 방문객들이 너무 많아서 "온 세상이 파리에 있네."라고 노래하는 대중가요가 있을 정도였다. 나폴레옹이 패배하기 전, 즉 프랑스가 약탈했던 유물들이 유럽 각국, 특히 이탈리아와 독일로 반환되기 전의 파리는 학문과 연구를 위한 최상의 조건을 제공했다. 샹폴리옹은 운 좋게도 파리가 그 번영의 절정에 있을 때 그곳에서 공부할 수 있었다.

파리에 대한 샹폴리옹의 혐오감은 적어도 그가 다른 것에 거의 유혹당하지 않고 오직 학문에만 전념할 수 있도록 했다는 점에서 긍정적인 역할을 했다. 그는 프랑스 대학, 오리엔트 언어 특수 학교, 국립 도서관, 그리고 『이집트 묘사』의 발간을 책임지고 있던 이집트 위원회에 자신의 시간을 배분했다. 몇 달 지나지 않아 그는 유쾌하면서도 고단한 생활 방식을 완성했는데, 센 강을 가로질러 이리저리 왔다 갔다 하는 그 판에 박힌 일상의 대강을 형에게 보낸 다음의 편지에서 알 수 있다.

매주 월요일 오전 8시 15분에 프랑스 대학으로 출발해서 9시에 도착해. 그게 얼마나 먼 길인지 형도 알고 있지. 프랑스 대학은 판테온 근처 캉브레 광장에 있거든. 오전 9시에서 10시까지 나는 드 사시 선생님의 페르시아어 강의를 들어. 페르시아어 강의가 끝나면 히브리어, 시리아어, 칼데아어 강의가 정오에 시작하기 때문에 곧바로 오드랑 선생님에게 가지. 오드랑 선생님은 매주 월요일, 수요일, 금요일 오전 10시에서 정오까지 나를 위해 시간을 내 주셨어. 그는 프랑스 대학 안에 머물고 있고. 우리는 오리엔트 언어에 대해 이야기를 나누고 히브리어, 시리아어, 칼데아어, 그리고 아랍어를 번역하는 데 이 두 시간을 쓰지. 또 항상 삼십 분은 그의 '칼데아어와 시리아어 문법' 강의에 투자해. 이 수업이 정오에 끝나면 오드랑 선생님은 히브리어 강의를 시작해. 그는 나를 "학급의 주교"라고 불러. 내가 성적이 가장 좋거든. 이 강의가 끝나면 오후 1시, 나는 파리를 가로질러 특수 학교로 직행하지. 랑글레스 선생님의 강의가 2시에 시작하거든. 랑글레스 선생님은 나에게 특별한 관심을 가지고 있어. (……) 매주 화요일 오후 1시에는 특수 학교에 드 사시 선생님의 강의를 들으러 가. 매주 수요일에는 오전 9시에 프랑스 대학에 가서 오전 10시에 오드랑 선생님을 만나러 올라갔다가, 정오에 그의 강의를 듣지. 오후 1시에 특수 학교에 랑글레스 선생님의 강의(두 시간)를 들으러 가고, 저녁 5시에는 동 라파엘 선생님의 강의에 참석해. 동 라파엘 선생님은 우리에게 라퐁텐의 우화를 아랍어로 번역하도록 시켰지. 매주 목요일 오후 1시에는 드 사시 선생님의 강의. 매주 금요일에는 월요일처럼 프랑스 대학에 가서 오드랑 선생님과 드 사시 선생님과 함께 시간을 보내. 매주 토요일에는 오후 2시부터 랑글레스 선생님과 함께하고.

샹폴리옹은 남는 시간은 자신의 연구와 생로슈 교회를 방문하는 데 투자했다. 그 교회에는 콥트어를 하는 사제가 있었는데 샹폴리옹은 그를 통해 자신의 콥트어 실력을 향상시키고자 했다. 때로는 그의 형을 위해 다양한 심부름을 하기도 했다.

마침내 샹폴리옹은 자신에게 진정으로 영감을 주는 강의들을 자유롭게 들을 수 있게 되었고 따분한 주제들을 공부할 필요 없이 자신의 연구를 마음껏 진행할 수 있었다. 그는 프로젝트의 본질적인 부분을 찾아 거기에 집중하는 능력과, 그 후에 수많은 방해와 훼방에도 불구하고 연구를 계속할 수 있도록 해 준 불굴의 의지를 보여 주기 시작했다. 파리에서 연구하면서 그는 자신에게 필요한 지식과 기술을 얻었을 뿐만 아니라 최고의 언어학자들과 근동학자들을 많이 만났고, 때로는 그들과 친분도 쌓을 수 있었다. 그 당시 그를 가르친 교수들 중 두 명인 루이 랑글레스와 실베스트르 드 사시는 유럽 최고의 근동학자였다. 드 사시는 왕당파였고 가톨릭교회를 지지했음에도 혁명에서 살아남았고, 1803년에는 나폴레옹에게서 레지옹 도뇌르 훈장을 받았다. 삼 년 후, 마흔일곱의 나이로 그는 프랑스 대학의 아랍어학과 학과장이 되었다. 천부적인 재능을 가진 언어학자로서, 그는 샹폴리옹에게 페르시아어와 아랍어를 가르쳤을 뿐만 아니라 커다란 영향을 주었으며 그가 연구를 계속할 수 있도록 용기를 북돋아 주었다. 로제타석을 연구한다는 드 사시의 시도는 그다지 성공적이지 못했지만, 그는 성각 문자에 지속적으로 높은 관심을 보였고 고대 이집트에 대한 모든 학문적 대화와 토론의 중심에 있었다. 샹폴리옹은 처음에는 드 사시에게 위압당했고 그의 앞에서 전전긍긍했지만, 얼마 지나지 않아 드 사시와 좋은 관계를 유지하게 되었다. 샹폴리옹은 드 사시를 랑글레스보다 더 온화한 사람으로 여기면서도 그 누구와도 우정을 나눈 적이 없는 사람으로도 생각했다. 한편 드 사시는 나중에 다음과 같이 기록했다. "개인적으로 여전히 첫 만남이 떠오르는데, 그것이 내 마음에 깊은 인상을 남겼다. 말할 것도 없이, 새로 온 제자는 자신의 능력에 대한 자신감으로 가득 차 있었고, 그가 파리에서 찾고자 했던 강의들을 성실하게 들었다."

샹폴리옹과 랑글레스의 관계는 그리 진심에서 우러난 것은 아니었다. 랑글레스는 오리엔트 언어 특수 학교의 설립자 중 한 명이었으며, 그곳에서 샹폴리옹에게 페르시아어를 가르쳤다. 그도 한때 드 사시의 제자였는데, 그는 모두를 경멸했고 오직 오리엔트 언어 공부에 온 마음을 다 바쳐 뛰어든 학생들만 아꼈다. 애초에 랑글레스는 샹폴리옹의 관심을 이집트에서 아시아로 돌리려고 했다. 그러나 그 노력은 결국 실패했고 랑글레스는 샹폴리옹에게 점차 냉담해졌으며 그것이 악순환을 불러왔다. 샹폴리옹은 신랄하고 재치 있는 별명을 붙이는 능력을 발휘하여, 랑글레스를 '랑글레(l'Anglais, 영국인)'라고 불렀다. 프랑스와 영국 사이의 오랜 전쟁을 생각해 보면 그것은 명백히 모욕적인 별명이었다.

훌륭한 히브리어 학자인 프로스페르 오드랑은 샹폴리옹에게 히브리어와 함께, 아람어 같은 연관된 언어를 가르쳤다. 그는 샹폴리옹의 빼어난 언어 구사 능력에 깊은 인상을 받았다. 두 사람 사이의 우정은 깊었다. 오드랑은 샹폴리옹에게 개인적으로도 강의를 해 주었으며 자신이 진행 중이었던 시리아어 문법책, 그리고 아람어와 히브리어를 비교하는 문법책 편찬 작업을 돕도록 했다. 때때로 오드랑은 열일곱 살인 샹폴리옹에게 동료 학생들의 히브리어 수업을 맡겼는데, 이것은 샹폴리옹의 능력에 대한 그의 완전한 믿음을 보여 준다. 그 샹폴리옹의 동료 학생들은 대부분 성직자로, 성경을 읽기 위해 히브리어를 배웠다. 그들 중에 언어에 재능이 있는 사람은 드물었고, 샹폴리옹을 부르는 오드랑의 애칭인 '학급의 주교'는 그들이 듣기에는 거북했을 것이다. 샹폴리옹은 기분이 좋은 상태에서 자신의 형에게 다음과 같이 썼다. "나는 이미 우리 오드랑 선생님의 호의를 받고 있어. '자네는 젊고, 용기도 있네. 우리는 뭔가 쓸모 있는 것을 할 수 있을 걸세.' 그가 이렇게 말했어. (……) 그는 나에게 두터운 우정을 보여 주고 있어."

샹폴리옹이 그르노블에서 콥트어를 공부하는 데 도움을 줬던 동 라파엘은 그때 샹폴리옹에게 콥트어와 아랍어를 가르쳤다. 샹폴리옹은 자조적으로 이렇게 기록했다. "나는 이미 아랍어를 아주 훌륭히 말할 수 있어." 그해가 끝날 무렵 집중적인 아랍어 공부는 샹폴리옹에게 대단히 큰 영향을 주었고 그는 다음과 같이 쓰고 있다. "아랍어 때문에 내 목소리가 완전히 바뀌어서 둔탁하고 쉰 소리가 난다는 점은 별로 좋지 않아. 나는 입술을 거의 움직이지 않고 말해." 샹폴리옹을 게하 셰프티시에게 소개해 준 것도 동 라파엘이었다. 생로슈 교회의 사제인 게하 셰프티시는 샹폴리옹의 콥트어 회화 연습 상대였으며 샹폴리옹에게 이집트의 콥트어 인명 및 지명에 대한 정보를 많이 제공해 주었다. 그 당시에 다른 학자들이 성각 문자를 연구하고 있다는 사실을 샹폴리옹은 잘 알고 있었다. 그러나 그는 젊은 패기로 자신이 성공할 수 있다고 믿었으며, 당분간은 자신이 엄청난 재능을 발휘할 수 있고 흥미를 품고 있었던 콥트어와 다른 오리엔트 언어에 집중하기로 결정했다. "랑글레스 선생님은 내 페르시아어 실력에 대해서는 만족하고 있어. 나는 페르시아어를 아주 쉽게 번역하거든. 아랍어가 가장 아름다운 언어라면, 페르시아어는 가장 달콤한 언어지. 나는 에티오피아어를 분류하느라 고생했고 결국 성공했어. 나는 에티오피아어와 히브리어 및 아랍어의 연관성을 연구했고, 이제 에티오피아어를 훨씬 쉽게 번역할 수 있는 경지에 이르렀어."

상폴리옹이 파리에서 공부하던 시절, 역사적 사실로 여겨졌던 초기 성경 판본들을 연구하기 위해 오리엔트 언어를 공부하는 것은 더 이상 모호하고 비밀스러운 연구로 여겨지지 않았으며 오히려 최첨단 연구가 되었다. 다양한 학문 분과의 분리가 막 시작되고 있었고, 과학과 예술 사이의 엄청난 간극도 아직 생기지 않은 상태였다. 세계가 창조된 시기와 그 초기의 역사는 여전히 구약 성경에서 추론한 연대기에 완전히 의지하고 있었다. 그 연대기는 고대 이집트를 연구하는 몇몇 학자들이 성경에 기록되었다고 여겨진 것보다 더 앞선 시대를 추정하게 된 것은 아닌지 의심하기 시작할 때까지도 변함없이 유지되었다. 그 학자들은 천지 창조 이전의 시기가 있었다고 가정하게 되었고, 이는 잠재적으로 충격적인 개념이었다.

　그전에 그르노블에서 지속적으로 『이집트 묘사』와 관련된 일을 하고 있던 조제프 푸리에 지사와 만난 것을 계기로 샹폴리옹도 역시 파리에서 그 일에 참여하게 되었다. 그리고 기술자이자 지리학자이자 골동품 전문가인 에듬프랑수아 조마르와 알게 되는데, 그는 나폴레옹의 이집트 원정대에도 참여했던 사람으로 『이집트 묘사』의 첫 편집자 두 명이 죽은 후에 그 편집 책임을 맡았다. 벌써 몇 년째 계속 편집을 하고 있었음에도 1권이 아직도 발간되지 못하고 있었다. 그들이 만났을 때 샹폴리옹은 자신의 야망을 숨김없이 드러냈고, 자신이 그르노블에서 학회에 제출하기 위해 만든 자료의 일부인 고대 이집트 지도의 사본을 조마르에게 보여 주었다. 그 자신도 이집트의 지리를 연구하고 있었고 성각 문자를 해독하려는 열망도 가지고 있었던 조마르는, 이 젊은 학생의 가설이 못마땅했다. 그는 샹폴리옹에 대해 즉흥적이고 불합리한 반감을 품었으며 샹폴리옹을 위험할 정도로 재능이 넘치는 경쟁자로 여겼다. 조마르는 샹폴리옹의 형인 자크조제프와는 친근한 관계를 유지하면서도, 일생 동안 샹폴리옹의 적으로 샹폴리옹이 앞으로 나아갈 수 있을 때마다 그를 방해했다. 샹폴리옹은 이집트 원정 기간 동안 유적과 기념물 등을 기록하는 데 크게 기여했던 두 기술자 프로스페르 졸루아와 빌리에 뒤 테라주와는 훨씬 좋은 관계를 유지했다. 『이집트 묘사』를 발간하기 위해 일하는 학자들과 만나면서 샹폴리옹은 이집트에 대한 최신 이론들을 접할 수 있었으며, 아울러 전문가들과 기술자들이 사원과 무덤에 새겨진 성각 문자를 그린 것을 출판도 되기 전에 직접 접할 수 있었다. 그 덕분에 그는 경쟁자들보다 우위에 설 수 있었다.

샹폴리옹은 깨어 있는 낮 시간에는 내내 공부하고 연구를 했고, 이 강의 저 강의를 듣기 위해 종종 파리의 거리를 내달려야 했기 때문에 오래지 않아 건강은 더욱 나빠지기 시작했다. 그는 극심한 두통에 시달렸고 몸 여기저기가 아팠으며, 숨 쉬는 데 곤란을 겪었고 기침도 했다. 피곤하고 열이 많이 나서 일상적으로 불평을 했다. 이에 대해 달콤하고 차가운 음료를 마시라는 처방을 받았는데 어느 정도 효과가 있기는 했다. 그 무렵 그가 형에게 쓴 편지들에서 자신의 건강에 대해 기록한 것을 보면, 리세에 있을 때 썼던 편지들에서 나타나는 것들과는 분위기가 다르다는 점을 알 수 있다. 파리에서 쓴 편지들은 보다 침착하게 쓰였고, 여전히 동정을 불러일으키긴 하지만 더 이상 힘든 상태에서 빼내 달라는 식의 탄원은 보이지 않는다. 그럼에도 불구하고 1807년 말 무렵 그는 너무나 야위어서 주위 사람들이 그가 결핵에 걸린 것은 아닌지 의심할 정도였으며, 그다음 해 7월에는 더욱 야위고 볼도 푹 꺼져서 스스로 오히려 아랍인처럼 보인다고 말할 정도였다.

그의 좋지 않은 건강 상태가 공부에 심각한 영향을 준 것 같지는 않다. 장애가 되었다고까지 말할 수는 없고 그저 귀찮게 하는 정도였던 것 같다. 좀 더 큰 장애물은 경제적 곤궁함이었을 것이다. 샹폴리옹은 리세에 있을 때보다 파리에서 더 가난했다. 자크조제프가 별도로 정부 보조금을 신청하기도 했고 국립 도서관에 일자리를 알아봐 주기도 했지만 결국 성사된 것이 없었기 때문이다. 그르노블에서 받는 학생 장학금으로 생활비의 4분의 3을 간신히 충당했고, 나머지는 자크조제프에게 의지해야만 했다. 샹폴리옹이 호화롭게 살지 않았다는 것은 분명하다. 그러나 수중의 돈을 항상 잘 굴렸던 것도 아니었다. 형에게 보낸 샹폴리옹의 편지에는 돈을 좀 더 보내 달라는 요구가 담겨 있는 반면, 자크조제프가 보낸 편지에는 좀 더 신중하게 지출하라는 충고와 샹폴리옹이 돈을 너무 많이 쓴다는 불평이 곁들여져 있었다. 샹폴리옹이 리세에 있었던 시기와 비교해 볼 때 자크조제프의 생활이 더 나아진 것은 사실이었다. 하지만 파리에 있는 샹폴리옹을 부양하는 데 드는 비용은 그에게 여전히 무거운 짐이었다.

그즈음에 자크조제프의 아들이 태어났다. 조카가 태어나기 전에 샹폴리옹은 아랍어 이름을 하나 골라 달라는 요청을 받았다. "미래의 조카를 위해서 아랍 이름을 고르는 데 시간이 오래 걸릴 이유가 없어. 남자애라면 알리('사랑받는 사람'이라는 뜻)가 좋겠지. 프랑스 사람이 듣기에도 거북하지 않은 이름이거든. 조카딸이라면 조라이데('봄의 꽃'이라는 뜻)가 좋을 것 같아. 태어날 시기하고도 맞을 테고." 몇 년 후에 샹폴리옹은 자기 딸에게 조라이데라는 이름을 붙인다. 자크조제프는 재정적으로 더 어려워졌고, 동생이 자신을 위해 파리에서 좀 더 많은 일을 처리해 주기를 바랐던 것 같다. 1808년 가을쯤 두 형제 사이에 불화가 생겼다. 샹폴리옹은 더욱 절망했다. 그의 옷은 거의 넝마 수준이었고 그는 대중 앞에 나서는 것도 꺼렸다. 그는 자크조제프에게 다음과 같이 썼다. "바지가 해져 버렸어. 여름부터 입었던 그 난징포(nankeen, 원래 중국에서 만들다가 현재 여러 나라에서 모방하여 만들고 있는 튼튼하고 견고한 목면―옮긴이) 바지 말이야. 여기서 나는 완전히 상퀼로트야, 게다가 원칙도 의지도 없는……. 제대로 입고 신을 수만 있으면 형을 위해 무슨 일이든 할 거야. 그 일이 뭐든지 말이야. 그렇게만 되면 사람들 앞에 설 수도 있을 테고, 형이 좋다면 황제를 만나러 갈 수도 있을 거야." 극단적인 혁명가인 상퀼로트(문자 그대로 '바지를 입지 않은'이라는 뜻)는 퀼로트에서 유래한 말이다. 그것은 무릎 아래까지 오는 짧은 바지로 당시에 귀족들이 입던

옷이었다. 상퀼로트는 여전히 사람들의 기억 속에 생생하게 남아 있었지만, 더 이상 프랑스에서 위험한 세력은 아니었으며, 사람들은 보복을 두려워하지 않고 그들에 대한 농담을 할 수 있었다. 에셸생오노레 거리에 있는 자기 방의 방세를 여주인 메크랑 부인에게 지불할 수 없게 되자, 샹폴리옹은 자크조제프에게 지원을 요청하는 편지를 급히 보냈다. "메크랑 부인이 방세를 내라고 나를 괴롭히고 있어." "아직 돈을 보내지 않았다면 빨리 좀 보내 줘." 샹폴리옹이 절망해서 아버지에게 돈을 보내 달라는 편지를 써야만 했을 때, 문제는 극에 달했다. 돈은 오기로 되어 있었지만, 그때서야 자크조제프는 형제간의 격렬한 갈등이 서로를 비방하는 수준으로 치닫고 있음을 알아차렸다. 그러나 그 위기로 형제간의 불화가 계속된 것은 아니었고 오히려 그들의 관계는 더욱 공고해졌던 것 같다. 그리고 그해 말쯤에는 모든 문제들이 해결되었다.

상폴리옹은 건강 상태가 좋지 않았음에도 계획대로 계속 공부를 해 나갔으며, 빈곤마저도 하나의 자극으로 익숙하게 받아들였다. 그는 군에 징집될지 모른다는 불안감에 두려워했다. 샹폴리옹이 처음 파리에 도착했을 때는 아직 나폴레옹이 권력의 정점에 있었다. 그러나 이제 그 권력은 약해지고 있었고, 나폴레옹은 군대를 강화하기 위해 점점 더 많은 젊은이들을 징집하고 있었다. 1807년 12월 23일, 열일곱 살 생일 때부터 계속 상폴리옹은 징집에 대한 걱정에 시달렸다. 자크조제프는 푸리에 지사에게 도움을 청했고, 푸리에는 자신의 친구인 교육부 장관 앙투안 푸르크루아를 직접 만나 샹폴리옹에게 유리하도록 징집 문제에 개입하고자 했지만, 그것 때문에 오히려 샹폴리옹이 징집당할 위협이 더욱 커졌다. 그다음 해 여름이 끝나 갈 즈음 다시 나폴레옹의 군대가 부족해졌고 징집이 재개되었다. 두려움에 빠진 상폴리옹은 형에게 편지를 썼고, 자크조제프는 확신에 찬 어조로 걱정하지 말라고 답장을 썼다. 자크조제프는 다시 한 번 푸리에에게 힘을 썼고, 푸리에는 "과학의 발전을 위해" 샹폴리옹이 군대를 면제받아야만 한다고 나폴레옹에게 직접 청원했다. 샹폴리옹은 또다시 징집에서 제외되었다.

『이집트 묘사』의 장황한 서문을 보면, 그 두 형제에게 마음을 써 준 만큼 푸리에 자신도 그 당시 그들에게서 여러 가지로 큰 도움을 받았음을 알 수 있다. 그러나 자크조제프는 푸리에 지사의 영향력이 언제까지나 계속될 수 없다는 것을 알았고 샹폴리옹에게 사범 학교에 지원하라고 충고했다. 사범 학교는 새로 만들어진 기관으로, 이 년 동안 무료로 교육을 받는 대신 졸업하면 적어도 십 년 동안 교직에 종사해야 했다. 사범 학교 학생은 다른 학생들과는 달리 자동적으로 군대를 면제받는다는 이점이 있었다. 반면 단점은 엄격한 군대식 훈육을 중심으로 학교가 운영된다는 것이었다. 샹폴리옹에게는 사범 학교의 어리석은 과정 역시 군대의 어리석은 훈련 과정보다 그리 나을 것이 없었다. 오히려 사범 학교에 가면 몇 년 동안 자신의 연구를 할 수도 없고 자신이 꿈꿔 왔던 이집트 여행 같은 일도 전혀 할 수 없게 된다는 점이 더 좋지 않았다. 그는 사범 학교에 지원하지 않았고, 차라리 징집당할 두려움과 자신에게 닥칠지도 모르는 고난과 위험 속에서 사는 길을 택했다.

젊은이들만 군대에 징집된 것이 아니었다. 비어 있던 프랑스 영사 자리를 메우기 위해 파리에 있는 오리엔트 언어 학교의 학생들 중에서 적당한 사람들이 계속 뽑혀 나갔다. 샹폴리옹에게 페르시아어를 가르치던 랑글레스는 그 자신은 여행을 싫어하면서도(불과 십 년 전에 나폴레옹의 이집트 원정 때에도 참여하지 않았다.) 샹폴리옹을 설득하여 페르시아 영사로 보내려고 했다. 그러나 샹폴리옹은 구실을 만들어 거절했다. 그때부터 샹폴리옹은 최대한 랑글레스를 피하고자 했고, 몇 달이 지난 1808년 3월에야 랑글레스가 샹폴리옹의 의지와는 상관없이 그의 이름을 이미 지원서에 올려 버렸음을 알았다. 샹폴리옹이 형에게 적은 바에 따르면, 그가 영사가 될 수도 있다고 받아들일 만한 유일한 지역은 이집트였다. "그곳은 콘스탄티노플, 트로이, 페르세폴리스와 비교해 보면 상황이 더 비참하기는 해. 그렇지만 그곳은 엄청나게 매력적이어서 나에게 위험을 감수할 만한 용기를 줘." 불행히도 이집트 영사 자리는 비어 있지 않았다. 그래서 샹폴리옹을 어려운 상황에서 빼내기 위해 다시 한 번 자크조제프가 힘을 써야 했다. 랑글레스는 화가 나서 편지도 받지 않았고 악의적으로 그해의 학업 증명서를 샹폴리옹에게 주지 않았다.

샹폴리옹은 휴가철에 그르노블로 돌아갈 여비가 충분치 않아 파리에 머물러야만 했는데 그때 자신의 연구에 많은 시간을 투자했다. 중요한 프로젝트 중 하나로 이집트 지리에 대한 자신의 연구를 확장할 때, 그는 1807년 8월에 그르노블의 학회에서 초안을 잡았다. 파리에서의 첫해가 끝나 갈 무렵, 샹폴리옹은 책의 1차 초고를 완성했다. 그는 당시에 그것을 『파라오 치하의 이집트』라고 불렀는데, 특히 콥트어 지명에 대한 그의 늘어 가는 지식에 기초한 글이었다. 그는 대부분 국립 도서관에서 연구를 했다. 그곳에서 샹폴리옹은 고대 유물 담당자인 오뱅루이 밀랑 드 그랑메종의 도움을 많이 받았는데, 그는 자크조제프와도 몇 년간 지속적으로 친분이 있었으며 잡지 《마가젱 앙시클로페디크》의 편집자였다. 그 도서관에서 샹폴리옹은 나폴레옹이 원정에서 약탈해 온 수많은 외국 책들, 아직 목록 정리 작업이 완전히 끝나지도 않은 그 책들을 접할 수 있는 특권을 누렸다. 또한 그는 콥트어 문헌을 연구하기 시작했는데, 대부분 로마의 바티칸 도서관에서 가져온 것이었다. 몇 년 후 그 문헌들이 이탈리아로 반환되었을 때, 영국의 골동품 전문가 윌리엄 겔 경은 다음과 같이 말했다. "콥트어와 샹폴리옹에 대해 말하자면, 내 생각에 샹폴리옹이 보지 않은 콥트어 책이 유럽에는 거의 없을 것 같다. 학식이 높은 내 동료에 따르면, 샹폴리옹의 흔적이 거의 모든 페이지에 남아 있지 않은 책이 바티칸에는 없다는 것이다. 그것은 문헌들이 파리에 있을 때 샹폴리옹이 남긴 흔적이다." 샹폴리옹은 그 당시에 나와 있던 콥트어 사전과 문법책이 많이 부족하다는 것을 곧 깨달았다. 그래서 그는 문헌을 연구하면서 동시에 콥트어 문법책과 콥트어 사전을 편집하는 방대한 연구에 착수했다. 그것은 그의 성각 문자 연구의 서막이었다.

이 연구 단계에서 샹폴리옹은 성각 문자가 단순히 이집트어 단어들을 표기하기 위해 사용된 알파벳들로 이뤄져 있을 것이라고 가정했다. 또한 고대 이집트어와 콥트어는 별 차이가 없을 것이라는 가정도 하고 있었다. 만약 그 가정이 사실이라면 콥트어를 충분히 습득한 다음에 그는 고대 이집트의 모든 텍스트를 읽어 내기 위해 오직 콥트어 원본의 어느 알파벳이 어느 성각 문자와 맞아떨어지는지 찾아내기만 하면 되었다. 나중에 샹폴리옹은 그 이론이 완전히 틀렸다는 것을 깨달았다. 콥트어가 고대 이집트어의 후기 발전 형태이기는 하지만 성각 문자는 단순한 알파벳이 아니었다. 그러나 그 이론은 성각 문자 해독 문제를 풀기 위한 좋은 단서였다.

샹폴리옹이 연구하고 있던 다른 언어들, 아랍어와 히브리어 같은 언어들은 모음을 자음 밑에 부호로 표시했다. 그러나 콥트어에는 모음이 있었고, 그리스식 알파벳을 사용하여 표기했다. 콥트어에 대한 해박한 지식 덕분에 샹폴리옹은 성각 문자로 쓰인 고대 이집트어를 풀어낼 수 있었다. 성각 문자에는 모음이 보이지 않는다. 그 특징이 성각 문자를 읽기 어렵게 만드는 하나의 요인이었다. 왜냐하면 많은 단어들이 현대어의 약어와 유사한 형태로 쓰여 있기 때문이다. 예를 들어 'pkg, grg, gdns'라는 단어는 그 자체로는 무슨 뜻인지 알기가 어렵다. 그러나 집 임대 광고라는 맥락에서 보면 그 단어들이 'parking(주차), garage(차고), gardens(정원)'의 축약형이라는 것을 알 수 있다. 이와 마찬가지로 가장 유명한 파라오의 이름인 투탕카멘(Tutankhamun)은 {{}}우 라고 쓰인다. 이 성각문자를 읽으면 *imntwt'nḫ*이 된다. 그 이름은 ⌐, }, 우 의 세 부분으로 구성되어 있고, 각 부분은 '아몬', '~의 이미지', '살아 있는'을 뜻한다. 따라서 '아몬 신의 살아 있는 이미지'로 번역된다. *imntwt'nḫ*라는 이름에는 적절한 모음이 보이지 않는다. *w*는 편의상 'u'처럼 발음된다. 발음기호(phonetic signs)인 *i*와 ' 는 '약한 자음(weak consonants)'을 표현하는데 (때로는 반모음(semi-vowels)이라고 불린다.) 이는 히브리어 같은 셈족 언어에서 발견되는 것이다. 발음 부호(phonetic symbol)인 *ḫ*는 격하게 'kh'로 발음된다. 'gdns'가 'goodness'가 아니라 'gardens'를 뜻한다는 것을 알아야하는 것처럼, 고대 이집트인이 자신들의 언어를 정확하게 발음하기 위해서 각각의 특정 단어에 어떤 모음을 사용했는지를 알아야만 한다. 그러나 바로 그 부분이 잊혀 버렸고, 그나마 콥트어가 단서였다.

파라오의 이름을 완벽하게 발음하기 위해서는 모음을 자음 사이에 배치해야만 한다. 순전히 편의상 'e'가 자주 사용된다. 그러면 *imntwt'nḫ*은 'Ementutenkh'가 된다. 그런데 단조로운 발음을 피하기 위해 때때로 다른 모음들이 사용된다. 그래서 이 특정한 이름은 'Amuntutankh'로 바뀐다. 고대 이집트인들은 경의를 표하기 위해 신의 이름을 처음에 놓았다. 하지만 지금은 단어의 요소들을 의미에 따라 재배열한다. 즉 '아몬 신의 살아 있는 이미지', 'Tutankhamun'이 되는 것이다. 그런데 상황이 좀 더 복잡해진다. 왜냐하면 파라오 투탕카멘의 이름에는 성경과 고대 그리스 텍스트에서 'Amun' 혹은 'Ammon'으로 언급된 신의 이름이 포함되어 있기 때문이다.(물론 이것이 이집트인들이 이처럼 발음했다는 것을 의미하지는 않는다.) 이러한 이유 때문에 투탕카멘이라는 이름에서 그 부분은 오늘날 'amun', 'amon' 혹은 'amen'으로 표기된다. 이러한 현상은 많은 파라오의 이름에서 발생하며, 그 결과 다양한 철자법과 발음이 나타나게 된다. 그러나 그중의 어떤 것도 고대 이집트인들의 정확한 발음이라고 규정할 수 없다.

상폴리옹은 콥트어 연구와 별개로 이제 로제타석과 그 세 가지 문자로 쓰인 글들에 관한 연구에 뛰어들 준비가 되어 있었다. 그는 그것이 쉬운 일이라고 믿었다. 1808년 여름에 그는 아베 드 테르상이 런던 대영박물관에서 제작한 로제타석 사본을 볼 수 있었다. 골동품 전문가인 테르상은 파리 근교 오브아 수도원 근처 저택에 방대한 유물들을 소장하고 있었다. 상폴리옹은 그 저택을 자주 방문했다. 상폴리옹이 처음 본 것은 민간인들의 비문이었다. 그는 비문들의 글을 그리스어판과 비교하고 콥트어 지식을 활용해 여러 민중 알파벳 글자들의 가치를 밝혀냈다. 기쁘게도 그의 연구 결과는 오셰르블라드의 연구 결과와 같았다. 오셰르블라드는 이미 육 년 전에 드 사시에게 보내는 편지 형식으로 자신의 연구 성과를 발표한 바 있었다.

동시에 상폴리옹은 신관 문자(성각 문자의 필기체)로 기록된 파피루스들을 연구하기 시작했다. 그것을 로제타석의 민중 문자 부분과 비교하기 위해서였는데, 민중 문자 기록과 신관 문자 기록이 두 개의 서로 다른 필기체일 뿐이라는 것을 몰랐기 때문이다. 심지어 8월 말에 그는 그 둘이 같은 것임을 증명했다고 말했고, 비방 드농이 이집트에서 가져온 파피루스에 기록되어 있는 문장 중 하나를 해석했다고 주장했다. 그러나 불과 몇 주 후에 샹폴리옹은 자신이 파피루스의 한 줄 반을 읽을 수 있고 로제타석을 근거로 문자를 정리해 놓았지만 여기서 한 발짝도 더 나아갈 수가 없다고 형에게 썼다. "더 이상 앞으로 나갈 수가 없어! (기호의) 집합들이 나를 멈춰 세웠어. 그것들을 연구하고, 하루 종일 생각해 봤어. (……) 그렇지만 아무것도 이해할 수가 없었어!" 그러고 나서 그는 이제 이집트 대신 로마 이전에 이탈리아에서 한때 번성했던 문명인 에트루리아 문명에 폭 빠졌다고 말했다. 샹폴리옹은 "에트루리아인들이 이집트에서 왔기 때문"에 에트루리아가 번성했다고 적고 있다. 아베 드 테르상의 소장품 중에는 에트루리아 유물도 많이 있었고 샹폴리옹은 그것들에 매혹되었다. 그리고 다음과 같이 완전히 잘못된 확신을 하게 되었다. 즉 에트루리아인들은 북아프리카의 페니키아인들을 통해 이집트와 관계를 맺고 있었고, 페니키아 문자는 역시 본질적으로 알파벳 형식이었던 이집트 문자에서 비롯했다는 것이다. 샹폴리옹은 이와 관련된 모든 주제들에 대해 광적으로 연구했다. 고대의 악기 이름 같은 그 밖의 다른 주제들에 대해서도 마찬가지였다. 이러한 샹폴리옹의 행동은 결국 자크 조제프를 화나게 만들었고, 그는 성각 문자 연구를 그만두라고 하면서 샹폴리옹을 호되게 꾸짖었다. "너는 이미 한 줄 반을 번역했어. 알파벳도 연구해 놓았지. 그런데 넌 제자리에 머물러 있어. 나는 너를 더 이상 이해할 수가 없구나. 이집트와 관련된 모든 것들에 대한 너의 열정은 도대체 어디로 간 거지?"

1808년 마리알렉상드르 르누아르가 성각 문자를 해석해 냈다고 주장하면서 『성각 문자에 대한 새로운 해석』의 전체 네 권 중 1권을 출간했는데 그것은 누구도 예상치 못한 일이었고 커다란 충격이었다. 르누아르는 샹폴리옹보다 스물아홉 살 많았으며 고대 이집트보다는 중세 프랑스에 더 해박한 사람이었다. 그는 프랑스 혁명 기간 동안 때로는 목숨을 걸면서까지 수많은 고대 프랑스 유물들을 지켜 냈다. 그것은 중요한 일이었으므로 나중에 런던 고미술 협회는 그에게 명예 회원 자격을 부여하기도 했다. 더욱이 그는 나폴레옹 치하의 프랑스에서 잠재적 영향력이 상당히 있는 사람이었다. 왜냐하면 그는 조제핀 황후의 큐레이터 역할을 하면서, 조제핀이 파리 서쪽에 있는 자신의 시골 저택 말메종 성을 꾸밀 유물들을 파리의 프랑스 문화재 박물관에서 고를 때 그 일을 도와준 적이 있었기 때문이다. 샹폴리옹은 르누아르 책의 사본을 보기 전까지 자신은 이제 성각 문자의 의미를 찾는 시합에서 졌다고 걱정했다. 그러나 그 책을 읽고 나서 그 책에 실린 개념들이 완전히 잘못되어 있음을 알았다. 무엇보다 르누아르는 초기의 학자들처럼 성각 문자를 여전히 신비로운 부호로 생각하는 오류를 범했던 것이다. 샹폴리옹은 르누아르가 성각 문자를 오역한 일이 자크조제프에게 치료제가 될 수 있을 것이라고까지 말했다. 샹폴리옹이 할 일이 없어져 버렸다는 자크조제프의 걱정을 치료해 줄 수 있다는 것이었다.

르누아르의 작업은 샹폴리옹 자신이 성각 문자를 해독하는 첫 번째 사람이 될 것이라는 그의 은근한 기대를 위협했다. 비록 자신이 성각 문자를 해독하기 위한 탄탄한 기반 위에 서 있다는 자신감은 있었지만, 그 경주에는 그 외에도 다른 여러 학자들이 참가하고 있다는 사실을 더 이상 무시할 수 없음을 갑자기 깨달은 것이다. 그 학자들이 누구인지 샹폴리옹은 정확히 알 수 없었지만, 그들은 언제라도 자신의 연구 결과를 발표해서 누구라도 그 영광을 차지할 수 있었다. 마찬가지로 결국 샹폴리옹이 성공하면 그 경쟁자들이 방황하고 상처 받고 질투하고 마침내 앙심을 품을 수도 있을 것이었다. 그러나 샹폴리옹은 콥트어에 완벽하게 능숙해지려는 목표를 변경하지 않았다. 1809년 3월에 그는 형에게 다음과 같이 말했다. "나는 콥트어 연구에 전념하겠어. (……) 나는 내 프랑스어 실력만큼이나 이집트어에 대해 잘 알고 싶어. 이집트 파피루스에 대한 나의 주요 연구는 바로 그 언어에서 시작할 계획이거든."

한 달 뒤 샹폴리옹은 자신의 입장을 밝혔다. "나는 콥트인, 이집트인을 꿈꿔. (……) 나는 콥트어에 푹 빠져 있기 때문에 머릿속에 떠오르는 모든 것을 콥트어로 번역하는 일이 가장 즐거워. (……) 순수한 콥트어만으로 머릿속을 채우기 위한 좋은 방법이지. 그다음에 나는 파피루스를 공략할 것이고, 영웅적인 용기에 힘입어 마침내 끝을 보고야 말 거야. 더욱이 이미 난 큰 걸음을 뗐어." 그는 다시 한 번 로제타석의 민중 문자 비문과 씨름하기 시작하여 지난여름에 연구했던 민중 문자 알파벳을 수정했고 앞으로도 파피루스를 계속 연구하고 싶다는 의지를 밝혔다. "파피루스가 항상 눈앞에 어른거려. 정말 도전해 볼 만한 가치가 있는 일이지. 그게 내 운명이길 바라고 있어."

르누아르의 책에 깜짝 놀라기는 했지만, 샹폴리옹은 여전히 자신감에 넘쳐 있었기 때문에 기존의 실패한 성각 문자 해석 시도들을 자유롭게 비판했다. 오셰르블라드에 대해서는 이렇게 말했다. "그는 이집트어(여기서는 민중 문자를 의미한다. 이집트어라는 용어는 민중 문자, 신관 문자, 그리고 때로는 콥트 문자에도 폭넓게 사용된다.) 비문을 단 세 단어도 제대로 읽지 못했어." 그보다 조금 이른 시기에, 해석은 하지 않았지만 방대한 성각 문자 기호를 집대성해 놓은 소에가에 대해서는 다음과 같이 비판하고 있다. "그는 거대한 건물을 짓기 위해 엄청난 재료를 모아 놓았는데 (……) 막상 벽돌은 쌓지도 않았다." 마찬가지로, 로제타석 성각 문자에 대한 팔린의 연구도 쓸모없다고 여겼다. 그는 이렇게 잘못된 선행 연구들을 활용하기보다는 아예 백지 상태에서 해독 작업을 시작하는 편이 더 낫다고 생각했다. 샹폴리옹이 이러한 방식으로 연구를 하는 데 활용할 수 있었던 자료는 엄청나게 한정되어 있었다. 형에게 보낸 편지에서 그는 비문에 성각 문자 혹은 신관 문자(그는 그것을 '필기체'라고 표현했다.)로 적혀 있는 글 중에서 현재 자신이 알고 있는 것을 적고 있는데, 그 수가 겨우 열일곱 개에 지나지 않는다고 말했다. 그것들은 파피루스나 미라를 감싼 붕대에 남아 있던 것으로 프랑스나 기타 지역들에서 전체 혹은 일부의 사본을 뜬 것이었다. 물론 샹폴리옹도 알았다시피 조만간 사본 몇 개가 더 출판될 예정이었다. 그 외에 학자들이 이집트에서 그린 소묘, 즉 성각 문자가 쓰여 있는 유물의 소묘 몇 점도 샹폴리옹은 이미 보았다.

1809년 6월 『이집트 묘사』 1권이 출판되었다. 나폴레옹 원정 시기에 학자들이 수집한 많은 자료들이 그 책에 실려 있었다. 예를 들어 덴데라 지역에서 보이는 것과 같은 이집트 황도 십이궁에 대한 설명이 실려 있었고, 상이집트 여러 지역의 고대 유적들, 그리고 함께 출토된 일부 판들에 쓰여 있는 성각 문자들도 있었다. 그 책을 보면서 샹폴리옹은 다음과 같은 사실에 찬사를 보냈다. "이 훌륭한 자료집에는 인쇄물과 도판, 탁본뿐만 아니라 놀라우리만치 정확하게 새겨진 이집트어 필사본이 많은데, 하나만 가지고도 고고학자들이 자기 연구의 탄탄한 기반으로 삼을 수 있을 만한 것들이다." 그러나 그는 그것들을 해석하려는 조마르 같은 학자들의 시도에 대해서는 계속 비판적이었다. "나는 그 해석들을 그다지 중요하게 생각하지 않는다. 그 덕분에 보다 나은 그림들이 나올 수 있을지는 모르지만, 잘못된 가정 아래에서는 잘못된 결과들만이 도출될 뿐이다." 좀 거만하긴 하지만 그의 평가는 정확했다. 또 그가 좀 심하게 비판을 하긴 했지만, 대개 자신의 형에게 보내는 사적인 편지에서만 그런 말을 했다.

　네 달 동안 연구한 끝에 샹폴리옹은 이집트의 지리, 역사, 언어에 대한 연구서 『파라오 치하의 이집트』를 내기 위한 작업을 대부분 끝마쳤다. 지명을 첨가해서 나일 계곡의 정확한 지도를 편집하는 어려운 일만이 여전히 남아 있었다. 나폴레옹의 이집트 원정 기간에 만들어진 정확한 측량도와 지도 등이 전략적인 이유 때문에 공개되지 않은 상태였고 그 후 이십 년이 지나도록 출간되지 않았으므로, 그 지도 편집 작업은 더욱 어려움을 겪었다. 자크조제프는 바로 출판하라고 조언했지만 샹폴리옹은 좀 더 신중을 기하고자 했다. 그러나 그사이에 에티엔마크 카르트르메르가 1809년 6월 『이집트의 언어와 문학에 대한 비평적이고 역사적인 연구』라는 책을 출판했다. 카르트르메르는 그전에 드 사시에게서 배웠고 당시에는 국립 도서관에서 일하고 있었다. 샹폴리옹은 카르트르메르에 대해 질투심이 많고 자기밖에 생각할 줄 모르는 사람이라고 썼다. 카르트르메르의 책은 이집트에서의 콥트어 역사와 그와 관련된 초기 연구들을 다루고 있다. 그러나 샹폴리옹은 그것을 자기의 연구 분야라고 생각하고 있었으며, 그것이 성각 문자 해독의 기초가 된다고 보았다. 또한 그는 실망스럽게도 자신의 선생님인 드 사시가 그 경쟁자의 연구 결과를 높게 평가하는 것에 대해 질투를 느꼈다.

　그에 대응하여 샹폴리옹은 보다 깊이 있는 연구로 자신의 책을 채우기 위해 콥트어 연구에 더욱 박차를 가했다. 그의 연구 자체가 부분적으로 콥트어 사본에 기반을 두고 있기도 했다. 자크조제프는 샹폴리옹이 성각 문자 연구에 좀 더 매진하기를 더욱 바랐고, 그래서 로제타석의 그리스어 텍스트를 콥트어로 번역해 보라고 권유했다. 그것이 민중 문자 문서 혹은 성각 문자 텍스트를 풀 수 있는 열쇠인지 아닌지 한번 살펴보자는 것이었다. 샹폴리옹은 잠시 생각해 본 후, 민중 문자 비문들에 나타나는 이름들, 즉 오셰르블라드가 밝혀낸 그 이름들이 그리스어 텍스트에서는 다른 위치에서 나타나는 것으로 추정되기 때문에 그 제안대로 할 수 없다고 형에게 말했다. 즉 샹폴리옹은 민중 문자 텍스트의 단어 순서가 그리스어판과 완전히 다르거나 아니면 그 민중 문자 텍스트가 비문에 적힌 글과 같지 않거나, 그 둘 중 하나일 것이라고 생각했던 것이다. 그에 앞서 연구한 오셰르블라드와 드 사시처럼, 그 역시 아직 성각 문자 비문을 보지 못한 상태였다.

1809년 여름에 그는 성각 문자 해독이라는 자신의 꿈을 아직 이루지 못한 채로 파리에서의 연구를 끝내야만 했다. 자크조제프가 8월에 파리로 와서 그의 고향행을 도왔으며, 사랑하는 그르노블에 이제 곧 건립될 역사학 대학의 교직원으로 샹폴리옹이 임명되었음을 알려 주었다. 미래는 아주 밝아 보였다. 그러나 그는 또다시 징집당할지도 모른다는 공포에 시달려야 했다. 그 당시에 이미 스페인에서만 매년 프랑스 병사 20만 명이 전쟁으로 죽었다. 따라서 나폴레옹 황제는 징집 대상자 연령을 점점 더 낮출 수밖에 없었다. 새로 보충된 신병의 생존율은 지극히 낮았다. 그들 중 10퍼센트는 탈영했고, 많은 사람들이 징병을 피해 몸을 숨겼으며 심지어 자해를 하여 병역을 기피하려고도 했다. 또한 미혼자만 법적으로 징집 대상이었기 때문에 결혼율이 증가했다. 샹폴리옹의 징집 여부는 그의 교수인 랑글레스에게 달려 있었다. 그러나 샹폴리옹이 페르시아 영사 자리를 거부해서 여전히 화가 나 있었던 랑글레스는 아무런 도움도 주지 않았다. 이번에도 역시 샹폴리옹은 이제르의 지사인 푸리에의 도움으로 징집의 위협을 잠시 동안이나마 피할 수 있었다.

4장   선생

파리에서 이 년간 공부한 후, 장프랑수아 샹폴리옹은 1809년 10월 15일에 그르노블로 돌아왔다. 그를 교사로 임명한 대학은 아직 문을 열지 않은 상태였다. 프랑스 교육 체계에 대한 나폴레옹의 개혁 중 일부로 국가 차원에서 대학들 간의 연결망이 구축되고 있었고, 샹폴리옹은 그르노블에 설립 예정인 대학의 고대사 겸임 교수로 임명되었던 것이다. 그것은 그의 뛰어난 능력을 인정받은 결과로, 교수직을 제안받았을 때 그의 나이는 겨우 열여덟 살이었다. 당시 서른 살이었던 자크조제프도 몇 달 전인 7월에 사촌이 하던 장사에서 손을 뗐고, 마찬가지로 그리스 문학 교수와 문학부 서기관에 임명되는 좋은 기회를 얻었다. 그는 이미 그르노블 시립 도서관의 보조 사서였다. 그르노블은 프랑스에서 시립 도서관이 최초로 생긴 도시 중 하나였다. 마침 그 지역의 주교가 유산으로 남긴 3만 4000권이나 되는 엄청난 장서를 공공으로 마련한 기금으로 구매해 1772년에 그 도서관이 문을 열었다. 그 도서관은 작은 박물관과 함께, 샹폴리옹이 그렇게도 싫어하던 리세의 1층 한쪽에 있었다. 그 가운데에는 델피날레 학회가 있었으며, 자크조제프는 여전히 그 학회의 비서였다. 또한 7월에는 자크조제프의 둘째 아이(딸인 아멜리프랑수아즈)가 태어났다.

그르노블로 돌아온 후 처음 몇 달 동안 샹폴리옹은 자신의 연구보다는 대학 수업을 준비하는 데 더 집중했다. 그러다가 1810년 3월 자크조제프는 드 사시에게서 전혀 예상치 못했던 편지를 받았다. 그 편지에서 드 사시는 한때 자신의 학생이었던 샹폴리옹이 성각 문자를 해독하기 위한 연구를 지속하는 것에 대해 부정적인 의견을 피력했다. 그의 행동은 그 당시에는 이해할 수 없는 것처럼 보였지만, 아마도 자기 제자들이 뛰어나서 오히려 자신이 가려지는 것을 참을 수 없었기 때문이었을 것이다. 몇 년 후 그는 그 뛰어난 제자들 중 몇몇을 비방하려고까지 했다. 드 사시는 샹폴리옹에게 동양 문학을 포기하지 말라고 충고하면서 다음과 같이 썼다. "로제타석 비문 해독에 매달리는 것은 내 생각에 불필요한 짓이야. 이러한 종류의 연구에서는 운 좋게 상황이 잘 맞아떨어졌을 때에나 성공할 수 있지, 연구를 꾸준히 계속한다고 성공할 수 있는 것은 아니야." 샹폴리옹이 이러한 충고에 귀를 기울이리라고 생각했다면, 드 사시는 샹폴리옹을 너무도 몰랐던 것이다. 샹폴리옹은 얼마 뒤에 그 무렵 함께 공부했던 절친한 친구 앙투안장 생마르탱에게 파리로 편지를 보냈는데, 그 편지에서 그는 드 사시가 뭐라고 썼든 상관하지 않고 성각 문자 연구를 재개하려 한다고 썼다.

그르노블의 대학은 1810년 5월 말에 문을 열었다. 나폴레옹은 새로 설립된 대학의 교수직이 박사 학위와 동일하다는 법령을 반포했고, 이에 따라 샹폴리옹과 자크조제프는 둘 다 네 달 전에 박사 학위를 받은 셈이 되었다. 샹폴리옹은 나이 때문에 연봉을 겨우 750프랑밖에 받을 수 없었다. 그것은 그가 파리에서 학생으로 있을 때 받았던 액수의 절반에 불과했다. 좀 더 나이가 많은 교수들은 3000프랑을 받았다. 그러나 모든 교수가 지위 면에서는 동등하게, 다시 말해 어느 누구도 우월한 위치를 차지할 수 없는 상태에서 시작해야만 했으므로, 동료 교수들 중 일부는 얼마 지나지 않아 샹폴리옹의 성공을 시기하기 시작했다. 또 다른 고대사 겸임 교수는 나이가 지긋한 장가스파르 뒤부아퐁타넬이었다. 그는 문학부 학장이었으며 시립 도서관 사서이기도 했다. 시립 도서관에서는 자크조제프가 그를 보좌했고, 대학에서는 샹폴리옹이 그를 보좌하게 되었다. 뒤부아퐁타넬은 관대하게도 자신의 교수 봉급 절반을 샹폴리옹에게 넘겨주었다. 그래서 샹폴리옹의 소득은 2250프랑으로 올랐다.

대학이 문을 열기 전까지 몇 달 동안, 샹폴리옹은 역사 강의 준비에 세심한 노력을 기울였다. 대학들을 설립하면서 나폴레옹은 교수들이 어떻게 가르쳐야 하는지에 대해서도 공포했다. 즉 사실만을 가르치되 논평이나 비평, 철학과 수사학은 생략하고 학생들을 효과적으로 관리할 수 있는 시험 체계를 고안해야 했다. 한마디로 말해서, 현재의 정치 체제가 결코 완벽하지 않다는 점을 알려 줄 수 있는 내용은 확실히 제거되었던 것이다. 이러한 접근 방법은 지적인 자유에 대한 샹폴리옹의 이상과 충돌했으며, 그의 강의는 처음부터 황제가 그어 놓은 한계선을 넘나들며 진행되었다. 큰 반향을 가져온 그 강의에서 샹폴리옹은 지리학, 역사, 자료 비평, 자신이 가장 좋아하는 연대학과 인간의 기원에 관한 주제들을 포괄하여 다루었다. 이는 세계의 역사를 육천 년 정도로 믿고 있던 당시의 교회에 직접적으로 도전하는 위험한 내용이었다.

샹폴리옹이 대학 교수로서 경력을 이제 막 쌓아 갈 무렵, 조제핀 황후의 짧은 치세가 끝나 가고 있었다. 나폴레옹의 직계 친족들 중에는 조제핀의 적이 많았다. 그들 중 대다수는 나폴레옹과 조제핀의 결혼을 반대했고, 둘을 이혼시키기 위해 가능한 모든 방법을 동원했다. 나폴레옹은 여전히 조제핀을 사랑했기 때문에 파국은 피하고자 했다. 만약 조제핀이 황제 자리를 이을 아들을 낳아 주었다면 극단적인 결말로 이어지지는 않았을 것이다. 그러나 둘 사이에는 아이가 없었고 나폴레옹은 자신의 제국을 물려줄 아이가 필요했다. 나폴레옹은 결국 1809년 11월에 이혼을 선언했고, 두 달 뒤 그 결혼은 무효가 되었다. 곧이어 적당한 정략결혼이 성사되어 1810년 4월에 나폴레옹은 오스트리아 황제의 딸인 오스트리아 공주 마리루이즈와 결혼했다. 조제핀처럼 프랑스 사람들에게 유명하지는 않았지만, 마리루이즈는 황후로 받아들여졌고 이듬해 아들을 출산한 뒤로는 반대하는 목소리도 거의 없어졌다. 이 아들에게는, 언젠가 그가 통일된 이탈리아를 통치하리라는 바람에서 '로마의 왕'이라는 칭호를 붙였다. 모든 사람들이 나폴레옹 왕조가 존속하리라는 사실에 안도했다. 나폴레옹은 낙관적이어서, 오스트리아 대사의 아내인 슈바르첸베르크 부인이 아들의 탄생을 축하하러 왔을 때, 그녀에게 자신이 늘 지니고 다니던 돌로 만든 풍뎅이를 줄 정도였다. 그 위에는 성각 문자가 새겨져 있었는데, 나폴레옹이 이집트 원정에서 습득하여 그 후로 줄곧 가지고 다니던 것이었다. 나폴레옹은 그때 이렇게 말했다. "나는 이것을 부적처럼 항상 지니고 다녔습니다. 이것을 가져가십시오. 이제 나에게는 필요 없습니다." 그러나 사실 나폴레옹은 그 부적이 그전보다도 더욱 필요했다. 그의 제국이 붕괴하기 시작하고 있었기 때문이다.

한동안은 프랑스 제국과 관련된 사건들이 샹폴리옹의 삶에 그다지 큰 영향을 주지 않았다. 그보다는 동료 교수들과 학생들이 그에게 품고 있는 적의가 더 큰 문제였다. 샹폴리옹이 가르치는 젊은이들 중 몇몇은 리세에서 샹폴리옹과 같이 공부했던 동급생이었다. 그들은 샹폴리옹이 교수가 된 것에 대해 감정이 좋지 않았다. 더욱 심각한 문제는 동료 교수들 중 일부, 특히 리세에서 샹폴리옹을 가르쳤던 선생님들의 질투였다. 그들 중 몇몇은 어리고 경험도 없는 샹폴리옹 형제 때문에 자신들이 무시당했다고 황제에게 직접 탄원하기도 했다. 그러나 나폴레옹은 이를 묵살했다. 재미있는 것은, 샹폴리옹이 대학 내에 있는 자신의 적대자들에게 조롱 섞인 반격을 했다는 점이다. 샹폴리옹은 풍자시 *Scholasticomanie*를 써서 그르노블의 살롱에서 성황리에 발표했다. 물론 샹폴리옹이 실명을 거론하지는 않았지만, 조롱거리가 된 몇몇 적대자들은 그것이 누구를 언급하는지 짐작할 수 있었고, 그 결과 샹폴리옹에 대한 적의를 더욱 확고히 다지게 되었다.

하지만 대학이 문을 연 지 겨우 두 달이 지났을 때, 샹폴리옹은 더 이상 이러한 학계 안에서의 정치에 몰두할 수 없게 되었다. 징집 명령서를 받고 완전히 혼란에 빠졌던 것이다. 그 명령서에는 마흔여덟 시간 안에 군부대에 나오라고 쓰여 있었다. 그는 스페인에서 일어난 전쟁에 파견되는 보충대에 배속되었다. 프랑스는 1809년 7월 바그람 전투에서 오스트리아에 승리를 거뒀고, 그 후 주요 전장이 스페인으로 옮겨진 상태였다. 스페인에 파병된 프랑스 병사들의 불만은 그들이 남긴 낙서에서 볼 수 있다. 그들은 자신들이 빼앗은 스페인 마을의 벽에 다음과 같은 낙서를 남겼다. "스페인—장군들에게는 행운, 장교들에게는 파멸, 병사들에게는 죽음." 유럽의 다른 지역은 상대적으로 평화로웠다. 그러나 그것은 폭풍 전의 고요였다.

또다시 푸리에 지사가 도와주었다. 그는 영향력을 행사하여 병역을 면제해 주었는데, 샹폴리옹이 "사범 학교에 등록하려고 한다."라는 것을 근거로 들었다. 사범 학교 학생은 여전히 자동적으로 군대를 면제받았던 것이다. 샹폴리옹은 절대로 사범 학교에 들어가지 않았다. 그러나 사범 학교에 들어가려는 '의향'이 계속 있다고 밝히는 것으로 충분했다. 이로써 그를 징집하려는 더 이상의 시도를 막을 수 있었다.

대학 교수로 자리를 잡자, 샹폴리옹은 다시 이집트 연구에 관심을 돌릴 수 있었다. 물론 파리에서처럼 많은 자료들을 뜻대로 접할 기회는 더 이상 얻을 수 없었다. 로제타석 텍스트 사례에서 볼 수 있듯이 해독은 여전히 어려운 문제였다. 즉 로제타석의 그리스어 텍스트는 그리스어로 쓰였기 때문에 해독할 수 있었지만, 성각 문자와 민중 문자 텍스트는 해독할 수 없었고, 그 두 텍스트가 어떤 언어로 쓰였는지, 그 언어가 하나인지 둘인지조차 알 수 없었다. 성각 문자를 읽기 위해서는 각각의 성각 문자가 어떤 기능을 하는지(소리를 표현하는지, 추상적 관념을 나타내는지, 단순히 그 그림을 그대로 표현하는지) 알아야 할 뿐만 아니라 그 성각 문자가 기록하고 있는 언어와 어떤 관계인지도 알아야만 했다. 예를 들어 유럽 알파벳처럼 서로 다른 언어들을 기록하는 데 사용할 수 있을까? 아니면 중국 한자처럼 오직 중국어에서만, 그리고 중국어와 밀접한 관계가 있는 몇몇 언어에서만 사용할 수 있는 성격의 문자일까? 성각 문자와 민중 문자, 그리고 그리스어 문자 사이에 어떤 관계가 있는지도 알려진 것이 없었다. 이러한 수많은 가능성과 그에 비해 턱없이 부족한 단서들을 생각해 보면, 드 사시가 성각 문자를 해독하는 데 성공하는 것은 노력이 아니라 오히려 운에 달려 있다고 한 말이 납득되기도 한다.

그것이 얼마나 어려운 문제인지는 샹폴리옹이 세운 가설의 숫자에서도 알 수 있다. 그는 수시로 마음을 바꿔 하나의 이론에 열정적으로 빠져들었다가 곧 다른 이론에 빠져들었고, 그러다가 뒤늦게 애초에 생각했던 것들이 거의 대부분 완전히 틀렸다는 점을 깨달았다. 성각 문자 수백 개가 밝혀졌으나 그중 어느 것도 해독할 수 없었다. 연구자들은 그렇게 많은 기호들을 어떻게 설명해야 할지 골머리를 앓았다. 1810년 8월 초, 겨우 열아홉 살이었던 샹폴리옹은 이집트어 글쓰기에 대한 자신의 최근 견해를 대략적으로 서술해서, 델피날레 학회에서 길게 발표했다. 여기에서 그는 키르허와 워버턴 같은 초기 학자들의 이론을 반박했고, 특히 이집트어를 중국어와 연결하려는 이론들을 비판했다. 샹폴리옹은 이집트에 대한 글을 남긴 고대 그리스의 저술가들에게서 큰 영향을 받았다. 그것은 반대로 그를 좀 혼란스럽게 하기도 했지만, 어쨌든 샹폴리옹은 그들의 영향을 받아 이집트어 문자에 네 가지 유형이 있다고 주장했다. 첫 번째는 일상적인 용도와 사업상 용도에 사용된 유형(민중 문자)이다. 두 번째는 성스러운 전례에 사용된 유형(신관 문자)이다. 그리고 나머지 두 유형은 성각 문자로, 하나는 기념비 비문에 사용된 유형이고, 다른 하나는 오직 사제들이 썼던 비밀스럽고 상징적인 글에 사용된 유형이다. 사실과는 거리가 멀었지만, 그래도 그는 민중 문자와 신관 문자가 서로 다른 필기체라는 것을 밝혀냈다. 다만 그것들과 성각 문자의 관계를 제대로 이해하지는 못했다. 그 단계에서 샹폴리옹은 신관 문자와 민중 문자가 단순히 알파벳으로 구성되어 있으며, 그 부호들을 조합하는 방식만 서로 다를 뿐이라고 생각했다. 또한 그 두 가지 문자들에서 좀 더 복잡한 성각 문자 체계가 발생했으며, 그 성각 문자 부호는 외국인 인명을 표기하는 경우를 제외하고는 소리가 아닌 개념을 나타낸다고 보았다. 어쨌든 샹폴리옹은 몇 세기 동안 존속해 온 이론, 즉 성각 문자는 정보 교환을 위한 글쓰기 체계가 아니라 순전히 상징적이거나 장식적인 것(소수의 입회자들에게만 성스러운 정보를 전해 주기 위해 고안한 신비로운 기호의 집합)에 불과하다는 이론에서 벗어났다.

그 후로도 계속된 샹폴리옹의 문제점은, 많은 이론들에 지나치게 조심스럽게 접근했다는 점이다. 샹폴리옹은 스스로 자신의 발견을 완벽하게 확신하거나, 혹은 예기치 못한 상황으로 출판해야만 하는 경우를 제외하고는 자신이 발견한 내용을 계속 움켜쥐고 어떤 것도 출판하지 않으려고 했다. 그르노블 지방 학회에서 발표를 하는 것은, 성각 문자를 해독하기 위해 자신이 이룩해 놓은 성과의 소유권을 주장하는 데에는 적절치 못했다. 그러나 한때 드 사시의 제자였고 그의 총애를 받던 에티엔마크 카트르메르와 관련된 어떤 사건 때문에 결국 샹폴리옹은 지리학과 이집트 역사에 관한 책을 출판하게 되었다. 그 책은 삼 년 전 그르노블에서 시작되어 파리에서도 지속된 연구의 결과로, 그의 형이 벌써 일 년 넘게 출판하도록 종용하고 있던 것이었다.

파리의 국립 도서관에서 일하던 카트르메르는 그 당시 루앙에 있는 대학에서 그리스어 및 문학을 가르치는 교수 자리를 얻었다.(그는 겨우 이 년 뒤인 1811년에 파리로 다시 돌아왔다.) 1809년 6월, 그는 콥트어를 연구한 결과를 출간했다. 당시 샹폴리옹은 자신의 지리학 책을 출간하기 전에 좀 더 다듬어야 할 필요성을 절실히 느끼고 있었기 때문에, 그 소식에 무척 곤혹스러워했다. 그는 자신의 지리학 책에 다음과 같은 제목을 붙여 놓고 있었다. '파라오 치하의 이집트 혹은 캄비세스 왕이 정복하기 이전의 이집트 지리, 언어, 글쓰기, 역사에 관한 연구'. 샹폴리옹은 카트르메르가 자신과 같은 연구를 하고 있다는 사실을 알고 충격을 받았다. 카트르메르는 샹폴리옹의 연구와 동일한 선상에서 연구를 하고 있었다. 즉 이집트 마을과 도시의 콥트어 지명을 연구하고 그 지명들의 본래 고대 이집트 지명(이것은 그 당시에 아마 성각 문자와 신관 문자로 쓰였을 것이다.)을 추론하는 연구였다. 샹폴리옹은 이집트 지리학에 대한 자신의 연구가 카트르메르의 연구보다 훨씬 더 완벽하고 정확하다는 것을 알고 있었다. 왜냐하면 그는 콥트어와 아랍어 사본, 그리스어와 라틴어 텍스트, 그리고 최근에 이집트를 다녀온 여행자들의 보고서와 지도까지 참고했기 때문이다. 그러나 그것을 출판하지 않는다면 아무도 그렇게 평가해 줄 수 없을 것이었다. 카트르메르가 연구 결과를 곧 출판하리라는 것을 알게 된 샹폴리옹은 자크조제프와 상의했고, 그들은 선수를 쳐서 샹폴리옹 책의 첫 부분을 「서문」으로 출간하기로 결정했다. 67쪽짜리 책의 사본 서른 부가 1810년 10월에 인쇄되었다. 그러나 출판은 뜻대로 되지 않았고 결국 연기되었다.

결국 출판 경쟁에서 승리한 사람은 카트르메르였다. 1811년 1월 그는 샹폴리옹과 경쟁 관계에 있던 자신의 두 권짜리 책 『이집트와 그 이웃 지역에 대한 지리학 및 역사학적 보고서』를 출판했다. 샹폴리옹의 「서문」은 두 달이 더 지나고 나서야 출판되었다. 샹폴리옹은 파리에 있는 친구 생마르탱에게 2월에 쓴 편지에서 자신의 경쟁자를 무시하며 다음과 같이 쓰고 있다. 샹폴리옹 자신은 마을 지명을 174개 제시한 반면 카트르메르는 겨우 104개밖에 제시하지 못했다는 것이다. 헐뜯기 좋아하는 파리 학계에서는 샹폴리옹이 표절했다는 말이 은밀하게 나돌았다. 실제로는 샹폴리옹과 카트르메르 중 어느 누구도 상대방의 연구 결과를 베끼지 않았고, 각자의 책에서 접근 방법의 차이도 명백하게 드러났는데 말이다. 자크조제프와 샹폴리옹은 그러한 비방을 예견했고, 그래서 두려워했다. 특히 샹폴리옹은 자신의 옛 선생이자 후원자였던 드 사시가 표절을 확신했다는 것에 더욱 상처를 받고 마음이 상했다. 드 사시는 「서문」을 조급하게 출판한 것을 좋지 않게 봤던 것이다. 생마르탱을 포함해 파리에 있던 샹폴리옹의 친구들은 그러한 비방에 대해 해명하고자 했다. 그러나 샹폴리옹에 대한 그들의 과장된 찬사는 오히려 사태를 악화시켰다.

그해 말에 드 사시는 「서문」에 대한 논평을 출간했다. 여기서 드 사시는 샹폴리옹을 비판하고 카트르메르를 지지했다. 샹폴리옹의 입장에서 보자면, 그 자신과 드 사시, 그리고 카트르메르 사이에 분쟁이 시작된 것이었다. 동생이 비난받아서 화가 난 자크조제프는 드 사시에게 편지를 써서 따졌다. 드 사시는 최선을 다해 변명을 했고, 다음과 같이 답장을 썼다. "나는 언제나 젊은이들을 격려하는 일을 가장 하고 싶었습니다. 특히 요즘 같은 때 학문에 투신하여, 왕관을 약속해 주기는커녕 가시관을 쓸 것이 뻔한 일을 하려는 용감한 젊은이들을 말이죠. (……) 나는 샹폴리옹이 표절을 했으리라고 의심해 본 적도 없습니다." 샹폴리옹이 이집트 글쓰기 체계에 대한 자료를 출간하는 것을 꺼렸음에도 불구하고, 『파라오 치하의 이집트』 「서문」은 그가 출간한 첫 번째 작업물이 아니다. 그는 ('저술가라는 직업은 고되다.'라는 현실적인 견해를 가지고 있으면서도) 이미 학술지와 신문에 논문을 여러 편 기고했고, 또 자크조제프와 푸리에가 이집트 원정대의 『이집트 묘사』에 기고하는 데 도움이 될 수 있도록 다양한 보고서를 여러 편 작성했다.

샹폴리옹이 아무리 자기 연구에 푹 빠져 있었다고 하더라도, 대학교 밖에서 일어나는 여러 사건들에 완전히 무관심할 수는 없었다. 실제로 그의 삶에 영향을 준 사건들이 빈번하게 발생했다. 그 시기에 푸리에와 두 형제 사이의 불화가 더욱 심화되었다. 이는 부분적으로는 두 형제가 신문《아날 뒤 데파르터마 드 이제르—저널 아드미니스트라티프》와 관계를 맺어서 푸리에 지사를 곤란하게 했기 때문이다. 자크조제프는 1808년부터 그 신문을 편집했고, 상폴리옹도 때때로 그 신문에 기고를 했다. 프랑스 제국은 모든 출판물을 엄격하게 검열하고 있었는데, 그 신문에 실린 자크조제프의 논문이 여러 차례 검열에 걸렸던 것이다. 그래서 푸리에가 곤란해졌다. 그러나 불화의 가장 큰 원인은 『이집트 묘사』의 머리말과 관련되어 있었다. 그 책을 준비하는 데 두 형제가 기여했다는 사실을 푸리에가 밝히지 않았던 것이다. 그것은 분명히 실망스러운 일이었다. 더구나 파리에 있는 친구로부터 두 형제가 어떤 형태로든 기여했다는 사실을 푸리에가 부인했다는 소식을 듣고 그들은 더욱 기분이 상했다. 푸리에는 두 형제와 거리를 두기 시작했다. 가능한 한 그들을 피하고자 했으며, 과거의 친근했던 관계와는 대조적으로 오직 형식적으로만 대했다. 자크조제프는 나중에 그 시기에 대해 다음과 같이 썼다. "이때에 푸리에와 나의 관계는 서먹해졌고 소원해졌다. 그와 나 사이에 다른 누군가가 있는 것 같았다."

푸리에는 누군가의 말을 듣고 그 두 형제와 가까이 지내면 위험해진다고 믿게 되었던 것 같다. 아마도 푸리에 지사의 서기였던 앙브루아즈 르파스키에가 그랬을 것이다. 그는 자크조제프를 질투하고 있었다. 상폴리옹과 그의 형을 적대시하던 사람들 가운데 좀 더 영향력이 있었던 르파스키에는, 푸리에가 자크조제프를 편애하여 여러 번이나 자신 대신에 그를 서기직에 앉히려고 했다는 사실을 알고 더욱 화가 나 있었다. 자크조제프는 그 서기직을 항상 거절했다. 푸리에가 오래된 친구들을 저버리도록 설득당했다는 사실에 그렇게 놀랄 필요는 없다. 왜냐하면 그 당시에 프랑스에서는 정치적 음모와 불안이 점차 증가하고 있었기 때문이다. 징집 때문에 사람들은 점점 더 피폐해졌다. 징집되거나 징집을 피해 도망가 숨거나 그도 아니면 전장에서 불구가 되어 돌아온 사람들뿐이었으므로 경제 활동도 붕괴할 수밖에 없었다. 아버지, 아들, 형제를 잃은 슬픔으로 많은 가족들이 눈물을 흘려야 했다. 그리고 나폴레옹의 불패(不敗)에 대한 일반적인 믿음도 점점 그 힘을 잃어 갔다.

러시아와의 동맹이 깨지고 나폴레옹이 러시아 침공을 결정한 1812년 무렵, 대규모 실업과 극심한 인플레이션이 일어났다. 수백 개 기업이 파산했다. 부유한 사람들은 먹고살 여유가 있었지만, 수입품은 오직 암시장에서 그것도 터무니없는 가격으로만 구할 수 있었고, 결국 가난한 사람들 수만 명이 해마다 영양실조로 죽어 갔다. 비극은 그것이 다가 아니었다. 점령지에 부과한 세금으로 더 이상 군비를 충당할 수 없게 되자, 나폴레옹은 프랑스 본국에 전쟁세를 부과했다. 러시아 침공은 완전히 실패했다. 나폴레옹이 모스크바로 데리고 간 60만 장병 중에서 돌아온 자는 10만 명이 채 못 되었다. 사망자들은 대부분 추위와 배고픔, 그리고 질병에 희생되었다. 러시아 원정의 실패로 또다시 징집을 해야 했고, 프랑스에는 남성과 소년의 씨가 말라 버렸다. 사람들은 끝나지 않는 나폴레옹의 전쟁에 반대하기 시작했고, 징병관은 신병을 징모하는 데 어려움을 겪었다. 게다가 기마 헌병대마저 기병대로 징집되면서 프랑스는 점점 무법천지가 되어 갔고, 탈영병들과 징집 회피자들의 무리는 프랑스를 더욱 위협했다. 검열과 선전 활동에도 불구하고 프랑스 제국이 곧 붕괴하리라는 것은 너무나도 명백해졌다. 왕당파들은 나폴레옹을 몰아내고 또다른 왕을 앉힐 계획을 세웠다.

1812년 2월, 샹폴리옹과 함께 고대사를 가르치던 동료 교수인 장가

스파르 뒤부아퐁타넬이 그르노블에서 사망했다. 그로 인해 그가 샹폴리옹에게 양보했던 추가 급료가 없어졌고, 샹폴리옹은 충분치 못한 공식적인 봉급 750프랑만 받게 되었다. 자크조제프는 뒤부아퐁타넬의 시립 도서관 사서 자리를 물려받아 900프랑의 봉급을 받게 되었고, 샹폴리옹을 자신의 무급 조수로 두었다. 또한 그는 문학부 학장에 지원했다. 한편 샹폴리옹은 겸임 교수 대신 고대사 전임 교수로 지원했다. 샹폴리옹을 시기하던 적대자들은 그가 너무 어리다고 주장했으며 그의 정치적 성향을 비판하며 그를 '자코뱅파'라고 몰아세웠다. 그가 전제 군주제에 반대할 뿐만 아니라 반(反)나폴레옹 분자이기도 하다고 암시하는 것으로, 샹폴리옹을 깎아내리려는 의도였다. 자코뱅은 그 당원들이 처음으로 모인 파리의 생자크 거리에서 이름을 따온 것으로, 대혁명 기간에 가장 극단적인 민주주의자들을 가리켰다. 그 후 그들처럼 정치적 견해가 극단적인 사람들에게 그 이름이 붙게 되었다. 샹폴리옹의 경우, 그것이 틀린 말은 아니었다. 왜냐하면 그는 이상주의자였고, 나폴레옹이나 전제 군주제를 지지하지도 않았으며, 프랑스에 적합한 정부 형태는 민주 공화국밖에 없다고 믿고 있었기 때문이다.

고대사 교수직은 샹폴리옹에게 손쉽게 주어지지 않았고, 그 대신 공개경쟁이 실시되었다. 샹폴리옹의 적대자들은 고대사 교수직과 그리스 문학 교수직을 조정하여 합치려고 했다. 만약 외부 인사가 지명될 경우 샹폴리옹과 그의 형은 동시에 교수직을 잃을 형편이었다. 샹폴리옹과 자크조제프는 이제 프랑스 당국의 눈 밖에 난 사람으로 여겨졌고, 두 형제와 푸리에 사이의 불화는 그 상황을 더욱 악화시켰다.《아날 뒤 데파르터마 드 이제르》의 편집자였던 자크조제프가 검열을 받지 않은 채로, 프랑스 제국 군대가 러시아와 스페인에서 고통 받으며 손실을 입었다는 기사를 냈기 때문에 그 상황은 더욱 안 좋아졌다. 프랑스 제국 군대의 손실은 누구나 다 아는 사실이었다. 그럼에도 불구하고 푸리에가 파리에 있는 사이에 '해로운 주장'이 담긴 책을 출판했다는 이유로 자크조제프가 편집장 자리에서 해임당했다. 그르노블로 돌아왔을 때 푸리에는 그 해임을 승인하는 것 외에 아무것도 할 수 없었다. 자크조제프는 편집장 봉급을 받을 수 없게 되었을 뿐 아니라, 위신마저 잃었다. 왜냐하면 푸리에가 그 사건을 정부에 보고해야만 했기 때문이다.

1812년 9월, 여러모로 위태로워진 자크조제프는 자신과 동생의 사건을 교육 담당 장관에게 직접 설명하기 위해 파리로 올라가기로 결정했다. 그러나 파리에 도착한 그는 적대자들의 불평과 비방이 이미 파리의 정부에까지 퍼져 있음을 알게 되었다. 그럼에도 불구하고 그는 논쟁에서 성공적으로 자신의 입장을 밝혔고, 의기양양하게 그르노블로 돌아올 수 있었다. 얼마 지나지 않아 그는 문학부 학장으로 임명되었으며, 그리스 문학 교수직도 유지할 수 있었다. 한편 샹폴리옹은 학부 서기로 임명되었고 고대사 '임시' 교수직도 유지하게 되었다. 고대사 교수 자리는 여전히 공개경쟁 상태로 남아 있었다. 그러나 아무도 지원하려고 하지 않았기 때문에 샹폴리옹이 그 자리에 계속 있을 수 있었다. 또 자크조제프는 샹폴리옹의 봉급을 2250프랑으로 올려 준다는 약속도 받아 냈다.

정신적으로 힘들고 재정적으로도 어려웠던 그 몇 달 동안, 샹폴리옹은 고대 이집트 글쓰기 체계에 대한 연구를 거의 진척하지 못했다. 그가 볼 수 있는 원자료가 그르노블에는 거의 없었기 때문에 늘 다른 사람들에게서 사본을 얻어 와야만 했다. 하지만 다른 종류의 연구, 그가 1812년 말쯤에 진행한 카노푸스 단지에 대한 연구는 성공적이었다. 그 단지들은 도토 혹은 돌로 만든 것으로, 뚜껑은 이집트 신의 머리 네 개를 형상화한 것이다. 그 당시에는 이집트 전역에서 발견된 그 단지들을 오직 카노푸스 항구에서만 발견된, 뚜껑만이 아니라 전체가 사람 머리 모양인 단지들과 그 기능 및 제작 시기 면에서 동일하다고 생각하여 흔히 그렇게 불렀다. 카노푸스에서만 유일하게 발견된 후자의 단지는, 역시 카노푸스라고 불렸던 신을 인격화한 것으로 숭배의 대상이 되었다고 한때 여겨졌다. 그러나 후대의 연구를 통해 그렇지 않다는 것이 밝혀졌다. 그 단지들은 사실 이집트 신 오시리스를 인격화한 것으로 숭배되었으며, 그리스 시대나 로마 시대에 제작되었다. 고대 이집트의 지리학을 광범위하게 연구한 끝에, 샹폴리옹은 카노푸스라는 이름이 그 항구의 고대 이집트 지명일 수 없다는 점을 알아냈다. 또한 샹폴리옹은 고대 그리스어와 라틴어 텍스트 중에서 카노푸스라고 불린 신의 흔적을 전혀 찾지 못했다. 실제로 그 항구는 오직 그리스 시대에만 카노푸스라고 불렸으며, 후대에는 아부키르라고 알려졌다. 그곳은 1798년 나폴레옹 원정대가 상륙한 곳이며, 그 한 달 후에 영국 해군이 프랑스 선단을 괴멸한 곳이기도 하다.

그 단계에서 이미 샹폴리옹은 두 가지 형태의 단지들이 기능도 다르고 각각 다른 의례에 사용되었다는 것을 알아냈다. 왜냐하면 사람 머리 모양의 단지들은 카노푸스에서만 발견되었으며, 그 제작 시기도 그리스 시대 후기였기 때문이다. 이름이 잘못 붙여진 카노푸스 단지들은, 뚜껑만 머리 모양이었고 좀 더 흔하게 광범위한 장소에서 발견되었다. 종종 무덤에서도 발견되었는데, 그것을 발견한 아랍인들은 대개 그 안의 내용물을 비워 낸 다음에 상인이나 수집가 들에게 팔았다. 그르노블 시립 도서관에 붙어 있던 작은 박물관에는 설화 석고로 만든 카노푸스 단지가 두 개 있었다. 그 단지들의 높이는 각각 30센티미터와 40센티미터였으며, 뚜껑이 원숭이 머리 모양과 자칼 머리 모양이었다. 그중 작은 단지의 내용물이 여전히 온전하게 보존되어 있었으므로, 샹폴리옹은 그 내용물을 조사하여 단지의 용도를 알아보기로 했다. 내용물은 딱딱한 덩어리가 되어 단지의 바닥에 붙어 있었다. 그래서 샹폴리옹은 과감한 방법을 쓸 수밖에 없었다. 그는 단지를 삼십 분 동안 끓는 물 속에 담가서 원래 들어 있던 방부액을 녹였다. 그러고 나서 그 속에서 천에 싸인 내용물을 찾아낼 수 있었다. 천을 걷어 낸 다음, 그 내용물을 그 당시 그르노블에 와 있던 파리 자연사 박물관의 박물학자에게 건넸다. 그는 샹폴리옹의 추측을 확인해 주었다. 그 내용물은 방부 처리된 내장으로, 인간의 심장이나 간 혹은 비장으로 추측된다는 것이었다. 그 두 단지는 현재 그르노블 박물관에 전시되어 있다. 그중 뚜껑이 원숭이 머리 모양인 단지는 다소 거무튀튀한데, 샹폴리옹이 실험을 하다가 타르 비슷한 성분이 흘러넘쳐서 그렇다.

그 연구를 통해서 샹폴리옹은 다음과 같은 결론을 내릴 수 있었다. 카노푸스 단지에 나타나 있는 네 개의 머리(여성, 개코원숭이, 매, 자칼)는 이집트 신화에 나오는 상징적 영(靈)의 머리이며, 그들은 지하에 있는 신의 법정에서 인간 영혼이 심판을 받을 때 그것을 관장하는 존재들이라는 것이다. 성각 문자가 해독된 뒤에 이 놀라운 고고학 실험의 결과가 확증되었다. 그리고 단지의 수호신은 '호루스의 네 아들'로 확인되었다. '여성'은 실제로 (임세티 신)였으며, 간을 관장했다. 자칼은 (두아무테프 신)로 위를 관장했고, (하피 신)인 원숭이는 허파를 맡았다. 그리고 매는 (퀘베흐세누프 신)로 장을 관장했다. 미라를 만드는 과정에서 내장을 제거해 방부 처리한 후 흔히 카노푸스 단지 한 벌에 보관했다. 미라를 만드는 여러 방식들 중 가장 철저한 방식을 따를 경우,

미라의 몸에는 오직 심장과 신장만 남는다. 보통 왼쪽 콧구멍으로 갈고리를 넣어 뇌를 조각조각 끄집어내고, 그 조각들은 폐기한다. 미라 옆에는 대부분 원래 카노푸스 단지 혹은 '카노푸스 통'이 한 벌 놓인다. 그 안에는 방부 처리된 내장이 들어 있는데, 보통 그것을 쌀 때 수호신 모형을 집어넣는다. 실제로 미라를 만드는 과정은, 성각 문자를 통해서도 알수 없는 이집트의 난해한 관습들 중 하나이다. 현재 알려져 있는 고대이집트의 기록 중에서 그 과정을 담고 있는 것은 하나도 없다. 그 과정에 대해 현재 우리가 알고 있는 지식은 그리스와 로마 저술가들의 기록, 미라에 대한 검토, 그리고 현대의 실험으로 얻은 것이다. 샹폴리옹의 이평범한 실험이 그 분야의 길을 열어 주었다. 그러나 '카노푸스 단지'라는 잘못된 이름은 결국 수정되지 않았다. 오늘날에도 여전히 이집트학 학자들은 그 이름을 쓰고 있다.

카노푸스 단지에 대한 실험을 하기 바로 전에, 샹폴리옹은 콥트어 문법책과 사전을 계속 편찬하면서 파리에 있는 친구 생마르탱에게 이집트 언어에 대한 자신의 최근 생각들을 이야기했다. 그것을 보면 샹폴리옹의 생각이 상당히 변하기 시작했음을 알 수 있다. 그는 더 이상 성각 문자가 신관 문자나 민중 문자의 필기체 버전보다 더 늦게 나왔다고 생각하지 않았다. 그러나 그는 여전히 필기체 기호를 그에 상응하는 콥트어로 쉽게 대체할 수 있다고 생각했으며, 그렇게 해서 고대 이집트 텍스트를 읽고 쓸 수 있으리라고 봤다. 콥트어와 관련해 그는 다음과 같이 썼다. "콥트어 공부를 얼마나 많이 했는지, 단 하루 만에 다른 사람에게 그 문법을 가르칠 수 있으리라는 확신이 들 정도야. 나는 콥트어에서 가장 중요한 맥을 계속 짚어 오고 있어. 이 이집트 언어(콥트어)를 완벽하게 분석하면 틀림없이 성각 문자 체계의 원리가 드러날 것이라고 생각해.

그리고 내가 그것을 밝혀낼 거야." 실제로 그는 그것을 밝혀냈다. 그러나 몇 년 동안 노력한 뒤에 마침내 이루게 되었다.

몇 달 뒤인 1813년 2월, 샹폴리옹은 생마르탱에게 자신의 생각을 좀 더 드러냈다. 그러나 그는 여전히 성각 문자로 쓰인, 비밀스러운 성직자용 버전이 있으리라는 잘못된 가정에 사로잡혀 있었다. 또한 그 당시에 두 종류의 성각 문자 기호가 있음을 알았는데, 이는 어느 정도 진전을 이룬 것이었다. "성각 문자에는 두 종류의 기호가 있다. 1. 여섯 개의 알파벳 기호. 2. 그 수가 많기는 하지만 무한하지는 않은, 자연물의 모사(模寫)." 성각 문자로 쓰인 단어를 해석할 수는 없었지만, 샹폴리옹은 단어 형성에 관해 검토하기 시작했다. "이집트어의 명사, 동사, 형용사에는 어미가 없다. 아니, 특정한 어미가 없다고 하는 편이 더 맞을 것이다. (……) 접미사와 접두사로 모든 것이 해결된다." 샹폴리옹은 단어의 어미가 위에서 말한 알파벳 성각 문자에 의해 좌우된다고 믿었다. 전적으로 옳지는 않았지만, 올바른 방향으로 한 걸음 내디딘 결과였다.

그 몇 달 동안, 대학에서는 모든 일이 잘 풀리는 것 같았다. 그러나 샹폴리옹은 약속받았던 별도의 봉급을 받지 못했고, 2월에는 결국 그의 봉급이 750프랑으로 확정되었다. 그것은 전임 교수 봉급의 4분의 1에 불과했다. 샹폴리옹이 맡고 있던 학부 서기와 보조 사서직에 대한 봉급도 지불되지 않았다. 그 당시 대학 행정에서는 충분히 있을 법한 일이었다. 프랑스의 여느 조직과 마찬가지로 대학 역시 가능한 한 재정을 아껴야만 했다. 그러나 샹폴리옹은 또다시 빈궁해진 데다 건강까지 악화되어 낙담했다.

그 무렵 샹폴리옹의 두 권짜리 책 『파라오 치하의 이집트』가 완성되었고, 출판과 관련해서 푸리에 지사가 직접 그 책을 교육부 장관에게 제출하기로 했다. 4월에 장관이 호의적인 반응을 보였다는 소식이 들려왔다. 그러나 네 달 후, 샹폴리옹은 그 소식이 거짓이었음을 알았다. 푸리에는 원고를 발송조차 하지 않았던 것이다. 자크조제프는 푸리에를 만나 긴 시간 격론을 벌인 뒤에, 그와의 원만치 않은 관계가 다소 개선되었다고 생각했다. 그러나 출판에 관해서는 샹폴리옹에게 다음과 같이 말할 수밖에 없었다. "기다려 보는 수밖에 없어. 위에서 출판 허가 명령이 떨어져야 하거든." 샹폴리옹은 먼 친척 폴린 베리아가 그해 7월에 세상을 뜨면서 더욱 불행해졌다. 파리에 가기 전에 샹폴리옹은 이미 폴린을 사랑하고 있었고, 그녀와 결혼하겠다고 생각하고 있었다. 그래서 파리에서 사촌 세자린을 통해 그녀에게 격정적인 편지를 보냈다. 그러나 답장이 없었기 때문에 샹폴리옹은 결국 자크조제프에게 모든 것을 털어놓았다. 자크조제프는 굉장히 마음 아파했으며, 실연당한 샹폴리옹의 기분이 좋아지도록 많은 노력을 했다. 마침내 샹폴리옹은 다음과 같은 사실을 인정할 수밖에 없었다. "폴린은 화를 냈고, 세자린과 함께 너의 편지와 생각을 비웃었어." 그들의 관계는 시작도 하기 전에 끝나 버렸지만, 샹폴리옹은 폴린의 죽음에 여전히 깊은 상처를 받았다. 그때 폴린은 스물아홉 살이었고, 결핵으로 사망한 것으로 추정된다.

샹폴리옹이 너무나 침울해했기 때문에, 9월 초에 자크조제프는 멀리 있는 샤르트뢰즈 산맥으로 그를 데리고 갔다. 그르노블 북쪽에 있는 그곳에는 그랑드 샤르트뢰즈 수도원이 있었다. 그 수도원은 지난 이십여 년 동안 폐쇄되어 있었으며 당시에는 국가 소유였다. 프랑스를 여행하는 영국인 관광객을 위한 현재의 안내서에는 그 지역이 "자연이 얼마나 공포스러운지 느껴 보고 싶은 사람들"에게 좋은 곳으로 추천되어 있다. 그런 사람들에게는 "수도원까지 가는 30~35킬로미터 정도 되는 길이 아주 즐거울 것"이기 때문이다. "그 길을 따라 도처에 깎아지른 듯한 산이 있으며, 거센 급류, 울퉁불퉁한 바위, 엄청난 절벽, 거대한 폭포 등이 펼쳐져 있다."라고 되어 있다. 자크조제프와 샹폴리옹은 그 여행을 하면서 예전 수도원에 있던 사본과 고판본(천오백 년 전에 인쇄된 책들)을 2000부 가까이 시립 도서관으로 옮겨 올 수 있었다. 그것은 현재까지도 그르노블 도서관에서 가장 중요한 소장품이다.

그 여행을 통해 샹폴리옹은 육체적으로, 정신적으로 기력을 찾을 수 있었다. 샹폴리옹은 다시 한 번 연구를 시작했으며, 얼마 지나지 않아 생마르탱에게 깜짝 놀랄 만한 내용의 글을 썼다. 이제 더 이상 비밀스러운 성직자용 성각 문자의 존재를 믿지 않는다는 것이었다. 그것은 중요한 진전이었다. 그즈음에는 샹폴리옹에 대한 드 사시의 처사로부터 촉발했던 생마르탱의 분노도 어느 정도 수그러들었으며, 오히려 생마르탱은 드 사시의 왕당파적 경향에 지지를 보내기 시작했다. 두 친구의 관계는 결국 심각하게 냉각되었다. 그러나 그때에도 생마르탱은 샹폴리옹의 새로운 발견들에 대해 비밀을 지키겠다고 약속했다. 샹폴리옹은 그 시기에도 스스로 계속 수정을 하고 있었기 때문에 그중 어느 것도 출판하지 못했다.

1813년 말쯤에 샹폴리옹은 장갑을 만드는 클로드 블랑의 딸 로진 블랑과 결혼하고 싶다는 뜻을 밝혔다. 그 당시 장갑 제조는 훌륭한 일이었으며, 사실상 그르노블에 존재하는 유일한 산업이었다. 게다가 클로드 블랑은 도시에서 유명한 사람 중 한 명이었다. 대학의 동료 교수들 사이에서 평판도 좋지 않고 일 년에 750프랑밖에 벌지 못하며 장래도 거의 보장되어 있지 않은 스물세 살짜리 교수가 자기 딸과 결혼하겠다는 것을 블랑은 즉각 거절했다. 자크조제프도 그 결혼에 반대했지만 전혀 다른 이유에서였다. 그는 로진의 지적 수준이 자신의 동생과는 어울리지 않는다고 생각했다. 그 거절이 계속 귓전에 맴돌아서 샹폴리옹은 1814년을 좋게 시작할 수 없었다. 그러나 나폴레옹에게 1814년은 그보다 훨씬 더 좋지 않은 해였다. 1812년 러시아 원정이 끔찍하게 끝난 뒤, 프랑스에 대항하는 국가들이 연합하여 압박을 하기 시작했다. 1813년 10월 연합국은 프랑스 남부 지방을 침공했다. 또한 나폴레옹은 독일에서도 철수해야 했다. 그해 12월에 나폴레옹은 스페인에서의 전쟁을 포기해야만 했다. 연합국은 나폴레옹이 조약에 동의하지 않으면 프랑스 내륙으로 진군하겠다고 위협했다. 나폴레옹은 동의하지 않았고 그 결과 1814년 1월 연합국은 프랑스 내륙으로 더욱 깊숙이 쳐들어왔다. 그르노블은 (나폴레옹이 오스트리아 공주인 마리루이즈와 결혼했음에도 불구하고) 그해 8월 프랑스에 선전 포고한 오스트리아의 위협을 받았다. 사람들은 도시를 떠나기 시작했다. 남은 사람들은 스스로 수비대를 조직했으며 샹폴리옹과 자크조제프도 그 일원이 되었다. 17세기에 건축된 성벽을 보수했고, 수집한 무기를 손질해서 장전했으며, 파수병을 배치했다. 이제 프랑스와 그르노블, 무엇보다도 주민들 모두를 지키는 것이 중요해졌다. 학문적 관심사를 포함한 다른 모든 것들은 일단 한쪽으로 미뤄 놓아야만 했다. 자크조제프는 샹폴리옹에게 다음과 같이 한탄하기도 했다. "우리에게는 성각 문자와 이집트어에 열중하는 것보다 더 중요한 일이 있어."

1814년 4월 초에 오스트리아 군대가 다가오고 있다는 첩보가 도착했다. 도시는 전투를 치를 상황이 아니었으며, 포위 공격에 대한 준비도 되어 있지 않았다. 그러나 열성적인 수비대원들은 오스트리아군과 전투를 벌이려고 했다. 그러한 상황은 특사가 파리에서 놀라운 소식을 가져온 뒤에야 진정되었다. 연합국에게 수도가 함락당했으며 나폴레옹이 퇴위했다는 소식이었다. 휴전이 조인되었으며, 오스트리아군이 그르노블에 입성했다. 5월에 나폴레옹은 코르시카 동쪽 작은 섬인 엘바로 유배되었고, 프랑스에서는 왕정이 복고되었다. 루이 18세가 왕위에 올랐고, 샹폴리옹과 자크조제프를 비롯한 대부분의 프랑스 대중은 나폴레옹에서 또 다른 부르봉 가의 왕으로 바뀌는 것에 불과한 그 과정을 씁쓸하게 바라볼 수밖에 없었다. 민주 국가 프랑스를 꿈꾸던 공화주의자 샹폴리옹은 나폴레옹 정권의 문제점을 잘 알고 있었다. 그러나 그 대신 왕정을 되살린 것은, 잘못된 방향으로 한 걸음 내디딘 것이라고 샹폴리옹은 생각했다.

그르노블에 있던 소수의 왕당파들은 이제 자신들의 목소리를 낼 기회를 얻었다. 그들은 공개적으로 푸리에를 비난했고 심지어 지사 자리에서 물러나라고 촉구하기까지 했다. 도시의 극장도 폐쇄하라고 요구했다. 이제는 모두가 새로운 왕을 찬양해야만 했다. 그러나 대부분의 사람들에게 그러한 '찬양'은 그저 입에 발린 말에 불과했다. 살롱에 출입하는 사람들은 종종 공개 석상에서는 왕당주의를 받아들이는 체했지만, 살롱에서는 그러지 않았다. 극장은 문을 닫아야 했지만, 여전히 살롱에서 은밀하게 청중들을 대상으로 연극과 풍자시를 상연했다. 그 연극들 중 몇몇은 샹폴리옹이 쓴, 내용이 대담무쌍한, 아니 어쩌면 어리석은 것이었으며, 그 희극들 중에는 반체제적인 내용도 이따금 있었다. 흔히 고전 그리스 로마 문학에서 이야기를 따와서 패러디한 것들이었다. 그 연극은 분명히 호의적인 반응을 얻었으며, 때로는 점령군인 오스트리아 장교들조차 그러한 반응을 보였다. 오스트리아 장교들은 유흥을 즐기면서도 그 속에 섞여 있는 비웃음을 크게 문제 삼지 않았는데, 프랑스 연극 단체들이 풍자를 하면서도 결정적인 선은 넘지 않았기 때문이다.

1814년 왕당파 정권의 지배가 점점 더 강화되면서 샹폴리옹은 둘 중에서는 그래도 (그전에는 그리도 비판했던) 나폴레옹 체제가 더 낫다는 식으로 평가했을 수도 있다. 그는 노래를 만들어 대중적인 곡조를 붙인 후, 절친한 친구들과 사적으로 즐기곤 했다. 말할 것도 없이 그 노래들은 왕당파 정권을 심하게 비방하는 내용이었고, 그 작가가 누군지 밝혀질 경우 심각한 위험에 처할 수도 있었다. 그의 친구 중 몇몇은 그 노래들에 깊은 인상을 받아서 익명으로 복사본을 만든 후 도시 전역에 배포했다. 사람들은 새로운 정권에 대한 반대를 억누르려는 경찰들을 놀리기 위해 늦은 밤 어두운 길거리나 뒷골목에서 그 노래들을 부르곤 했다. 얼마 지나지 않아 자신들이 느낀 배신감과 반항심을 잘 표현해 주는 그 노래들을 찾는 사람들이 많아졌다.

걱정하고 불안해하는 분위기는 그르노블만이 아니라 프랑스 전역에서 느낄 수 있었다. 집권 후반부에 나폴레옹은 사람들에게 외국의 침략자들에게서 프랑스를 지키는 전쟁 영웅으로 비쳤다. 이와는 정반대로 루이 18세는 외국 군대의 침입에 힘입어 왕좌에 오른 사람이었다. 프랑스 군대는 거의 대부분 아직도 나폴레옹에 대한 충성심을 가지고 있었다. 특히 프랑스로 돌아왔지만 아무런 미래도 찾지 못하고 있던 귀환병 수천 명은 더욱 심했다. 부르주아들과 저명인사들 역시 높은 지위와 수지맞는 자리들이 모두 왕당파들에게 돌아가는 것에 대해 걱정을 했다. 반면 실업자를 위해서는 여전히 아무것도 시행되지 않고 있었으며, 농민들은 대혁명 때 토지 몰수가 이뤄지던 동안 자신들이 매입한 토지가 귀족들에게 반환되고 과거 봉건제에서의 의무와 세금이 부활할까 봐 걱정하고 있었다. 더욱이 십여 년의 나폴레옹 제정 기간 동안 프랑스가 획득했던 영토를 실제로 거의 모두 잃었기 때문에, 프랑스인의 국민적 자부심은 완전히 땅에 떨어졌다. 몇 년에 걸친 전쟁과 고난의 결과, 남은 것이 하나도 없는 것 같았다. 그 모든 일은 외국 세력 때문에 일어난 것이었다. 그런데 바로 그 외국 세력이 프랑스에 왕정을 다시 세웠던 것이다. 따라서 사람들은 나폴레옹이 아닌 루이 18세를 비난했다.

다른 곳과 마찬가지로, 그르노블의 대학에서도 모든 것이 멈춘 것 같았다. 사람들은 새로운 정부가 가져올 변화에 촉각을 세우고 기다리기만 했다. 5월에 자크조제프는 무슨 일이 일어나고 있는지 확인하기 위해 파리에 갔다. 그때 샹폴리옹은 완전히 탈진 상태였다. 가난, 교수와 학부 서기와 보조 사서라는 세 직위에 대한 책무, 자신의 지적 연구에 대한 야망과 개인적 열망 등의 실패 때문이었다. 미래에 대한 절망 속에서 그는 다음과 같이 썼다.

> 내 미래는 뻔하다. (……) 나는 디오게네스처럼 (들어가서 살 만한) 큰 술통을 하나 사야 할 것이다. (……) 나는 안 좋은 시대에 태어난 것이 틀림없다. 그리고 내가 가장 원하는 것을 결코 이루지 못할 것이다. 나의 두뇌, 나의 취향, 나의 심장 때문에 나는 피할 수 없는 고난의 길로 들어섰다. 그 길에서는 장애물이 끊임없이 나왔다. 이것이 내 운명이다. 그러나 어쨌든 그것을 견뎌 내야만 한다.

견유학파를 창설한 그리스 철학자 디오게네스는 가능한 한 원시인의 '자연적인' 삶에 가깝게 살려고 했다고 전해진다. 그는 모든 물질적 소유를 거부했고 통 속에서 살면서 음식을 구걸했다. 또한 모든 형태의 교육과 문화, 결혼, 가족, 세계적 명성 및 정치 등을 거부했으며 성적 자유를 옹호했다. 위의 글을 받아 본 자크조제프는 그리스 문학 교수였으므로 그 고통스러운 외침이 얼마나 절절한지 읽어 낼 수 있었을 것이다.

그 혼란의 와중에서, 샹폴리옹은 친구 생마르탱에게 계속 성각 문자에 대한 자신의 생각을 나누고 있었다. 그는 성숙하지 않은 상태에서 자신의 생각을 출판하는 것을 여전히 주저하고 있었다. 그는 1814년 5월 말에 계속 로제타석 비문을 연구하고 있다고 썼다. 중요한 몇 가지 사항을 알아냈음에도 불구하고 결과가 예상처럼 빨리 나오지 않는다는 것이었다. "그리고 성각 문자는? 아주 중요한 질문이야. 나는 여러 가지 생각을 하고 있지만, 좀 더 명확하고 확실한 결론을 얻기 전까지는 감히 떠벌릴 수가 없어. (……) 사람은 언제나 자기 자신을 경계해야 하는 법이지. (……) 나는 이미 상당히 중요한 결론을 얻었어. (……) 성각 문자 하나만으로는, 다시 말해서 성각 문자 하나만 떼어 놓았을 때는 아무런 의미도 없어. 성각 문자는 묶음 단위로 배열되어 있지." 그 말이 정확히 옳지는 않다. 왜냐하면 성각 문자 중 몇 개는 스스로 의미를 가지고 활용되기 때문이다. 그러나 본질적으로는 샹폴리옹이 옳았다. 텍스트 속에서 성각 문자는 대부분 묶음 단위로 배열되며, 그 각각의 묶음에 의미가 있다. 성각 문자로 된 구절 ⟨성각문자⟩는 '나는 신들의 사원들에서 일했다.(I undertook work in the temples of the gods.)'라는 뜻이다. 여기서 성각 문자들은 묶음 단위로 쓰였고, 이용 가능한 공간을 효율적으로 사용할 수 있도록 배열되었다. 각 묶음은 이렇다.

I undertook	work	in	the temples	of	the gods

1814년 6월, 자크조제프가 파리에서 새로운 소식을 들고 그르노블

에 도착했다. 복고된 왕정 치하에서도 대학과 관련해서는 아무것도 변하지 않으리라는 소식이었다. 같은 달 자크조제프는 일급 백합 훈장을 받았다. 원칙적으로 이런 식의 훈장을 싫어했던 샹폴리옹은 그것을 좋게 보지 않았다. 훈장을 받은 사람이 너무 많기 때문에 이제 훈장은 그것이 없는 사람과 있는 사람을 구분해 주는 표지 정도밖에 되지 않는다고 지적하기도 했다. 대학 밖에서는 조제프 푸리에 지사가 자신의 서기인 르파스키에에게 무급 휴가를 명령해야만 했다. 그가 면직되어서 푸리에와 두 형제 사이에 화해의 가능성이 열렸다. 샹폴리옹의 『파라오 치하의 이집트』도 곧 출판될 것 같았다. 그뿐만 아니라 봉급도 올랐다. 물론 여전히 그보다 나이 많은 동료 교수들이 받는 봉급의 절반밖에 되지 않았지만 말이다. 그것은 로진 블랑의 아버지에게서 결혼 승낙을 받아 내기에는 턱없이 부족한 액수였다. 같은 달에 자크조제프는 프랑스 학술원에 있는, 비문과 문학 학회 객원 회원으로 선출되었다. 또 그는 새로운 왕에게 그르노블의 충성심을 보여 주기 위한 대표단의 일원으로 8월까지 파리에 있으면서 샹폴리옹의 책 출간을 감독했다. 그전에 파리를 방문했을 때, 자크조제프는 자신의 외교적 수완을 모두 동원하여 새로운 정권의 환심을 사 두었다. 마침내 그는 샹폴리옹의 『파라오 치하의 이집트』를 루이 18세에게 헌정할 기회를 잡았고, 8월 12일 국왕을 알현하는 자리에서 화려하게 장정한 책의 사본을 국왕에게 바쳤다. 불과 그 이틀 전에 자크조제프의 계획을 알게 된 샹폴리옹은 화가 났고 책을 헌정하지 말라고 편지를 써서 파리로 보냈다. 그러나 그 편지는 너무 늦게 도착했다. 샹폴리옹은 자신이 군주제를 경멸하는 것을 숨기고 싶지 않았지만, 새로운 정치 상황에 대한 자크조제프의 외교적 대응이 결국 샹폴리옹을 누르고 말았다.

1814년 9월 중순까지 샹폴리옹은 자신의 책이 출판되기를 기다리고 있었다. 그러나 한편으로는 여전히 비판을 두려워하고 있었다. 그는 드 사시나 카트르메르 같은 적대자들이 어떻게 반응할지 걱정했다. 그는 이렇게 썼다. "무슨 일이 발생하더라도, 나는 이 커다란 두 아이를 세상에 내놓으면서 느낄 수 있었던 행복감을 절대로 잊지 않을 것이다. 이 아이들에게 약간은 결점이 있을 수도 있다. 그러나 적어도 이 아이들은 희망의 일부를 가져다주었다." 10월 말, 샹폴리옹의『파라오 치하의 이집트』가 공식적으로 출판되었다. 1권에서는 폭넓게 상이집트의 여러 지역을 묘사하고 그 지명에 대해 분석하고 있으며, 2권에서는 하이집트를 다루고 있다. 이 책에는 각 지역에 대한 아랍어, 콥트어, 그리스어, 그리고 가능한 경우에는 고대 이집트어 지명이 수없이 많은 표로 제시되어 있다. 그러나 샹폴리옹이 편집하고자 했던 나일 계곡의 지도는 결국 나일 삼각주를 묘사하는 데 그치고 말았다.

그때까지도 샹폴리옹은 자신이 보던 로제타석 비문 사본에 불만이 많았다. 런던 고미술 협회도,『이집트 묘사』편찬에 참여한 학자들 중 그 누구도 그 비문을 출판하지 않고 있었다. 자신의 책이 마침내 출판되었고 그에 따라 자신감도 더욱 커진 샹폴리옹은, 런던에 책의 사본을 보내서 로제타석 텍스트 가운데 자신을 괴롭히던 부분을 확실하게 설명해달라고 부탁하는 것이 낫겠다고 생각했다. 11월 10일 그는 다음과 같이 썼다.

캄비세스 왕 정복 이전의 이집트에 대한 저의 첫 책 두 권을 여러분께 보내 드릴 수 있어서 대단히 영광입니다. 문명의 역사를 이해하는 데 있어 중요한 이 시기는 현재의 우리로부터 몇 세기나 떨어져 있기 때문에, 이 고대 국가의 영광은 여기저기 흩어져 있고 혼란스러운 증거들을 통해서만 알 수 있습니다. 저는 그 증거들을 한데 모으고자 했으며, 이 편지와 함께 동봉한 책이 제 연구의 첫 번째 결과물입니다.

샹폴리옹은 자신의 책을 좀 더 자세히 설명한 뒤, 계속해서 고대 이집트인의 언어와 글쓰기가 자신의 연구에서 가장 중요한 부분이며, 상태가 좋은 로제타석 비문 사본을 구할 수만 있었다면 진작 로제타석을 해독했으리라고 말했다.

제 연구의 기초는 이집트 글자로 된 비문을 읽는 것입니다. 그 비문은 대영 박물관의 방대한 수집품 중에서도 가장 아름다운 것 중 하나지요. 저는 로제타에서 발견된 기념비를 말하고 있습니다. 저는 이 분야에서 성과를 내기 위해 끊임없이 노력했고, 이렇게 말하는 것을 허락해 주신다면, 어느 정도 성과도 얻었다고 말할 수 있습니다. 변함없이 꾸준히 연구한 끝에 제가 획득했다고 믿고 있는 이 결과들을 보면서 좀 더 큰 성과에 대한 희망을 품게 되었습니다. 그러나 지금 저는 스스로 어떻게 해 볼 수 없는 난관에 봉착해 있습니다. 저는 이 비문의 사본을 두 개 가지고 있습니다. 하나는 귀 협회에서 제작한 복사본이고, 다른 하나는 그 기념비의 탁본으로, 프랑스 정부의 관장 아래 출판된 『이집트 묘사』 3권에 실려 있는 것입니다. 이 두 사본에 중대한 차이가 있습니다. 때로는 작은 차이로 보이지만, 때로는 그 차이가 너무나 크게 보여서 저는 불행하게도 아무것도 확실히 알 수가 없습니다. 감히 제가 왕립 협회에 부탁을 드려도 괜찮을까요? 동봉한 종이에 베낀 구절은 제가 가지고 있는 두 버전을 그대로 옮긴 것입니다. 이것을 원래의 기념비와 비교해 주실

수 있으신지요? 저에게는 원본이 어떤지를 아는 것이 너무나도 중요합니다. 또한 만약 저에게 회반죽으로 만든 석고 거푸집, 원본에 대고 가장 단순한 방법으로 만든 석고 거푸집이 있다면, 비문 전체를 완전히 읽을 수 있으리라고 확신합니다. 그러나 지금까지 저는 여러 부분이 서로 다른 두 사본만을 볼 수 있었고, 계속 의혹을 품으면서 한 발 한 발 나아갈 수밖에 없었습니다. 이미 말씀드렸던 것처럼, 이 아름다운 로제타석 모형이 유럽의 주요 도서관마다 전시되어 있었다면, 고대 이집트의 정수라 할 수 있는 이 분야에 대한 연구가 오늘날 더욱 진전했을 것이 틀림 없습니다. 문학을 하는 동료들에게 주는 이 새로운 선물은 왕립 협회를 이끌어 가는 힘이기도 한 열정과 헌신으로 보답받을 것입니다.

런던에서 최초로 로제타석을 보관했던 단체는 고미술 협회였다. 그러나 샹폴리옹은 고미술 협회가 아닌 왕립 협회에 편지를 보내는 실수를 저질렀다. 그의 편지에 답장을 한 사람은 왕립 협회의 대외 담당 비서였다. 이처럼 순전히 우연하게, 샹폴리옹은 성각 문자를 해독하는 데 있어 자신의 최대 경쟁자였던 토머스 영(샹폴리옹은 그에 대해 아는 바가 전혀 없었다.)과 접촉하게 되었다.

5장 의사

샹폴리옹이 몰랐던 그의 가장 위험한 경쟁자는 바로 성각 문자를 판독하는 방법을 연구하는 데 있어서 그를 이미 앞지르고 있었던 한 영국인이었다. 토머스 영은 샹폴리옹보다 열일곱 살이 많은 마흔한 살이었으며 불과 몇 개월 전에 판독에 관심을 가지기 시작했다. 그때까지 샹폴리옹을 방해했던 가난, 고통 그리고 정치적 난관 등은 영에게 걱정거리가 아니었다. 영은 서머싯 지방의 주로 천을 생산하는 밀버턴 마을에서 1773년 6월 13일에 태어났다. 그의 부모는 영국에서 17세기에 생겨난 개신교 교파인 퀘이커 교(프렌드 협회)의 일원이었다. 그는 십 남매 중 맏아들로 태어났다. 어렸을 때 그는 외할아버지인 로버트 데이비스의 손에서 자랐다. 데이비스는 처음부터 이 영특한 손자를 격려하면서 다음과 같은 말을 반복했다. "얕은 배움은 위험하다. 깊이 배워라. 또한 수박 겉 핥

기식으로 배우지는 마라." 영은 깊이 배웠고 두 살 때 글을 읽을 수 있게 되었다. 또한 그는 학교에 들어가기 전부터 라틴어를 배우기 시작했다. 그러나 1780년 3월, 그가 여섯 살 때, 그의 아버지는 그를 브리스틀에 있는 그리 좋지 않은 기숙 학교로 보냈고, 그 후에 그 근처에 있는 형편없는 학교로 전학을 보냈다. 그래서 그는 우수한 교육을 받지 못했다. 영은 스스로 공부하기 시작했다. 그는 열여덟 달 동안 집에서 공부하다가 1782년 3월부터 도싯 지방 캠프턴에 있는 다른 학교를 다녔다. 거기서 그는 라틴어, 그리스어, 히브리어, 프랑스어, 이탈리아어, 수학, '자연철학'(당시 물리학을 이렇게 불렀다.)과 미술과 제본술 같은 여러 실용적인 기술도 함께 배웠다.

사 년 후 영은 학교를 떠나 과학적이며 언어학적인 관심을 계속 간직한 채 오리엔트 언어에 심취했다. "툴민 선생님이 100개 이상의 언어로 주기도문을 써서 보내 주었다. 이것을 연구하는 일은 나에게 큰 기쁨이다." 열네 살밖에 되지 않은 나이에 영은 런던에서 북쪽으로 30킬로미터 떨어진 영스베리에서 퀘이커 교도이자 은행가인 데이비드 바클레이의 손자 허드슨 거니의 가정 교사이자 친구로 고용되었다. 그곳에서 영은 자신의 공부를 계속하면서 주로 라틴어와 그리스어를 가르쳤다. 1792년 가을, 샹폴리옹이 아직 두 살이 되지 않았을 때, 영은 상당한 지식을 습득했고 이제는 가르치는 일을 그만뒀다. 나중에 그는 말했다. "누구든 탁월해지고자 한다면 독학을 해야 한다." 자신의 선생들을 능가해 독학할 수밖에 없었다는 것은, 샹폴리옹과 영의 몇 가지 공통점 중 하나다. 이런 경력을 쌓은 후에 영은 런던으로 가서 의학을 공부하기 시작했다. 그 당시에는 건전한 고전 교육이 가장 중요한 필수 과정이었다. 영이 그렇게 결정한 것은 이 년 전 자신의 결핵을 치료해 준 저명한 의사 삼촌 리처

드 브로클레스비의 권유 때문이었다. 그의 삼촌을 통해 영은 그 당시 저명한 문인들과 만나게 되었다. 그는 의학을 공부하면서 언어에 대한 관심도 유지했고 잡지에 짧은 논문 형식으로 자신의 생각을 발표하기도 했다.

1793년 5월 말, 열아홉 살밖에 되지 않았을 때, 영은 런던에 있는 저명한 왕립 협회에서 「시력에 관한 관찰」이라는 논문을 발표했다. 그 논문에서 그는 눈의 해부학적 구조와 관련된 발견을 설명했다. 존 헌터라는 의사가 자신이 그것을 발견했다고 주장하면서 영을 표절로 비난했음에도 불구하고, 영은 이듬해 학회 위원으로 선출되었다. 1794년 10월, 영은 의학을 계속 공부하기 위해 스코틀랜드 에든버러까지 거의 650킬로미터를 말을 타고 갔다. 그곳 의대는 명성이 높아 많은 나라 학생들을 끌어모았다. 영은 에든버러에서 학회에 참가했을 뿐 아니라, 여가 시간에 독일어, 이탈리아어, 스페인어를 공부했고, 춤과 플루트 레슨을 받았고 극장에서 하는 연극에도 참가했다. 퀘이커 교는 이와 같은 사회 활동을 용인하지 않았지만, 에든버러로 떠나기 전에 그는 더 이상 그런 규칙을 지키지 못하리라고 생각하고 정식으로 퀘이커 교에서 나왔다.

1795년 5월에 에든버러에서의 모든 교과 과정이 마무리되었다. 영이 스코틀랜드로 여행을 떠났을 때, 그는 가장 유력한 귀족 집안에 갈 수 있는 소개장을 마흔 통 이상 지니고 있었다. 그는 9월에 런던으로 돌아왔고, 그다음 달에 독일 북부에 있는 괴팅겐 대학으로 출발했다. 그곳에서 그는 의학 공부를 계속했고, 독일어도 점점 유창해졌다. 그 당시에 괴팅겐 대학에는 유럽에서 가장 큰 도서관 중 하나가 있었고, 유럽 대륙 전체에서 학생들이 몰려들었다. 영은 1796년 봄에 졸업장을 취득한 후, 독일을 거쳐 오스트리아, 스위스, 이탈리아 북부, 그리고 로마와 나폴리를 즐겁게 여행하고 싶었다. 그러나 그 계획은 오스트리아와 프랑스 사이의 전쟁으로 좌절되었다. 전쟁은 독일과 이탈리아의 두 전선에서 진행되었다. 그곳에서 나폴레옹 보나파르트는 (이 년 전 이집트 원정을 떠난) 프랑스 군대의 대장으로서 명성을 떨치고 있었다. 그 대신에 영은 1796년 8월에 괴팅겐을 떠났고, 짧은 독일 여행길에 들어섰다.

이듬해 2월에 영은 영국으로 돌아왔다. 그리고 그다음 달에 런던이나 그 근교에서 개인 병원 면허를 취득하려면 같은 대학에 적어도 이 년은 있어야 한다는 사실을 알게 되었다. 그래서 영은 학위를 받기 위해 케임브리지의 이매뉴얼 칼리지로 갔다. 에든버러와 괴팅겐에서의 시간은 그에게 불충분했던 것으로 보인다. 그곳에 있는 동안, 그는 윌리엄 겔을 포함한 훌륭한 사람들을 많이 만났는데, 겔은 나중에 성각 문자를 비롯한 다른 주제들을 연구할 수 있도록 영을 지원해 주었다. 1797년 12월 11일에 영은 병든 브로클레스비 박사를 찾아 런던으로 갔다. 그날 밤 브로클레스비가 자신의 런던 집, 서재, 그림들과 현금 1만 파운드 정도를 영에게 유산으로 남기며 죽었기 때문이다. 그 당시에는 상당한 유산이었다. 1799년 봄에 영은 케임브리지의 6학기 과정을 모두 이수했고, 런던으로 돌아와 웰벡 48번가에서 개인 병원을 열었다. 그곳은 메릴리본필드로 알려져 있었고, 오늘날에도 시골로 둘러싸인 도시 외곽에 있다. 현재 면적이 440제곱킬로미터인 런던은 급격히 확장되고 있고, 인구도 파리의 두 배인 90만 명이 되었다.

개인 병원을 차리기 전에 영은 1801년 가을에 왕립 협회에서 새롭게 만든 자연 철학 교수직을 받아들였다. 왕립 협회는 과학 분과를 만들었고, 영은 강의를 하고 그 분과의 학술지를 맡아서 편집하게 되었다. 샹폴리옹과 달리 영은 (자기 자신도 인정하듯이) 좋은 강사가 아니었고,

이 년 후에 그 자리를 내놓았으며 그 후 출판을 위해 강의를 준비하는 데 더 많은 시간을 투자했다. 그러나 각각 700쪽이 넘는 두 권짜리 방대한 연구는 1807년까지 출판되지 못했고, 출판업자가 곧 부도가 났기 때문에 영은 결국 약속된 1000파운드도 받지 못했다.

1802년 프랑스와 영국이 잠시 평화로웠을 때, 리치먼드 공작의 두 종손자가 프랑스어 연수를 위해 한 달간 프랑스를 여행했다. 영은 그들과 동행해 파리를 방문하고 프랑스 학술원 모임에도 갔다. 나폴레옹도 그즈음 제1 통령으로서 수도에서 국사를 돌보고 있었으며 그 모임에도 종종 참석했다. 영은 프랑스 학술원과 관계를 맺은 직후에 런던 템스 강가에 위치한 서머싯 하우스에 자리 잡은 왕립 학회 해외 담당 회장직을 맡았다. 그 직함은 그의 여생 동안 계속 유지되었다.

1804년 6월 14일에 영은 엘리자 맥스웰과 결혼했고, 그 결혼 생활은 행복했으며 두 아들 로버트와 토머스는 모두 의사가 되었다. 몇 년 후, 샹폴리옹이 리세와 파리에서 교육을 받는 동안, 영은 의학과 관련된 연구를 하고 책을 냈으며, 영국의 남부 해안가의 워딩이라는 작은 마을에서 의사로 일하고 있었다. 워딩은 많은 부유하고 귀족적인 사람들이 여름을 보내는 곳이었다. 프랑스와의 전쟁이 재개되어 외국 온천으로 가는 대륙 횡단 여행이 제한되었을 당시, 병을 치료하고 심신을 안정하기 위해 해수욕이 인기 있었다.

1811년 1월, 샹폴리옹이 여덟 달 동안 그르노블 대학에서 가르칠 때, 영은 런던 하이드 파크 외곽에 있는 세인트 조지 병원(현재는 레인즈버러 호텔)의 의사로 뽑혔다. 그의 집과 불과 1.6킬로미터 떨어져 있던 세인트 조지 병원은, 18세기 초에 기부자들이 설립한 새로운 종합 병원 다섯 곳 중 하나였다. 영은 여생 동안 계속 병원에서 일했다. 그러나 그가 학생들에게 미친 영향은 미미했다. "그는 더 열정적이고 성실해져야 했다. 학생들의 지적 호기심에 대해서는 충분히 알지 못한 채 넘어가서 학생들이 실제로 무엇 때문에 가장 힘들어하고 있는지 전혀 알지 못했다." 다행히도 그는 교사가 아닌 의사로서는 환자들에게 더욱 잘했다. 왜냐하면 상세히 진찰해서 치료를 했기 때문이다. 1813년 그의 『의학 개론』이 출판되었고, 십 년 후에는 그의 강의와 관련된 다른 대형 논문들과 책 개정판도 나왔다.

그동안 영은 다양한 분야에서 일을 했고 많은 다양한 분과에 관심을 가졌다. 결코 한 가지 분야에만 몰두하지 않았다. 직업인 의학보다 다른 것을 추구하는 시간이 더 많다는 인상을 보이지 않기 위해, 그는 자신의 연구 결과를 익명 혹은 필명으로 출판했다. 그러나 이러한 논문들이 대부분 학자들 사이에서 유명해졌다. 그의 친구이자 옛 제자 허드슨 거니에게 보내는 편지에서 영은 이렇게 썼다. "과학적인 연구는 마치, 모든 동시대 사람들과 조상의 시야에서 벗어나 골방에서 은밀하게 벌여야 하는 전투와 같아. 나는 반쯤 잠들었을 때, 종종 승리의 징후를 얻네. 그러나 내가 완전히 깨어 있을 때, 즉 적들이 아직 나보다 우위를 점하고 있다는 것을 명확하게 알 때, 더더욱 그런 징후를 얻을 수 있지." 그것은 계속되는 샹폴리옹과의 경쟁 관계에 대한 예언적 발언이었다. 이는 그가 자신의 연구를, 단순히 지식을 발전시키는 과정이 아닌 오히려 경쟁자에게 승리하는 과정으로 생각했음을 드러내 주는 사례이기도 하다.

때때로 영은 그리스와 라틴 문학을 연구했다. 특히 그중에는 79년에 있었던 베수비오 화산 폭발로 파괴된 로마 도시 중의 하나인 이탈리아 헤르쿨라네움에서 발견된 탄화된 파피루스 문서 1800여 개에 대한 연구도 있었다. 학자들의 기대와는 달리, 그 파피루스 문서는 에피쿠로

스학파의 철학 논문으로 드러났고, 더 오래된 고대 문학 작품은 아니라는 것이 밝혀졌다. 1810년 《쿼터리 리뷰》에서 영은 그 파피루스 문서에 대한 논문을 출판한 다른 학자들의 연구들을 수정했고, 그 결과 이 분야에서 전문가로서 그의 위상은 급격히 높아졌다. 원본 파피루스의 일부가 왕립 협회에 위탁되었고, 영이 연구 작업을 맡았다. 사실 그의 서툰 손놀림 때문에 많은 파피루스가 예상보다 빨리 부서지고 말았다. 그가 헤르쿨라네움 파피루스를 연구하기 시작하자, 그에게 검증을 의뢰하기 위해서 그리스어나 이집트 성각 문자 혹은 필기체로 쓰인 사본 다수가 보내졌다.

특히 1811년에 신관 문자로 쓰인 파피루스가 발견된 후, 이집트 문서와 언어에 대한 영의 관심이 고무되었다. 그 파피루스는 그의 친구이자 영국인 여행가 윌리엄 보턴 경이 발견한 것으로, 테베 근처 무덤에서 미라를 싸고 있던 것이었다. 불행히도 그 파피루스는 이집트에서 오는 동안 바닷물에 젖었고, 보턴 경이 1814년 초에 연구를 위해 영에게 그것을 보냈을 때는 일부분밖에 없었다. 그 무렵, 나폴레옹의 프랑스 제국이 붕괴된 1814년, 그르노블은 오스트리아 군대에게 공격받아 파괴되었으며, 샹폴리옹은 가난과 과로로 지쳐 있었다. 비록 그날 로제타석이 다소 늦게 도착하긴 했지만, 영은 매년 여름에 워딩을 방문하는 기간 동안 그해에는 그 세 가지 비문을 검토하기로 마음먹었다. 그는 런던 고미술 협회의 탁본과, 드 사시와 오셰르블라드의 예전 연구를 출발점으로 삼기로 했다. 무엇보다 그는 자신이 '엔코릭(enchoric)'(그리스 단어 *enchoria grammata*로부터 유래함. '국가의 문자'라는 뜻.)이라 이름 붙인 민중 문자 비문을 연구했다. 몇 년 후에 그는 자신이 그 로제타석 비문 글자에 처음으로 이름을 붙였음에도 불구하고 자신의 용어인 '엔코릭'이 무시당하는 것에 대해 분노하며 이렇게 썼다.

나는 이러한 문자들을 '엔코릭(enchoric)' 혹은 '엔코리얼(enchorial)'
이라고 불렀다. 샹폴리옹 씨는 '민중(demotic)' 혹은 '대중(popular)'이라
는 용어를 써서 구분해 왔다. 아마도 내가 그것들에 어울리는 명칭이라
고 소개하기 전에, 그는 선례를 받아들인 것으로 보인다. 내가 먼저 발표
했기 때문에 그가 내 용어를 선택해야 한다고 생각하고, 그의 용어는 발
표되지 말았어야 했다.

민중이라는 용어가 대중화되었고, 영의 용어는 결국 폐기 처분되었다.

영의 학문적 진전은 느렸고 그 결과는 절망적이었다. 반면 샹폴리옹
은 영을 알지 못했으며, 영 또한 샹폴리옹이 몇 년에 걸쳐 이룬 연구 결
과는 안중에 없었고 특히 그것이 출판되지 않았기에 더욱 그러했다. 성각
문자를 해독하려는 경주는 안개 속에 있었고, 경쟁자들은 서로를 어렴
풋이 감지했으며, 자신들이 바른 방향으로 가고 있는지조차 알지 못했다.
드 사시와 오셰르블라드가 이루어 낸 최초의 결과물을 알고자 하는 호
기심이 생기자, 영은 1814년에 파리에 있는 드 사시에게 편지를 썼다. 드
사시는 9월 말에, 성과가 아무것도 없음을 확인해 주었고, 옛 제자들인
샹폴리옹뿐 아니라 오셰르블라드를 향한 배신과 위선도 드러냈다.

오셰르블라드 씨는 몇 년 동안 로마에 있었고, 나는 항상 그와 서
신을 주고받으면서 그 결과물들을 출판하라고 자주 압박했지만, 그는
내 요구에 따른 적이 결코 없습니다. 그가 파리에 있을 때, 그는 더 이상
자신의 연구를 나와 공유하고 싶어 하지 않았습니다. (……) 나는 오셰

르블라드 씨의 결과물을 제한적으로 인정하기는 했지만, 당신에게 이러한 사실들을 숨기고 싶지는 않아요. 나는 항상 그가 만든 문자가 유효한지 심각하게 의심을 하고 있었습니다. (……) 또한 로제타석 비문의 이집트 민중 문자를 읽을 수 있다고 스스로 자만하는 사람이 오세르블라드 씨만이 아니라는 점을 덧붙여야겠습니다. 이집트의 고대 성각 문자에 대한 책을 단 두 권만 출판하고, 콥트어를 연구하는 샹폴리옹 역시 이 비문을 읽을 수 있다고 주장하고 있습니다.

1815년 1월에, 오세르블라드는 로제타석 민중 문자 비문에 대한 최초의 연구에서 거의 진척을 이루지 못했다고 인정했다. 사 년 후에 그는 쉰다섯 살의 나이로 로마에서 갑자기 숨을 거두었다.

드 사시의 편지에서 언급된 샹폴리옹이 쓴 『파라오 치하의 이집트』라는 책은, 4월에 나폴레옹이 퇴위하면서 평화로운 분위기 속에 있던 파리를 방문 중이던 거니가 영에게 소개해 주었다. 이제 이 경쟁자에 대해 잘 알게 된 영은 그해 말에 거니에게 이렇게 썼다. "내가 샹폴리옹에 대해 무엇을 들었든, 그의 업적에 거의 불안해하지 않을 거라는 것을 자네는 알겠지. 그러니까 친절을 베풀어 그 책을 구해 줘." 거니는 파리에서 영에게 그 복사본을 보냈다.

몇 달 뒤, 영은 자신이 번역물을 내놓을 수 있을 만큼 로제타석 민중 문자 비문을 충분히 해독했다고 생각했고, 1814년 10월 초에 그 결과물을 드 사시에게 보냈다. 그달 말쯤에 그는 또한 성각 문자 비문도 거의 번역했다는 결론에 도달했다. 그의 번역이 대부분 확실하지 않고 부정확하기는 했지만, 그것은 드 사시와 오세르블라드가 이뤄 낸 결과물보다 뛰어났고 게다가 그때까지 샹폴리옹이 출판했던 것보다도 뛰어났다.

그러나 '번역'은 그 결과물에 대한 잘못된 명칭이었다. 그는 자신의 수학 기술을 그 문제에 적용해 두 비문을 독립적인 단어와 구절로 이루어져 있는 기호들의 단위로 나누었는데, 마치 암호 해독과 같은 기법이었다. 만약 그리스어, 민중 문자, 성각 문자 비문을 문자 그대로 번역하고 싶다면 읽을 수 없는 두 개의 텍스트와 그리스어 텍스트의 단어들을 하나씩 맞춰 보는 간단한 작업을 통해 완전히 번역할 수 있다. 그러나 불행히도 그것들이 구절로 어떻게 나뉘었는가에 따라 텍스트가 변형되므로 제대로 된 의미를 알아낼 수는 없다. 이른바 영의 '번역'은 윌리엄 보턴 경의 파피루스 연구 부록으로, 삼 년 후에 런던 고미술 협회 학술지 《아키아러지아》에 익명으로 실렸다. "그럼에도 전문가적 이유 때문에 이 발견은 가능한 조용히 공개되었다." 영은 기초를 닦은 자신의 노력을 자랑스러워했지만, 1814년 11월에 샹폴리옹에게서 로제타석 비문 중 일부분을 다시 검토하라고 요구하는 편지를 갑자기 받았을 때 그것을 반길 수는 없었다. 동시에 그것은 샹폴리옹이 질 좋은 비문 사본들만 얻을 수 있었으면 바로 해결할 수 있는 문제였음을 자신 있게 암시하는 내용이었다.

불과 몇 주 후인 1815년 2월 말에 나폴레옹이 군주제를 전복하기 위해 유배지에서 돌아올 것이며, 그르노블에 있는 그의 지지자들 중 몇몇은 그가 3월 1일에 도착할 것임을 암시하는 편지를 받았다는 소문이 프랑스 전역에 퍼졌다. 그르노블은 그를 맞이할 준비를 했다. 3월 4일에 나폴레옹이 정말 사흘 전에 당도했으며, 도시로 향하고 있다는 소식이 그르노블에 들려왔다. 나폴레옹은 3월 7일쯤에 라프레이에 있었다. 그곳은 그가 프랑스에 도착하자마자 저항 세력을 처음 만났던 곳으로, 그르노블에서 남쪽으로 40킬로미터 떨어진 곳이었다. 도중에 그를 잡기 위해 그르노블에 주둔하고 있던 5연대가 파견되었다. 1000명이 넘는 나폴레옹의 군대는 아마도 그 파견 부대를 제압할 수 있었을 것이다. 그러나 나폴레옹은 지지를 얻기 위해서 프랑스 군대가 다른 프랑스 군대와 싸우는 상황을 피해야 한다는 것을 알았다. 그것은 5연대가 그의 목적에 공감할 수 있는 좋은 기회였다. 그는 회색 외투를 벗고 하얀 조끼 아래를 보여 주며 "자, 내가 여기 있다. 원한다면 너희들의 황제를 지금 여기서 죽여라."라고 외쳤다. 병사들은 잠시 주저한 뒤 "황제 만세!"를 외치며 무기를 내려놓고 대열을 푼 다음 황제를 둘러싸고 충성을 맹세했다.

떠들썩한 회의에서 시장과 푸리에 지사가 최선책을 논의하는 동안, 그르노블은 주민들이 나폴레옹을 지지하는 파와 반대하는 파로 나뉘어 혼란에 휩싸였다. 3월 7일 밤에 나폴레옹이 그르노블에 도착했을 때 도시는 그를 환영했고, 사람들이 횃불을 들고 "황제 만세."를 외치며 거리를 따라 나란히 서 있는 가운데 나폴레옹이 본게이트로 들어왔다. 나폴레옹의 충실한 지지자였지만 지금은 무력해진 푸리에 지사는 그르노블을 조용히 빠져나갔다. 한편 자크조제프는 거리의 군중들 사이에 있었는데 "나폴레옹이 우리 앞을 지나갈 때 시장은 내 옆에서 '황제 만세, 자유 만세!'라고 외쳤고, 나폴레옹은 즉시 '옳은 말이야!'라고 대답하면서 얼굴을 우리 쪽으로 돌려 '그래, 자유 만세!'라고 외쳤다."라고 나중에 기록하고 있다.

그르노블에 있던 군대는 나폴레옹 군대에 합류했고, 그는 이제 8000명이 넘는 충성스러운 군대와 대포 30문이 생겼다. 그는 마을에 하루 반 정도 더 머물렀고, 그동안 시장에게 자신의 사무를 도와줄 수 있는 사람을 찾아 달라고 부탁했다. 시장이 자크조제프를 추천하며 그의 성의 옛 철자인 Champoleon을 써서 제출하자, 나폴레옹은 "좋은 징조야. 내 이름과 절반이 똑같네."라고 말했다. 자크조제프는 편지를 받고 그 일을 받아들였다. 나폴레옹은 오랜 시간을 들여 편지, 보고문, 명령문들을 썼을 뿐 아니라, 대학 간부들을 포함한 다양한 대표들을 만나는 데도 많은 시간을 보냈다. 장프랑수아 샹폴리옹은 나폴레옹을 만나게 되었고, 나폴레옹은 군대 면제를 요구받으면서 나왔던 그 이름을 기억하고 있었다. 그는 샹폴리옹이 콥트어 사전과 문법책 편찬을 끝냈다고 했을 때, 병역 의무보다 샹폴리옹의 연구가 훨씬 중요하다고 주장했다. 나폴레옹은 자크조제프에게 그들이 책을 냈음을 확실히 증명할 수 있는 원고를 파리로 가져오라고 명령했다. 나폴레옹은 자신이 선별해 낸 중국어 사전을 출판하는 것이 얼마나 어려운지 덧붙이며 "그들은 백 년에 걸쳐서 그것을 이루어 냈지만, 나는 법령을 통해 삼 년 안에 해내겠다."라고 말했다. 각각 다른 방식으로 이집트학 연구를 자리 잡게 한 두 학자와 황제의 만남은 단지 몇 분뿐이었다. 그리고 그것이 그들의 유일한 만남이었다.

푸리에가 없어졌다는 사실을 보고받은 나폴레옹은 푸리에의 체포영장을 발부하라고 지시했다. 그러나 자크조제프가 푸리에에게는 잘못이 없다고 나폴레옹을 설득했으며, 그 결과 푸리에는 론의 주지사이자 프랑스 제국의 백작이 되었다. 푸리에는 3월 말에 리옹의 한 신문에 글을 한 편 기고했는데, 거기서 그는 "다시금 샹폴리옹(자크조제프) 씨에게 무한한 감사를 전한다. 내가 어려울 때 나를 도와준 그의 호의를 절대 잊지 않을 것이다. 이 점을 그가 알아주었으면 한다."라고 말했다. 이전에 샹폴리옹 형제에게 냉정하게 대했던 것과는 대조적으로, 그들에게 감사의 빚이 있다고 말하며 "나는 상황이 어떻게 되든 그들을 생각할 것이다."라고 덧붙였다. 이런 말들은 이제 정세가 완전히 바뀌었는데 푸리에가 그것을 미처 예측하지 못했음을 암시한다. 왜냐하면 나폴레옹이 샹폴리옹과 자크조제프를 그르노블에서 만나는 동안, 오스트리아, 영국, 프러시아, 러시아의 대표들이 나폴레옹에게 대항할 동맹을 어떻게 재건할지 의논했기 때문이다. 그 결과 3월 25일에 빈에서 조약이 체결되었다.

나폴레옹은 그르노블을 떠나 3월 말에 파리에 도착했는데, 그 시점에 루이 18세는 벨기에의 겐트로 수도를 옮겼다. 4월 중순에 자크조제프는 나폴레옹을 따르기 위해서 모든 것을 걸었다. 그는 샹폴리옹에게 자신의 일들을 맡기고 떠났는데, 그중에는 《아날 뒤 데파르터마 드 이제르》의 편집장 일도 있었다. 그것은 한 달 전에 나폴레옹이 자크조제프에게 되돌려 준 자리였다. 자크조제프는 콥트어 사전과 문법책 원고를 파리로 가져가서 출판 전에 공식적으로 검열을 받기 위해 비문과 문학 학회에 제출했다. 자크조제프는 파리에서 나폴레옹을 대변하며 일하느라 정신이 없었고, 그의 일을 대신해서 맡은 샹폴리옹은 추가 업무 때문에 건강이 극도로 나빠지고 있었다. 샹폴리옹은 그저 어떻게 해서든 계속 일을 하기 위해서 많은 약을 복용했고 자주 목욕을 했다. 그 일들을 처리하는 데만도 하루가 부족했기 때문에 샹폴리옹은 성각 문자를 따로 공부할 수가 없었다.

나폴레옹이 유배지에서 돌아오면서 생긴 모든 격변이 마무리되어 갈 즈음, 샹폴리옹은 마침내 자신이 지난 11월에 보낸 편지에 대한 답장을 영에게서 받았다. 그러나 샹폴리옹이 로제타석 비문과 관련해 제기했던 문제들에 대한 영의 답변은 전혀 도움이 되지 않았다.

　당신이 하고자 하는, 비문의 두 사본을 비교하는 연구에 대해 알게 되어서 저도 기쁘고 흥미롭습니다. 일반적으로는 런던 고미술 협회의 사본이 거의 완벽해 보입니다. 때로는 프랑스의 사본이 더욱 정확하기도 합니다. 그러나 당신이 인용한 부분들 중 거의 대부분은 원본 자체가 모호한 것들입니다. 또한 비석의 다양한 부분을 비교한 후에야 해석의 진정성에 대해 결론을 내릴 수가 있습니다.

샹폴리옹은 혹시 드 사시가 자신의 로제타석 해석을 넘겼는지 물어보기 위해 그에게 갔다. 만약 그가 그랬다면, 그것은 샹폴리옹에게 기분 나쁜 소식이었다. 샹폴리옹은 영의 연구에 대해서 전혀 알지 못했기 때문이다. 영은 다음과 같이 첨언했다. "저는 오세르블라드 씨나 당신 같은 뛰어난 학자들의 연구 덕분에 콥트어에 대한 이해가 한층 깊어졌다는 것을 전혀 의심하지 않습니다. 아마도 당신들은 비석의 그리스어 텍스트와 다른 부분들을 비교하는 그 힘든 연구를 통해서, 저보다 훨씬 완벽하게 해석해 내셨을 수도 있겠죠." 샹폴리옹은 1815년 5월에 그 편지에 대한 답장을 보냈다. 편지에서 그는 감사를 표했지만, 드 사시가 자신에게는 영의 연구에 대해서 아무것도 알려 주지 않았다는 점 또한 분명히 언급했다.

1815년 6월쯤에 자크조제프는 새로운 나폴레옹 정권에서 레지옹 도뇌르 훈작사로 임명되었다. 한편 왕당파 역시 점차 세력을 회복하고 있었다. 그들은 정치적 선전용 소책자들을 유포했고 왕의 이름으로 세금을 깎아 주려고 노력했다. 샹폴리옹은 자크조제프를 대신해서 자신이 할 수 있는 한 모든 힘을 다해 왕당파들의 정치 선전에 반대했다. 6월 18일, 나폴레옹이 그의 마지막 전투인, 프러시아-영국 연합군과의 워털루 전투에서 패색이 짙어지던 무렵, 샹폴리옹은 글을 한 편 발표했다. 그것은 그 후 그 자신과 형 자크조제프의 행로에 타격을 주게 되었다. 그는 부르봉 왕가가 프랑스의 통치자로서 정당성을 결여하고 있다고 하면서 "프랑스의 왕좌를 잇는 데에는 어떤 법도 없다. 오직 시민들만이 왕좌에 누가 오를 것인지 결정할 수 있다. 시민들은 그것을 (프랑스의 왕인) 위그 카페에게 준 적이 있고, 지금은 그의 자손들에게서 빼앗았다. 왜냐하면 더욱 믿을 만한 사람에게 왕좌를 맡기기 위해서였다. 시민들의 선택만이 유일하게 정당하다. 따라서 나폴레옹이 우리의 정당한 왕이다."라고 썼다. 그러나 자크조제프를 따라서 나폴레옹을 적극적으로 지지하기로 한 샹폴리옹의 결정은, 불행하게도 그의 인생에서 거의 재앙과 같은 결과를 초래했다.

유배지에서 돌아온 나폴레옹은 그리 오랫동안 프랑스를 다스리지는 못했다. 워털루 전투에서 패배한 후에 곧 퇴위당했다. 왕당파들이 이제 프랑스를 실질적으로 지배하게 되었고, 연합군 세력은 점점 프랑스를 조여들어 왔다. 7월 5일쯤에는 이미 그르노블이 오스트리아-사르디니아 연합군의 포위 아래 있었다. 사실 그르노블은 침략자들에게 어떤 식으로든 저항할 수 있는 프랑스의 마지막 도시였다. 공격은 다음 날 6시에 시작되었다. 시민들에게 무기가 공급되었고 수비대를 증원하기 위해서 별도로 시민들이 조직되었다. 10시 30분쯤에는 반격을 가할 수 있었다. 사실 그르노블의 왕당파들은 연합군에게 그르노블은 빨리 항복할 것이라고 이야기했다. 그래서 오스트리아-사르디니아 군대는 거센 저항에 적잖이 놀랐다. 연합군은 결국 치열한 포격전을 시작했다. 공격이 시작되기 전에 샹폴리옹은 성벽 근처에 있었는데, 치열한 포격전이 시작되자 도서관이 훼손되지는 않을까 걱정되었다. 결국 그는 비 오듯 쏟아지는 총알들을 뚫고 도서관으로 가서 2층으로 올라갔다. 그는 포격전이 멈출 때까지 그곳에 머물면서 그 무엇으로도 대체할 수 없는 소중한 문서들과 책들에 불이 붙으면 재빨리 끌 수 있도록 준비했다.

사망자 600여 명과 사상자 500여 명을 낳은 채 전투는 끝났다. 만약 연합군이 전면 공격을 시도할 경우 큰 손실을 입을 것이 분명했다. 그래서 그들은 사흘간 휴전하자고 제안했고, 시민들 역시 이에 동의했다. 자크조제프는 아직 파리에 있었고 샹폴리옹은 그에게 그 전투에 대해 직접 목격한 것을 적어서 편지를 보냈다. 샹폴리옹은 프랑스 군대의 대포와 총이 오스트리아 군대를 박살 냈고, 결국 지금 연합군은 도시 외곽으로 후퇴했다고 적었다. 또한 자크조제프의 아내인 조에가 마치 아마존 여전사처럼 싸움에 임했다고 썼다. 휴전이 선언된 후 위험에서 벗어나 잠시 한숨 돌리게 되자, 그르노블 시민들은 자신들의 손으로 얻어낸 승리를 축하하는 축제를 열었다. 샹폴리옹은 그 축제에서 살면서 그처럼 맛있는 과실주는 처음 마셔 봤다고 말했다.

1815년 7월 8일쯤, 이미 왕당파들은 루이 18세를 파리의 왕좌에 복귀시킬 수 있는 힘을 충분히 얻은 상태였다. 한편 그르노블은 더 이상 저항해도 희망이 없다는 점을 인정하고 드디어 이틀 뒤에 침략자들에게 항복했다. 7월 중순에 나폴레옹은 고립된 세인트헬레나 섬으로 추방당했다. 그가 추방당하기 몇 년 전에 공책에 정리해 두었던 섬이었다. 정확하게 그것은 "세인트헬레나 섬 — 작은 섬."이라고 적혀 있다. 그즈음 샹폴리옹은 자크조제프에게 편지를 두 통 보냈다. 자크조제프가 두 형제를 모두 나폴레옹과 얽히게 한 점을, 그것도 이처럼 공공연하게 연루시킨 것을 비난하는 내용이었다. 그러나 동시에 샹폴리옹은 모든 비난을 자신에게 돌리라고 쓰고 있다. 왜냐하면 그는 그때까지 아내도 없고 돌봐야 할 가족도 없으며, 오직 자신의 살가죽 하나만 보호하면 되는 상태였기 때문이다.

형, 제일 먼저 자기 자신을 돌보길 바라. 나에 대해서는, 무엇이든 신이 바라시는 대로 될 거야. 나는 내가 옳다고 생각했고 여전히 그렇다고 생각하고 있기 때문에, 내 주장을 펼쳤어. 만약 그들이 형이 일하는 신문의 자코뱅주의를 들먹이며 형을 비난한다면, 자신 있게 말해. 그것은 나, 샹폴리옹이 한 짓이라고. 그것이 진실이니까. 그들에게 희생양이 필요하다면, 내가 바로 여기에 있어. 나에게는 아내도, 아이도 없어. (……) 형이 안전하게 이 위기를 모면하는 것이 중요해.

다시 한 번 그르노블에서 모든 것이 불확실해졌다. 샹폴리옹 역시 자신의 미래에 대해 절망했다. "나는 평상시에 하던 연구로 돌아가려 하지만, 내 마음이 그곳에 없다. 나는 내 미래에 대해서 완전히 낙담했고, 원래 내가 할 수 있는 연구가 아니었다고 확신한다."

비슷한 시기에 자크조제프는 비문과 문학 학회가 이미 열렬한 왕당파인 드 사시 쪽으로 기울었으며, 그래서 샹폴리옹의 콥트어 사전과 문법책 출판을 거절했다는 사실을 알았다. 학회는 정부의 돈으로 샹폴리옹의 저작들을 출판할 가치가 없다고 했다. 자크조제프는 드 사시에게 실망하고 분노하여 그를 자신의 가장 큰 적으로 생각하게 되었다. 그 당시 샹폴리옹은 자크조제프에게 자신들의 정치적 신념 때문에 앞으로 더욱더 큰 피해를 입을 것이라고 예언하는 편지를 썼다. "우리가 조만간 결국 패하게 될 싸움을 계속하는 것은 무의미하다고 생각해. 왕당파들은 앞으로 더욱 강력하게 프랑스를 지배할 거야. 이제는 모자 색깔이 머릿속 생각을 평가하는 기준이 될 거야. 모두 끝났어." 이는 프랑스에 곧 다가올 정치적, 사회적 변화에 대한 통찰력 있는 예언이었다. 샹폴리옹은 불행과 절망, 점차 나빠지는 건강 상태를 딛고 일어나, 마지막 저항을 시작했다. 샹폴리옹은 《아날 뒤 데파르터마 드 이제르》에 대한 권한을 잃기 전에, 자크조제프가 자리를 비운 기회를 이용하여 「공화국을 위해 건배를」이라는 글을 실었다. 그의 정치적 입장을 명확하게 이야기해 주는 내용이었고, 이로 인해 샹폴리옹은 새로운 왕당파 정권에서 처벌 대상자가 되었다.

> 다른 사람들처럼, 나에게도 연인들이 있다.
> 그러나 이제 나는 오직 한 명만 사랑할 수밖에 없다.
> 나는 잔을 들고 영원한 서약을 말한다.
> 공화국을 위해 내 모든 건배를!

열정적으로 군주제를 옹호했던 드 사시는 이제 샹폴리옹을 완전히 싫어하게 되었다. 그도 그럴 것이, 샹폴리옹은 드 사시와는 정치적 입장이 전혀 달랐기 때문이다. 드 사시는 어떻게 해서든 샹폴리옹의 국내외적 명성을 떨어뜨리고자 했다. 그 후 7월에 드 사시는 영에게 그의 민중 문자 '번역'을 (몇 달 후에) 샹폴리옹의 형인 자크조제프에게 보냈다고 말했다. 드 사시는 또한 영에게 샹폴리옹을 믿지 말라고 충고했다. 드 사시와 영은 고작 편지 몇 장을 주고받은 정도의 관계였고, 영은 외국에 있었기 때문에 이와 같은 드 사시의 충고는 사실 터무니없는 것이었다.

> 제가 당신에게 조언하는 것은 아마 일종의 모험일 겁니다. 그래도 저는 당신이 발견한 내용에 대해서 샹폴리옹과 너무 많은 이야기를 하지 말라고 권하고 싶습니다. 만약 그럴 경우, 샹폴리옹은 그 후에 그에 대해 자신의 우선권을 주장할지도 모릅니다. 그는 그의 책 가운데 많은

부분에서, 자기 자신이 로제타석 민중 문자 비문에 나오는 많은 단어들을 해독했다고 주장합니다. 그러나 저는 그가 허풍을 떠는 것은 아닌지 의심스럽습니다. 왜 제가 이렇게 생각하는지 구체적이고도 정당한 이유를 말씀드리겠습니다.

이 편지에서 드 사시는 그가 예전에 가르쳤던 카트르메르에 대해서도 전혀 칭찬하지 않고 있다.

당신은 분명히 네덜란드에 사는 누군가가 자신이 로제타석 비문의 알파벳을 발견했다고 주장했다는 사실을 알고 있겠지요. 또한 카트르메르가 스스로 비문의 많은 부분을 읽었다고 허풍을 떠는 것도 잘 알 겁니다. 제가 이들의 발견을 사실로 생각하든 환상이라고 생각하든 관계없이, 그 어떤 것도 사실처럼 보이지 않습니다. 저는 콥트어는 고대 이집트어와 완전히 다르고, 그리스어 번역이 해독의 실마리를 일부분 제공해 준다고 생각합니다. 하지만 실제로 비석을 보면 다르게 생각할 수밖에 없습니다. 그리고 저는 누군가가 그것을 완벽하게 읽을 수 있을지 절망하게 됩니다.

이러한 비관주의에도 불구하고, 드 사시는 영을 축하하면서 이렇게 말했다. "당신은 성각 문자를 해독하는 데 있어 엄청난 진보를 이뤄 낸 사람 같습니다."

그 후 몇 달간 영은 드 사시, 오셰르블라드, 조마르 등 학자들과 성각 문자와 관련된 생각과 아이디어를 좀 더 구체적으로 논하는 편지를 교환하기 시작했다. 영은 그 편지들의 일부를 1815년과 1816년에 별로 알려지지 않은 학술지인 《뮤지엄 크리티컴》에 발표하기도 했다. 영의 후원자였던 조마르는 1815년 4월에 다음과 같은 편지를 썼다. "영 씨, 로제타석의 해석과 관련해 당신이 얻은 성과, 특히 성각 문자 비문에 대한 연구 결과 때문에 저의 관심과 궁금증이 최고조로 올라갔습니다." 그당시 영은 조마르에게서 성각 문자에 관한 정보를 캐내기 위해 전전긍긍하고 있었다. 왜냐하면 조마르는 『이집트 묘사』의 편집장으로서 이집트에서 수집한 많은 1차 자료들에 접근할 수 있었기 때문이다. 영은 이러한 정보를 얻어서 자신의 성각 문자 사전에 추가하기를 원했다. 그러나 조마르는 자신이 아직 모든 것을 연구하는 중이라는 핑계를 대며 그 요청을 거절했다.

저는 이 일들에 특별히 애정이 있습니다. 왜냐하면 이 연구가 뛰어난 학자들의 조사에 필요하다는 점을 깨달았기 때문입니다. 저는 많은 유능한 사람들이 성각 문자를 해독하느라 엄청나게 노력한다는 점에 항상 놀랍니다. 그것은 마치 히브리어 문자는 몇 개인지, 모양은 어떤지도 모르는 채 히브리어를 읽고 이해하기를 원하는 것처럼 보입니다.

영은 답장에서 조마르가 생각하는 그런 학자들과 자신은 다르다고 말했다. 그리고 자신은 얻을 수 있는 모든 성각 문자 비문을 필사하려는 것이라고 썼다. 그러나 이러한 노력에도 불구하고 그는 조마르의 정보를 얻을 수 없었다.

1815년 말에 윌리엄 리처드 해밀턴(당시 영국 외교부 차관)이 영에게 기쁜 소식을 가져다주었다. 즉 새로 온 영국령 이집트 영사인 헨리 솔트가 영이 중요하다고 여기는 모든 비문을 구입하여 영국으로 가져오라는 명령을 받았다는 것이었다. 그해 겨울에 해밀턴은 그때까지 간행된 『이집트 묘사』 책들을 영에게 빌려 주었다. 그 책들은 성각 문자나 그 판독 문제에 대해서는 전혀 다루고 있지 않았다. 그것은 조마르가 자신의 책 『성각 문자에 관한 관찰과 연구』에서 다루고자 했던 내용이었으나, 아직까지 그 책은 출판되지 않은 상태였다. 영은 『이집트 묘사』에 기록된 내용을 연구하기 시작했으나 대부분 그의 경직된 접근 방식으로는 그다지 유용하게 활용할 수 없는 정보였다. 영은 여전히 성각 문자 부호를 풀고 싶어 했고, 더욱이 샹폴리옹처럼 이집트 문화 전반을 구체적으로 이해하고 있지도 못했기 때문에, 결국 그 책을 멸시하게 되었다. "신전의 모든 비문들과, 미라에서 발견된 대부분의 문서들은 이집트인의 괴상한 의례와 관련된 것으로 보인다. 나는 여기에서 역사성이 있는 것을 전혀 찾아볼 수가 없다."

제한된 방법을 썼음에도 불구하고 영은 성각 문자와 관련해 몇 가지 중요한 사실을 밝혀내기에 이르렀다. 그는 몇몇 문자들은 보이는 것을 그대로 묘사하고(예를 들어 ▯는 오벨리스크를 의미하고 ▯▯는 눈물이 흐르는 눈, 즉 '울다'라는 뜻이라는 것이다.) 반면 다른 문자들은 다른 기능을 수행한다는 점을 알아냈다. 성각 문자에서 복수가 어떻게 형성되는가에 대해서는 "사물들의 다수성(plurality)을 표현하기 위해서, 두 개일 때에는 문자를 반복함으로써, 그 이상일 때에는 같은 종류의 세 개의 문자를 반복함으로써(간결하게는 하나의 문자 옆에 세 줄을 그었다.) 표현했다."라고 썼다. 이러한 부분에서 영은 완벽하게 옳았다. 고대 이집트어에는 수를 표현하는 세 가지 형태가 있었다. '하나(단수)', '두 개(한 쌍)', '여러 개(다수)'. ▯는 '*neter*'를 표시하며, 이것은 '한 명의 신'을 의미한다. 두 명의 신 혹은 한 쌍의 신은 ▯▯, 즉 성각 문자를 반복해서 써서 표현한다. 다수의 신은 성각 문자 세 개, 즉 𓏤𓏤𓏤로 표현한다. 또한 영은 종종 그냥 성각 문자를 하나 쓰고 그 옆에 세 줄을 그어서 복수를 표현한다는 점도 알아냈다. 예를 들어 다수의 신이나 여러 채의 집은 다음과 같이 표현할 수도 있다. 𓊹, 그리고 𓉐. 복수의 경우 단어에 'w'가 첨가되며, 따라서 신을 의미하는 *neter*를 복수로 쓰면 *netrew*가 된다.(사실 이집트어에는 모음이 없기 때문에 정확하게는 *ntrw*이다.) *w*는 이집트어로 'oo(우)'와 같이 발음되므로, 때로는 '*u*'로 쓰기도 한다. 따라서 𓊹은 *neteru*로 음역될 수 있겠다. 그리고 '집(house)'(보통 자역하면 *per*)의 복수 형태는 *peru*('집들')이다.

　　오셰르블라드가 로제타석 비문의 성각 문자 숫자에 대해 몇 년 전에 약간 언급하기는 했지만, 영은 다음과 같이 쓸 수 있었다. "셀 수 있는 수는 한 자리일 경우에는 막대기로, 두 자리일 경우에는 둥글거나 네모난 아치 모양으로 표현한다." 또한 조마르는 1816년에 성각 문자 숫자에 대한 중요한 연구를 발표했다. 영이 조마르가 자신의 연구를 베꼈다고 주장했지만 사실은 아닌 것 같다. 숫자는 단순한 방법으로 활용된다. 즉 어떤 숫자든 다음 일곱 가지 기본 기호를 연결하거나 반복해서 표현할 수 있다. 이 기호들은 다음과 같다.

𓏤	일	𓎆	십
𓍢	백	𓆼	천
𓂭	만	𓂧	십만
𓁨	백만 혹은 수많은		

그 기호들을 나열할 때, 낮은 단위 숫자 앞에 높은 단위 숫자를 쓴다. 예를 들어 ◌‖‖은 104, ◌‖◌‖은 1022, 그리고 ‖‖‖은 9이다.

지금까지 샹폴리옹을 포함한 학자들은 민중 문자가 전적으로 알파벳 체계를 따른다고 가정했다.(영어나 고대 그리스어처럼 기호들은 각 음가를 나타내며, 이것들을 조합하여 단어를 형성한다.) 로제타석 비문과 성각 문자와 신관 문자로 쓰인 여러 파피루스들을 조사하면서, 영은 민중 문자(그의 '엔코릭')가 이집트어 단어가 아니라 외국어 발음을 나타내기 위해서 알파벳 글자를 사용했다고 결론을 지었다. 외국어에는 로마에 정복당하기 전에 이집트의 마지막 통치자였던 고대 그리스인들의 이름도 있다. 그럼에도 불구하고 그는 엔코릭 글자와 성각 문자 글자 사이에 유사점을 발견했다. 그는 그것을 토대로 엔코릭 글자가 "비록 왜곡된 모양이지만, 진정한 성각 문자다."라고 추론했다.

오셰르블라드가 민중 문자 비문에서 몇몇 이름들을 규명해 낸 이후로, 유럽 각국의 로제타석 연구는 실망스럽게도 답보하고 있었다. 영은 그 상황을 이렇게 요약했다.

이집트 초기 유물들에 대해 오랫동안 간직하고 있는 의심과 어려움과 관련해 합리적인 해결책을 찾기 위해 공동으로 노력하는 가운데, 모든 문명국가들의 비평가들과 연대학자들이 진심으로 협력하기를 기대하는 것은 자연스러운 일이다. 그러나 샹폴리옹 씨와 나를 제외한 나머지 사람들은 자신만의 추측과 억측 속에서 혼자 놀라고 재미있어할 뿐이다. 프랑스의 수학자들은 계속해서 계산하려 하고, 영국의 형이상학자들은 증명도 반증도 불가능한 구성 요소들에 대해 계속 논쟁하려 한다.

그는 나중에 해독의 문제는 평생을 바쳐야 하는 연구라고 말했다.

그리고 현존하는 유일한 상형 문자인 중국어를 보면 식자층이라도 평생 노력을 기울여 배워야만 상당 부분을 이해할 수 있는 것 같다. 그들 중에는 일상 대화를 위해 언어를 익히는 사람도 있고, 한 치의 오차도 없는 조력자와 방대한 문법책과 사전이 있는 사람도 있을 것이다. 우리는 시간의 흐름과 야만스러운 만행 속에서 파괴되어 가는 가운데 우연히 살아남은 몇 개의 기념비들로부터 불확실한 실마리라도 얻기 위해 성각 문자를 이해할 수 있어야 하며, 대부분 극복할 수 없는 어려운 기호들을 인간의 노력으로 밝혀야 한다.

모든 경쟁자들은 어려움이 클수록 그 성공이 가져다줄 명성 또한 더욱 크다는 것을 알게 되었다.

영이 유럽 학자들과 자유롭게 의견을 교환하며 그들에게 받는 존경을 마음껏 즐기고 있을 때, 부활한 군주제 아래에서 그르노블의 샹폴리옹과 파리의 자크조제프는 감시를 받게 되었다. 두 형제는 모두 그르노블의 지역 신문 조합에서 배제되었다. 1815년 11월, 자크조제프가 파리에서 돌아온 직후, 샹폴리옹은 그렇게 열심히 해 온 모든 것을 포기하고 새로운 직업을 찾고 싶다면서 형에게 편지를 썼다. "문학 교수직이 분명히 없어질 거야. (······) 우리는 이제 끝이야. (······) 나는 그르노블에서 변호사가 되려고 해. 형은 신부가 제분업자가 되는 격이라고 말하겠지. 그러나 만약 신부에게 먹을 것이 없고 그 대신 제분소에 밀가루가 있다면, 그것이 문제가 될까?" 1814년에 로진 블랑과 약혼한 샹폴리옹은 그 결심을 통해, 어려운 시절에 가장 안정적인 직업은 법조인이라고 생각하는 그녀 아버지의 반대를 돌이키려 했다. 자신의 세계가 무너지는 절망의 늪 속에서 자신이 바라는 모든 것, 그리고 자신의 결혼을 생각했을 때, 샹폴리옹은 진로를 바꾸는 것이 유일한 선택이라 생각했고 결국 공공 교육을 포기하기로 결심했다.

이러한 문제들에도 불구하고, 샹폴리옹과 자크조제프는 워털루에서 나폴레옹을 위해 싸웠다는 이유로 새로운 정권에서 사형 선고를 받은 도망자 드루에 데를롱 장군을 돕는 위험을 무릅써야 했다. 그들은 1815~1816년 겨울과 이듬해 봄까지 파리에서 얼마 떨어지지 않은 곳에 그를 위해 숙소를 마련해 주었고 그가 프랑스에서 조제핀의 아들이자 나폴레옹의 의붓아들이었던 외젠 드 보아르네 대공이 있는 뮌헨으로 도망치는 것을 도왔다. 만일 당국이 그 사실을 알았다면 위험했겠지만, 적들은 샹폴리옹과 그의 형을 추방하기 위한 충분한 서류 없이는 그들을 압박하기가 힘들었다. 한편 그르노블 대학에서는 왕당파들이 그전에 인사권을 행사했던 비(非)왕당파들과 대치했는데, 이러한 변화 때문에 상황이 더욱 나빠졌다. 1816년 1월 샹폴리옹이 예견한 대로 문학부가 문을 닫았고 그와 자크조제프는 교수직을 잃었다. 그들은 시립 도서관과 연관된 일로 공격을 받았는데, 샹폴리옹은 시립 도서관을 정치적 모임에 이용했다고 추궁당했다. 샹폴리옹은 절대 그런 일이 없다고 주장했다. "그르노블의 학문적인 모임 외에 다른 모임을 열었다는 주장은 틀림없이 거짓입니다." 당국은 다른 거짓된 이유를 들어 그들을 추가로 고소했고, 1816년 3월 그들은 국내 유배를 선고받았다.

직업을 바꾸고 결혼하려 했던 샹폴리옹의 새로운 희망과 계획은 유배 명령으로 모두 무산되었다. 두 형제는 남아 있는 영향력을 행사하여 고향인 피자크로 유배되어 가긴 했지만, 그르노블에 있는 가족과 친구에게서 떨어져야만 했다. 자크조제프는 자신의 아들인 알리만 데리고 갔으며 나머지 아이들, 1811년생 조에컬, 1812년생 에메루이, 그리고 1815년생 조에는 부인에게 맡겼다. 아멜리프랑수아즈는 그 시점에서 더 이상 언급되지 않는 것으로 보아, 일찍 죽은 것 같다. 샹폴리옹과 자크조제프가 떠나는 데 단 십오 일만 주어졌기 때문에 짐을 많이 가져갈 수 없었고 책과 연구 노트는 대부분 그르노블에 남겨 둬야 했다. 그 여행 여권에는 두 남자에 대한 희귀한 개인 정보가 쓰여 있었다. 대학에서 교수직을 잃은 자크조제프는 여권에 다음과 같이 기록되었다. 사서, 서른여섯 살, 피자크 출신으로 현재 그르노블에 거주, 여섯 살 반 된 아들과 함께 여행. 그는 여권에서 신장 167센티미터, 짙은 갈색 머리카락, 갈색 눈, 밝은 살결로 묘사되었다. 또한 '중간' 크기 이마와 입, 가느다란 코, 그리고 다른 특징은 없는 얼굴이라고 기록되었다.

샹폴리옹은 여권에 사서 보조, 스물다섯 살, 키 170센티미터, 검은 머리, 검은 눈, '갈색' 살결로 묘사되었다. 넓은 이마, 납작코, 둥글고 튀어나온 턱, 그의 얼굴은 "아주 동그랗고 천연두 자국이 약간 남아 있다."라고 적혀 있었다. 그것은 샹폴리옹이 천연두를 앓았다는 것을 보여 주는 유일한 기록이다. 여권의 '턱수염'이라는 칸에 자크조제프는 '갈색', 샹폴리옹은 '검은색'이라고 적혀 있지만, 그들은 실제로 턱수염을 기르고 있지 않았다. 아마도 단순히 그들의 수염 색깔을 기록했을 것이다. 샹폴리옹은 나중에 이집트에 있을 때 턱수염을 길렀지만, 그 형제를 그린 그림에는 대부분 턱수염이 없다.

1816년 3월 18일에 여권이 발행되었고 각각 2프랑이 들어 있었다. 그 여권에는 샹폴리옹과 자크조제프가 더 짧은 남쪽 길이 아니라 리옹과 오리야크를 거쳐 피자크로 가는 길을 여행해야 한다고 구체적으로 적혀 있었다. 그 조항은 그들의 안전을 위한 것이었다. 프랑스 남부에서 군주제를 부활시키려는 왕당파들이 계속 개혁에 반발하고 있었고 특히 그 지역은 새로운 정권이 완전히 장악하지 못했기 때문이다. 크게는 두 갈래로 나뉜 왕당파들이 서로 싸우는 바람에 상황이 복잡해졌다. 루이 18세의 통치를 지지하는 사람들은 자유로운 정치적 견해를 바탕으로 혁명 이전의 절대 왕정으로 돌아가는 것이 불가능하다는 견해에 동의했고, 과격파(극단적인 왕당파)는 혁명 기간과 뒤이은 나폴레옹 통치 아래 일어난 모든 변화를 제거하길 원했다. 루이 18세가 사람들과 함께 군주제로 통합하고자 했을 때, 과격파는 좀 더 반동적인 루이 18세의 동생 아르투아 공작을 지원했다. 프랑스 남부에서 베르데(꽃 모양의 녹색 모자를 쓴 사람) 같은 지방의 과격파들은 몇몇 지역을 효과적으로 장악하고 새로 등장한 정권 편을 드는 척하면서 자신들의 계획을 실행에 옮겼다. 어떤 지역에서는 사람들이 신교도들을 종교적인 이유로 추적하여 잡아 두었고 다른 지역에서는 무장 강도들이 여행자들의 안전을 위협했다. 이처럼 무법자들과 자경단원들이 가로막고 위협했기 때문에 과격파들이 장악한 지역을 피할 필요가 있었고, 자크조제프와 샹폴리옹은 멀리 북부로 우회하여 두 주일 후인 1816년 4월 2일이 되어서야 피자크에 도착했다.

두 형제는 자신들이 없는 동안 기억하는 것보다는 도시가 좀 더 번성해졌지만, 거의 변하지 않았고 평온하다는 것을 알아차렸다. 그러나 그들의 가족은 잘 지내지 못했다. 그들의 어머니는 거의 십 년 전에 돌아가셨고 부두스퀘리 거리에 있는 집에는 아버지와 누이인 테레즈와 마리, 1803년에 시집간 동생 페트로니유만 남아 있었다. 그들의 가정은 행복하지 않았다. 아버지는 건강에 심각한 영향을 미칠 정도로 알코올에 중독되어 있었고 그들 가족의 서적 판매 사업은 엉망이었다. 서적 판매 사업이 실패한 것이 아버지의 알코올 중독의 원인이었는지 결과였는지 알 수 없었으나, 사업이 거의 망해 가고 있어서 파산을 막기 위해 조치를 취해야 했다. 마흔두 살 테레즈가 가게를 운영했고, 서른네 살 마리는 집안일을 맡았다. 아마도 가세가 기울어서 지참금을 벌 수 없었기 때문에 그들은 결혼하지 않았던 것으로 보인다. 그들 모두 자크조제프와 샹폴리옹을 숭배할 정도로 좋아했지만, 금전 부족과 아버지에 대한 걱정으로 사사건건 말다툼을 했다.

어려운 상황이 계속되자, 샹폴리옹과 자크조제프는 맨 처음에는 그르노블이나 파리에 비해 조그만 마을인 피자크가 자신들을 숨 막히게 한다고 생각했다. 자크조제프는 자신의 아내 조에에게 그곳에는 지적인 대화를 나눌 만한 사람이 네다섯 명밖에 없으며, 일 분이 하루 같고, 하루는 한 달 같고, 한 달은 일 년 같다고 편지를 썼다. 샹폴리옹은 가까운 친구 오귀스탱 테브네(예전에 리세의 학생이었고, 지금은 그르노블에 있는 가족이 운영하는 가게를 맡고 있었다.)에게 편지하여 말하기를, 그는 하루 종일 슬프고, 하품하고 신세를 저주하며 지내고 있고, 언제 다시 그르노블의 아름다운 산을 볼 수 있을지 모르겠다고 했다. 그러나 사실 두 형제는 때맞춰 그르노블을 떠난 셈이었다. 1816년 5월 그르노블 법대 전 학장이었던 장폴 디디에가 반란을 일으켰기 때문이다. 그는 나폴레옹의 깃발을 들고서 (대부분 취해 있는) 퇴역 군인들과 농부들의 소규모 군사력을 이용하여 도시를 지배하려 하였다. '반란'은 쉽게 진압되었지만, 과격파들은 그것을 빌미로 유혈 진압을 정당화하고, 반란에 참여한 사람들 중 열여덟 명이 총에 맞은 데 대한 면죄부로 활용하려 했다. 디디에는 달아났지만, 붙잡혀서 다시 그르노블로 왔고 결국 참수형을 당했다. 도시의 많은 사람들이 혐의를 받았고, 피자크에 있었던 샹폴리옹과 자크 조제프도 연루되었다. 사실상 그들의 혐의를 증명할 수 있는 것은 없었고 그들은 아무 행동도 취하지 않았다. 하지만 만약 그들이 그르노블에 계속 있었다면 목숨을 잃었을지도 모른다.

처음에 두 형제가 자신들의 고향을 우울한 곳으로 생각했던 것과는 달리, 지사였던 르제마르네시아 백작은 그들을 환영했고 두 형제는 그곳에서 유명 인사가 되었다. 르제마르네시아는 한때 주미(駐美) 프랑스 군대의 장교였고, 1815년 이후에는 피자크를 포함한 로(Lot) 현의 지사였다. 고고학에 열정적이었던 그는 피자크 주위에 있다고 추정되었던 욱셀로두눔 유적을 찾아보자고 두 형제를 설득했다. 율리우스 카이사르의 회고록에 따르면, 욱셀로두눔은 로마 군대에게 정복당한 갈리아인들의 마지막 요새였다. 기원전 59년부터 카이사르는 조직적으로 갈리아를 정복했는데, 가파른 절벽이 사방을 감싸고 계곡 아래로 강이 흐르지만 우물은 하나밖에 없는 곳으로 욱셀로두눔을 묘사했다. 그의 군대는 그 요새를 포위한 다음, 터널을 파서 우물길을 다른 방향으로 돌렸고, 그 결과 목마른 갈리아 사람들이 항복할 수밖에 없었다. 로마 군인들이 갈리아를 완전히 정복했을 때, 카이사르는 더 이상의 반란을 막기 위해 욱셀로두눔에서 로마인에 대항하여 싸운 사람들의 오른손을 모두 자르라고 명령했다. 프랑스인들은 그 정복 사건을 결코 잊을 수도, 용서할 수도 없었다. 뒤늦게 나폴레옹이 이탈리아를 정복하면서 결국 복수를 했다. 그래서 욱셀로두눔이라는 장소는 애국적인 저항의 중요한 상징이었고, 그 장소를 찾아내는 일도 당연히 중요한 프로젝트였다.

자크조제프는 샹폴리옹의 도움을 받아 욱셀로두눔을 찾는 일을 담당했고, 1816년 여름 내내 카이사르의 글에서 얻은 실마리를 토대로 그 장소를 찾으려 했다. 그들은 그곳이 로 강이 내려다보이는 피자크에서 약 5킬로미터 떨어진 카프드냐크르오라는 결론을 내렸다. 자크조제프는 그곳이 확실하다는 증거로 보이는 로마 유물들도 발굴했다. 이 프로젝트가 확실히 성공해서 르제마르네시아 지사는 기뻐했으며 자크조제프와 샹폴리옹은 그 지역의 교육받은 상류층 사이에서 명성을 드높이게 되었다. 그 후 고고학적 발굴을 통해 카프드냐크 요새들은 중세 유적으로 밝혀졌다. 욱셀로두눔은 피자크에서 북서쪽으로 약 47킬로미터 떨어진 베랴크 근처 디솔뤼 산인 것으로 드러났다. 그곳에서는 우물길을 다른 방향으로 돌리기 위해 로마인들이 팠던 터널도 발견되었다. 그럼에도 불구하고 논란은 계속되었고 오늘날에도 피자크 사람들은 카프드냐크르오를 욱셀로두눔의 실제 장소로 주장한다.

샹폴리옹은 자크조제프가 욱셀로두눔을 찾는 것을 도왔을 뿐만 아니라, 그해 여름부터는 출판을 거절당한 콥트어 사전과 문법책을 완전히 재정비하고 개정하는 데 집중했다. 다행히도 그는 그르노블에서 관련 자료들을 가져올 수 있었다. 궁극적으로 그 당시 연구들은 샹폴리옹이 다양한 자료를 모으면서 고대 이집트어의 잔존물인 콥트어에 대해 잘 알게 되었다는 점에서 중요하다. 그래서 그 후에 그는 성각 문자를 판독할 때 경쟁자들보다 월등한 위치를 점하게 되었다. 피자크에 유배된 동안 이렇게 노력했음에도 불구하고 그 연구 내용이 출판되지는 않았다.

두 형제가 유배당한 순간부터, 자크조제프는 파리에 있는 친구들과 지인들에게 편지를 보내 자신과 동생을 대신해 당국에 중재를 해 달라고 부탁했다. 정치적 기류가 달라져서, 샹폴리옹의 오랜 적이었던 『이집트 묘사』 편집자 조마르와, 샹폴리옹이 파리에서 페르시아어를 가르칠 때 그의 군대 면제 문제와 관련해 도와주기를 거절했던 루이 랑글레스가 최선을 다해 그를 도왔다. 샹폴리옹의 옛 교수들 가운데 왕당파인 드 사시만이 두 형제를 돕는 것을 단호하게 거절했다. 드 사시가 거절하자 파리에 있는 다른 학자들 사이에서 샹폴리옹의 평판이 떨어졌다. 더욱더 암담한 문제는 생마르탱의 행동이었다. 그는 열정적인 왕당파가 되어 드 사시와 함께 보조를 맞춰 옛 친구였던 샹폴리옹과 거리를 두었다.

파리에 있는 그들의 친구들과 예전의 적들이 강력하게 로비를 펼치고 피자크 지사가 지지했음에도 불구하고 자크조제프는 1816년 11월이 되어서야 비로소 여덟 달 동안의 유배에서 풀려났고, 샹폴리옹은 이듬해 1월까지 풀려나지 못했다. 시간이 가면서 샹폴리옹은 그를 질투하는 동료들의 정치적 계략에서 자유로워졌지만, 인생에서 당장 이루고 싶은 목적도 없어졌고, 변호사가 되려는 계획도 강제 유배로 무산되었다. 어정쩡한 상태였지만, 지역 사람들 사이에서 유명 인사로 간주되고 인기를 얻은 그는 과거의 스트레스에서 벗어나 피자크의 평화를 즐기기 시작했다. 사실 그 휴식은 폭풍 전야의 고요함 같은 것이었는데, 파리에 있었던 형에게서 연락을 받으면서 그 후에 엄청난 소용돌이가 몰아치기 시작했다. 조마르는 1814년 말 이집트에서 영국인이 프랑스인에게서 압수한 유물들을 기록하기 위해 영국을 방문했다. 그중에 로제타석도 있었다. 그는 영국에서 랭커스터 교육 방법에 깊이 영향을 받았고, 파리로 돌아와 초등 교육 학회를 결성했다.(여기에 자크조제프도 합류했다.) 루이 18세가 프랑스 전역에서 초등 교육을 장려하기를 원했기 때문에, 두 형제도 피자크에 랭커스터식 학교를 세우라는 요구를 받았다.

1798년 런던에서 학교를 설립한 조지프 랭커스터가 개발한 교육 방법을 랭커스터 교육 방법이라 한다. 당시 유럽에 곧 널리 퍼진 이 방법에 따르면, 선생님이 나이가 많거나 유능한 학생들을 교육하고, 그들이 다시 다른 학생들을 교육한다. 중앙과 지방 정부의 도움으로 자크조제프와 샹폴리옹은 피자크에 그런 학교를 세우는 데 착수했다. 샹폴리옹이 공교육에서 손을 떼겠다고 편지를 쓴 지 일 년도 안 되었을 무렵이었다. 과격파와 가톨릭교회는 이 새로운 형태의 학교를 몹시 반대했다. 그들은 특히 평민 아이들을 가르치도록 고안된 랭커스터 교육 방법을 혐오했다. 그들은 교육이란 귀족이나 성직자만을 위한 것이고, 다수 대중을 교육하는 것은 낭비이며, 그러면 사람들을 교화하거나 통제하기가 힘들어질 뿐이라고 생각했다. 그런 정치적인 상황에서 또다시 샹폴리옹이 의도하지 않았던 적들이 생겨나고 있었다.

새로운 학교를 세울 준비를 하는 동안, 그 대가로 두 형제는 유배에서 풀려났다. 그러나 그들은 즉시 피자크를 떠나지 않았다. 1817년 4월에 가서야 자크조제프는 파리로 가서 프랑스 학술원 아래에 있는 비문과 문학 학회의 종신 원장인 봉조제프 다시에의 비서가 되었다. 샹폴리옹은 새로운 학교 설립을 마무리하기 위해 피자크에 남았지만 집안 문제로 인한 스트레스 때문에 고통 받기 시작했다. 샹폴리옹과 자크조제프는 누이들의 미래를 보호하기 위해 유산을 포함한 집안 문제에 대한 권리를 모두 포기했다. 가족의 서적 출판 사업은 아버지의 알코올 중독과 늘어난 부채 때문에 계속 쇠퇴했다. 자크조제프가 떠난 지 한 달도 안 되어서 샹폴리옹은 그에게 편지를 보냈다. 편지에서 그는 골치 아픈 집안 일을 남겨 두고 떠난 형을 원망했고 아버지를 저지하기 위한 법적 조치가 절실하다고 주장했다. 그다음 주에 다시 당장 가구들이 압류당하지 않도록 급한 빚을 해결하기 위해 심지어 그르노블에 있는 친구 테브네에게 돈을 빌려야 했고, 여전히 아버지와 관련된 문제들을 해결해야 했는데, 이 때문에 엄청나게 화가 났다.

피자크 지방 당국과 시민들이 후원한 덕분에 샹폴리옹은 1817년 7월 파리에서 온 선생님 한 명과 학생 마흔 명을 데리고 개교 준비를 마쳤다. 그러나 그는 그동안 긴장한 탓에 건강이 악화되었고, 체중이 빠지고 기침과 열병으로 인한 발작이 계속되어 고생했다. 그는 그때까지 열일곱 달 동안 성각 문자 연구를 하지 못했고, 공부를 다시 시작하기에 좋은 시점도 아니었다. 그러나 그는 두 가지 사건을 계기로 다시 연구를 시작했고, 테브네에게 자신이 유배되어 있는 동안 그르노블에 숨겨 놓았던 노트와 자료 들을 보내 달라고 부탁했다. 그 두 가지 사건은 출간된 그의 책에 대한 서평과, 성각 문자 해독을 두고 그와 경쟁하던 학자와의 만남이었다.

샹폴리옹이 1816년에 런던의 《먼슬리 리뷰》에 「파라오 치하의 이집트」라는 글을 발표했는데, 익명의 독자에게서 자신의 논문에 대해 대체로 호의적이고 긴 서평을 단 한 편 받았다. 샹폴리옹은 그 서평에서 세부적인 몇몇 사항을 못마땅하게 생각했지만, 그래도 기뻐했다. 사실 그 서평을 쓴 사람은 (항상 익명으로 글을 쓰는) 영이었다. 그는 이집트가 항상 프랑스인들에게 매혹적인 존재였다고 언급했다.

아마도 프랑스가 수고스럽게도 이집트를 점령하려고 애쓴다면 결국 유럽에 이득이 될 것이다. 이집트의 파괴적인 환경은 남아도는 프랑스 청년들에게 효과적인 배출구가 될 것이다.(그렇지 않으면 그들은 이웃 나라에 골칫덩어리가 될 것이다.) 서로 죽이 잘 맞는 프랑스와 이집트의 방탕한 풍습들 때문에 두 나라 국민들은 쉽게 융합할 수 있을 것이고 아프리카의 이 중요한 구석 나라를 다시 문명화할 수 있을 것이다.

이런 인종 차별적인 발언 후에, 영은 자신이 생각하는(그의 편협한 견해를 드러내는) 이집트에 대한 설명을 장구하게 늘어놓았다. 나중에 그는 결국 상폴리옹의 연구에 대한 호의적인 서평을 발표했다.

샹폴리옹이 성각 문자에 관심을 보이게 된 또 다른 계기는 장차 그의 경쟁자가 되는 루아크 박사가 8월에 방문한 사건이었다. 그는 오리야크라는 근처 마을 출신이었다. 피자크에 유배되어 있는 동안 샹폴리옹은 학자들 모임에 대부분 참여하지 못했고, 따라서 성각 문자 판독과 관련해 다른 학자들의 진전 상황을 전보다 더 몰랐다. 다른 학자들과 직접적이고 우호적으로 접촉하지 않고서 그들이 무엇을 연구하고 있는지 알아내기란 어려웠다. 학자들이 서로 우호적인 관계에서 정보를 공유할 때에도, 발표 전에는 자신들이 얻은 결과를 모두 누설하지 않았다. 심지어 출판된 결과물도 구하기 어려웠다. 이러한 문제는 골동품 전문가이며 여행가였던 윌리엄 겔 경이 몇 년 후 영에게 보낸 편지에 잘 나타나 있다. 겔은 로마에서 보낸 편지에서 영이 『브리태니커 백과사전』에 게재한 글을 얻을 수 없다고 불평했다. "당신이 이집트 성각 문자에 대한 책과 소책자 혹은 논문을 출판하기 위해 쓴 글이든, 특정한 친구에게 증정하기 위해 쓴 글이든, 나는 그 무엇도 도저히 발견할 수가 없습니다. 런던에서 몇 번 시도를 해 봤지만, 내가 거래하는 서점에서는 당신의 논문들을 구할 수 없었습니다." 그는 영이 바티칸 도서관에 논문을 증정했다는 사실을 알았지만 "그 논문이 거기에 있든 없든, 공공 도서관에서는 항상 뭔가를 찾기가 어렵기 때문에 사람들에게는 무용지물입니다."라고 말하고 있다. 만일 그 부유한 골동품 수집가가 런던에서 영어 논문을 얻을 수 없었다면, 프랑스 시골 피자크에서 풀 죽어 지내는 샹폴리옹에게는 기회가 전혀 없는 것이나 마찬가지였다.

루아크 박사는 샹폴리옹을 방문해 그에게 자신이 고안한 '일반적인 어원 체계'를 보여 주었다. 그는 자신의 체계에 성각 문자를 판독하는 단서가 있다고 주장하면서 샹폴리옹에게 공동 연구를 제안했다. 그러나 루아크의 생각은 허점투성이였으며 심지어 어처구니없기까지 했다. 비생산적인 만남이었지만, 샹폴리옹은 자신이 성각 문자 연구를 할 수 없었던 짧은 기간 동안 상황이 변했다는 엄연한 현실을 깨달았다. 비단 몇몇 학자들만이 아니라, 근처 마을에 사는 박사까지도 판독 문제에 매달리는 상황에서, 그 밖의 누가 이 연구를 하고 있으며, 현재 경쟁자들은 무엇을 하고 있을까? 자신이 성각 문자를 가장 먼저 판독하지 못할 수도 있다는 생각이 그를 괴롭혔고, 결국 그가 다시 연구를 시작하도록 내몰았다. 실제로 루아크 박사가 방문하기 두 달 전, 샹폴리옹도 모르게 『이집트 묘사』의 출판을 진행하는 위원회가 파리에서 열렸다. 그 모임에서 골동품 수집가 루이 리포는 성각 문자를 푸는 열쇠를 발견했다고 주장했다. 리포는 나폴레옹과 함께 이집트 원정을 떠난 학자들 중 한 명으로, 카이로에 있는 이집트 연구소의 도서관장이었다. 그는 파리의 다른 학회에서도 강의를 했지만, 동료들은 그의 주장을 받아들이지 않았다. 샹폴리옹도 그의 강의를 직접 들었을 때 그 주장을 받아들일 수 없었다. 그러나 1823년 마흔일곱 살의 나이로 죽을 때까지(그는 굶어야 지적 능력이 향상된다고 생각했다.) 리포는 샹폴리옹의 충실한 친구였다.

샹폴리옹에게 지속적인 골칫거리이기는 했지만, 다른 학자들의 이론과 방법론이 넘쳐 나도 아무도 성공에 가까이 가지는 못했다. 샹폴리옹은 피자크에 있는 그의 위상을 의심하는 테브네에게서 자료들을 거의 돌려받지 못했다. 그 당시 자크조제프는 그르노블에서 자신이 당한 취급에 혐오감을 느낀 후에 파리로 돌아가 버렸기 때문에, 샹폴리옹은 더욱더 고립되었다. 그렇지만 파리에 대한 기억이 좋지 않았기에 형을 따라 파리로 돌아가지는 않았다. 그가 할 수 있는 유일한 현실적인 선택은 적어도 겉으로는 소요 사태가 없는 그르노블로 돌아가는 것이었다. 그러나 거기서 직업도 없이 지내면 피자크에서보다 더 비참할 것이었다. 그 무렵 그는 그르노블 대학에서 철학과가 다시 문을 열어 교수직을 얻을 수도 있다는 소식을 들었다. 그는 지푸라기라도 잡는 심정으로 그 가능성을 믿고 그르노블로 돌아갔다. 그는 떠난 지 열아홉 달 만인 1817년 10월에 조카 알리와 함께 그곳에 도착했다.

상폴리옹은 그르노블 시민과 루이 18세 정부와의 갈등을 해소하기 위해 새로 임명된 지사인 쇼팽 다르누빌의 환영을 받았다. 대학은 철학과가 다시 개설될 계획이라는 것을 확인해 주었고, 상폴리옹은 고대사와 히브리어 교수직을 맡게 될 것이라고 넌지시 암시를 받았다. 그는 이러한 예상에 고무되었고, 동시에 지방 정부는 그에게 그르노블에 그 지역을 위한 시범 학교로 랭커스터식 학교를 세워 달라고 부탁했다. 그가 이 요구를 받아들였다고 알려지자, 즉시 그르노블의 자유주의자들에게서 후원을 받았지만, 필연적으로 그런 학교를 결사반대하는 과격파들과 성직자들의 표적이 되기도 했다. 그럼에도 불구하고 그는 그 일을 계속 추진했다. 그는 파리에서 교사를 데려오지 않고, 자신이 직접 랭커스터 방식으로 학생들을 가르쳤다. 1818년 2월 초, 이 학교는 학생 175명을 데리고 개교했다. 상폴리옹은 스스로 조롱하는 투로 "지사는 기뻐하고, 과격파들은 화내고, 나는 줄을 잘 선 것 같다."라고 기록했다. 천성적으로 교사가 기질에 맞는 상폴리옹은 어린아이들의 교육에 점차 깊이 관여했고, 동시에 고전 문학을 교육하기 위해 그르노블에 라틴어 학교를 세우느라 바빴다.

1818년 봄에 다르누빌은 프랑스가 사르디니아 왕에게 양도한 영토와 관련된 문서의 연구와 정리를 책임지는 외교 고문으로 샹폴리옹을 임명했다. 사르디니아 왕은 이탈리아 북부에 있었다. 그 일 때문에 샹폴리옹은 왕의 대리자인 코스타 백작과 연락을 해야 했다. 코스타 백작과 샹폴리옹은 친구가 되었고 몇 달 후, 백작은 샹폴리옹에게 명성이 높고 월급도 많은 토리노 대학의 역사와 고대 언어 교수직을 제안했다. 샹폴리옹은 마지못해서, 그리고 유감스러워하며 그 제안을 거절했다. 그는 그르노블의 도피네 지역에 오랫동안 묶여 있고 수많은 교육 활동과 자크조제프의 집안일을 너무 많이 맡았다고 느꼈지만, 그르노블에 철학과가 다시 개설되어 자신이 교수직을 얻을 수 있을 것이라는 막연한 희망을 여전히 품고 있었다. 그는 모든 역경들에도 불구하고 아직도 프랑스에 충성하고 있었다. "프랑스를 떠나는 일은 진실로 외국인들의 이익을 위한 이민이다. 나는 외국인도 이민자도 좋아하지 않는다."

끔찍한 정치적 격동을 겪은 이 년의 공백 후에 샹폴리옹은 마침내 시간을 내어 성각 문자 연구로 복귀할 수 있었다. 처음에는 로제타석에 집중했지만, 다시 비문들의 질 좋은 사본을 간절히 원하게 되었다. 그는 런던 고미술 협회가 발간한, 성의 없이 그린 사본을 간신히 구했다. 그는 만일 이집트 원정 때 만든 로제타석 사본을 얻는다면, 곧 연구를 끝낼 수 있을 것이라고 느꼈다. 그 무렵 자신이 생각하는 것들에 관해 그는 1818년 4월 중순 파리에 있는 자크조제프에게 편지를 썼다.

물론 이집트 위원회가 만든 사본을 구한다면, 나는 틀림없이 각각의 성각 문자와 심지어 이집트어 필기체에 대응하는 프랑스어를 써 놓을 수 있을 거야. 당연히 그리스어 밑에도 그에 대응하는 프랑스어를 쓸 거야. 그렇지만 이 말을 너무 자신하지는 않겠어. 왜냐하면 내 연구는 아직 4분의 3 정도만 끝났기 때문이야. 나는 성각 문자 비문이 어디에서 시작하고 끝나는지 필기체(민중 문자)와 그리스어의 관계를 통해 알 수 있어. 나는 적어도 3분의 2가 분실되었다는 사실을 증명할 거야. (……) 내 연구에는 허풍이나 애매한 부분이 없어. 모든 것은 그것들을 비교한 결과지, 미리 날조한 체계가 아니야. 나는 이미 관사, 복수 형태와 몇몇 접속사를 밝혀냈어. 그러나 내가 당장 이 문자 체계를 확정하기에는 충분하지 않아. 내 연구 결과는 나 스스로 성각 문자에 대해 발전시킨 모든 개념을 뒤집었어.

형에게 보낸 같은 편지에서 샹폴리옹은 실제로 경쟁자로 여겼지만 두려워하지는 않았던 두 사람, 리포와 조마르를 언급했다. 그때 자크조제프는 샹폴리옹에게 개정한 콥트어 사전과 문법책을 출판하라고 종용했지만, 프로젝트를 뒷받침할 충분한 재정적 수단 없이는 쉽지가 않았다. 그래서 샹폴리옹은 그 계획은 잊어야 하고, 만약 돈이 있다면 자신의 성각 문자 연구 결과를 출판하는 데 전력을 다해야 한다고 주장했다. "나는 우리가 살고 있는 이 끔찍한 시대에 빚을 더 많이 지고 싶지 않아."

1818년 6월 중순에 샹폴리옹은 기쁘게도 이전보다 훨씬 좋은 로제타석 비문 사본들을 받았다. 그러나 그때 그르노블의 학교 행정과, 특히 7월에 개교할 라틴 학교에 깊이 관여하고 있었기 때문에 새로 얻은 사본에 신경을 쓸 수가 없었다. 그는 겨우 성각 문자 사전 자료를 모으기 시작했고, 1818년 8월 19일 델피날레 학회에서 자신의 최신 연구에 대해 강의를 했다. 그러나 얼마 지나지 않아, 그가 신설한 학교 때문에 연구를 그만둘 수밖에 없게 되었다. 그리고 얼마 되지 않는 봉급에도 불구하고 왕립 콜레주의 역사 교수직을 마지못해 수락했다. 왕립 콜레주는 이전에는 리세였는데, 그가 자크조제프에게 "감옥" 같은 곳에서 해방시켜 달라고 애원했던, 불행한 학창 시절을 보냈던 곳이다. 11월에 샹폴리옹은 대학에 복직하기를 포기하고 십일 년 동안 다니면서 기절할 정도로 떠나고 싶었던 그 학교에서 가르치기 시작했다.

1818년 12월 말에 샹폴리옹은 마침내 로진 블랑과 결혼했다. 그녀는 열여섯 살이었고 샹폴리옹은 스물두 살이었다. 샹폴리옹과 자크조제프가 피자크에 유배되어 있을 때, 그들은 그르노블의 도서관 사서 자리를 잃었고, 로진의 아버지는 그것을 약혼을 파기하는 핑계로 이용하고 결혼 반대의 수위를 높였다. 샹폴리옹은 로진에 대한 감정이 약간 식어서 그녀에게 결혼을 포기하자고 설득하려는 시도도 했다. 그러나 그들은 계속 편지를 주고받았고, 로진은 분명히 사랑에 빠져 있었다. 결국 그녀의 아버지는 샹폴리옹에 대한 지사의 우정을 보고 마음이 누그러졌다. 결혼식은 그르노블 성당에서 거행되었다. 자크조제프는 여전히 그 결혼을 엄청나게 반대하면서 참석하지 않았다.

적어도 겉으로는 로진과의 결혼이 행복해 보였지만, 팔 년 후에 샹폴리옹이 친구인 이탈리아 시인 안젤리카 팔리에게 보낸 편지에는 그의 결혼 생활이 만족스럽지 못했다는 것이 암시되어 있다. 샹폴리옹은 로진과의 관계에 대해 숨김없이 솔직하게 말한 것처럼 보인다. 하지만 그 편지는 전체적으로 사랑에 빠진 안젤리카에 대한 호감을 표현한 것이어서 그가 진짜 의도한 내용은 알 수가 없다. 그는 약혼 기간 동안 "나의 사랑이 식었음"에도 불구하고 어떻게 로진이 자신을 계속 사랑했는지 썼고, 이렇게 말했다.

나는 내가 없는 동안 아나이스(로진의 별칭)가 나에 대한 생각과 관심을 바꾸고, 사실상 의무감 말고는 아무것도 없는 결혼 계획을 포기하고, 서로의 행복을 약속하지 않기를 원했어. 그때 나는 괴로웠지. 그러나 그녀는 내가 불안해하는 가운데서도, 이전의 결심을 지속할 만한 충분한 이유를 찾았어. 현재를 보나 미래를 보나, 나보다 형편이 좋은 구혼자들 몇몇이 계속 그녀에게 결혼을 요구했어. 가족의 바람과는 반대로 아나이스는 그들의 청혼을 거절했고, 난폭하고 거친 그녀의 아버지는 이런 상황에 화가 나서, 그녀를 매일 욕설로 괴롭히고 끈질기게 불만을 표시해서 그녀를 질리게 만들었지. 그는 그녀의 모든 자유를 빼앗았어. 마침내 내 유배 생활이 끝났어. 그러나 아나이스는 고통스러워했고 나 때문에 불행해졌지. 내가 달리 선택할 수 있었겠어? 내가 해야 할 일은 분명했어. 영원히 끊을 수 없는 끈이 우리를 묶었지. 그녀는 아버지 집에는 더 이상 존재하지 않는 평화와 평온을 내게서 찾았어.

로진이 결혼 생활을 어떻게 생각했는지에 대한 기록은 없지만, 그 당시 대부분의 프랑스 여자들처럼 결혼 생활에서 감정적으로 충족되는 것을 기대하지는 않았고 샹폴리옹과 함께하는 삶에 행복해했던 것 같다. 만약 안젤리카 팔리에게 보낸 편지가 없었다면 샹폴리옹의 생각에 대한 기록도 남아 있지 않았을 것이다.

계속 다른 일도 해야 했고 동시에 생계도 꾸려 가야 했기 때문에 성각 문자 판독에 집중하기 힘들었던 사람은 비단 샹폴리옹뿐만이 아니었다. 물론 재정 문제는 없었지만, 영도 비슷한 처지였다. 그는 의사로 의무를 다해야 했다. 과학적이고 문학적인 연구들은 그에게 "당면한 주제도 아니었고 일자리를 주는 것도 아니었지만, 습관과도 같은 이 연구는 피곤하기는커녕 즐거움"이었다. 샹폴리옹이 피자크에 유배되어 성각 문자 연구를 할 수 없었을 때, 영은 점점 다른 일들을 맡게 되었다. 1814년에 그는 런던에 가스를 들여옴에 따라 야기되는 위험 정도를 조사하는 위원회의 일원이 되었다. 이 년 후, 그는 대영 제국의 도량형을 전반적으로 검토하는 새로운 위원회의 일원이 되었다. 또한 그 무렵 그는 해군 본부에 조선업에 관한 보고서를 써 달라는 요청을 받았다. 1818년 말부터 그는 항해력의 감독관과, 대서양에서 태평양까지 북서 항로를 완주한 최초의 선박에 탔던 선장과 선원들에게 상금을 수여할 경도 위원회(Board of Longitude)의 서기관이 되었다.

1817년에 영은 친구 거니에게 자신이 직면한 문제에 대해 편지를 썼다.

자네를 처음 만났을 때부터 지금까지, 거의 혹은 전혀 성각 문자 연구를 하지 못했네. 그러나 자료들을 모두 설명하거나 비교하지 않는 한 나는 결코 연구를 마치지 못할 거야. 내 생각에 이 자료는 오십 년 동안 학자 40여 명이 달라붙어야 하는 분량이야. 내가 공부해야 할 부분을 찾아내고 그것을 통해 다른 학자들의 도움을 받을 수 있다면 그것만으로도 내게 충분하겠지만, 내가 더 열심히 노력하지 않겠다는 말은 아니야. 그리고 물론 익명을 유지하겠지만 1~2년 안으로 내 연구 결과를 출판할 예정이야.

샹폴리옹이 유배지에서 돌아와 그르노블에 교육 기관을 세우느라 바쁜 동안, 영은 성각 문자 연구에 얼마간 성공했다. 1818년 봄까지 영은 이집트에 관한 선구적이고 방대한 문헌들을 많이 모았다. 그해 여름, 로제타석과 다른 기념비와 문헌, 그리고 성각 문자 숫자에 관한 연구를 통해 성각 문자 어휘를 추론했고, 약 200개의 예를(그중 40개 정도가 맞았다.) 석판들에 새겼다. 그해 여름 그는 몇몇 친구들에게 그 사본을 돌렸고, 1819년 12월에 그 모든 것이 『브리태니커 백과사전』 부록에 익명으로 실렸다.

영의 글은 최근 1818년까지 이집트를 방문한 여행자들을 묘사하는 것으로 시작하고, 이집트 신들과 관련 신화에 대한 내용이 뒤따른다. 그는 나중에 역사와 연대를 논의했지만 그때는 다음과 같이 말했다. "이집트 초기 역사는 어떤 다른 나라보다 훨씬 오래되어 결과적으로 암흑 속에 있으므로 더 이상 밝혀낼 수 없다." 이렇게 말했음에도 불구하고 천지 창조와 관련해 공인된 견해인 성서 연대와 상치되는 의견은 내지 않았다. 그 후의 연구 주제는 달력, 관습, 제의, 로제타석이었다. 그는 그것들을 연구하기 위해 다른 문헌들, 특히 『이집트 묘사』에 실린 문헌들을 연구했다. 그는 고대 이집트 문헌에 연속 글자 세 가지가 있었다고 추론했다. "다른 문헌들에서 나온 예들은 원래의 표현이 변화해 온 과정을 보여 주는데, 성스러운 문자로부터 퇴보해서 신관 문자를 거쳐 민중 문자로 혹은 일반적인 필기체로까지 바뀌는 과정이 충분히 드러난다." 여기에서 성스러운 문자는 성각 문자를, 신관 문자는 오늘날 '선형 성각 문자'를 의미한다. 선형 성각 문자는 단색으로 외곽선만 그렸거나 색칠한 문자들인데, 주로 파피루스와 관에서 발견된다. 반면 기념비나 무덤에서는 일반적으로 정교하고 다양한 색을 칠한 성각 문자들이 발견된다. 혼란스럽게도 이러한 선형 성각 문자들은 때때로 '흘림 성각 문자'라고도 불린다. 비록 그것들이 진짜 성각 문자이고, 분명히 신관 문자와 같이 진짜 손으로 쓴 필기체가 아닌데도 말이다. 심지어 지금은 신관 문자라고 부르는 것을 영이 'epistolographic(편지 쓰기 형식의)', 'enchorial(민중의)' 혹은 'running hand(필기체)'라고 표시해서 더욱 혼란스러워졌다. 영은 필기체에는 신관 문자와 민중 문자의 두 형태가 있다는 것을 깨닫지 못했다. 비록 그가 필기체가 '형태상으로 모호한' 것이었음을 알았을지라도 여전히 별도로 민중 문자가 발달했음을 알아내지는 못했다. 그러나 그는 지금 신관 문자(그는 그것을 'epistolographic'이라고 불렀다.)가 성각 문자로부터 분리된 것이라는 사실은 깨달았다.

　『브리태니커 백과사전』에 실린 글은 기념비의 음절과 구절, 그리고 유물들에 대한 설명인 「성각 문자 단어의 기초」로 끝나고 있다.(왕, 동물, 숫자의 이름 같은 것을 설명하고 있다.) 로제타석 비문에 있는 여러 가지 비(非)이집트 고유 명사는 고대 그리스 문헌과 비교해 읽을 수 있었고, 오셰르블라드는 벌써 같은 이름을 민중 문자 비문에서 알아냈다. 처음으로 영은 파손된 성각 문자 문헌에 존재하는 이름들 중 하나인 프톨레마이오스를 자신의 어휘집에서 밝혔다. 이집트를 기원전 204년부터 180년까지 통치한 프톨레마이오스 5세는 프톨레마이오스 4세와 그의 여동생이자 아내인 아르시노에 3세 사이에 태어난 아들이다. 프톨레마이오스 5세는 소아시아, 팔레스타인, 그리고 에게 해 연안에 있는 이집트 영토를 대부분 잃었고 그 후 이십 년 동안 이집트 안에서 거친 반란들에 시달렸다. 그의 군대는 소아시아와 시리아 근처 영토의 왕이었던 안티오코스 3세에게 패했다. 프톨레마이오스는 평화 협상을 위해 안티오코스 3세의 딸인 클레오파트라와 결혼했다. 그녀는 이집트가 로마 제국의 일부가 되기 전에 이집트의 마지막 왕이었던 그 유명한 클레오파트라로 끝나는 클레오파트라 가계의 시조(始祖)였다.

　성각 문자에 대한 장자크 바르텔미와 소에가의 초기 추론에도 불구하고, 영은 자신이 고리 모양이나 카르투시가 새겨진 성각 문자가 이름을 나타낸다는 사실을 맨 처음 알아낸 사람이라고 생각했다. 그러나 그가 로제타석 비문에 프톨레마이오스라는 이름이 여섯 번 등장한다는 사실을 밝힌 최초의 학자임에는 틀림없다. (프톨레마이오스의 영어식 표기인) 프톨레미(Ptolemy)는 후대 외국 인명이지 이집트 인명이 아니기 때문에, 영은 표음 알파벳(phonetic alphabetic) 기호를 이용해 성각 문자를 사용했다고 확신했다.(즉 하나의 성각 문자가 한 음절을 나타낸다.) 반면 이집트 인명을 표현할 때에는 개념을 나타내는 성각 문자를 사용한다. "베레니케, 프톨레마이오스와 같은 이름에서 표음 문자(phonetic character)의 흔적을 발견할 수 있다. 그것들은 (……) 성각 문자 알파벳과 같은 것을 사용해 특별한 경우에 음절을 표현하는 방법의 표본으로 볼 수는 있지만, 음가가 필요할 때 일반적으로 사용되지는 않는다." 외국 인명이 제한된 범위의 알파벳 성각 문자로 표기되었다는 그의 지적은 맞았다. 그러나 이집트 인명에 관한 언급은 옳지 않았다. 왜냐하면 이들은 개념을 나타내는 성각 문자뿐만 아니라, 모든 종류의 성각 문자로 이집트 인명을 표기하기 때문이다. 예를 들어 카르투시 ⬭는 카이로 근처 기제에 피라미드를 건축한 파라오 멘카우레(Menkaure)이다. 나중에 그는 로마인들에게는 미케리누스(Mycerinus)라고 알려졌다. ⎍('혼'이나 '영혼'을 의미하는 ka)와 같은 표의 문자처럼, 카르투시에도 역시 ⌇('n'을 표시하는 알파벳 기호)가 있다.

로제타석에 프톨레마이오스라는 이름이 짧은 카르투시 안에 세 번, 긴 카르투시에서 왕의 다른 특별한 이름과 함께 세 번 등장한다. 그러므로 여섯 개의 카르투시 중 하나에서 최초의 필경사가 중요한 기호 하나를 빠뜨렸음에도 불구하고, 영은 상당히 정확하게 프톨레마이오스라는 이름이 어떻게 쓰였는지 확인할 수 있었다.

프톨레마이오스
(프톨레미)

성각 문자	영의 음가	정확한 음가
▢	p	p
⌒	t	t
⦚	무음	o
⬳	ole 또는 lo	l
⌒	ma 또는 m	m
⫦	i	y 또는 ii
⌇	osh 또는 os	s

성각 문자에서 모음은 보이지 않지만, 이집트인들은 외국 인명을 대충이
라도 발음하기 위해 몇 가지 기호를 사용했다. 예를 들어 'o' 음가를 나
타내는 성각 문자는 영어나 그리스어에 그 직접적인 등가음이 없고 단
지 근접한 음일 뿐이다.

영은 우연히 상이집트의 카르낙이라는 거대한 종교 중심지에서 발
견된 비문의 사본을 연구할 수 있게 되었는데 거기에 프톨레마이오스
1세의 이름이 적혀 있었다. 프톨레마이오스는 그리스어를 말하는 마케
도니아 왕가의 첫 번째 왕이었다. 그는 알렉산더 대왕이 이집트를 정복
한 후, 그곳을 통치했다. 프톨레마이오스 1세는 마케도니아의 귀족 여성
베레니케와 결혼했다. 그 비문에 카르투시가 두 개 있었고, 영은 그중 하
나를 프톨레미라고 읽었다. 그는 다른 카르투시를 역시 외국 인명인 (그

리스어로 베레니케의 영어식 표기인) 베러나이시(Berenice)로 읽었다

베레니케
(베러나이시)

프톨레마이오스와 베레니케 카르투시에 나타나는 공통 기호는 'y'를 나타내는 𓏭 이다. 그러나 영은 자신의 제한된 콥트어 지식에 기초하여 해석했다.

성각 문자	영의 음가	정확한 음가
𓃀	bir	b
⬯	e	r
〜	n	n
𓏭	i	y 또는 i
𓎡	무음	k (또는 경음 g)
𓃀	ke 또는 ken	a
𓏥	여성 완료형	여성 결정형

또한 영은 콤옴보와 필레 신전들에서 발견한 비문들과 덴데라 황도십이궁에서, 아르시노에 여왕의 이름을 포함한 다른 이름들을 밝혀냈다고 믿었다. 그는 성각 문자 알파벳 기호는 외국 인명과 지위를 표현할 때에만 사용되었다고 여전히 확신했다. 외래어와 이집트어를 나타내기 위해 여러 종류의 성각 문자 기호가 사용되었다는 것을 그가 인식하지 못했기 때문에 연구는 더 진전되지 못했고, 그것은 다른 학자들에게 혼란

을 주었다. 그럼에도 불구하고 그는 여러 연구들을 통해 성각 문자 알파벳 열네 개를 알아냈다고 생각했다. 이는 최초의 시도였으나, 결국 f-〜, y-ЧЧ, m-〜, n-〰, p-▯, 그리고 t-◠ 만 맞는 것으로 밝혀졌다.

그가 성각 문자 ⌒를 종종 파피루스에 쓰여 있는 인명과, 카르낙 카르투시에 있는 베레니케 이름 뒤에 더해서 여성을 나타냈다는 것을 주시했다는 사실은 한 가지 중요한 진전이다. 두 기호를 붙여서 몇몇 여신 혹은 왕가 여인의 이름 뒤에 실제로 쓰면 '신적인 여인'을 뜻하게 된다.

영은 자신의 논문을 출간일 전에 조마르에게 보냈다. 1819년 9월에 조마르는 답장을 보내며 자신은 오랫동안 성각 문자를 연구하지 못했고 "내가 사 년 전에 당신에게 말했던 성각 문자 어휘집을 만들 수 없었습니다."라고 전했다. 여전히 스스로 성각 문자 판독을 위해 경쟁하고 있다고 생각했던 조마르는 정보를 공유하는 것이 마음에 내키지 않았다. 조마르는 영의 어휘를 읽어 볼 시간이 없었다고 고백했다. "당신이 이것 때문에 고생을 많이 했다는 것은 분명합니다만, 지금까지는 겨우 흘깃 보기만 했을 뿐입니다." 샹폴리옹이 그때까지 성각 문자와 관련해 출판한 것과 비교해 봤을 때 영은 모든 면에서 훨씬 앞서 있었고(샹폴리옹은 실제로 한 일이 거의 없었다.) 앞서 있는 그를 누군가가 추격한다는 것은 거의 불가능해 보였다.

윌리엄 워버턴. 18세기의 성각
문자 해독가.

장자크 바르텔미, 성각 문자 비문에서 카르투
시의 목적을 처음으로 인식한 학자.

이집트 원정 때 보나파르트 나폴레옹.

최근 보전 처리한 로제타석 비문. 왼쪽
아랫부분은 표면을 하얗게 덧칠을 하고
검은 왁스 처리를 하였다.

조제프 푸리에의 이집트식 무덤. 현재 파리의
페르라세즈 묘지에 있다. 최근에 그의 흉상이
도난당했고 주위 무덤 장식으로 대체되었다.

마리알렉상드르 르누아르는 샹폴리옹이 파리에서 학생
이었을 때 성각 문자에 대한 책을 출판하였다.

에듬프랑수아 조마르의 무덤. 이집트 오벨
리스크 형식으로 파리의 페르라세즈 묘지에
있다.

성각 문자 판독에 있어서 샹폴리
옹의 가장 강력한 경쟁자였던 토
머스 영.

영국 서머싯 밀버턴에 있는 토머스 영의
생가.

장프랑수아 샹폴리옹은 피
자크의 부두스퀘리 거리 끝
에 있는 집(현재는 박물관)에
서 태어났다.

19세기 초 장프랑수아 샹
폴리옹(왼쪽)과 자크조제프
샹폴리옹피자크.

자크조제프와 그의 동생들이 일했던, 그르노블
에 위치한 시립 도서관과 박물관의 원래 입구.

1823년 장프랑수아 샹
폴리옹이 『다시에 씨에
게 드린 편지』에 나오
는 음성 기호 표를 들
고 있다.

1830년 루브르 박물관 쿠르카레의 입
구. 그 당시에 샹폴리옹은 이집트 컬렉
션의 큐레이터였다.

왕가의 계곡에 있는 람세스 3세 무덤 입구
에 있는 채색된 부조. 『이집트 묘사』에 실려
출판되었다.

「라 신의 기도문」이라는 장례 주문(呪文). 테베에 위치한 왕가의 계곡에 있는, 샹폴리옹의 잠자리 근처 람세스 4세의 무덤 안에 있다.

왕가의 계곡에 있는 람세스 4세 무덤의 입구 계단. 이곳은 샹폴리옹의 이집트 원정에서 임시 숙소로 사용되었다.

6장 클레오파트라

샹폴리옹이 『브리태니커 백과사전』에 발표된 논문을 통해 영의 연구 진척 상황을 알게 된 것은 몇 달 후의 일이었다. 게다가 샹폴리옹은 연구를 할 시간도 부족했기에 성각 문자를 판독하는 행운이 이제 자신의 손에서 점점 멀어지는 것처럼 느꼈다. 그는 끊임없이 문제가 생기는 그르노블의 교육 문제에 너무 몰두한 나머지, 토리노 대학에서 다시 들어온 교수직 제의도 거절했다. 피자크에서의 유배 시절 도서관 사서 자리를 잃은 후, 두 형제는 복직하기 위해 당국에 로비를 시도했다. 1819년 9월, 자크조제프는 로비에 성공해 파리에서 돌아와 도서관 사서로 일하기 시작했다. 그러나 그가 참여하게 된 프로젝트를 계속하기 위해, 이를테면 욱셀로두눔에서 발견한 것을 발표하기 위해, 파리에 머물러야만 했다. 그리하여 샹폴리옹이 자크조제프의 도서관 일을 대신하려고 라틴 학교의 교직을 포기했다. 지방 당국이 도서관 장서를 완벽하게 분류해 달라고 요구했기 때문에, 왕립 콜레주에서 역사학 교수직도 맡고 있던 그에게 그 일은 큰 부담이 아닐 수 없었다. 샹폴리옹의 건강은 나날이 악화되어 갔고, 너무 지쳐 버린 그는 모든 것을 포기한 채 "아무것도 하지 않고 아무 생각도 하지 않아도 되는 달콤함"에 자신을 던져 버리고 싶다고까지 말했다.

샹폴리옹의 처지는 더 이상 나빠질 수 없는 상태에 다다른 것처럼 보였지만, 설상가상으로 정치적 상황이 다시 한 번 그의 인생에 불리한 영향을 미치기 시작했다. 1820년 2월, 과격파의 음모로 샹폴리옹이 가까이하며 함께 일해 온 온건파 지사인 쇼팽 다르누빌이 오세 남작으로 교체되었다. 오세 남작은 과격파에 속했기 때문에, 그르노블 일대의 세력 균형은 즉시 그들에게 호의적인 쪽으로 기울었다. 무슨 일이 일어나고 있는지 명백해졌을 때, 과격파의 세력이 커지면서 새로운 저항 세력이 생겨났다. 과격파의 지지를 받는 인사들이 자유주의적인 교수들을 교체하자, 5월 법대 학생들이 항쟁을 일으켰다. 며칠 뒤 과격파의 수장인 아르투아 백작의 아들인 앙굴렘 공작이 방문하면서 소요 사태가 한층 격화되었다. 공작은 거센 시위, 항의와 협박에 직면했고, 일부 지역에서 폭력 사태까지 발생하자 그의 방문은 예정보다 일찍 마무리되었다.

도시 소요 사태에 직면한 오세 남작은, 관용으로 통치했던 전직 지사와는 달리 억압적 조치를 취하며 계속해서 과격파에 호의적인 태도를 보였다. 얼마 지나지 않아 샹폴리옹은 자신의 적들이 다시금 자크조제프를 도서관에서 해고하려는 음모를 꾸미고 있음을 알았다. 1820년 7월, 그는 형에게 편지를 보내 그르노블에 자크조제프가 없는 것이 해고의 빌미가 되지 않도록 파리에서 돌아오라고 촉구했다. 그러나 그 편지가 파리에 도착하기도 전에 자크조제프가 해고되었다는 사실이 언론에 공식 발표되었다. 그 무렵 샹폴리옹은 자주 불면증과 위통에 시달리고 졸도를 하는 등 건강이 안 좋았다. 그의 주치의는 충분한 휴식을 취하라고 권고했고 한동안 그는 숙소에 계속 머물렀으나, 이는 그가 음모를 꾸미고 있다는 당국의 의혹만 불러일으켰고 결국 감시를 받게 되었다. 그가 지사 앞에 설 수 있을 정도로 건강을 회복했을 때, 그는 도서관 부사서로 계속 일할 권리를 주장했다. 그때까지만 해도 그는 신임 지사와 좋은 관계를 유지하려고 노력했으나, 그들의 만남은 격한 분위기에서 진행되었고, 그것을 계기로 지사는 샹폴리옹 형제를 적대시하게 되었다. 그럼에도 불구하고 1820년 10월 샹폴리옹은 자신이 원하는 바를 이루었을 뿐만 아니라 자크조제프가 해고되었던 자리인 사서직까지 맡게 되었다.

샹폴리옹이 그르노블 학회에 성각 문자에 관한 최신 이론을 발표한 후 이 년 이상이 흘렀다. 그 무렵 파리에 있던 자크조제프가 영의 연구 진척 상황을 알게 되었고, 그것을 샹폴리옹에게 알려 하루빨리 연구 결과를 발표하라고 촉구했다. 그러나 영처럼 샹폴리옹도 자신의 이름을 걸고 연구 결과를 발표하는 것이 내키지 않았다. 다소 경솔하게도, 샹폴리옹은 영의 출판물을 보지도 못했으면서 그의 연구 결과를 무시하고 있었다.

겉만 번지르르하게 발표된 영 박사의 발견은 기실 황당한 허풍에 불과해. 영이 대단한 발견이라고 주장한 실마리는 나의 동정심만 불러일으킬 뿐이야. 솔직히 말하자면, 나는 이집트를 방문하는 불행한 영국인 여행자들이 (영 박사의 '만능열쇠'인) 테베의 비문을 해석할 수밖에 없다는 현실이 안타까울 따름이야. (……) 제발 그 논문을 즉각 영국에서

사 오기를 바라.

이제 샹폴리옹은 자신의 견해를 제시해야 할 때가 되었음을 알고 있었다. 결국 그는 성각 문자와 신관 문자에 대한 자신의 의견을 밝히는 책자를 집필해 출판하기로 결심했다.

1820년 겨울부터 1821년 겨울에 이르기까지 샹폴리옹은 여러 가지 질병에 끊임없이 시달렸고, 1821년 초에는 아버지가 1월 초에 작고했다는 소식을 전해 들었다. 샹폴리옹은 자신의 건강 상태를 원망했다. 그는 책을 내기 위해 안간힘을 쓰면서 점점 더 자신이 아무것도 할 수 없다고 느꼈고, 그 지역의 정치적 상황은 더 심각한 지경으로 치닫고 있었다. 오세 지사의 억압적 통치와 과격파의 음모 때문에 점점 더 많은 자유주의자들이 길거리로 내몰리면서 시민들은 분노했다. 1821년 3월 3일, 샹폴리옹은 명목상은 '일시적'으로 왕립 콜레주 교수직에서 해고당했다. 성각 문자 해독에 더 많은 시간을 할애하는 것 외에 할 수 있는 것이 아무것도 없었다. 그는 형에게 보내는 편지에 "내 이집트 연구가 끝내는 이길 거야."라고 적었고 집필에 더욱 매진했다.

그르노블 내부의 불만은 1821년 3월 20일 지사와 과격파에 대항하는 폭동이 전면적으로 일어나면서 최고조에 달했다. 정치적으로 대립하고 있던 파벌들이 이제 '자유 헌법'을 요구하는 하나의 목소리를 내게 되었다. 그들은 혁명 이전의 사회악을 다시금 부활하려는 과격파에게서 해방될 수 있는 새로운 헌법을 원했다. 시민들은 빠른 시간 안에 도시를 장악했고, 자신들을 진정시키려 했던 지사에게 맞섰다. 도시 곳곳에서 혁명을 상징하는 삼색 깃발이 부르봉 왕가를 상징하는 흰색 깃발을 대신하게 되었다. 성문은 굳게 닫혔고, 모든 종이 울렸다. 도시와 강 하나를 사이에 두고 있는 라보 요새(그르노블에서 리옹에 이르는 유일한 길목을 지키는 요새였다.)에서는 만일의 경우에 대비하여 폭동을 진압하기 위해 수비대가 밖에서 대기하고 있었다. 요새 안에는 최소한의 병력만 남아 있었다. 샹폴리옹은 망설임 없이 다리를 건너 오르막길을 기어올라, 요새를 향해 진격하던 소규모 부대의 선봉에 섰다. 그들은 변변치 않은 저항 세력을 제압한 다음, 도시의 모든 사람들이 볼 수 있도록 그 요새에 부르봉 왕가의 깃발 대신 혁명군을 상징하는 삼색 깃발을 배짱 좋게 올렸다. 그 상황을 전해 들은 자크조제프는 동생의 무모함에 혼비백산했지만, 샹폴리옹은 "어쩌면 먼 훗날 고고학자가 유혈 사태 없이 그르노블 요새의 흔적을 발굴해서 난세를 살아 낸 학자의 '공적'을 증명해 줄 수도 있어."라고 농담할 뿐이었다.

하루도 채 지나지 않아 폭동은 가라앉았다. 요새의 수비대가 분노한 대중을 해산하고 폭력을 사용해 도시 질서를 재정립했다. 다음 날, 또 다른 폭동을 막기 위해 군대가 그르노블의 거리와 성벽 위에 진을 쳤다. 오세 지사는 보복하느라 여념이 없었다. 시위대의 선봉에 섰던 자들은 모두 도주했고, 샹폴리옹은 도서관 사서직을 박탈당했다. 그가 시위에 가담했다는 명백한 증거는 없었지만, 계엄령에 따라 그를 반역죄로 다스리고 파리 중앙 정부에 위험한 선동자로 고발하려는 지사의 의지는 확고했다. 그르노블의 법률가들이 그 폭동이 왕에 대한 반역인지 아니면 왕에게 국민의 고통을 알리기 위한 합법적 시위인지 논쟁을 벌이는 동안, 자크조제프는 자신이 뭔가를 할 수 있을지도 모른다는 생각에 황급히 파리에서 돌아왔다.

1821년 6월, 건강이 계속 악화되어 가고 반역죄 심리를 앞두고 있는 상황에서도 샹폴리옹은 자신의 저서에 들어갈 글 일곱 쪽 분량과 삽화 일곱 개를 완성했다. "700개의 성각 문자와 신관 문자가 들어가 있는 마지막 삽화가 나를 죽였다."라고 그는 회고했다. 그르노블에서 출판된 그의 책 『고대 이집트의 신관 문자에 관하여』는 익명으로 낸 영의 저서만큼이나 구하기 힘들었다. 샹폴리옹은 그 책에서 신관 문자가 성각 문자의 단순한 변형에 불과하며 두 가지 문자는 기호의 형태에만 차이가 있다고 주장했는데, 영이 이미 몇 년 전에 그다지 알려지지 않은 학술지를 통해 익명으로 발표한 추론과 같은 내용이었다.

그(샹폴리옹)가 과연 나보다 먼저 《뮤지엄 크리티컴》에 내 연구 결과를 발표하기 전에) 이와 같은 발견을 했는지 확인할 길은 없다. 나는 그에게 이와 관련된 질문을 한 적이 없으며, 그것이 세상 사람들이나 우리들에게 중요한 문제라고도 생각하지 않았다. 누구든 자신의 발견을 공식적으로 인쇄하고 출판하기 전까지는 자신의 것이라고 주장할 권리가 없는 것은 아주 공정한 일이 아닐 수도 있지만, 적어도 이러한 규칙이 유용한 것은 사실이다.

샹폴리옹의 연구 결과는 표절이 아닌 독자적 확증이었다. 그는 신관 문자가 성각 문자의 육필(肉筆)임을 인식하고, 이를 "성각 문자의 속기체"라고 표현했다. 그러나 그는 한 가지 엄청난 오류를 범했다. 그는 기호의 일부를 표음 문자로 보지 않고, 모든 기호를 표의 문자로 간주했다. "신관 문자는 소리의 기호가 아닌 의미의 기호이다." 샹폴리옹은 방향을 잃은 듯했다.

샹폴리옹과 그르노블의 많은 학자들은 벨루노 공작이 도착한 후에야 반역죄 처벌을 면할 수 있었다. 폭동에 대한 조사가 공정하고 관대하게 이뤄질 수 있도록 왕이 그를 파견했던 것이다. 벨루노 공작은 샹폴리옹이 중대한 문책을 당하거나 심리를 받을 만한 증거가 없다고 판단하고, 그를 일반 민사 재판소에서 심리하도록 했다. 1821년 7월 초, 샹폴리옹은 반역죄를 포함한 모든 혐의와 관련해 무죄를 선고받았다. 결과적으로, 요새에 삼색 깃발을 올린 행위가 그에게 가져다준 정치적 고통은 신체적 고통보다 미미한 수준이었다. 그는 진격하면서 가파른 구릉을 빠르게 기어올랐는데 그것은 쇠약한 그의 건강에 심한 부담이 되었으며, 그는 여전히 호흡 곤란과 졸도, 어지럼증에 시달리고 있었다. 설사 연구에 몰두할 수 있는 건강 상태였다고 해도, 그는 이미 그르노블에서 자리를 잃은 후였다. 재판이 시작되기 전에 적들은 이미 그의 모든 직위를 박탈했고, 왕립 콜레주 교수직에서 '일시적'으로 해고되었던 것 또한 영구적인 것이 되어 버렸다. 7월 8일, 그는 자크조제프에게 편지를 보내 그르노블이 자신에게 가할 수 있는 모든 시련을 남김없이 맛봤으며, 더 이상 불의가 그에게 영향을 미칠 수 없고 자신이 잃을 것 또한 더는 없다고 한탄했다. "온 우주가 나를 향해 '떠나라! 여행하라!'라고 외치고 있어. 그리하여 나는 이제 떠날 거야." 사흘 뒤, 그는 육체만큼이나 피폐해진 영혼을 끌어안고 조카 알리와 함께 그르노블을 떠나 파리로 향했다.

한편 샹폴리옹이 재판을 받기 위해 그르노블에 있던 1821년 6월, 토머스 영과 그의 아내는 한가로이 유럽 여행을 떠났다. 그 여행 도중에 영은 파리에 잠시 머무르며 프랑스 학술원의 과학 아카데미에 참석해 그 학회에 속한 몇몇 저명한 학자들과 조우했다. 그가 만난 학자들 중에는 박물학자이자 지리학자인 알렉산더 폰 훔볼트, 천문학자이자 물리학자인 프랑수아 아라고, 수학자이자 천문학자인 피에르 라플라스, 천문학자이자 물리학자인 장바티스트 비오, 박물학자인 조르주 퀴비에 등이 있었는데, 그들 중 몇몇은 훗날 샹폴리옹의 지기(知己)가 되었다. 쇠약해지고 탈진한 샹폴리옹이 그르노블을 버리고 서쪽으로 리옹을 지나 파리로 향하고 있을 즈음에, 영과 그의 아내는 프랑스를 동쪽으로 가로질러 리옹을 지나 알프스 산맥을 넘어 토리노에 이르고 있었다. 그들은 다시 남쪽으로 향하며 이탈리아 로마와 나폴리를 지나다가 수려한 자연 경관에 대한 찬사를 글로 남겼다. 영은 계속해서 시에나와 피사, 리보르노를 여행했고, 9월쯤에 이집트 주재 프랑스 영사인 베르나르디노 드로베티가 소장한 이집트 유물을 감상할 기회를 얻었다. 영사가 몇 년간 수집해 온 유물들을 그 얼마 전에 이탈리아로 가지고 온 것이었다. 이는 유럽 역사상 최초로 대규모 이집트 유물이 유입된 경우로, 엄청난 돌풍을 불러일으켰다.

영은 유물 리스트에 포함되지 않은 물건을 하나 발견했는데, 카이로 부근의 멤피스에서 발견된 두 가지 언어(그리스어와 이집트어)가 새겨진 비석으로 그리스어와 민중 문자와 성각 문자 비문이었다. 거의 읽기조차 힘들 정도로 희미해진 비문을 보며, 영은 자신이 또 다른 로제타석을 우연히 발견했다고 생각했다. 그는 자신의 친구인 거니에게 편지를 보내 그 놀라운 발견을 알렸다.

먼 길을 돌아서 간 우리에게 피사는 충분한 보상을 해 주었고, 리보르노는 그보다 더 많은 감동을 주었네. 하지만 무엇보다 자네가 기뻐할 소식은 내가 드로베티의 유물들 중에서 두 가지 언어로 표기된 비석을 발견했다는 사실이야. 나는 이것이 로제타석 비문을 보완해 줄 귀중한 자료가 될 것이라 믿네. 아마 드로베티도 이를 잘 알고 있을 거야. 비문에는 독특한 성각 문자가 몇 개 새겨져 있고, 왕의 이름이 새겨져 있어야 할 고리(카르투시)는 비어 있어. 그 아래에는 엔코릭 문자로 열다섯 줄 정도, 그리스어로 서른두 줄 정도의 글이 새겨져 있고.

영은 그 비석의 거푸집을 얻지 못해서 속상해했다.

　　나는 피렌체의 유명한 예술가를 불러 내 계획을 실행에 옮기고자 했지만 그는 갑작스러운 사정으로 오지 못했네. 하지만 나는 그가 왔다고 하더라도 작업을 하지는 못했을 거라 생각해. 드로베티 씨가 자신이 미지의 보물을 발견했다는 것을 알고는 욕심을 부리기 시작했기 때문이지. 그는 나에게 어떠한 조건을 제시해도 이 비석을 그의 다른 유물들과 떼어 놓을 수 없다고 말했네. 자신이 소유한 유물의 가치를 높이기 위해서겠지. 그는 어떠한 유형의 복제도 허락하지 않았어.

영은 그 비문이 고대 이집트어를 해석하는 데 중요한 자료라고 판단했고, 할 수 있는 한 최선을 다해 드로베티를 설득하여 사본을 얻고자 했으나 그 노력은 실패로 돌아갔다. 낙담한 영 부부는 다음 행선지인 피렌체로 떠났다. 피렌체에서는 영국에서 온 우편물들이 그들을 기다리고 있었다. 그중 한 편지는 영의 장모가 위독하다는 소식을 전하고 있었다. 그들은 유럽 일주를 하려던 본래 계획을 수정해 스위스와 라인 계곡을 지나 황급히 영국으로 돌아갔다. 그러나 그들이 제네바에 이르렀을 때 장모가 이미 세상을 떠났다는 부고를 전해 들었다. 그들은 10월이 되어서야 영국으로 돌아올 수 있었다.

　　샹폴리옹이 파리를 다시 찾은 것은 거의 십이 년 만의 일이었다. 그가 다시 파리로 돌아온 1821년 7월 20일, 파리는 거의 발전하지 않았고 그대로인 듯 보였다. 이탈리아로 향하기 위해 파리에 잠시 머물렀던 영 부부가 파리를 떠났기 때문에, 샹폴리옹은 그들과 엇갈렸다. 그러나 정치적 변화는 있었던 듯하다. 더 이상 프랑스 제국의 승리를 환호하는 소란이나 식량 부족을 호소하는 폭동은 일어나지 않았다. 그러나 새로운 군주제 아래에서 도시는 그 어느 때보다 초라하고 황폐해 보였고, 도시의 인구는 크게 늘어나 있었다. 건강이 극도로 악화된 샹폴리옹은, 자신이 사랑했던 그르노블을 떠나오는 힘든 여정을 견뎌 냈다. 그는 고향에서 쫓겨났다는 처량함을 안고 파리에 기거하는 것에 체념해야만 했다. 질병과 절망, 극도의 피로는 그의 삶을 나락으로 떨어뜨렸고, 이제 그를 지탱해 주는 것은 적들조차 그에게서 앗아 가지 못했던 두 가지, 고대 이집트에 대한 연구와 가족의 지지뿐이었다.

자크조제프는 생페르 거리에 있는 거처에서 친구와 함께 지내고 있었다. 그곳에도 샹폴리옹과 알리가 기거할 공간이 있었지만, 그들은 여름이 끝나 갈 무렵 마자랭 거리 28번지에 있는 큰 집을 임대해 거처를 옮겼다. 새로 이사한 집에는 샹폴리옹과 함께 지내기 위해 그르노블을 떠나온 그의 부인 로진이 머물 공간도 충분했다. 그러나 자크조제프의 부인 조에는 친정 식구들과 함께 그르노블에 남았다. 샹폴리옹은 나폴레옹의 영광스러운 승리를 그림으로 남겨 나폴레옹 전설의 일부가 된 유명한 화가 오라스 베르네가 작업실로 사용하던 다락방을 자신의 연구실로 삼았다.

마자랭 거리에 있는 그들의 집은 샹폴리옹이 연구하는 데 적합한 위치에 자리하고 있었다. 비문과 문학 학회가 속해 있는 프랑스 학술원이 불과 몇 미터 거리에 있었는데, 당시 자크조제프는 여전히 학회의 종신 서기관인 봉조제프 다시에의 비서로 일하고 있었다. 그 학회는 바로

육 년 전에 샹폴리옹의 콥트어 사전과 문법책 출판을 거부했고, 심지어 1816년 자크조제프의 정식 회원 자격도 부결했다. 센 강 남쪽 기슭에 위치해 루브르 박물관과 마주 보고 있는 프랑스 학술원은 미술 아카데미, 과학 아카데미, 정신과학 및 정치학 아카데미, 그리고 1980년이 되어서야 처음으로 여성을 입회시켰을 정도로 배타적인 아카데미 프랑세즈 등 네 개의 학회로 이루어져 있었다. 샹폴리옹이 한때 학생으로 있었던 프랑스 대학도 마자랭 거리에서 꽤 가까웠고, 강 건너 멀지 않은 곳에는 왕립 도서관과 에듬 조마르가 『이집트 묘사』를 편찬하던 이집트 위원회도 있었다.

마자랭 거리로 이사 오기 몇 주 전부터, 자크조제프는 샹폴리옹에 대한 신체적, 사회적인 재활 치료를 시작했다. 샹폴리옹은 피로와 질병뿐만 아니라 우울증에도 시달리고 있었다. 성각 문자를 해독하려는 자신의 연구가 결정적인 한 걸음만을 남겨 두고 있다고 생각한 그는, 죽음이 성공을 앗아 갈 것만 같은 두려움을 자주 느꼈다. 그는 육체뿐만 아니라 정신적으로도 보살핌을 필요로 했다. 자크조제프는 끊임없이 "너는 살아야만 하고 또 반드시 살게 될 거야."라고 말하며 샹폴리옹을 안심시켰다. 게다가 자크조제프는 샹폴리옹을 다시 파리 학계에 들어가도록 했고 조제프 푸리에와도 재회시켰다. 1815년 론 지방의 지사로 임명된 푸리에는 군주제가 복고되자마자 곧바로 해임되었다. 그 후로는 파리에서 궁핍한 생활로 간신히 연명하며 연구를 계속하고 있던 터였다. 샹폴리옹은 훗날 자신의 연구에 많은 관심을 보이며 강력한 후원자가 된 다시에와도 조우했다. 새로운 친구들 중에는, 토머스 영이 단 몇 주 전에 소개받았던 프랑수아 아라고, 장바티스트 비오, 조르주 퀴비에는 물론, 11월에 공식 출범될 새로 구성된 지리학 학회의 많은 인사들이 있었다.

푸리에의 신조가 "과학이 만인의 우정을 고취한다."였음에도 불구하고, 샹폴리옹의 친구들은 여전히 왕당파의 적들에 비해 수적으로 열세였다. 또한 각자 자신이 성각 문자를 판독하기 위한 바른 길을 걷고 있다고 믿었던, 조마르 같은 학계 경쟁자들이나 영의 영향력 있는 후원자들에 비해서도 수적으로 열세였다.

자신감을 잃어 가는 그를 격려하기 위해, 그리고 파리의 지식인들에게 그의 연구 결과를 보여 주기 위해, 샹폴리옹은 비문 학회에 그의 연구를 일부 발표하도록 설득당했다. 파리에 도착한 지 거의 한 달 후인 1821년 8월 말, 그는 그르노블에서 다 완성하지 못했던 소책자의 아이디어에 근거한, 신관 문자 텍스트에 대한 그의 결론을 다룬 보고서를 읽었다. 그는 그 보고서가 경쟁자들이 그가 "포병의 포화에 맞서기 위해 참호를 떠난다."라고 희롱하며 공격할 빌미를 제공할 것임을 잘 알았다. 하지만 그 강연은 잘 받아들여졌고, 그가 비문 학회에서 신임을 얻는 첫 계기가 되었다. 파리 학계는 그를 받아들였고, 로진은 마자랭 거리에 아담한 집을 구했다. 그곳에서 샹폴리옹은 다양한 학문 분야의 다른 연구자들이 집에서 모임을 열었을 때 받았던 환대에 보답할 수 있었다. 그 모임에는 친구와 후원자는 물론 적이나 경쟁자도 참석했고, 종종 치열한 논쟁으로 끝나곤 했다. 샹폴리옹은 여전히 완쾌되지 않았지만 자신이 제대로 하고 있다는 믿음을 가지고, 민중 문자 연구에 집중하기 시작했다. 민중 문자와 신관 문자, 성각 문자 텍스트의 비교 연구를 준비하기 위해 민중 문자를 콥트어와 비교했고, 곧 이 문자들을 서로 다르게 인식해야 한다고 확신하게 되었다. 그 당시 파리의 학자들의 마음속에서 그 판독은 최우선순위가 아니었기 때문에 샹폴리옹은 안심하고 연구를 했다. 이집트 황도 십이궁이 고대 이집트의 연대기와 천지 창조의 시기에 대한 새롭고 흥미로운 단서로 간주되면서 그것이 주요한 논쟁거리였다.

1821년 9월, 덴데라 황도 십이궁이 이집트에서 출발해 마르세유 항구에 도착했고, 검역 기간을 거쳐 이듬해 1월 파리에 도착할 때까지 장안의 화제가 되었다. 그 황도 십이궁은 카이로에서 남쪽으로 480킬로미터 떨어진 덴데라에 있는 하토르 여신 신전 방 천장의 일부였던 것으로, 점성술 상징을 표현한 원그래프 모양 조각물이었다. 나폴레옹의 첫 이집트 원정 기간에 예술가인 비방 드농과 기술자인 프로스페르 졸루아와 빌리에 뒤 테라주가 최초로 기록했고, 여러 학자들이 신전의 연대를 추정하는 데 그것을 이용하려고 시도하면서 논쟁의 초점으로 남아 있었다. 황도 십이궁에 대한 소식을 듣고서, 골동품 애호가이자 수집가인 세바스티앙 루이 솔니에는 기술자인 장바티스트 르로렌에게 그것을 이집트에서 구해 프랑스로 운송해 오라고 의뢰했고, 1821년 1월 르로렌은 이집트의 통치자인 무함마드 알리에게서 여행 허가를 받았다. 그 당시 무함마드 알리는 이집트 고대 유물을 대량 강탈하는 것을 묵인했다.

주이집트 영국 영사인 헨리 솔트는 프랑스 영사 베르나르디노 드로베티와 공개적으로 경쟁 중이었다. 두 사람은 프랑스인이 나일 강 동쪽 제방의 유물에 대한 권리를 가지고 영국인은 서쪽 제방의 유물에 대한 권리를 가진다는 암묵적 합의를 했다. 나일 강 서쪽에 있는 덴데라는 영국인에게 '속한 것이었기' 때문에, 르로렌은 비밀리에 일을 진행해야 했다. 그는 1821년 3월에 덴데라에 도착했지만, 그곳에서 영국인 여행객 무리를 발견하고서는 강을 따라 계속 올라가서 룩소르로 갔다. 다시 돌아왔을 때 그는 덴데라에 이집트인들만 있다는 것을 알고서는 급히 일꾼들을 모았다. 그는 황도 십이궁이 두 개의 석재에 새겨져 있음을 확인했다. 그 석재는 "길이 12피트(약 3.6미터), 폭 8피트(약 2.4미터), 두께 3피트

(약 90센티미터)에 무게는 20톤보다 훨씬 적게 나갔다. (……) 양쪽 가장자리에 2피트(약 60센티미터) 정도 길이로 물결 혹은 지그재그 무늬들이 있었다. 따라서 그는 이것들을 떼어 내기로 결정했고 끌로 반 정도 두께를 잘라 냈다." 세 주 후 그는 "톱과 끌, 그리고 화약으로" 신전 천장에서 조각물을 떼어 내는 데 성공했고 마침내 그것을 배에 실었다. 하지만 선장이 출항을 미뤄야 한다고 양해를 구했다. 르로렌은 마침내 미국인 변호사이자 외교관인 루서 브래디시가 덴데라에 들렀고 무슨 일이 벌어졌는지 눈치챘다는 사실을 알았다. 그가 선장에게 출항을 미루라고 뇌물을 주었던 것이다. 아마도 그전에 이미 나일 강 하류에 있는 솔트의 대리인에게 그 사건을 알렸던 것 같다. 이에 르로렌은 브래디시보다 더 많은 뇌물을 선장에게 주고 출항하도록 했고 결국 6월에 카이로에 도착했다. 그러나 이미 영국 영사가 무함마드 알리에게 항의했음을 알아냈다. 알리는 평소처럼 유물에 대해 무관심한 태도로 일관하면서 르로렌에게 허가를 얻었는지 물어봤고, 그렇다는 사실을 통보받은 다음 프랑스로 황도 십이궁을 반출하는 것을 허락했다. 아스완에 있는 필레 섬에서 영국으로 중요한 오벨리스크를 운반 중이던, 영국 영사이자 그의 친구인 윌리엄 뱅크스는 그 결정에 화를 냈다. 왜냐하면 바로 그들이 황도 십이궁을 막 옮기려던 참이었기 때문이다. 뱅크스는 나중에 위선적이게도 "나는 그렇게 실존하는 유물을 통째로 약탈하는 것을 언제나 강하게 비난해 왔다."라고 항의했다.

프랑스와 외국의 많은 학자들은 이러한 야만적인 파괴 행위에 간담이 서늘해졌고 르로렌의 행동에 대해 항의했다. 샹폴리옹은 황도 십이궁이 원래 측면에 있었던 성각 문자들과 분리된 것에 특히 분노했다. 그는 1821년 10월 《르뷔 앙시클로페디크》에 그들이 거푸집을 만들 수 있었는데도 왜 황도 십이궁을 조각내야 했는지 그 이유를 묻는 편지를 발표했다. 그의 경쟁자인 조마르를 포함한 다른 학자들 역시 공개적으로 항의했다. 하지만 그 시기에 샹폴리옹은 신중해져야 한다는 것을 깨달았기 때문에 익명으로 편지를 출판했다. 그 조각은 현재 루브르 박물관에 전시되어 있고 덴데라의 신전에는 거푸집이 원래 자리를 차지하고 있다.

그것을 이집트에서 옮겨 온 것에 대한 논쟁과는 별개로, 몇 년 동안 지속되었던, 이집트 문명의 연대를 측정하는 수단으로 황도 십이궁을 사용하는 것에 대한 논쟁이 재개되었다. 만약 성각 문자 텍스트가 판독되었다면 연대와 역사적 사건에 대한 상세한 증거를 제공했을 테지만, 아직 그것을 읽는 것조차 불가능했으므로 어떠한 단서도 주지 못했다. 따라서 학자들은 황도 십이궁을 해독하는 데 의존할 수밖에 없었다. 덴데라에서 가져온 것을 포함한 황도 십이궁의 사본을 정밀하게 연구했는데, 거기에 나와 있는 별자리가 그려졌을 당시의 실제 위치라고 여겼기 때문이다. 그것이 사실일 경우 별자리가 위치했던 시대를 측정하면 황도 십이궁의 연대를 알 수 있을 것이었다. 이러한 방식으로 측정한 연대에 대해 학자들 사이에 이견이 발생했다. 하지만 이러한 논쟁은 가톨릭 교회 안에서 나온 반대에 비하면 아무것도 아니었다. 쟁점은 결국 천지 창조의 시기였다. 몇몇 학자는, 그중에서도 특히 조마르는 덴데라 황도 십이궁이 수천 년 정도 되었다고, 심지어 만오천 년 정도 되었다고 주장할 만큼 대담했다. 그것은 성경에 근거를 두고 세상이 육천 년 전에 창조되었다고 생각하는 그리스도교인들의 일반적인 믿음에 상충하는 것이었다. 샹폴리옹은 조각의 형태를 보고 그리스 혹은 로마 시대의 이집트 유물로 추정했기 때문에 황도 십이궁이 대단한 유물이라는 의견에 동조하지 않았다. 그가 관련된 성각 문자 몇 개를 읽고 연대를 밝혀내기까지 불과 몇 달밖에 걸리지 않았다. 그러나 당장은 모임에서 가끔 의견을 낼 때를 제외하고는 민중 문자 문헌 연구에만 열중했다.

1821년 가을, 샹폴리옹은 자신의 연구 과정에 대해 좀 더 낙관하게 되었고 작업에 완전히 몰두하고 있었다. 바로 그때, 그의 미래에 심대한 영향을 미치는 사건이 영국에서 일어났다. 《젠틀맨즈 매거진》은 윌리엄 뱅크스가 소유한 이집트 오벨리스크가 뎃퍼드에 안전하게 도착했으며, 도싯에 있는 그의 집으로 운송되기 전에 대기하고 있다고 보도했다. 거의 같은 시기에 샹폴리옹의 경쟁자인 토머스 영은 장모가 사망하는 바람에 대장정이 중단되어 유럽 대륙에서 계획보다 일찍 돌아오는 중이었다. 만약 오벨리스크가 영국으로 오지 않았다면 샹폴리옹의 성각 문자 판독은 몇 달 더 지연되었을 것이다. 그리고 영이 그 무렵에 돌아오지 않았다면 나중에 샹폴리옹의 업적을 둘러싼 빈정거림과 질투가 훨씬 줄어들었을 것이다. 사실 뱅크스와 오벨리스크에 영이 연루되는 바람에, 추후에 그가 샹폴리옹과 그의 연구를 공격해 중상모략을 할 수 있는 빌미가 생겼다.

샹폴리옹보다 네 살밖에 많지 않은 윌리엄 존 뱅크스는 도싯 윔번 근처에 있는 킹스턴 홀(지금은 킹스턴 레이시 하우스로 알려져 있다.)에 사는 골동품 애호가 헨리 뱅크스의 장남이었다. 헨리 뱅크스는 대영 박물관의 이사이자 도싯 의회의 의원이었고, 윌리엄 뱅크스는 곧 열광적인 골동품 수집가가 되었다. 나폴레옹 전쟁 때문에 전통적인 그랜드 투어(17세기 중반부터 19세기 초반까지 유럽, 특히 영국 상류층 자제들 사이에서 유행했던 유럽 여행—옮긴이)를 할 수 없었으므로, 대신 윌리엄 뱅크스는 1810년부터 1812년까지 콘월 트루로의 국회 의원을 지냈다. 그리고 나서 그는 이 유망한 직업을 포기하고, 친구이자 시인인 바이런 경에게서 온 수많은 소개장을 챙긴 채 여행을 떠나 버렸다. 윌리엄 뱅크스는 케임브리지 대학에 다닐 때 바이런 경을 처음 만났다. 그 후에 그가 다시 영국 땅을 밟기까지 거의 팔 년이 걸렸다.

처음에 뱅크스는 스페인으로 갔다. 그곳에서 웰링턴은 그 당시 대 프랑스 전쟁의 주요 전장이었던 반도 전쟁에서 싸우고 있었다. 뱅크스는 비공식적인 자격으로 웰링턴을 수행한 후에 그라나다에서 집시들과 어울려 잠시 시간을 보냈다. 그다음에 뱅크스는 이집트와 누비아로 관심을 돌렸고, 1815년 9월부터는 나일 강에서 아부심벨까지 여행했다. 그곳에 있는 돌을 깎아 만든 두 개의 신전 중에서 규모가 더 큰, 람세스 2세의 대신전은 오랫동안 발견되지 않은 채로 있다가 스위스 여행가 장루이 부르크하르트가 찾아낸 것이었다. 신전의 3분의 2가, 어떤 곳은 15미터 높이까지, 바람에 날려 온 모래로 덮여 있었기 때문에, 엄청나게 거대한 조각들이 있는 신전이 전부 발굴되기까지 이 년이 더 걸렸다. 수단과의 국경 북쪽으로 20킬로미터 떨어진 지점, 나폴레옹 원정대가 도착했던 가장 먼 곳에서 남서쪽으로 240킬로미터 떨어진 지점에 위치한 아부심벨은 과거에도, 그리고 지금도 여전히 황폐하다.

윌리엄 뱅크스는 신전 유적지를 탐사하기 위해 북쪽으로 돌아오는 여행길에 필레 섬에 머물렀는데, 그곳은 이집트 파라오 혹은 왕의 상징적 어머니인 이시스 여신에게 헌정된 곳이었다. 그는 무너진 오벨리스크와 근처에 남아 있는 그 밑바닥에 매료되었다. 그 위치는 『이집트 묘사』에 실린 탁본에 이미 나와 있었다. 이듬해인 1816년 이탈리아 파도바 출신의 전직 서커스 차력사 조반니 바티스타 벨초니가 영국 영사 헨리 솔트의 이름으로 그 오벨리스크의 소유권을 주장했는데, 헨리 솔트는 그 후 뱅크스에게 소유권을 넘겨주었다. 그 일 때문에 프랑스 영사 베르나르디노 드로베티와 큰 논쟁이 벌어졌지만, 벨초니는 결국 높이 6.7미터에 무게가 6톤 정도 되는 오벨리스크를 나일 강 끝 쪽으로 가까스로 옮겼다. 배에 싣기 전에 선착장이 무너져서 오벨리스크가 강물 속으로 거의 가라앉았지만, 벨초니는 역경을 딛고 겨우 그것을 건져서 배에 싣고 강 하류로 운반했다.

벨초니는 오벨리스크를 로제타 항구로 안전하게 옮겼다. 또 다른 솔트의 대리인이 오벨리스크의 밑바닥을 로제타로 가져올 때까지, 오벨리스크는 이 년 정도 그곳에 보관되어 있었다. 오벨리스크와 함께 옮기기에는 밑바닥이 너무 무거워서 나일 강 제방에 두고 왔더랬다. 오벨리스크와 그 밑바닥은 디스패치(Dispatch) 호에 실려 1821년 6월 영국 해안에 도착했다. 하지만 떠날 때 이집트에서 페스트가 창궐했기 때문에 배는 검역을 받았다. 마침내 오벨리스크와 그 밑바닥을 배에서 내려 킹스턴 홀로 옮겼다. 그러나 이동하는 동안 손상되었기 때문에, 뱅크스를 방문한 웰링턴 공작이 주춧돌을 놓아 달라는 부탁을 받은 1827년까지 저택 앞 잔디밭에 방치되어 있었다. 1839년에야 오벨리스크가 세워졌으나, 불과 그 이 년 후에 동성애자인 뱅크스가 세상이 다 아는 추문의 중심인물이 되었고 재판을 받는 대신 해외로 망명할 수밖에 없었다.

최근에 영국의 기후 때문에 많이 침식되었지만, 한때 뱅크스 오벨리스크의 사면에는 서로 다른 두 개의 카르투시가 새겨진 선명한 성각 문자 비문이 있었다. 그리고 오벨리스크 밑바닥에는 프톨레마이오스 8세와 그의 아내 클레오파트라 3세의 이름을 포함한 그리스어 문구가 새겨져 있었다. 알렉산드리아 사람들에게 미움을 사서 '퓌스콘(Physkon)'(배불뚝이)이라는 별명을 얻었던 프톨레마이오스 8세는 기원전 170년부터 칠 년 뒤 키레네(지금의 리비아)의 이웃 왕국을 통치하기로 결정할 때까지,

그의 형 프톨레마이오스 6세와 이집트를 공동으로 다스렸다. 그는 조카인 프톨레마이오스 7세를 살해하고 친여동생인 클레오파트라 2세와 결혼하고 나서 기원전 144년에 이집트로 돌아왔다. 이 년 뒤에는 클레오파트라 2세와 이혼하지 않은 채로 클레오파트라 3세와 결혼했다. 그녀는 형 프톨레마이오스 6세의 딸이자, 그전에 프톨레마이오스 8세와 결혼했던 친여동생이자 부인인 클레오파트라 2세의 딸이었다.

그리스어 석판과 성각 문자 텍스트는 뱅크스 덕분에 널리 보급되었고, 영은 그 사본을 받았다. 오벨리스크 밑바닥의 그리스어 비문은 킹스턴 홀에 도착한 후 세척하면서 발견되었지만, 그 사본은 오벨리스크를 뎃퍼드에 처음 내렸을 때 화가가 그린 것을 바탕으로 만든 것이었다. 스스로 성각 문자 판독에 흥미를 가졌던 뱅크스는 영이 로제타석에서 프톨레마이오스라고 밝혀낸 부분과 오벨리스크의 카르투시 중 하나가 똑같다는 사실에 주목했고, 다른 카르투시는 클레오파트라를 뜻하는 것이라고 결론지었다. 특히 밑바닥의 그리스어 비문에는, 그것이 성각 문자 텍스트의 사본이 아닌데도, 두 이름이 모두 새겨져 있었다. 이 중요한 추론은 샹폴리옹이 같은 결론에 도달하기 전에 나온 것이었다. 하지만 뱅크스는 자신의 발견을 발표하지 않았고 단지 석판 구석에 'Cleopatra(클레오파트라)'라는 단어를 연필로 적어 두기만 했다. 그는 영을 포함한 친구들에게 자신의 의견을 전했다. 하지만 영은 그것을 화가의 실수로 치부해 버렸고 더 이상 진척하지 못했다.

대범하면서도 관대한 교수가 나에게 전해 주었던 필레 오벨리스크의 석판 스케치에서, 그 화가가 클레오파트라의 첫 글자를 K 대신 T로 쓰고 말았어. 나는 그 당시 다른 권위자들과 함께 정교하게 이름을 비교하는 작업을 하느라 여가 시간이 없었기 때문에, 고통스럽게도 내 알파 벳을 그 분석에 적용하는 것을 단념해야만 했고, 알파벳 형성 단계들이 내가 지적한 바와 꼭 같지는 않다는 사실을 알았다는 것으로 만족했어. 그 단계들은 틀림없이 적어도 본질적으로는 비슷하겠지만 말이야.

영과 뱅크스는 여전히 샹폴리옹을 돕기를 거부하고 있었으므로, 클레오파트라의 것일지도 모르는 카르투시를 발견했다는 사실을 그에게 알려주지 않았다. 그리고 영은 두 개 국어로 된 비문이 더 많이 발견되기 전에는 더 이상의 진척이 없을 것이라고 믿었다.

1821년 12월 23일 서른한 번째 생일에, 샹폴리옹은 민중 문자, 신관 문자, 성각 문자 비문을 비교하는 연구의 일환으로 로제타석 텍스트에 대한 수치 분석을 할 수 있겠다고 생각했다. 놀랍게도 그리스어 문서의 단어 486개가 성각 문자 기호 1419개와 병치되었다. 그는 처음부터 성각 문자가 표의 문자라는, 즉 각각 하나의 개념을 나타내는 하나의 단어라는 이론을 연구해 왔다. 하지만 그리스어 단어 수와 성각 문자 수가 확연히 달라서 그 이론은 틀린 것처럼 보였다. 그다음에 그는 성각 문자 무리를 밝혀내려고 노력했지만, 그리스어 단어 486개와 일치시키기에는 너무 동떨어진 약 180개의 무리만 만들 수 있었다. 그는 그리스어와 성각 문자 텍스트 사이의 수치적 관계를 확립할 수 없었고, 그래서 내린 분명한 결론이 성각 문자 텍스트에 가변성이 있다는 것이었다. 그것은 단독으로 혹은 주로 하나의 기호(그림 문자든 표의 문자든 혹은 음성 기호든)로 구성될 수 없지만, 둘 이상의 기호를 조합한 종류임은 틀림없었다. 샹폴리옹은 성각 문자 텍스트는 적어도 부분적으로 음성 기호(소리를 표현하는 것)임을 알았고 성각 문자 체계의 복잡성을 빠르게 깨닫기 시작했기 때문에, 그 후로 계속 경쟁자들보다 훨씬 유연한 접근 방법을 고수했다.

새해가 올 때까지 샹폴리옹은 민중 문자, 신관 문자, 성각 문자를 비교 분석하는 일에 완전히 빠져 있었다. 그는 아직 그 문서를 읽을 수 없었지만 계속해서 기호별로 후기 이집트 민중 문자 텍스트를 전기의 신관 문자로 옮기고, 그다음에는 신관 문자를 성각 문자로 옮기려고 노력했다. 이 방식으로 연구하면 할수록 그는 점점 더 성공으로 나아갔고, 세 가지 문자가 어떻게 작용하고 서로 어떻게 연관되어 있는지 점점 이해하게 되었다. 성각 문자 한두 개를 이해할 수 있게 되면 나머지는 쉽게 따라올 것이라 믿고 거의 존재하지도 않는 두 개 국어로 된 텍스트에 엄청나게 집착했던 영과는 완전히 반대로, 샹폴리옹은 본질적으로 전체적인 접근 방법을 썼고 고대 이집트어 문자 체계를 전반적인 관점에서 고려했다. 몇 년 후 영국인 이집트학자인 피터 르 페이지 르누프 경은 영의 방법론을 이렇게 요약했다. "*Arma virumque*를 '무기와 그 사람(Arms and the man)'으로 번역하는, 즉 *Arma*는 'arms', *virum*은 'and', *que*는 'the man'으로 읽는 학생처럼, 그는 기계적으로 연구했다. 그는 가끔은 맞았지만, 사실 훨씬 더 자주 틀렸다. 그리고 올바른 방법론이 발견될 때까지는 그가 옳은지 틀린지를 구별할 수 있는 사람이 아무도 없었다." 르누프의 말은 언어의 복잡성을 보여 준다. 보통 'and'에 대응하는 라틴어는 *et*이지만 강조하기 위해 *que*를 접미사로 활용할 수 있다. 이런 경우 'man'에 대응하는 단어인 *virum*에 붙었다. 푸블리우스 베르길리우스 마로의 서사시 「아이네이스」의 도입부에서 그 사람(the man)은 아이네이스였다. '*Arma virumque cano*.' ── 'I tell of arms and the man.'(내가 전쟁과 그 사람에 대해 찬양하리라!) 샹폴리옹과 영의 접근 방법에 있어서, 이러한 차이는 중대한 것이었다. 왜냐하면 많은 연구자들이 영과 같은 방법을 활용하고 있었지만, 샹폴리옹이 발견했던 구문과 관련 언어에 대한 지식을 아는 사람은 아무도 없었고 그의 방법론을 활용하는 사람도 하나도 없었기 때문이다.

일 년 전인 1820~1821년 겨울에 (영이 '이탈리아 투기꾼'이라고 묘사했던) 카사티는 이집트를 여행하다가, 아비도스에서 대부분 그리스어로 쓰인 도기 안에 들어 있는 파피루스 더미를 발견했다. 이 파피루스 더미가 파리에 도착했을 때, 샹폴리옹은 머리말이 로제타석의 민중 문자 텍스트와 유사한 민중 문자로 쓰여 있는 파피루스를 발견했다. 그는 프톨레마이오스의 이름을 판독했고 카르투시의 민중 문자 부분에 해당하는 곳에 보이는 또 다른 이름이 클레오파트라가 아닌가 하고 생각했다. 그는 구문을 비교하는 자신의 방법을 적용해 민중 문자 이름을 신관 문자로, 그리고 성각 문자로 옮겼고 클레오파트라의 성각 문자 버전 가설에 도달했다. 당장 샹폴리옹에게 필요한 것은 그의 체계가 적용되는지 알아보기 위해 그 이름의 진짜 성각 문자 버전과 가설을 비교하는 일이었다.

1822년 1월, 샹폴리옹과 파리에서 함께 학교를 다녔던 고대 그리스어 전문가 장 레트론이 뱅크스 오벨리스크의 비문 석판의 사본을 받아서 샹폴리옹에게 건네주었다. 점점 더 흥미를 느낀 샹폴리옹은 즉시 성각 문자로 쓰인 클레오파트라의 이름을 판독해 냈다. 그 이름이 카사티 파피루스에서 나온 번역 가설과 유사하게 맞아떨어졌기 때문이다. 여전히 다른 하나를 보완하는 한 가지 가설에 지나지 않았지만, 그는 이내 자신의 방법론이 정확하고 그것을 증명하는 일이 시간문제라는 것을 확신하게 되었다. 뱅크스 오벨리스크에 성각 문자로 쓰여 있는 클레오파트라 이름을 오벨리스크와 로제타석에 성각 문자로 쓰여 있는 프톨레마이

오스 이름과 비교해서, 샹폴리옹은 공통적으로 대부분의 기호들이('p',
'o'와 'l'에 해당하는 성각 문자) 이름을 ABC 순서대로 정확한 위치에 적는
다는 사실에('Ptolmes'와 'Cleopatra'처럼) 고무되었다. 그는 각 기호의 음가
를 다음과 같이 추론했다.

□	=	p		◁	=	c
◠	=	t		🦁	=	l
⚱	=	o		◊	=	e
🦁	=	l		⚱	=	o
▱	=	m		□	=	p
⑈	=	e		🦅	=	a
⎮	=	s		⬯	=	t
				⬯	=	r
				🦅	=	a

　　대응하는 성각 문자 중에서 't'에 해당하는 음가만 달랐다. 그래서
그는 적어도 두 개의 서로 다른 성각 문자 ◠와 ⬯가 't' 음을 표현하
는 데 사용되었을 것이라고 생각했다. 그는 이런 성각 문자를 동음이의
어(음이 같다.)라고 명명했고, 나머지 문제에 낙담하는 대신 이 기호들을
통해 고대 이집트어 문서에서 분명한 복잡성의 일부를 설명할 수 있을
것이라고 이해했다. 샹폴리옹은 'l'을 나타내는 성각 문자인, 드러누운 사
자 모양의 🦁가 클레오파트라와 프톨레마이오스 이름에 둘 다 보인
다는 것을 좋은 징조로 여겼다. 어린 시절 활용했던 자신의 사자 모티브

를 바탕으로 그는 예측했다. "이 두 사자들이 사자가 승리하는 것을 도울 것이다!" 샹폴리옹의 판독 체계는 뱅크스가 '클레오파트라' 이름을 판독한 것에 기초했다고 나중에 그의 적들이 말했을 때, 영은 자신이 뱅크스에게 그 이름을 판독하도록 "영감을 주었"으므로 샹폴리옹은 전적으로 자신 덕분에 성각 문자를 판독할 수 있었다고 말도 안 되는 주장을 했다.

샹폴리옹은 이제 프톨레마이오스 시대 이집트어 텍스트를 통해, (프톨레마이오스, 클레오파트라 같은) 비(非)이집트어 이름의 철자를 적기 위해 알파벳식 성각 문자를 사용했다고 확신하게 되었고, 다음과 같이 언급했다. "만약 이집트인들이 외국 이름에서 모음이나 자음 혹은 음절을 나타내고자 했다면, 모음과 자음, 음절의 전체 혹은 첫 부분의 음가를 포함한 구어(口語)에서, 그 이름을 표현하는 또는 대표하는 성각 문자 단어를 사용했을 것이다." 개별 음을 나타내는 데 성각 문자를 활용하는 방법은, 여전히 기원전 4세기부터 이집트 프톨레마이오스 왕조 이전에는 사용되지 않은, 최근에 개발된 것이라고 여겨졌지만, 그것은 샹폴리옹에게 확고한 발판이 되어 주었다. 이제 그는 성각 문자를 판독하는 진도에 있어서 한 걸음 앞서 나가게 되었지만, 서둘러 결과를 발표하지 않았다. 예전에 미숙한 발표를 해서(1811년 『파라오 치하의 이집트』를 소개한 것) 쓴맛을 보고 교훈을 얻었기 때문이다. 3월에 뱅크스 오벨리스크와 그것의 그리스어 및 성각 문자 비문에 대한 보고서를 《르뷔 앙시클로페디크》에 발표했을 때, 그는 세부 사항을 제외하고 자신의 진척 상황을 암시하기만 했다. 그는 자신이 발견한 결과의 일부를 이내 가다듬었다. ◖◖는 이제 'e'가 아니라 'ii' 혹은 'y'로, ◖는 'e'가 아니라 'i'로, ◿는 'c'가 아니라 'k' 혹은 'q'로 보통 옮겨졌다. 동음이의어는 확실히 존재했지만 가 보통 'd'로 옮겨지기 때문에, 와 는 't'의 진정한 동음이의어가 아니다. 따라서 '프톨레마이오스'와 '클레오파트라'의 그리스어 이름은 성각 문자로 'Ptolmys'와 'Kliopadra'로 쓰이는 것과 같고, 이는 원래이집트어 발음에 대한 개념을 제공했다.

프톨레마이오스와 클레오파트라 이름에서 알아낸 알파벳 성각 문자를 활용하면서, 샹폴리옹은 프톨레마이오스 또는 로마 시대의 텍스트에 있는 다른 이름들에 그 체계를 적용했는데, 그때까지 『이집트 묘사』에 나와 있던 카르투시 그림을 주로 사용했다. 점차 그는 다른 기호의 음가를 추론할 수 있게 되었고, 기원전 331년 이집트를 지배했던 알렉산더 대왕부터 기원후 161년 사망했던 로마 황제 안토니누스 피우스까지 이집트를 지배했던 거의 모든 그리스인들과 많은 로마인 통치자들의 이름을 카르투시에서 찾아냈다.

아우토크라토르   카이사르

샹폴리옹은 또한 '아우토크라토르(Autocrator)'('황제'를 뜻하는 그리스어)와 '카이사르(Caesar)'라는 단어가 둘 다 로마 식민 시절에 사용했던 지위였음을 알아냈지만, 여전히 기원전 331년 그리스가 이집트를 정복한 후에야 비로소 그 이름과 지위를 나타내는 표음 성각 문자가 사용되었고 그 전에는 사용되지 않았다는 견해를 유지했다. 그 단계에서 그는 주로 『이집트 묘사』에 나와 있는 많은 삽화들이 부정확해서 어려움을 겪었다. 그는 조마르에게 화가 나서 항상 무뚝뚝하게 그 점을 지적했다.

상폴리옹은 1822년 1월 성각 문자 판독과 관련해 직접적인 성과를 달성했으며, 덴데라 황도 십이궁을 둘러싼 논쟁에 개입하는 것을 더 이상 미룰 수 없게 되었다. 그 논쟁은 그가 파리에 도착한 달에 벌어졌다. 그 황도 십이궁은 루브르 박물관에 임시로 전시되어 있었고 그것에 대해 거의 혹은 아예 모르는 사람들이 몇 시간 동안 줄을 서서 관람했다. 온 파리는 "그것만 생각하고, 그것만 보고, 그것에 대해서만 이야기했으며" 특히 고대 이집트에 관심 있는 학자들이 그랬다. 대중의 관심이 너무 커서 루이 18세는 왕립 도서관을 위해 15만 프랑이라는 엄청난 금액을 지불하고 그 황도 십이궁을 샀고, 그것은 루브르 박물관으로 옮겨진 1919년까지 그곳에 있었다. 대중의 관심이 누그러든 후에도 학자들은 큰 걸음을 내디뎌 황도 십이궁의 의미와 그 연대, 그리고 이집트 연대기에 있어서 그 중요성에 대한 논문을 준비했고, 그전에 가톨릭교회로부터 적대감을 불러일으켰던 모든 논쟁을 재개하려 하고 있었다. 곧 학자들은 "의견이 너무 많고 모두 학술적으로 의미가 있지만 모두 엄청나게 다른" 선택지를 제시하기 시작했다.

상폴리옹이 파리로 돌아오는 중에 사귄 새 친구들 중 하나인, 유명한 천문학자이자 물리학자인 장바티스트 비오는 황도 십이궁의 연대에 대한 장문의 보고서를 준비했다. 비오는 아마도 조각 위의 별을 식별해서 그 별들이 하늘의 비슷한 위치에서 보였을 때의 연도를 측정함으로써, 황도 십이궁의 연대를 기원전 716년으로 매겼다. 상폴리옹이 그 방법이 틀렸다고 우호적으로 경고했음에도 불구하고, 비오는 7월에 과학 아카데미와 비문 학회 모임에서 자신의 연구 결과를 발표했다. 하지만 그 달 말에 상폴리옹이 《르뷔 앙시클로페디크》에 편지를 실어서 비오의 이론을 완벽하게 뒤집어 버렸다. 비오의 결론은 조각 위에 새겨져 있는 성각 문자 무리와 도형이 대부분 특정한 별과 짝을 이루고, 그것이 하늘에서 실제 별의 위치를 나타낸다고 가정했던 것에 근거를 두고 있었다. 샹폴리옹은 분석의 대가답게, 비오의 이론으로 별이라고 표시된 모든 도형을 설명할 수 없기 때문에 그것이 모순이라고 밝혔다. 주요 별들의 형태가 황도 십이궁에 나와 있는 형태와 일치하지 않았던 것이다. 그는 별 모양 상징이 '유형의 기호'(지금은 '결정사'라고 부르는 것)라고 설명했다. 즉 도형의 성질이나 조각 위의 도형에 연계된 성각 문자 무리의 성질을 결정하는 성각 문자이다. 샹폴리옹은 별 모양 상징이 별의 실제 위치를 표시하는 것이 아니라, 별 혹은 별자리 같은 '별'에 대한 개념과 연계된 것을 묘사한다고 주장했다. "따라서 덴데라 비문의 별은 각각 마지막에 오는 성각 문자 기호이며, 별을 나타내는 것이 아니라 성각 문자 텍스트의 단순한 구성 요소로 간주되어야 한다. 다시 말해 사물을 본뜬 것이 아니라 글자의 종류로 봐야 한다는 것이다."

그 당시 이 추론이 별 관심을 받지 못하기는 했지만, 샹폴리옹은 성각 문자 판독을 향해 또 다른 중요한 한 걸음을 뗐다. 영은 하나의 결정사 기호가 보통 여신이나 여왕의 이름을 덧붙여 '신격화된 여성'을 의미한다는 것을 알게 되었다. 하지만 샹폴리옹은 또 다른 결정사를 찾아냈고 로제타석 비문에서 몇몇 다른 결정사도 발견했다고 발표했다. 그리고 그는 곧 결정사를 더 많이 찾아냈다. 결정사는 다른 성각 문자 무리의 의미를 명확하게 하는 기능을 하는 성각 문자이다. 따라서 성각 문자 판독 과정에 있어 결정사를 식별한 것은 의미 있는 진보였다. 예를 들어 ∧은 연계된 성각 문자 무리가 달리거나 걷기 같은 전방으로 이동하는 개념을 전달한다는 것을 드러내는 결정사이다. 결정사 기호 🧎는 '적'이나 '이방인'을 뜻하는데(고대 이집트에서는 비슷한 뜻이었다.) 선행한 성각 문자 무리가 적이나 이방인과 어떤 행위를 한다는 것을 의미함을 나타낸다. 적이 등 뒤로 손이 묶인 사람 형태로 묘사된 것은 이집트인들의 종교적이고 주술적인 믿음에 기인한다. 주술 문자는 그림과 조각에 생명을 불러올 수 있다고 여겨졌기 때문에, 우연히라도 생명이 깃들 가능성에 대비해 잠재적으로 위험한 표시는 완화시켰다. 이 경우에 적은 속수무책인 포로로 표현된 것이었다. 결정사 기호 🐦 는 가끔 '악마의 작은 새'로 불렸는데, 작거나 약하거나 나쁜 것을 상징하기 때문이었다. 이것들은 고대 이집트어에서 긴밀히 연계되어 있는 개념이다.

몇몇 성각 문자는 오로지 결정사로만 기능한다. 하지만 대부분의 성각 문자들은 결정사는 물론이고 때로 평범한 기능을 한다. 결정사의 존재가 시사하는 바는 그 무렵 막 이해되기 시작한 정도였다. 성각 문자 무리의 의미를 이해하기 쉽도록 만들기 위해 하나의 기호가 필요하다면, 샹폴리옹이 나중에 발견한 대로, 하나의 성각 문자 무리는 한 가지 이상의 의미를 가질 수 있음을 시사했다. 사실 결정사는 성각 문자 무리의 의미를 완전히 바꿀 수 있다. 예를 들어 성각 문자 〰️○⃒를 결정사 ⊙와 함께 쓰면 〰️○⃒⊙ 무리는 '시간'을 의미하게 된다. 하지만 🏃와 함께 쓰면 〰️○⃒🏃 무리는 '약함'이나 '기운 없음'을 의미하게 된다.

런던에 있던 영은 1819년 말에 방대한 양의 논문을 작성하고 출판하느라 이집트어에 대한 생산적인 연구를 거의 못 했다. 비록 판독은 하지 못했지만, 그는 자료를 축적하고 모든 성각 문자 비문을 모사해 출판할 목적으로 소규모 이집트 학회를 세웠다. 그는 여전히 드로베티의 두 개 국어로 된 비문 사본을 얻기 위해 노력하고 있었다. 1822년 5월 영은 겔에게 다음과 같은 편지를 보냈다. "로제타석 번역의 세세한 내용을 출판하기 전에, 나는 일단 지금은 리보르노에서 봤던 드로베티의 비문을 기다리기로 결심했어." 파리에서는 서로 다른 이집트어 자료를 비교하는 샹폴리옹의 연구가 계속되고 있었다. 민중 문자 텍스트에 대한 연구는 완성 단계에 거의 가까워졌고, 샹폴리옹은 1822년 7월과 8월, 9월 비문 학회에 초청받아 신관 문자와 민중 문자에 대해 여러 번 보고했다. 이제 그는 성각 문자와 신관 문자, 민중 문자 사이의 진정한 관계를 완전히 파악했다. 신관 문자는 성각 문자에서 파생되었고, 민중 문자는 신관 문자에서 파생되었으며, 이 모든 문자들이 동일한 언어에 해당하며(비록 시간이 흘러 상당히 변했지만.) 같은 규칙을 따른다는 것이었다. 그러므로 하나의 구문을 판독하면 모든 문자를 판독할 수 있었다.

청중 가운데에는 샹폴리옹의 오랜 경쟁자들과 적들이 있었지만, 그가 학회에 보고한 내용은 열광적인 환영을 받았다. 어느 모임에서 드 사시가 샹폴리옹의 연구를 따뜻하게 칭찬하자, 샹폴리옹은 놀라는 한편 한없이 기뻐했다. 그는 파리에서 학생이었을 때 드 사시를 우상으로 여겼지만, 그의 전임 교수였던 드 사시가 능력에 대한 평가보다는 왕당파로서의 정치적 선입견 때문에 적대감을 보인 데 대해서 큰 상처를 받았더랬다. 드 사시와 화해하면서, 그는 마침내 기성 학회에 받아들여졌다는 사실에 엄청나게 행복해하며 낙관하게 되었다.

전에는 경제적, 정치적 이유로 자주 방해를 받으며 비참하게 이십 년이 넘는 시간에 걸쳐 간헐적으로 연구했지만, 그 무렵 샹폴리옹은 일 년 이상 판독 문제에만 집중해 오고 있었다. 세 가지 문자를 개별적으로 해석할 수는 없었지만, 이제 신관 문자에서 성각 문자로, 그리고 민중 문자에서 신관 문자로 번역할 수 있었다. 그는 이집트가 그리스에 이어 로마의 통치를 받을 당시에, 이방인의 이름과 지위를 적기 위해 음성학적으로 활용했던 많은 성각 문자들을 찾아냈다고 확신했다. 그래서 그는 이집트를 통치했던 그리스인과 로마인의 이름을 대부분 읽을 수 있었다. 로제타석의 그리스어 텍스트를 표현한 성각 문자 수를 밝혀내기 전해 12월에, 그는 분석을 통해 모든 성각 문자가 표의 문자는 아님을 알았고, 결정사의 활용이 형태는 같아 보이지만 의미는 서로 다른 성각 문자 무리가 존재한다는 사실을 보여 준다는 것을 깨달았다. 그는 콥트어를 유창하게 말할 수 있었기 때문에, 판독하려는 단어가 가지고 있을 법한 온갖 의미들을 수월하게 밝혀낼 수 있었다. 콥트어 단어는 이천 년 전 구어와 종종 동일했다. 예를 들어 콥트어에서 '이집트'는 *keme*이며 고대 이집트어로는 *kmt*(*kemet*처럼 발음한다.)이고, '좋은(good)'은 콥트어에서 *nufe*이며 고대 이집트어로는 *nfr*(보통 *nefer*처럼 발음한다.)이다. 8월에 비문학회에서 성공적으로 발표한 후, 샹폴리옹은 기쁨과 한 차원 높은 깨달음의 상태에서 연구를 계속하고 있었다. 관련 자료들은 그의 수중에 있었고, 성각 문자 판독이 손에 잡힐 듯 가까워졌다. 그는 성각 문자가 어떻게 작동하는지 알려 주는 단서와, 성각 문자 체계뿐 아니라 그 자체의 역사를 알 수 있는 단서의 연관성을 연구하면서, 자신에게 온 새로운 성각 문자 원문을 열심히 붙잡고 늘어졌다.

1822년 9월 14일, 샹폴리옹이 연구를 다시 시작하려고 아침 일찍 일어났을 때, 그는 아부심벨 신전에 있는 성각 문자 그림 사본을 우편으로 받았다. 그것은 근래에 이집트와 누비아를 여행했고 그 그림의 정확성과 기록의 신뢰성으로 알려져 있는, 유명한 건축가 장니콜라 우요가 그린 것이었다. 몇 년 전 뱅크스가 아부심벨 신전을 방문했을 때, 그 신전은 거의 눈에 띄지 않았다. 1816년 모험가 벨초니는 일이 끝나기 전 돈이 바닥날 때까지, 정면에서부터 엄청나게 많은 모래를 치우는 데 몇 주를 보냈다. 이듬해 돌아온 그는 중앙 복도에서부터 모래를 치우는 데 세

주일을 더 썼고, 마침내 1817년 8월 1일 신전에 들어가 놀라운 장식과 성각 문자로 꾸며진 거대한 방을 발견했다. 슬프게도 최초로 신전을 발견했던 장루이 부르크하르트는 벨초니의 소식을 접하기 전, 불과 서른두 살의 나이에 이질로 사망했다.

마자랭 거리에 있는 다락방에서 샹폴리옹은 그림에 골몰했고 이내 카르투시에서 이름을 알아봤다. 그것은 전에 본 적이 없는 이름이었다. 첫 장에 ⊙⑂‖‖ 이 있었는데 그는 즉시 첫 기호 ⊙가 태양임을 알아차렸다. 그는 콥트어에서 태양에 해당하는 단어가 Re 혹은 Ra이고, 고대 이집트 태양신의 이름이라는 사실을 알고 있었다. 그전의 연구를 통해 그는 마지막 두 개의 기호 ‖‖는 프톨레마이오스 혹은 로마인 이름의 's'로 옮길 수 있고, 평소 성각 문자에 모음은 나오지 않으므로 이 카르투시에 적용하면 'Ra⋯ss' 혹은 'Ra⋯ses'가 될 것이라는 사실을 알았다. 동시에 다른 기호 ⑂가 'm'이라면, 그리스와 로마가 이집트를 지배하기 훨씬 전에 여러 파라오들이 사용한 이름인 '람세스(Rameses)'를 나타낸다는 것을 알았다.(현재 그 이름은 Ramses 혹은 Rameses, Ramesses로 적는다.) 실상을 이해하기 시작하면서 흥분과 기쁨으로 달아올라, 한편으로는 여전히 자신의 체계가 완전히 틀렸다는 증거를 발견할지도 모른다고 두려워하며, 샹폴리옹은 나머지 아부심벨 그림을 조사했고 이름 ⑃⑂‖ 을 발견했다. 그는 다시 한 번 ⑂‖를 'mes'라 읽었고, 앞에 있는 기호가 따오기 그림임을 알아봤다. 그 그림은 성각 문자의 발명가이자 학문의 신으로 이집트인들이 숭배한 토트 신의 상징이며, 고대 작가가 기록한 것이었다. 따라서 카르투시의 그 이름은 '토트메스(Thothmes)'로 읽는다. 그것은 오늘날 고대 그리스어 이름인 투트모세(Thuthmosis)로 더 잘 알려져 있는데, 그리스와 로마가 이집트를 지배하기 훨씬 이전의 여러 파라오에게 붙은 또 다른 이름이다. 1819년 『브리태니커 백과사전』의 논문을 보면, 영도 카르투시에서 토트의 상징을 발견하고 추론했다는 사실을 알 수 있지만, 사실은 그 이름이 투트모세라는 것까지 밝히지는 못했다. 영과는 달리 샹폴리옹은 즉시 근본 원칙을 발견했고, 몇 달 동안 조각조각 공들여 맞춘 판독 체계를 확정했다.

샹폴리옹은 확신할 수 있을 때까지 자신이 발견한 것을 확인하고 또 확인했다. 의기양양해진 그는 이 급진전에 대해 절실히 누군가에게 이야기하고 싶어졌다. 그는 형에게 알려 줘야 했다. 그는 논문을 한 아름 모아, 다락방에서 계단 아래로 뛰어 내려가, 근처의 불쑥 솟은 돔이 인상적인 프랑스 학술원을 향해 거리로 나왔다. 자크조제프를 찾았을 때 그는 이미 거의 숨이 멎을 지경이었고, 흥분에 휩싸인 채 "내가 발견했어!"라고 외치자마자 바닥으로 쓰러져 버렸다.

7장   왕과의 만남

전하는 바에 따르면 샹폴리옹은 기절한 후 집으로 들려 가서는 닷새 동안 내내 혼수상태에 빠져 있다가 1822년 9월 19일 저녁에야 겨우 의식을 찾았다고 한다. 사실 그는 충격을 받고 엄청나게 피곤한 상태였기 때문에 오랜 휴식만이 유일한 치료법이었다. 그는 20일에 연구를 다시 시작했고 이틀 뒤에는 비문 학회에서 하는 민중 문자 강의의 마지막 부분을 읽을 수 있게 되었다. 그동안 자크조제프는 프랑스 학술원의 다음 회기에서 발표할, 샹폴리옹의 놀라운 발견에 관한 보고서를 준비하는 일을 도왔다. 샹폴리옹은 그 보고서를 미리 제출하여 사본을 모임에 참석하는 사람들에게 나눠 주도록 해야 했다. 학자들 사이에 전례가 없었던 어떤 일이 일어났다는 소문이 돌았고 1822년 9월 27일 어둡고 축축한 금요일 저녁에 모든 학문 분야의 전문가들이 비문 학회 모임을 채

우기 시작했다. 드 사시와 조마르를 포함한 몇몇 저명한 학자들의 발표
가 진행되면서 긴장감은 더욱 높아져 갔다. 그리고 너무나 아이러니하게
도 샹폴리옹은 그전에 한 번도 만나 본 적이 없었던 자신의 최고 경쟁
자 토머스 영 옆에 앉아 있었다. 영은 그때 우연히 파리를 방문해 있었
는데 이미 그 주에 과학 아카데미에서 그 모임에 대해 들었다. 그는 성각
문자의 주요 원칙에 대한 발표와 자신의 꿈이 물거품이 되는 최초의 순
간을 목격할 참이었다.

　샹폴리옹이 한순간에 이해하게 되었고 향후 연구의 기초가 된 원
칙들은 이것이었다. 먼저 표음 성각 문자는 그리스와 로마가 지배하는
시대에 외국 이름에만 국한되지 않고, 초기 이집트어에서 광범위하게 사
용되었다. 그가 나중에 밝혔던 대로, 실제로 성각 문자 체계는 세 가지
주요 기호에 의존한다. 그림 문자(경우에 따라 표의 문자의 한 형태라고 여겨
졌다.), 표의 문자와 음성 기호, 그리고 결정사처럼 특별한 방식으로 사용
되는 기호. 이 체계가 복잡한 것은 종종 하나의 기호가 한 가지 이상의
용도로 쓰이기 때문이다. 예를 들어 기호 ✍는 실제 단어를 묘사한 단
순한 그림 문자로, 이 오리 그림이 '오리'를 의미한다. 그러나 이 기호가
표의 문자 역할을 하기도 한다. 표의 문자로 ✍는 '~의 아들'이라는 뜻
이며 종종 파라오 이름 앞에 쓰여 '라의 아들'을 의미하는 ✍ 'sa-Ra'라
는 직함에서 흔히 발견된다. 세 번째로 기호 ✍는 ✍✍✍~ '나무 도
리(wooden beam)'를 뜻하는 *saw*에서 음가가 'sa'인 음성 기호로 활용된다.
샹폴리옹은 몇 년 후 성각 문자를 다음과 같이 간결하게 정의했다. "성
각 문자는 복잡한 체계로, 동시에 비유적, 상징적, 음성적으로 같은 텍스
트, 같은 문장, 심지어 같은 단어에서도 활용된다."

　성각 문자 체계의 기초 원칙을 발견했음에도 불구하고 샹폴리옹은

아부심벨 카르투시에서 처음 본 기호 중 하나를 잘못 해석했다. ∭는 단순히 'm'이 아니라 실제로는 'ms'('mes'라고 읽는다.)이다. 이 실수를 발견한 사람은 독일의 이집트학 학자 리하르트 렙시우스이다.(그는 우연히 샹폴리옹이 태어난 날에서 정확히 이십 년 후에 태어났다.) 𓏏𓄟의 사례에서 이 이름은 실제로는 'Thoth-mes-s'로, 마지막 's'는 이른바 음성 보조사라 불리는 기호이다. 이는 그 앞의 기호가 's'로 끝나야 한다는 것을 명확하게 하기 위한 기호이다. 음성 보조사는 종종 두 글자 성각 문자(∭은 'ms' 혹은 'mes'를 가리킨다.)나 세 글자 성각 문자(𓊹는 'ntr' 혹은 'neter'을 가리킨다.) 뒤에 붙는다.

음성 보조사로 사용되는 성각 문자는 𓏤 's'나 ☐ 'p'처럼 하나의 자음이다. 하나의 자음으로 이루어진 이 단어들은 샹폴리옹이 처음으로 클레오파트라 같은 비(非)이집트 이름에서 인식한 것들이다. 현대에는 표음 성각 문자 단어를 자음 수에 따라 한 글자짜리, 두 글자짜리, 세 글자짜리로 분류한다. 이집트인에게는 알파벳 같은 개념이 없었지만, 한 글자짜리가 알파벳처럼 사용되며 가장 많이 사용되는 기호이다. 모두 스물네 개이고, 이들 중 두 개는 약한 자음 또는 반모음이다.

기호	의도한 대상	대략적인 현재의 음가
𓅃	매	a와 h 사이의 음가 a
𓇋	꽃핀 갈대	i 혹은 약한 y
𓏭	꽃핀 갈대들	y 혹은 ii
𓂝	팔 앞부분	a와 유사한 목구멍소리
𓅱	메추라기 새끼	w 혹은 u
𓃀	다리	b

	스툴	*p*
	뿔 달린 독사	*f*
	부엉이	*m*
	물	*n*
	입	*r*
	갈대 오두막	부드러운 *h*
	아마를 꼬아서 만든 심지	거친 *h*
	태반(?)	거친 *ch*(스코틀랜드어 loch에서 ch)
	젖꼭지가 있는 동물의 배	부드러운 *ch*(독일어의 ich에서 ch)
	접힌 옷 혹은 문빗장	*s*
	못	*sh*
	언덕 비탈	*q* 혹은 *k*
	손잡이가 있는 바구니	*k*
	단지 지지대	거친 *g*
	빵 조각	*t*
	밧줄	*tj* 혹은 *tsh*
	손	*d*
	뱀	*dj*

한 글자짜리 알파벳 단어들은 대부분 외국 이름의 음가를 나타내는 데 사용되었다. 예를 들어 프톨레마이오스에서 사용된 'P'를 위한 와 't'를 위한 처럼, 원래 이 단어의 발음이 어땠는지를 알려 주었다. 두 글짜짜리 단어 는 'ua'(혹은 what의 wha)처럼 프톨레마이오스의 'o' 음가를 위해 사용되었고 는 아마도 'ba'로 발음되는데 그것은 베레니케의 'B' 음가에 사용되었다. 샹폴리옹이 좋아했던 기호인 는 누워 있는 사자를 묘사하는데, 프톨레마이오스의 'l' 음가를 나타내는 데 사용되었다. 이 기호는 고대 이집트어에서 음가가 없는 외국어 'l' 음가를

표시하기도 하지만 원래는 'ru' 음가를 내는 두 글자짜리 기호였다.

마침내 9월 27일에 샹폴리옹은 비문과 문학 학회로부터 표음 성각 문자에 대한 그의 주요 논문을 발표해 달라는 요청을 받았다. 이 논문은 즉시 학회의 종신 이사인 조제프 다시에에게 공식적으로 헌정된 책으로 그 영역을 넓혔다. 이집트학에서 이정표가 된 이 논문은 지금은 「다시에 씨에게 보낸 편지」로 알려져 있다. 샹폴리옹은 아부심벨에서 그린 그림에서 람세스와 투트모세의 이름을 발견하고 나서, 그리스와 로마 시대 이전에도 표음 성각 문자 기호가 사용되었다고 확신하게 되었다. 그러나 이상하게도 그는 이 사실을 학술원 발표에서나 이후의 저서에서 언급하지 않고 있다. 샹폴리옹은 이집트에서 그리스 시대 이전에 표음 성각 문자 기호가 사용되었을지도 모른다는 사실을 증명하기보다는 단순히 제안했을 뿐이다. "친애하는 다시에 씨, 저는 아주 오래전부터 표음 문자 체계가 존재했다고 생각합니다. 물론 이것은 처음에는 표의 문자 체계의 핵심 부분이었습니다. 캄비세스 이후에도 이것은 표의 문자 텍스트에서(이 또한 대략적인 사실입니다.) 외국인, 나라, 도시, 왕 그리고 개인을 나타내는 고유 명사를 음역하기 위해 사용되었습니다." 아직 체계를 완벽하게 설명할 수 있는 단계가 아니었어도, 샹폴리옹은 적어도 9월 14일 아침에 자신의 발견을 바탕으로 확인한 많은 결과들을 밝힐 수 있었다. 그는 그 발견들 중 많은 것을 그르노블에 있을 때 밝혀냈다. 아부심벨에서 새로운 성각 문자 텍스트가 발견되었는데, 그것은 결국 샹폴리옹의 발견이 옳았다는 것을 증명하는 증거가 되었다. 때로는 절망의 나락에 떨어지기도 했던 샹폴리옹은 참으로 오랜 시간에 걸친 끝에 갑작스레 성공한 충격으로 완전히 무너지기 직전의 상태에 이르렀다. 자신의 연구 결과가 옳다는 것을 확신한 그는 이집트를 통치했던 그리스와 로마 왕들의 이름을 쓰는 데 표음 성각 문자를 사용하기 시작했다. 또한 그는 자신의 체계가 옳다는 것을 증명하기 위해서 성각 문자 형태로 된 이 많은 이름들을 번역과 함께 예로 제시했다. 그중에는 알렉산더 대왕, 프톨레마이오스나 클레오파트라, 티베리우스, 트라야누스, 하드리아누스 등의 이름을 가진 수많은 사례들이 있다. 그러나 그때까지 샹폴리옹은 "신관 문자와 민중 문자, 이 두 가지 문자는 각각 알파벳이 아니라 (……) 표의 문자이며(그의 표음 성각 문자와는 대조적이다.) 글자의 소리가 아닌 그림을 통해 그 의미를 나타낸다."라고 주장하고 있었다. 이 문장에서 아직도 샹폴리옹이 표의 문자와 표음 문자의 상대적인 역할을 확신하지 못했음이 드러난다.

후대 학자들은 샹폴리옹이 자신의 발견에 대해 더 많이 밝히지 않은 이유를 제 나름대로 설명했다. 샹폴리옹이 성각 문자들의 활용 원칙을 갑자기 깨닫고 보고서를 쓴 시기는 9월 22일이었고, 9월 27일 공식 모임을 위해 논문을 인쇄하기까지는 일주일이 걸렸다. 샹폴리옹은 여전히 탈진 후유증에 시달리면서 민중 문자에 대한 논문을 준비하고 발표했기 때문에, 자신의 발견이 무엇을 암시하는지 깊이 생각할 겨를이 없었다. 그는 자신이 발견한 내용을 너무 급하게 발표하는 것은 아닌지 염려하고 있었다. 예상대로 샹폴리옹의 표음 성각 문자 표와 그리스-로마 이집트의 많은 이름에 대한 판독 결과는, 그것만으로도 학자들의 탄성을 자아내기에 충분했다. 그를 축하하러 온 사람들 중에는 친구이자 후원자인 드 사시와 치열한 경쟁자인 영도 있었다.

샹폴리옹은 이십 년 동안 너무 많은 어려운 상황 속에서, 강박 관념에 사로잡힌 듯한 고된 연구를 한 끝에 비로소 성공할 수 있었다. 그는 몇 세기 동안 사람들에게 알려지지 않았던, 삼천 년 인류 역사에 대한 문헌을 읽을 수 있게 해 주었다. 이 발견은 너무나 중요했기 때문에 즉시 왕에게 알려졌다. 덴데라 황도 십이궁이 파리에서 돌풍을 일으켜 사람들 마음속에 생생히 남아 있던 때였으므로 신문들은 앞다투어 이 사건을 기사로 다루었다. 다른 거대한 발견들에 가려서 잘 알려지지는 않았지만, 샹폴리옹의 논문에는 이전에 《르뷔 앙시클로페디크》에 발표한 편지에서 미처 밝히지 않은 것도 쓰여 있었는데, 바로 덴데라 황도 십이궁의 연대를 확인한 것이었다. 그는 카르투시에 있는 이름이 원래 덴데라 황도 십이궁에서는 그리스어로 '아우토크라토르', 즉 로마 시대의 '황제'를 뜻하는 단어였다는 사실을 증명했다. 영은 그전에 이 카르투시를 기계적인 추론 방법을 통해 '아르시노에'라고 번역했다. 샹폴리옹은 다시에에게 보낸 편지에서 "제가 방금 판독해 낸 카르투시는 이 부조와 황도 십이궁을 로마의 지배를 받던 이집트인들이 만든 것이라는 사실을 보여 줍니다."라고 적었다. 샹폴리옹의 다른 업적에 가리지 않았더라면 그 사실 자체만으로도 획기적인 반응을 불러일으켰을 수 있는데, 그것이 황도 십이궁 연대에 대한 학자들 사이의 논쟁을 끝낼 수 있는 내용이었기 때문이다. 그 발견으로 황도 십이궁이 수천 년 전 것임을 알 수 있었는데, 그래서 성서에 나오는 천지 창조 연대에 직접적으로 도전하게 되었다.

그 모임 후에 영은 천문학자인 친구 아라고를 통해 샹폴리옹과 정식으로 인사를 했다. 그다음 날 아침 영이 마자랭 거리에 살고 있던 샹폴리옹을 방문했을 때, 이미 흥분한 수많은 군중들이 몰려든 상태였다. 이때까지도 영은 자신이 '젊은 조수'라고만 생각했던 샹폴리옹이 성각문자를 판독하는 데 진짜 성공했다는 사실을 완전히 실감하지 못하고 있었다. 영은 속으로 이전의 자신이 해 두었던 연구 덕분에 이런 성공이 가능했다고 생각하면서, 처음에는 샹폴리옹을 칭찬하는 데 관대했다. 또 친구들에게 보낸 개인적인 편지에서도 마찬가지였다. 그는 나폴리 궁정의 각료였던 윌리엄 해밀턴에게 다음과 같이 편지를 썼다.

만일 그가(샹폴리옹이) 영국의 열쇠를 빌리지 않았다면, 그 자물쇠가 너무 녹슬었기 때문에 평범한 팔로는 그것을 돌려 열 수 없었을 것입니다. (……) 제가 '음성' 기호라고 명명한 성각 문자 기호 몇 개에서부터 시작한 그는 적어도 그리스와 로마 시대에는 외국식 이름을 성각 문자 체계로 표현하기 위해 상당수 글자들이 사용되었다는 점을 알아냈습니다. (……) 만약 당신이 저를 잘못된 열정의 엄청난 희생자라고 여기신다면, 제가 샹폴리옹의 성공에 크게 기뻐할 수밖에 없다는 사실도 잘 아실 겁니다. 제 연구에 참여했던 한 어린 조수 덕분에 제 삶이 길어졌기 때문입니다. 그는 이집트어의 다른 방언들을 저보다도 많이 압니다. 저는 그의 이러한 강점들을 국민과 정부가 높이 평가해 주기를 진심으로 바랍니다.

그 후 며칠 동안 이들의 만남은 계속되었다. 이 두 경쟁자는 서로를 진심으로 대했고, 샹폴리옹은 너그럽게도 자신의 많은 자료들을 영에게 보여 주었다. 특히 민중 문자(영의 엔코릭)로 쓰인 카사티 파피루스 중 일부를 시간을 내어 베껴서 영에게 주었다. 그 파피루스 덕분에 샹폴리옹은 클레오파트라라는 이름을 밝힐 수 있었다. 이에 대해 영은 "엔코릭 형태로 이해할 수 있는 글자들이 내가 연구한 많은 사본과 비문에서 처음으로 발견되었다."라고 말했다. 샹폴리옹은 아라고와 함께 영이 머물고 있는 숙소를 방문했고 영의 아내도 만났다. 그들은 정보를 교환하자고 약속까지 했다. 이 두 사람 사이에는 우정 이상의 관계가 성립하는 듯했으나, 오래가지는 못했다. 영은 얼마 지나지 않아 친구 거니(그 무렵 국회 의원이었으며 런던 고미술 협회 부회장이었다.)에게 쓴 편지에서 다음과 같이 전했다.

　　자네가 가져다준 책의 저자인 샹폴리옹은 여전히 이집트 문자를 열심히 연구하고 있네. 그는 여기에 모든 시간을 할애하여 입수한 텍스트들 중 몇몇에서 놀라운 성과를 거두었지. (……) 그가 내게서 빌려 갔거나 빌려 갔을 법한 모든 것을 어느 정도나 시인할까? 비록 확신하지는 못하지만 세상 사람들은 "중요한 것은 최초의 시도이다."라고 말할 걸세. 다른 경우와 비교했을 때 이번 경우에는 이 격언이 덜 진실하기도 해. 모든 단계가 힘들기 때문이지. 나는 영국에서 샹폴리옹에게 보여 주고 싶은 것들이 많이 있지만 그가 움직이는 데 제약이 있는 관계로 그럴 만한 기회가 없어.

영은 자신이 잘못 해석한 대부분의 글자들과는 상관없이, 맞게 해석한 몇 안 되는 글자가 샹폴리옹이 성공하는 데 한몫을 했다고 주장할 수 있다고 느끼기 시작했다.

　　이미 영의 마음속에 샹폴리옹에 대한 적대적인 씨앗이 싹트고 있었다. 샹폴리옹은 다행히도 그 사실을 알지 못했고 자신의 성공과 사람들이 자신을 인정해 주는 현실에 기뻐하고 있었다. 흥분한 그는 그르노블에 있는 테브네에게 다음과 같이 썼다. "그 연구소(비문 학회)가 나에게 듣기를 원했던 강의는 완벽하게 성공했어. 성각 문자 연구 분야에서 내 발견은 만장일치로 논란의 여지가 없다고 여겨졌지. 나는 노트르담 탑들보다도 더 높은 찬사를 받았어." 샹폴리옹은 당시 왕립 도서관 관장이었던 처남 앙드레 블랑에게 편지를 써서, 그와 거리를 두었던 모든 사람들, 심지어 정치적 이념 때문에 그랬던 사람들이 자신의 발견에 놀라움과 갈채, 칭송을 보낼 수밖에 없었다고 말했다.

비문 학회 회원들의 칭송이 귀에 생생한 상태에서, 또 자신의 성과가 인정받는 현실이 미래를 보장해 줄 것이라고 확신하는 상태에서 샹폴리옹은 그 후 몇 주 동안 보고서를 출판하는 데 힘썼다. 그는 계속 득의만만해하며 테브네에게 편지를 썼다. "모든 사람들이 학회의 첫 번째 공석 중 하나는 내 차지라고 계속 말하고 있어. 나는 그것이 실제로 실현될 것이라고 믿어. 내가 헤쳐 나가야 했던 장애물과 방해물을 마침내 한 방 쳐서 제거해 버렸어!" 학회에 제출한 샹폴리옹의 논문은 1822년 10월 『다시에 씨에게 드린 표음 성각 문자 알파벳에 대한 편지』(이하 『다시에 씨에게 드린 편지』)라는 제목으로 나왔다. 이 책은 총 44쪽이며 삽화네 장이 포함되어 있는 소책자였다. 이 책은 당시 프랑스 최고의 출판업자이며 국왕 전담 인쇄업자였던 피르멩 디도가 발간했다.

샹폴리옹이 행복감에 젖어 있었던 반면, 영은 나날이 더해 가는 환멸과 낙심 속에서 살고 있었다. 파리에서의 만남 이후, 샹폴리옹은 신간 『다시에 씨에게 드린 편지』 두 권을 우정 어린 편지와 함께 영에게 보냈다. 그 후 몇 달 동안 정보와 우정을 나누는 편지 교환이 계속되었다. 이처럼 영이 체면을 차리기 위해 경쟁자와의 관계를 유지하는 동안 그의 질투심은 거의 폭발할 지경에 이르렀다. 특히 샹폴리옹의 저서에 영이 두 번 언급되었는데, 영은 그 책에서 자신이 정당한 인정을 받지 못했다고 느꼈고 그래서 더욱 괴로워했다. 첫 번째는 로제타석 민중 문자 비문과 관련된 것이었다. 샹폴리옹은 자신의 연구가 "첫째로는 (……) 실베스트르 드 사시, 그리고 (……) 고인이 된 오셰르블라드, 그리고 영 박사 덕택이다."라고 말했다. 두 번째는 샹폴리옹이 여왕 베레니케의 이름에 대해 토의한 부분에서였는데, 그것은 영이 이미 출판한 내용이었다. 파테라라는 접시 형태에 글자 'b'가 나타난다면서(현재는 타오르는 향을 담는 그릇을 나타낸 것으로 해석된다.) 샹폴리옹은 영의 틀린 주장에 장문의 각주를 달았다.

　영 박사는 바구니를 나타내는 그림을 통해 유추하여 그것이 같은 기호의 형식임을 확신하고, 그 기호를 포함하고 있는, 카르투시의 베레니케라는 이름을 알아차렸을 것이다. 그러나 이 영국인 학자는 그 고유 명사를 구성하는 성각 문자 기호가 음절 전체를 나타내서, 마치 레부스(rebus, 그림 글자에서 그 의미를 생략하고 발음만 가져오는 발음 원칙 — 옮긴이)의 일종인 것처럼, 예를 들어 베레니케라는 이름의 첫 번째 기호가 이집트어(콥트어)에서 '바구니'를 의미하는 음절 BIR을 나타낸다고 생각했다. 이 출발점이 그가 프톨레마이오스와 베레니케라는 이름에 적용한 음가 분석 틀에 지대한 영향을 미쳤다. 그는 이 이름들에서 네 가지 기호의 음가를 밝혀냈다. P, 그리고 T의 여러 형태 중 하나, M의 여러 형태 중 하나, 그리고 I이다. 두 가지 이름만을 토대로 재구성한 음절 알파벳 전체는 이집트 기념물에 새겨진 수많은 표음 고유 명사에 전혀 들어맞지 않는다. 그러나 영 박사가 영국에서 고대 이집트 문자가 새겨진 기념물을 연구한 것은, 내가 몇 년간 집중한 연구 내용과 유사하다. 그리고 로제타석 중간(민중 문자) 부분과 성각 문자 텍스트에 대한 그의 연구는, 내가 신관 문자라고 밝힌 문헌들을 연구했던 일처럼, 중요한 성과들을 냈다.

그러고 나서 샹폴리옹은 영이 『브리태니커 백과사전』에 실은 글을 언급 했지만, 그 외에 다른 말은 없었다. 샹폴리옹은 영을 거의 칭찬하지 않 았고, 카르투시와 황도 십이궁의 관계를 논의할 때에도 그리스어 아우토 크라토르를 아르시오네로 잘못 해석한 영의 실수를 지적하지 않았다.

스스로 생각하기에 자신이 이루어 낸 아주 중요한 발견을 최소한 으로라도 인정받기 위해서 영은 감정을 숨기지 않았다. 샹폴리옹이 비 문 학회에서 성공적으로 발표를 한 후 한 달도 채 지나지 않았을 때, 영 의 친구들은 성각 문자에 대한 대중 서적을 그전처럼 무명으로 내지 말 고, 그의 명성을 높이기 위해 실명으로 출판하라고 제안했다. 영은 처음 에는 거절했지만, 아주 중요한 새로운 파피루스를 발견했다는 획기적인 사건 때문에 마음이 바뀌었다. 여행가이며 옥스퍼드 단과 대학 강사 조 지 프랜시스 그레이가 이집트에서 돌아와 거의 사 년 전에 이집트 남부 테베에서 아랍인에게 구입한 많은 파피루스가 담겨 있는 상자를 영에게 빌려 줬다. 이 파피루스들을 정리하다가 영은 샹폴리옹이 '클레오파트 라'라는 이름을 발견한 민중 문자(후기 이집트어)로 쓰인 카사티 파피루스 의 그리스어 번역본을 우연히 발견했다.

존재하지 않을 것이라고 생각한 문서가 아주 우연히, 내 생각에는 지난 이천 년 동안 거의 손상되지 않은 상태로 수중에 들어왔다. 이 놀 라운 문서가 유럽과 영국을 거쳐 내 수중에 들어왔다는 사실은 (……) 만약 다른 시대였다면 내가 이집트 마술사라는 충분한 증거로 간주되었 을 것이다.

리보르노에 있는, 드로베티의 두 가지 언어로 쓰인 닳은 비석은 사르디니아 왕이 구입하려고 협상 중이었는데, 그것을 제외하고 로제타석 이후에 민중 문자와 그리스어로 된 같은 텍스트가 실려 있는 것은 그 파피루스가 처음이었다. 그것은 한 공동묘지 사제가 다른 사제에게 미라를 위한 의례의 일부를 매도한다는 평범한 내용이었다. 흥분한 영은 1822년 11월 말에 친구 거니에게 "나는 이미 샹폴리옹과의 경쟁에서 작은 승리를 거두었네."라는 내용의 편지를 보냈다. 드로베티 석에 관해서는 "만일 '드로베티의 검은 돌'이 제노바 만의 심연으로 떨어진다고 해도, 나는 크게 상관하지 않겠어. 지금이라면 10파운드도 아까워."라고 단언했다.

영의 속이 부글부글 끓고 있다는 사실을 모르는 샹폴리옹은 자신의 연구 결과를 토대로 다룰 수 있는 모든 성각 문자 예문들을 연구하느라 정신이 없었다. 처음에는 통치자들의 이름에 집중했다. 이집트의 통치자들은 이름 주위에 장식된 카르투시로 쉽게 알아차릴 수 있을 뿐 아니라 그들의 이름을 통해 이집트 역사를 재구성하는 소중한 틀을 마련해 주었다. 이집트의 통치자들은 왕이었지만, 반은 인간이고 반은 신으로 여겨졌다. 또한 그들의 역할은 이집트 종교와 관계가 밀접했다. 사람들은 왕이 신에 의해 태어났고, 살아 있는 동안에는 지상에 있는 신의 표상이며, 죽은 후에는 신이 된다고 믿었다. 지금은 고대 이집트 왕을 '파라오'라고 한다. 이 용어는 성각 문자 ☐(per-aa, 큰 집)의 그리스어 번역에서 나왔다. '큰 집'은 바로 궁궐이지만 '거대한 통치자의 집'이라는 관용 표현으로 사용되었고(현재 영국의 왕족이 '윈저 가(House of Winsor)'인 것처럼) 기원전 1500년 무렵부터 ☐는 왕, 그 자체를 의미하게 되었다.

샹폴리옹은 카르투시 덕분에 파라오의 이름을 추려 낼 수 있었다. 카르투시는 나폴레옹의 이집트 원정에 참여했던 군인들이 이 성각 문자 기호가 자신들의 탄약통 생김새와 비슷하다 하여 붙인 이름이다.(카르투시는 '탄약통'을 뜻하는 프랑스어이다.) 카르투시 성각 문자 기호인 ⬭ 는 성각 문자 기호 ◯(태양에 의해 둘러싸인 모든 것)의 동그라미가 파라오의 성각 문자 이름을 표시할 공간을 마련하기 위해 타원으로 발전한 것이다. 카르투시 기호는 실제로 두꺼운 줄 두 개를 엮어 만든 끈의 양 끝을 다시 이어 원으로 만든 고리다. 카르투시를 나타내는 이집트어 단어는 '둘러싸다'를 의미하는 𓍱𓂝𓏤◯ (*shenu*)이다. 이름이 카르투시에 둘러싸이는 사람은 태양에 의해 둘러싸인 모든 것을 통치하는 자임을 표시하는 것이 본래 카르투시다. ◯와 ⬭ 모두 불멸의 상징이며, 하나의 이름이 카르투시로 둘러싸이면 카르투시는 부적 역할을 하고 그 사람은 보호를 받는다. 이름은 그 사람의 중요한 부분이며, 만일 그 사람의 이름이 더 이상 어느 곳에도 쓰이지 않는다면 그들은 사후에 살아남을 수 없다. 종종 그 사람을 죽이기 위해 이름이 지워지기도 하며, '이름 없애기'는 고대 이집트에서 대역죄에 대한 형벌이었다. 파라오의 이름을 카르투시 안에 적는 것은 파라오를 보호하고 그가 영원히 살기를 기원하는 종교적이고 마술적인 행위이다. 현대의 "국왕 만세!(Long Live the King!)"라는 외침보다 훨씬 강한 감정이 실려 있는 것이다.

샹폴리옹은 카르투시들이 종종 쌍으로 등장하고, 같은 파라오를 지칭하며, 몇몇 카르투시는 해당 파라오의 이름뿐 아니라 그에게 붙는 존칭들도 포함한다는 사실을 이미 알고 있었다. 영은 두 개의 카르투시가 왕의 이름과 그 아버지의 이름을 둘러싸는 것으로 잘못 이해했고, 여러 카르투시들이 통치자의 이름과 그의 존칭을 표시한다는 사실을 알아차리지 못했다. 사실 파라오의 이름과 존칭은 기원전 2000년 정도까지 진화해 파라오는 이름을 다섯 개나 가졌다. 그것들 중 몇 개는 여러 요소로 이루어져 있고 두 개의 이름이 카르투시에 담기기도 했다. 파라오가 태어나면서 받는 이름인 출생 이름(Birth Name)(때로는 '두 번째 이름(nomen)'이라고도 불렸다.)은 파라오의 신성한 탄생을 강조하기 위해 '라 신의 아들'이라는 의미인 성각 문자 기호 ⟨Sa-Ra⟩ 뒤에 썼다. 카르투시 안에 있는 다른 이름은 왕명(Throme Name)(때로는 첫 번째 이름(prenomen)이라고도 한다.)이다. 어떤 사람이 권력을 잡을 때 취하는 이름으로, 성각 문자 기호로 ⟨nesubity⟩, 즉 '사초(sedge)와 벌(bees)을 관장하는 자'라는 뜻이다. 이것은 '이중성의 왕(King of the Dualities)'이라는 의미로, 농토와 사막 같은 이집트를 특징짓는 현저한 대조를 반영하며 복잡한 해석이 가능하다. 그리고 보통은 상이집트와 하이집트(사초는 상이집트의 상징이고, 벌은 하이집트의 상징이다.)의 정치적 이중성을 강조하는 것으로 '상이집트와 하이집트의 왕'이라고 번역한다. 나머지 세 개의 이름은 왕좌에 오를 때 주어졌다. 대개 파라오의 고유한 이름이라기보다는 그의 권력이나 신성을 강조하는 칭호이다. 그것들은 호루스 신을 표시하는 성각 문자 기호 ⟨Horus⟩ 뒤에 쓰는 호루스 이름(the Horus Name), 상이집트의 네크베트 신과 하이집트의 부토 신을 나타내는 성각 문자 기호 ⟨Nebti⟩ 뒤에 쓰는 네브티 이름(the Nebti Name)(종종 '두 숙녀의 이름(Two Ladies Name)'이라고 불린다.), 황금의 호루스 신을 상징하는 성각 문자 기호인 ⟨Hor nebw⟩ (Hor nebw, 황금 호루스) 뒤에 쓰는 황금 호루스 이름(the Golden Horus)이다.

이 이름 표시 체계가 완전히 성립한 후에 통치했던 왕들에 대해서는 다섯 개의 이름이 모두 사용되었다. 예를 들어 투탕카멘의 모든 이름들은 보통 다음 순서로 새겨져 있다.

호루스 이름 : Ka-nakht tut-mesut,
'창조된 모양에 걸맞은 강한 황소.'

네브티 이름 : Nefer-hepu segereh-tawy sehetep-netjeru nebu,
'두 땅을 진정하고, 모든 신을 달래는 역동적인 법칙.'

황금 호루스 이름 : Wetjes-khau sehetep-netjeru,
'신들을 달래는 왕의 표상을 보여 주는 사람.'

왕명 : Nebkheperure,
'라 신의 당당한 현현(顯現).'

출생 이름: Tutankhamun heqa-iunu-shema,
'아몬의 살아 있는 형상, 상이집트 헬리오폴리스의 통치자.'

투탕카멘의 출생 이름은 그가 태어났을 때 받은 이름이 아니라는 점이 특이하다. 그 대신 그는 투탄카텐(Tutankhaten)(아톤 신의 살아 있는 형상)이라는 이름을 받았다. 당시 '이단(異端)' 파라오였던 아케나텐이 다른 모든 이집트 신 대신 오직 아톤 신만 섬겼기 때문이다. 투탄카텐이라는 이름은 나중에 투탕카멘으로 바뀌었다.

이 다섯 개 이름의 조합은 모든 파라오에게 고유한 것이었지만 실제로 카르투시 안에 있는 두 개의 이름이 다른 파라오와 같다고 해도 파라오들을 각각 구별하는 데는 충분했다. 예를 들어 기원전 1500년 무렵 통치했던 파라오 투트모세 1세는 출생 이름 🦅 (토트메스(Thothmes), 토트 신이 태어났다.)이며, 그를 이은 투트모세 2세와 출생 이름이 같다. 그러나 투트모세 1세의 왕명은 (아케페르카레(Akheperkare), 라 신의 영혼은 위대하다.)이며, 투트모세 2세의 왕명은 (아케페렌레(Akheperenre), 라 신의 형상은 위대하다.)이다. 성각 문자 기호 와 이 미세하게 다르다 해도, 투트모세 1세와 투트모세 2세는 충분히 구분할 수 있다.

샹폴리옹은 자신이 발견한 체계를 발전시키고 카르투시나 이와 관련된 텍스트가 알려 줄 수 있는 것 이상을 성취하기 위해, 가능한 한 많은 성각 문자 텍스트가 필요하다고 생각했다. 그는 최상의 텍스트 대부분은, 아니 텍스트 대부분이 프랑스가 아니라 영국으로 유입되고 있다는 사실을 너무나 잘 알고 있었다. 이집트 주재 영국 영사인 헨리 솔트는 이집트 유물들을 대영 박물관과 개인 소장인들에게 수출하는 중개상 역할을 했다. 이집트 주재 프랑스 영사 베르나르디노 드로베티도 수출 중개인 역할을 했지만 그가 모은 유물들을 팔 수 있는 시장을 프랑스에서 찾지 못했다. 1821년 영이 봤던 드로베티의 소장품들은 아직 리보르노에 있었고 사르디니아 왕에게 팔리는 중이었다. 영국에서는 파피루스를 포함한 성각 문자 텍스트들과 많은 유물들이 영의 손을 거친 다음에야 개인에게 팔리고 있었다. 아이러니하게도 영은 많은 자료를 가졌지만 그것들을 읽지 못했고, 반면 샹폴리옹은 자신이 보지 못한 성각 문자 텍스트를 찾기 위해 파리를 샅샅이 뒤져야 했다. 무엇보다 안타까운 점은 영의 친구인 뱅크스에게 가장 중요한 성각 문자 텍스트 모음집이 있었지만, 그가 악의적으로 샹폴리옹이 어떤 자료의 사본도 못 보게 했다는 것이다. 아마도 친구 영을 위해서, 혹은 단순히 프랑스인을 싫어해서, 혹은 샹폴리옹이 자신의 오벨리스크와 클레오파트라 카르투시를 성공적으로 활용해서였을지도 모르겠다.

그런 이유로 샹폴리옹은 1823년 1월 아침 일찍 파리에 있는 한 상점에서 관람객들이 오기 전에 몇 가지 판매 품목들에 적힌 성각 문자 기호들을 급하게 베끼게 되었다. 물건을 사러 온 어떤 신사가 샹폴리옹이 재빠르고 자신감 있게 성각 문자 기호를 베끼는 모습을 보고는 그에게 다가가 이집트 컬렉션에 관해서, 특히 프랑스보다는 이탈리아 토리노로 갈 예정인 드로베티 컬렉션에 관해서 이야기를 나누었다. 샹폴리옹은 그와 마음이 맞아 완전히 경계를 풀고 드로베티 컬렉션이 역사와 고대 이집트어를 이해하는 데 얼마나 중요한지 열정적으로 설명했다. 그는 프랑스 정부가 덴데라 황도 십이궁에는 15만 프랑을 지불한 반면 드로베티 컬렉션을 위해서는 아무것도 하지 않았다고 불평을 털어놓았다.

파리에서 덴데라 황도 십이궁이 대중적인 인기를 끌었지만 드로베티 컬렉션과 비교하면 그것은 사소한 것이었다. 이 분야 전문가만이 그 사실을 감지할 수 있었다. 그 신사는 샹폴리옹이 개인적인 의견을 가미해 솔직 담백하고 풍부하게 설명하는 것에 놀라며, 자신은 블라카 공작이라고 밝혔다. 그의 이름은 피에르 루이 장 블라카 카시미르 드 아울푸스였다. 그는 고고학, 특히 동양에 관심이 많았을 뿐 아니라, 귀족이며 충성스러운 왕당파의 일원이었다. 샹폴리옹과는 정치적 견해가 달랐지만, 그는 자유주의적인 견해를 가지고 있었고 샹폴리옹에게 많은 고통과 번뇌를 안겼던 과격파들과는 대립적인 입장에 서 있었다. 프랑스 혁명이 끝난 후, 그는 프랑스를 떠나 군인으로 복무하다 장차 왕이 되는 루이 18세와 함께 영국에서 망명 생활을 했다. 루이 18세가 복권하자 블라카 공작은 의회 의장에 올랐으며 프랑스에서 가장 영향력 있는 사람 중 하나가 되었다.

이 우연한 만남이 샹폴리옹의 인생에서 큰 전환점이 되었다. 샹폴리옹은 블라카 공작에게 좋은 인상을 남겼고, 그는 샹폴리옹에게 지원을 약속했다. 그는 곧 왕에게 샹폴리옹의 존재를 알렸다. 샹폴리옹의 과거 정치적인 기록, 그리고 그의 위대한 발견이 루이 18세가 아니라 다시에에게 헌정되었다는 사실에도 불구하고, 왕은 그의 공적을 인정했다. 왕은 "성각 문자 기호 알파벳을 발견한 것을 기념해 루이 18세가 M. 샹폴리옹에게"라고 적힌 금상자를 선사하기로 했다. 블라카 공작은 샹폴리옹에게 이 상자를 주면서 앞으로 발견하는 성과를 왕에게 헌정한다면 왕의 보호를 받을 것이라고 강력하게 암시했다.

성각 문자의 원리를 깨달은 후 샹폴리옹의 삶을 완전히 바꿔 놓았던 행복감은 곧 시들해졌다. 뛰어난 성과를 올렸지만 바로 생활 환경이 나아지지는 않았기 때문이다. 급여를 받는 직장이 없는 상태에서 그는 가난하고 몸도 허약한 탓에 아직 고생하고 있었다. 모든 명성과 부가 단지 겉치레에 불과해 보였다. 적들이 샹폴리옹의 갑작스러운 발표로 받은 충격에서 벗어나려 하고 있었고 동시에 사람들이 그를 공격하거나 과소평가하려고 하는 바로 그 적절한 시점에, 블라카 공작이 그를 지원하겠다고 했다. 특히 『이집트 묘사』를 편집해 온 조마르는 프랑스에서 그의 주된 적수였다. 공개적으로 나선 적은 거의 없었지만, 조마르는 파리 학계의 아는 사람들을 통해 샹폴리옹이 실제로는 아무것도 이루지 못했으며 성각 문자 기호는 여전히 새롭게 판독되어야 한다는 투로 말했다. 그는 샹폴리옹이 한 번도 이집트를 방문한 적이 없다면서 샹폴리옹에 대한 신용도를 무너뜨리기 위해 최대한 노력했다. 몇몇 다른 학자들도 조마르와 생각이 같았다. 자신들은 실패했는데 샹폴리옹이 성공했다는 사실을 받아들일 수 없어서, 그들은 그 판독 문제가 아직 해결되지 않았고 샹폴리옹은 사기꾼이라고 주장하며 스스로 납득했다.

오히려 샹폴리옹의 적들보다 새로운 동료들이 더 나쁜 사람들이었다. 그들은 덴데라 황도 십이궁이 예전에 추정했던 것보다 훨씬 후대의 것이라고 하면서 성서 연대기에 흠이 있다는 증거가 없다고 말했다. 샹폴리옹은 황도 십이궁이 수천 년 전에 만들어졌다고 주장하며 가톨릭 교리의 수호자로 많은 신부들의 존경을 받고 있던 조마르의 미움을 샀다. 샹폴리옹은 덴데라 황도 십이궁의 연대 문제에 과학적인 자세로 접근했고, 그것을 둘러싼 종교적 편견 때문에 화가 났다. 샹폴리옹은 오랜 친구 테브네에게 편지를 써서, 자신은 이제 '교회의 아버지'와 '신앙의 요새'라고 불리는 것들과 그를 둘러싼 '성스러움의 향기'에서 벗어나고 싶다고 말했다.

샹폴리옹은 프랑스에 있는 많은 적들과 자신을 달가워하지 않는 새로운 동료들을 의식하고 있었지만, 영국에 있는 영만은 그의 견해를 인정할 것이라고 믿었다. 그러나 샹폴리옹은 착각하고 있었다. 1823년 초 《쿼터리 리뷰》라는 학술 잡지에 샹폴리옹이 쓴 『다시에 씨에게 드린 편지』에 관한 서평이 실렸다. 이 서평에는 신관 문자와 성각 문자의 관계를 발견한 사람은 드 사시이고, 성각 문자 기호 알파벳의 기원을 발견한 사람은 오셰르블라드이며, 샹폴리옹은 영의 성각 문자 기호 알파벳을 조금 발전시킨 정도라고 쓰여 있었다. 샹폴리옹은 이 서평을 쓴 사람이 바로 영이라는 것을 알았다. 동시에 이 학술 잡지는 『성각 문자 문학과 이집트 고대사 분야의 최근 발견에 대한 논고, 샹폴리옹이 발전시킨 저자(영)의 원본 알파벳』(이하 『최근 발견에 대한 논고』)이라는, 도발적인 제목의 영의 책이 출판될 것임을 알리고 있었다.

분노하고 상처 받은 샹폴리옹은 1823년 3월 23일 파리에서, 그 서평을 영이 썼다는 사실을 모른 척하며 이 무명 필자의 주장을 반박하는 편지를 보냈다.

저는 방금 표음 성각 문자 기호 알파벳에 관한 『다시에 씨에게 드린 편지』를 분석한 글을 막 읽었습니다. 이 글은 저뿐만 아니라 글을 읽은 사람 누구에게라도 충격을 주기에 충분하며 아마도 이 논문을 쓴 필자의 무식함 혹은 잘못된 견해에 통탄해 마지않았을 것입니다. 저의 알파벳과 관련된 사실은 너무나 잘, 그리고 누구에게나 알려져 있습니다. 이 주제에 관해 여러 학자들이 시도했던 연대 측정은 오랫동안 답보 상태였고, 이 업적이 저에게 돌아와야 한다는 점에 대해서 아무도 반박할 수 없습니다. 민중 문자와 이른바 성각 문자로 쓴 신관 문자의 관계를 발견한 저의 업적이 어떻게 그에게 돌려졌는지, 누구도, 특히 드 사시는 이해하지 못하고 있습니다. 그는 예전에 출판된 책에서 이 문제를 한 번도 다룬 적이 없습니다. 또한 그 누구도 로제타석 성각 문자 텍스트에 관한 오셰르블라드의 주장을 이해할 수 없을 겁니다. 다른 성각 문자 비문에서나 파피루스에 쓰인 다른 텍스트에서 그의 알파벳 덕분에 이름들을 읽었다고 주장하는 사람도 없을 겁니다. 같은 글에 실려 있는, 더욱더 터무니없는 주장들도 이해할 수 없습니다. (……) 성각 문자 기호에 대해 일반적인 체계를 적용할 수 있다는 저의 발견이 쓸모없는 시도라는 주장과 관련해, 학회는 이미 그 진실을 알고 있고 곧 대중들도 저의 알파벳이 이 모든 체계를 푸는 단서라는 것을 확신하게 될 것입니다. 저는 그 학술 잡지를 통해 당신이 출판하려는 책을 알았고, 그 제목 때문에 당신이 저를 단순히 당신의 연구를 확대한 사람으로 여기며 스스로 진정한 알파벳의 저자라고 주장한다는 사실을 알았습니다. 성각 문자 기호 알파벳과 관련한 적절한 문제에서, 제 연구 결과 외에 그 어떤 독창적인 알파벳도 결코 인정하지 않을 것입니다. 이 문제에 관해 학자들이 만장일치된 의견을 보였고, 다른 주장을 공개적으로 조사하는 과정에서 그것이 더욱 확실해졌습니다. 그러므로 저는 이 서평을 쓴 무명 필자에게 대답하려 합니다. (……) 저는 선생님께서 이 무명 필자의 주장을 받아들이리라고 믿지 않습니다. 또 당신의 성품에 대한 저의 기대가 너무나 견고하기 때문에 이 문제에 관한 제 생각을 당신과 공유하는 것을 주저할 수 없었습니다.

영은 자신이 그 무명의 서평을 쓰지 않은 척했지만, 영에게 호의가 있는 사람들을 제외한 나머지는(그리고 심지어 호의가 있는 사람들조차) 샹폴리옹은 판독의 체계를 세웠지만 영은 고작 몇 글자만 번역했다는 사실을 분명히 알고 있었다.《쿼터리 리뷰》에 발표한 후 얼마 있다가 영은 자신이 성각 문자 알파벳을 발견했다고 주장하는 도발적인 책을 냈다. 그는 실명을 내세웠음에도 불구하고 책을 통해 서슴없이 화를 쏟아 냈다. 그는 프랑스인 샹폴리옹이 자신이 구축한 학문적 기초를 도용해 판독에 성공했다고 믿었다. 영은 자신이 마땅히 받아야 할 찬사는커녕 정당한 인정도 받지 못하고 있다고 생각했다.

한 외국인은 놀라운 결과로 향하는 과정에서 겨우 한 단계만 풀었을 따름이다. 그리고 그것은 그다지 어려운 일도 아니었다. 그는 내가 힘들게 마련한 발판을 토대로 빠르고 확실하게 나아갈 수 있었다. 그는 선행 연구자에 대한 고마움을 부인하고 천연덕스럽게 모든 상황에서 그 감사를 강조하지 않았고 온전히 열거하지도 않았다.

자신이 누려야 할 명성까지 얻고 있는 그 '외국인'이 성공하자 영은 더욱더 깊이 분노했다. 영은 『최근 발견에 대한 논고』에서 카사티 민중 문자 파피루스에 필적할 만한 새롭게 발견된 파피루스에 대해 발표하고 동시에 이를 통해 성각 문자 판독과 관련된 모든 중요한 연구 성과를 자신이 이루었다는 주장을 증명할 수 있기를 간절히 바랐다. 그래서 그는 그 글에 로제타석과 다른 민중 문자 파피루스 연구, 그리고 샹폴리옹에 대한 많은 견해와 비판을 포함시켰다. 그는 자신의 방법이 옳다는 것을 증명했다고 거짓 주장을 펼쳤다. "다시에 씨에게 보낸 그의 편지가 출판되었다. 거기에 나는 내가 연구한 연대기가 좀 더 확실하게 서술되어 있기를 분명히 기대했다. (……) 나는 샹폴리옹 선생의 결론에 기뻐하고 또 고맙게 생각하는데 그것은 내 연구를 뛰어넘어서가 아니라, 그것을 온전히 확인하고 확대해 주었기 때문이다." 영은 샹폴리옹이 그의 연구를 상당 부분 참고만 했으며 그가 발견한 아홉 개의 알파벳 글자 중 네 개만 받아들였다는 사실에 화가 났다.

나는 이 논문의 다음 장에서 샹폴리옹 선생이 받아들인 네 개의 글자 외에 나머지를 포함한 아홉 개의 글자를 모두 표시했다. 부록에 실려 있는 내 논문의 다른 부분에서는 이것을 구체적으로 설명했다. 그리고 만약 그가 E를 네 번째 글자로 여긴다면, 그는 분명히 새로운 글자를 세 개나 네 개 추가해야 할 것이다. 나는 B, L, 그리고 S가 가끔 음절로 사용된다고 생각한다.

영은 자신이 옳다는 것을 확인시켜 준다고 주장하는 (비록 그것이 네 개가 아니라 아홉 개였다고 해도) 성각 문자 개수에 대한 시끄러운 논쟁이 오히려 신빙성을 떨어뜨린다는 사실을 몰랐다.

샹폴리옹은 영의 발표 때문에 화가 났지만, 한편으로는 영이 발견한 내용들이 아직도 엄밀히 검토되고 있다는 사실을 알았다. 그는 더 이상 조바심을 내지 말고 자신이 발견한 내용을 최대한 많이 발표하고 학회에서 강의도 더 많이 하기로 결정했다. 이 결정은 샹폴리옹에게 점점 자신감이 생겼다는 증거이다. 그는 『다시에 씨에게 드린 편지』에서 제시한 것보다 좀 더 종합적으로 자신의 체계를 설명하려고 시도했다. 그의 첫 번째 책은 1823년 7월에 나왔다. 1824년 말까지 그는 작은 책자 여덟 권을 출판했지만, 그 후에는 불규칙한 간격으로 책을 발표했다. 이 책들에는 아름답고 다채로운 그림들이 실려 있었는데, 그의 친구인 장조제프 뒤부아가 얼마 남아 있지 않은 신들과, 그와 함께 쓰여 있는 성각 문자들을 기초로 그린 것이었다. 그것들은 성각 문자 판독에 대한 자세한 해설이 나오기 전에 출판되었기 때문에, 샹폴리옹이 남신과 여신에 대해 설명한 내용의 진실성을 믿지 못했던 그의 적들은 이 초창기 책들을 비난하기 시작했다.

1823년 8월 말에 샹폴리옹은 영에게 『이집트 판테온』의 초판을 다음과 같은 설명서와 함께 보냈다.

저는 이집트 유물에 나타난 여러 신비한 인물들을 구별하기 위해서 이 모음집을 출판했습니다. 그렇다고 제가 그 상징적인 의미를 파헤치기 시작했다고 주장하는 것은 아닙니다. 지금까지 풀 수 없었던 이집트 올림피아드의 미로에 부딪혔다는 증거일 뿐입니다. 나머지는 우리가 성각 문자를 판독하면서 이뤄 낼 진정한 성과에 달려 있습니다.

영은 1820년부터 이탈리아에 살았던 친구 윌리엄 겔에게 보낸 편지에서 샹폴리옹을 칭찬하는 척하면서 헐뜯고 있다. "전체적으로 봤을 때는 중요한 모음집일 것 같은 샹폴리옹의 『이집트 판테온』 초판을 받았는데 내가 볼 때는 너무 성급한 것 같습니다. 그는 신들의 명단에 이들과 함께 발견된 성각 문자 텍스트를 충분히 추가하지 않았기 때문에 여기에 적용된 이름이 맞는지 판단할 수가 없거든요."

자신의 연구 결과를 자랑하고 지속적으로 방어했음에도 불구하고, 영은 이 분야에 싫증을 내기 시작했다. 같은 해 9월에 영은 겔에게 이집트학과 관련된 출판을 포기하겠다고 편지를 보냈다. 그는 그 이유로 비용 문제, 새로운 자료들의 부족, 그리고 "샹폴리옹이 많은 일을 하고 있고 그는 연구할 자료가 부족해져도 별 영향을 받지 않을 것"이라는 사실을 들었다. "이 세 가지 이유로 나는 이제 나의 이집트 연구가 끝났다고 생각합니다." 이것은 그가 그 후 몇 년에 걸쳐 발표하는 선언들 중 하나였다. 그가 성각 문자에 대한 본격적인 연구를 포기하기는 했지만, 샹폴리옹에 대한 못마땅함과 분함이 모두 깨끗이 가셨던 것은 아니었다.

1823년에 샹폴리옹은 일 년 내내 『이집트 판테온』과 자신의 성각 문자 판독 체계에 대한 책의 개정판을 준비했다. 이 책은 나중에 『고대 이집트인의 성각 문자 체계에 대한 개요』(이하 『성각 문자 체계에 대한 개요』)라는 제목으로 출판되었다. 같은 해 12월 무렵에 『성각 문자 체계에 대한 개요』가 거의 다 완성되었고 샹폴리옹은 왕의 측근이었던 블라카 공작을 통해 그 책을 왕에게 직접 헌사하기를 바랐다. 성각 문자 문헌들이 충분치 않았기 때문에 샹폴리옹은 이탈리아로 가서 그 당시 토리노

에 있던 드로베티 컬렉션과, 로마 바티칸에 있던 것들을 포함한 다른 수
집품들(이집트를 제외하고 가장 많은 성각 문자 텍스트를 보유하고 있는 나라는
이탈리아였다.)을 조사해야겠다고 생각했다. 이 여행에 대해 왕의 후원을
얻어 내야 한다는 것은 현명한 생각이었고, 실제로 샹폴리옹은 계속 가
난한 상태였기 때문에 현실적으로 자금을 구하는 일이 중요했다. 블라
카 공작이 샹폴리옹을 위해 기꺼이 개입할 수 있었지만, 그에게 정치적
인 적들이 있었기 때문에 그것은 어려웠다. 블라카 공작이 병들자 왕의
신임을 잃었다는 소문이 돌기 시작했던 것이다.

블라카 공작이 없어지자, 왕실에 있던 그의 정적들은『성각 문자 체
계에 대한 개요』의 장정(裝幀)을 호화로운 것에서 덜 비싼 것으로 바꿨
다. 샹폴리옹에게 그것은 블라카 공작이 실제로 치욕을 당하고 있다는
증거였다. 샹폴리옹이 자신의 발견을 발표한 지 일 년이 지났지만, 형편
은 별로 나아지지 않았고 병세도 차도가 없어서 그의 희망은 이제 절망
으로 변하기 시작했다. 이러한 감정 상태는 그르노블에서 일어난 일들
로도 도무지 개선되지 않았다. 임신 중인 아내 로진은 1824년에 결국 사
망하는 자신의 아버지를 간호하고 있었고, 그 후 아버지의 유산과 관련
해 자크조제프가 지원해 줬는데도 불구하고 오빠들과의 법정 소송에서
져서 한 푼도 받지 못했다. 샹폴리옹의 금전 문제를 처가의 도움으로 해
결할 수는 없다는 것이 분명했다. 샹폴리옹은 우울해지고 점점 약해지
는 자기 자신을 느끼며,『성각 문자 체계에 대한 개요』를 준비하면서 긴
장한 결과 상처를 받았다고 형에게 편지를 썼다. "내 불쌍한 머리는 아
프고, 웅웅 소리가 나는 귀울림 현상이 악화되어 밤낮으로 괴로워. 나는
자주 발작을 일으켜서 십오 분 이상 하나의 일에 집중할 수가 없어. 한
달 이상 구부정한 자세로 작업한『성각 문자 체계에 대한 개요』도판 탓

에 이 병들을 얻었지." 그는 자신의 아내를 걱정시키지 말라고 부탁하면서 이렇게 말했다. "이런 사실을 로진에게 말할 필요는 없어. 로진에게 일이 나쁘게 돌아가는 것은 아니라고 말해 줘."

자크조제프는 1월 말에 파리로 돌아왔고 샹폴리옹이 그의 페르시아어 교수였던 루이 랑글레스를 방문하는 데 동행했다. 임종을 앞둔 랑글레스는 예전에 샹폴리옹과 관계가 불편했다. 그러나 그 무렵에는 샹폴리옹이 자신을 지지한다고 느끼고는 그와 화해했다. 이별은 슬픈 일이었고, 랑글레스는 1월 28일에 죽었다. 다행히도 블라카 공작의 병은 생명을 위협하거나 오래가는 것은 아니었다. 그가 왕실로 돌아가자 왕의 신임을 잃었다는 소문은 사라졌지만 예전 그의 적들의 행동을 뒤집는 것은 간단한 문제가 아니었다. 그래서 샹폴리옹이 왕에게 출판본을 직접 증정할 기회를 블라카 공작이 만들 때까지 『성각 문자 체계에 대한 개요』를 공식적으로 출판하는 일은 지연되었다. 『성각 문자 체계에 대한 개요』는 1월 중순에 준비가 다 되었지만, 증정식은 계속 미뤄졌다. 그러나 샹폴리옹은 다시 한 번 희망에 부풀어 있었는데, 블라카 공작이 이탈리아에 가서 이집트 수집품들을 연구한다는 그의 프로젝트를 왕이 지원해 줄 것이라고 확신하는 것 같았기 때문이다. 만약 샹폴리옹이 왕에게서 지원을 받지 못한다면, 블라카 공작 자신이 이 프로젝트를 재정적으로 후원하기로 약속했다. 흥분한 샹폴리옹은 이집트 여행을 계획하고 준비했다. 자크조제프도 이 계획에 깊이 관여해 이탈리아에서 연구를 할 수 있는 가장 좋은 방법과 여행 경로에 대한 정보를 얻기 위해 여러 친구들과 친지들에게 자문을 구하는 편지를 보냈다. 블라카 공작이 이 프로젝트에 대한 왕의 지원을 받으려면 왕에게 가져갈 세밀한 여행 계획이 필요했기 때문이다.

그때까지 샹폴리옹은 지속적으로 비문을 판독해 왔기 때문에 성각 문자를 읽는 데 능통했고 고대 이집트어와 가장 가까운 언어인 콥트어도 잘했다. 성각 문자 텍스트를 판독할 때 그는 콥트어 알파벳을 이용해 성각 문자를 콥트어로 음역했다. 콥트어 문장을 프랑스어로 번역하는 일은 그리 어렵지 않았기 때문이다. 샹폴리옹은 이 두 단계 과정이 성각 문자 상징 기호들을 판독하고 동시에 이집트어를 다시 프랑스어로 번역하는 과정보다 더 쉽고 정확하다고 생각했다. 그러나 이 방법은 완전하지 않았다. 영어나 프랑스어가 라틴어와는 많이 다르듯이, 고대 이집트어는 콥트어와 너무 많이 달랐다. 라틴어 단어 *plumbum*의 의미를 프랑스어 plomb에서, 혹은 라틴어 단어 *lacus*의 의미를 영어 lake에서 연역해 알아내는 것은 가능하지만, 시간이 흐르면서 모든 언어는 변하기 때문에 그 의미를 완전히 알 수는 없다. 오늘날 이집트학 학자들은 아직도 이 두 단계 과정을 사용하고 있다. 하지만 그들은 고대 이집트 문헌을 영어나 프랑스어 같은 다른 언어로 옮기기 전에 알파벳으로는 표현할 수 없는 음가들을 보충하기 위해 몇 가지 표음 기호를 첨가한 알파벳을 활용해 성각 문자를 번역한다. 예를 들어 𓏏𓇯𓊹은 '여사제'를 의미하는 ḥmt-nṯr로 음역한다.

샹폴리옹이 콥트어를 배우면서 보낸 시간은 중요한 가치가 있었고, 2월에 그는 토리노에 있는 로도비코 코스타 백작에게 보낸 편지에서 성각 문자 기호 연구에 진전이 있다고 말했다. "저의 모든 연구 결과는 비석들을 토대로 하며 (……) 비석에 종교적 상징 중 하나가 있거나 이집트어 비문이 있다면, 저는 그 모든 비문들을 통해 정보를 알아낼 수 있습니다." 코스타 백작은 사르디니아에서 온 영사였는데, 그르노블에서 샹폴리옹과 같이 일했고 그에게 토리노에서의 역사와 고대 언어 석좌 교수 자리를 제안한 적이 있었다. 샹폴리옹은 토리노에 있는 드로베티 컬렉션을 보기를 고대했다. 같은 편지에서 샹폴리옹은 자신이 루이 18세에게서 재정적인 도움을 받는다 해도 충분치 않다고 말하면서 코스타 백작에게 이렇게 요청했다. 만약 그가 토리노에 머무는 데 필요한 비용을 이탈리아 정부가 지불해 준다면, 그 대신 드로베티 컬렉션을 과학적으로 정리한 목록을 제공하겠다는 것이었다. 직접 이탈리아에 가서 그 자료를 보는 일이 정말 중요했기 때문에 샹폴리옹은 모든 수단을 동원했다.

블라카 공작은 몇 주 동안 인내하며 지켜보다가 마침내 왕에게 그 일을 언급할 기회를 잡았고 3월 29일 샹폴리옹과 루이 18세의 만남을 주선했다. 장시간 면담을 하면서 샹폴리옹은 왕에게 『성각 문자 체계에 대한 개요』를 한 권 증정했지만, 이탈리아 여행에 대해서는 언급하지 못했는데, 그 당시 왕실에 이미 나쁜 소문이 나돌고 있었기 때문이다. 왕당파들 가운데 샹폴리옹의 적들은 그의 명성을 실추시켰고 왕이 그의 과거를 다시 조사하라고 명령하게 하는 데 성공했다. 다행스럽게도 블라카 공작은 샹폴리옹에 관한 거짓말과 악의적인 농담에 대항할 수 있었다. 4월에 그는 왕에게 샹폴리옹과 자크조제프가 준비한 이탈리아 여행 프로젝트에 대한 지원 보고서와 관련 자료를 제출했다. 그 결과 왕은 필요한 재정을 집행하라고 주저 없이 명령했다. 샹폴리옹은 그 소식에 행복해했다. 이와 더불어 블라카 공작은 샹폴리옹이 이탈리아에 도착하면 자신이 이탈리아 주재 프랑스 대사로 임명되어 있을 것이라 생각하고 샹폴리옹을 나폴리로 초대했다.

왕에게 프로젝트를 허가받은 후, 샹폴리옹은 『성각 문자 체계에 대한 개요』를 자유롭게 출판할 수 있게 되었으며 결국 1824년 4월 중순에는 그 책이 판매되기 시작했다. 그는 그 책에서 『다시에 씨에게 드린 편지』에서만 주장했던 내용을 자세히 설명해 일반 독자들의 관심을 불러일으켰다. 『성각 문자 체계에 대한 개요』는 성각 문자에 대해 그가 최근에 발견한 여러 가지 내용으로 가득 찬 정말 놀라운 책이었다. 그는 서문에서 표음 알파벳 체계에 대해 언급하면서 "그것은 이집트 유물들의 연대를 최종적으로 확인해 준 첫 번째 성과였고 (……) 여전히 엄청나게 중요하다는 평가를 받고 있는데, 내가 생각하기에 일반적으로 성각 문자 체계를 푸는 진정한 열쇠라고 여겨졌기 때문이다."라고 말했다. 샹폴리옹은 여러 쪽을 할애해 영이 실수한 부분과 자신의 판독 진행 과정을 설명했다. 그리고 성각 문자 기호들이 무엇을 의미하고, 그것이 왜 그런지 설명하며, 왕과 사람들의 이름, 통치자들의 칭호, 여러 카르투시의 의미, 신관 문자나 민중 문자 같은 문자의 종류, 비(非)표음 성각 문자 기호(오늘날 우리가 그림 문자 혹은 표의 문자라고 부르는 것), 문법에 대한 개요를 실었다.

『성각 문자 체계에 대한 개요』에는 성각 문자 기호의 개수에 대한 논의도 있었다. "그 유명한 소에가가 (……) 성각 문자 기호 958개를 구별해서 모으는 데 성공했다. 나는 이 덴마크 학자가 하나의 기호에 대한 그다지 중요하지 않은 변형들을 서로 다른 기호들로 구분했다고 생각한다. (……) 나는 소에가보다 더 적은 양의 기호들을 구별해 낼 수 있었다." 샹폴리옹은 성각 문자 기호를 모두 864개까지 발견했고, 오늘날에는 최초의 성각 문자 기호들은 1000개 정도였고 기원전 2000년 무렵에는 750개 정도로 줄었으며, 프톨레마이오스 치하의 그리스와 로마 시대에 수천 개로 늘어났다고 추정하고 있다.

『성각 문자 체계에 대한 개요』를 둘러싸고 학자들의 반응은 엇갈렸다. 샹폴리옹의 친구들과 적들이 저마다 나름대로 주장을 폈지만, 이 작은 범위 밖에 있는 샹폴리옹의 경쟁자가 영국인이었기에 그것은 국민적 자긍심 문제로까지 확대되었다. 나폴레옹의 패배로 국민적 자부심에 타격을 입은 어려운 상황에서 프랑스인들은 이 연구 성과를 부각하려고 안달했다. 당연히 샹폴리옹은 『성각 문자 체계에 대한 개요』를 출판하면서 파리의 유명 인사가 되었다. 그러나 그는 건강이 좋지 않았기 때문에 자크조제프가 그를 보호하기 위해 수많은 방문 요구를 단순히 전달하기만 했고, 그가 이탈리아 여행 준비에 집중할 수 있도록 해 주었다.

샹폴리옹을 도와준 여러 사람들에게 『성각 문자 체계에 대한 개요』가 전달되었다. 그중에는 샹폴리옹과 함께 아시아 학회 창립 멤버였던 루이필리프, 즉 오를레앙 공작도 포함돼 있었다. 루이필리프는 샹폴리옹의 후원자 중 한 명이 되었고 이 연구 성과의 파급력을 너무나 잘 알았다. 아시아 학회의 첫 공식 모임에서 명예 회장이었던 루이필리프는 샹폴리옹의 성공을 인정하는 연설로 그 행사를 열었다.

성각 문자 알파벳에 대한 놀라운 발견은 그것을 찾아낸 학자뿐만 아니라 우리 조국에도 자랑스러운 일입니다! 고대인들이 단지 몇몇 추종자들에게만 계시한 비밀을 한 프랑스인이 파헤치기 시작했고 또 모든 현대인이 발견하기를 간절히 바랐던 이 상징들을 판독하기 시작했다는 사실은 자랑할 만한 일입니다.

5월에 이탈리아 여행을 위한 준비가 모두 끝났지만, 알프스의 혹독한 겨울이 아직 산길을 막고 있었다. 파리 왕실에서는 정치적 상황이 불안정했고 블라카 공작이 이내 나폴리로 떠나야 했기에 샹폴리옹은 적들이 여행을 방해할까 두려워했다. 마침 영국을 방문할 만한 시간과 돈이 있어서, 샹폴리옹은 자크조제프와 함께 런던을 여행했다. 그곳에서는 주된 목적이 대영 박물관 소장품을 보는 것이었으나 샹폴리옹은 자신이 꽤 오랫동안 얻지 못했던 로제타석 사본을 조사하는 데 대부분의 시간을 보냈다. 그 후 다시 프랑스로 돌아와 블라카 공작이 나폴리로 떠나기 전에 이탈리아로 여행을 떠나야 했기 때문에, 런던 여행은 짧게 끝날 수밖에 없었다. 영국에 관한 샹폴리옹의 소감은 토리노의 이집트 박물관 관장이었던 산 퀸티노가 이 년 후에 쓴 편지에 남아 있다. 그는 샹폴리옹의 적들과 같은 편으로 샹폴리옹을 경멸하면서 영에게 다음과 같이 썼다. "샹폴리옹은 영국 여행 중에 대영 박물관에 가다가 한번은 나를 찾아와서는 영국인은 야만인이라고 말했습니다."

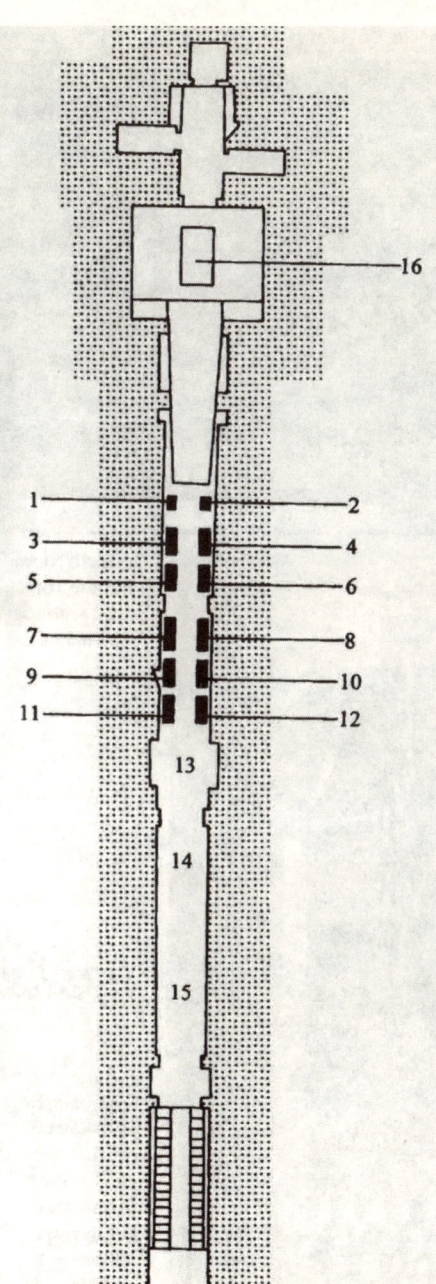

샹폴리옹 원정대가 몇 주 동안 머물렀던 람세스 4세의 무덤 도면

1 가젤(영양) 모양의 침대
2 커다란 고양이 침대
   (가젤과 고양이는 아부심벨에서 기증되었고 애완동물로 취급되었다.)
3 알레산드로 리치(1795∼1834),
   이탈리아 여행가
4 가에타노 로셀리니
5 네스토르 로트(1804∼1842),
   프랑스 이집트학 학자
6 살바토레 케루비니(1760∼1842),
   이탈리아 작곡가
7 샹폴리옹
8 이폴리토 로셀리니(1800∼1843),
   이탈리아 이집트학 학자
9 에두아르 프랑수아 베르탱
10 알렉상드르 생 로맹 뒤셴
11 피에르 프랑수아 르우
12 주세페 안젤렐리
13 거실
14 식당
15 대기실
16 람세스 4세의 관

투트모세 4세(재위 기원전 1419~1386)의
출생 이름이 새겨진 카르투시. 카르낙에
있다.

카르낙 신전에서 발견된 관용구적 성
각문. 이 성각 문자의 의미는 '전능하
고, 안정되며, 영생하라!'이다.

카르낙 신전 첨탑 벽에 새겨진 성각문. 아멘호테프 3세(재위 기원전 1386~1349)의 텍스트이다.

여러 가지 형태의 이집트 문자

1 성각 문자
2 신관 문자
3 민중 문자
4 콥트 문자

'순수한'을 뜻하는 단어의 선형
음가를 가진 신관 문자와 민중
문자 등가어를 적은 표. 샹폴리
옹의 『성각 문자 체계 개요』에서
발췌.

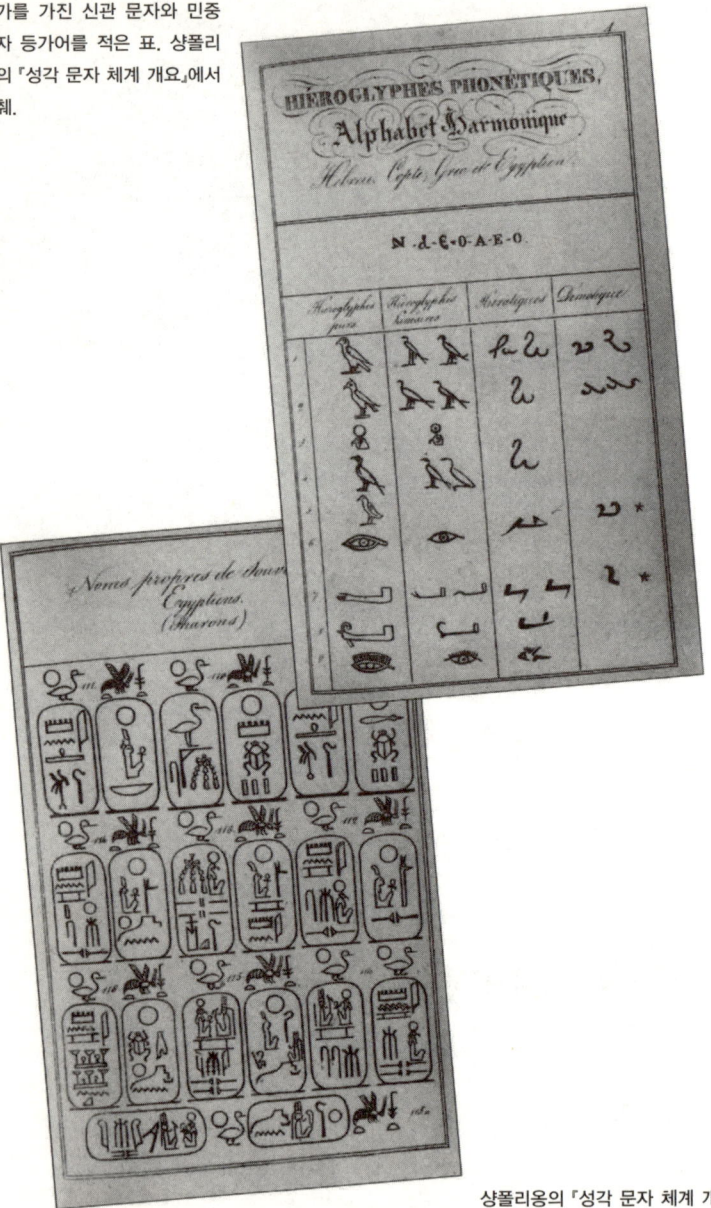

샹폴리옹의 『성각 문자 체계 개요』
에서 발췌한, 파라오의 카르투시.

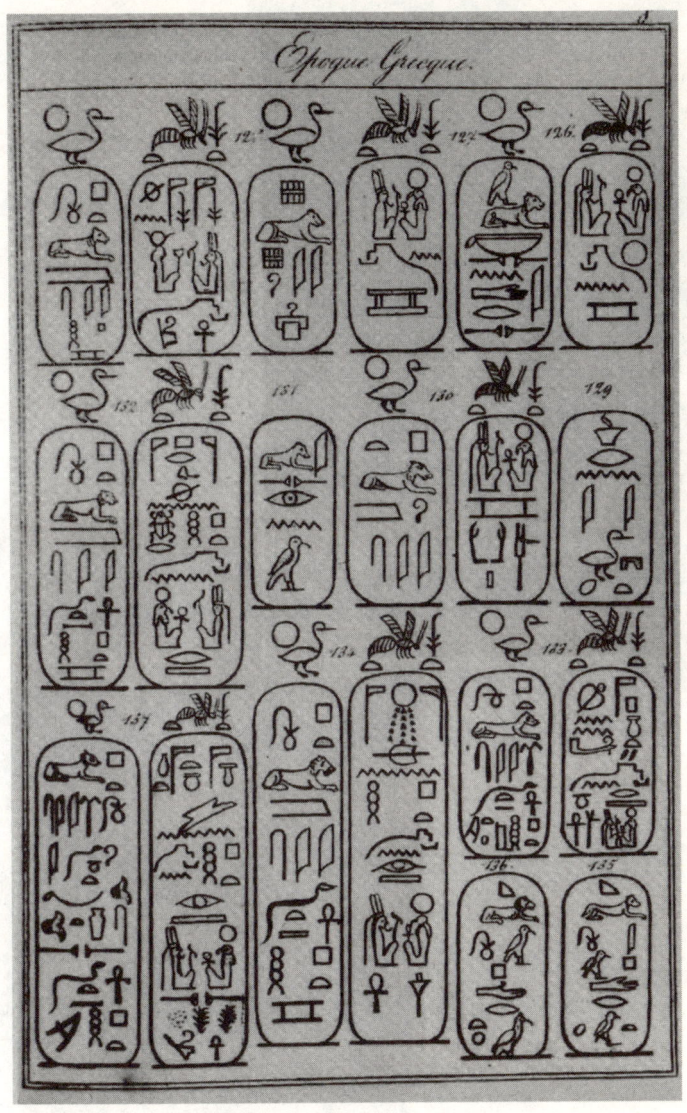

샹폴리옹의 「성각 문자 체계 개요」에서 발췌한, 고대 이집트의 그리스 왕들의 카르투시.

장프랑수아 샹폴리옹을 기념하는, 피자크에 있는 이집트 건축 양식 오벨리스크.

파리의 페르라세즈 묘지에 있는 장프랑수아 샹폴리옹의 무덤.

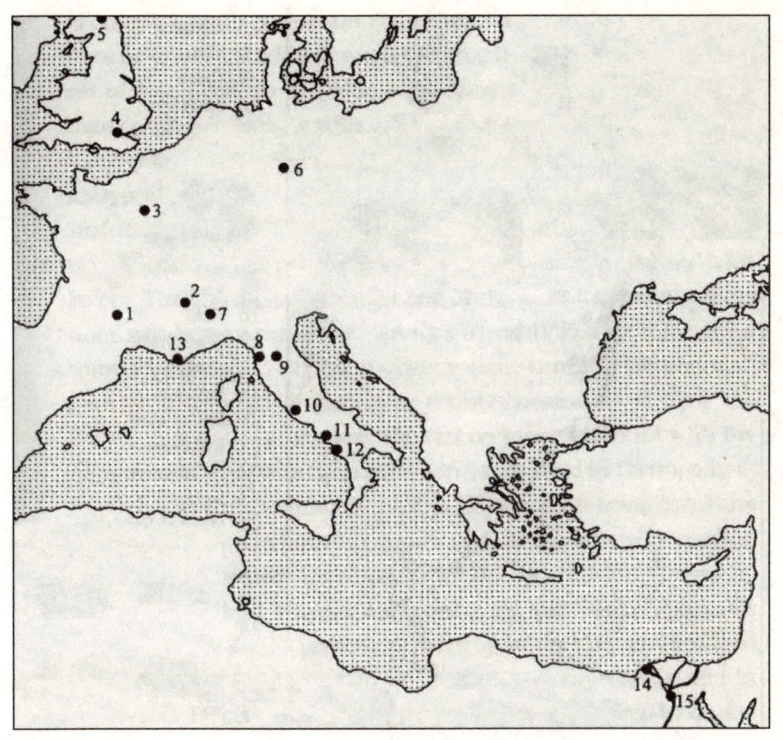

유럽과 이집트의 지도

1	피자크	9	플로렌스
2	그르노블	10	로마
3	파리	11	나폴리
4	런던	12	파에스툼
5	에든버러	13	툴롱
6	괴팅겐	14	알렉산드리아
7	토리노	15	카이로
8	리브르노		

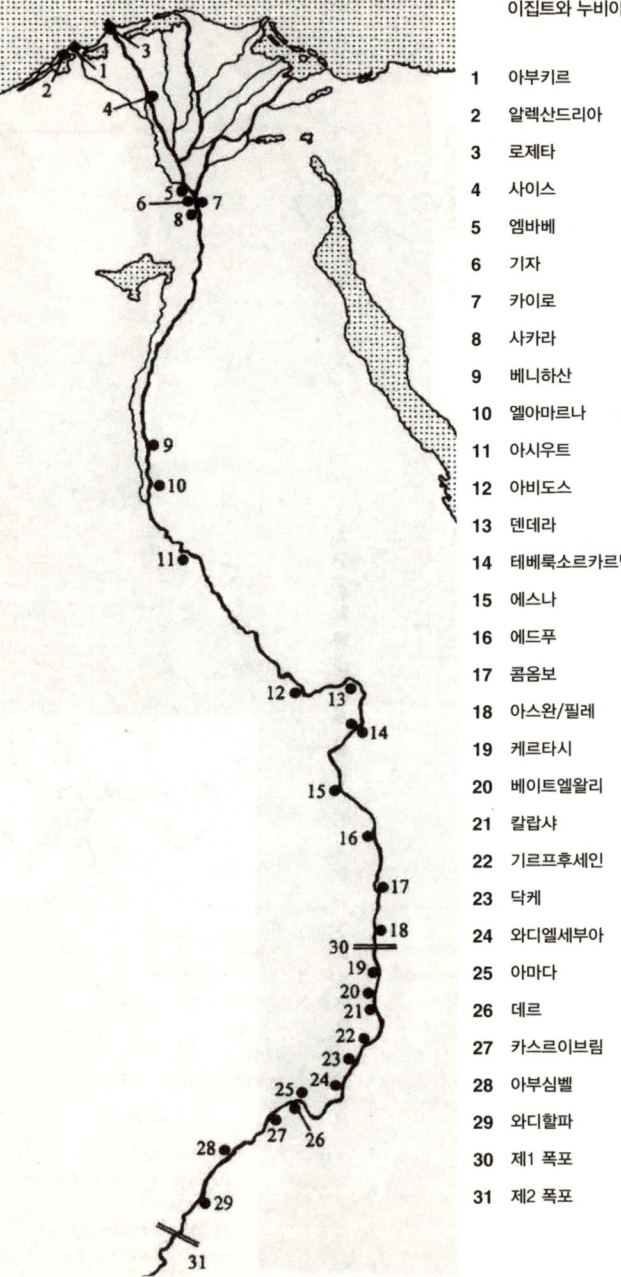

이집트와 누비아의 나일 계곡 지도

1 아부키르

2 알렉산드리아

3 로제타

4 사이스

5 엠바베

6 기자

7 카이로

8 사카라

9 베니하산

10 엘아마르나

11 아시우트

12 아비도스

13 덴데라

14 테베룩소르카르낙

15 에스나

16 에드푸

17 콤옴보

18 아스완/필레

19 케르타시

20 베이트엘왈리

21 칼랍샤

22 기르프후세인

23 닥케

24 와디엘세부아

25 아마다

26 데르

27 카스르이브림

28 아부심벨

29 와디할파

30 제1 폭포

31 제2 폭포

8장   비밀의 전문가

1824년 5월 말에 파리로 돌아온 샹폴리옹은 비밀리에 그르노블로 가서 알프스를 가로지르는 몽스니 고개가 다시 열리기를 기다리는 편이 최선이라고 생각했다. 그는 왕실의 적들이 그가 사라진 것을 알아차리기 전에 이탈리아에 도착해 있기를 바랐다. 샹폴리옹은 그르노블에 도착해서 옛 친구들에게 영웅으로 환영받았다. 그는 이틀 동안 그들과 끊임없이 대화를 나누고 질문을 받고 축하를 받느라 지쳐 버렸고, 그르노블 바로 남쪽에 위치한 비프에 있는 자크조제프의 집으로 피신했다. 형수인 조에가 관리하는 그 집에서 샹폴리옹은 로진과 재회했고 3월 1일에 태어난 자신의 딸 조라이데를 처음으로 봤다. 딸이 태어날 무렵 그는 왕을 알현하기 위해 블라카 공작의 전언을 기다리며 매일같이 준비 태세를 유지하느라 파리에 묶여 있었다.

비프에서 그는 며칠 동안 가족과 함께 쉬면서 모든 압박감으로부터 해방되었다. 그러나 이집트, 그 역사와 성각 문자 텍스트들을 머릿속에서 결코 떨쳐 버릴 수가 없었다. 이 휴식기는 고갯길이 열렸다는 소식이 오기 전까지 겨우 일주일 정도 지속되었다. 샹폴리옹은 6월 4일에 이탈리아로 떠나 사흘 후에 토리노에 도착했다. 샹폴리옹은 토리노까지 가는 길을 썩 훌륭하다고 여겼지만, 그가 형에게 쓴 편지에 따르면 "무시무시한 절벽 *끄트머리*에서 사람들이 기절했고 열심히 돌아다니기에 충분한 햇빛이 없어서" 크고 무거운 마차에 탄 채 경사진 곳을 내려갈 때마다 마부가 제어를 못하게 되면 닥칠 위험한 상황이 계속 떠올랐다고 한다. 사르디니아의 국무총리가 된 코스타 백작은 샹폴리옹을 맞이하러 토리노에 올 수 없었지만, 샹폴리옹은 따뜻한 환대를 받았고 임시로 머물 숙소를 제공받았다. 6월 19일쯤 코스타 백작이 도착했고, 샹폴리옹에게 자신과 함께 머무를 것을 강력히 청했다. 그때 샹폴리옹은 드로베티 컬렉션을 연구할 수 있는 공식 권한도 부여받아, 토리노의 박물관에서 자신의 꿈을 실현할 만반의 준비가 되어 있었다.

샹폴리옹은 자크조제프에게 보낸 편지에서 상상을 훨씬 뛰어넘는 어마어마한 드로베티 컬렉션에 대한 첫인상을 기록했다. "나는 이 나라에 대해 한마디로 이렇게 말할 수 있어. 정말 놀라운걸!" 방마다 녹색, 회색, 검은색, 장밋빛 화강암으로 된 거대한 조각들이 가득했다. 조각들은 모두 잘 닦여 있었지만 거기에 새겨져 있는 비문들도 엄청난 파피루스 컬렉션 앞에서는 무색해졌다. 샹폴리옹은 신속히 컬렉션을 조사하면서, 자신에게 중대한 과업이 주어졌다는 것을 깨달았다. 그 앞에는 그가 놀랍도록 손쉽게 해독할 수 있다는 사실을 알아차린 엄청나게 많은 텍스트들이 있었다. 그 텍스트들은 알려지지 않은 왕, 미지의 장례 의식,

외교 서신 등에 대한 것이었다. 그리고 샹폴리옹이 가족과 친구들에게 끊임없이 편지를 썼던 것처럼, 고대 이집트인들이 쓴 편지들이 있었다. 그것은 그저 하나의 컬렉션이었다. 즉 사막의 모래 가운데 몇 알에 지나지 않는 양이었다. 이탈리아의 다른 컬렉션과 다른 나라에 있는 컬렉션은 어떠할 것이며, 이집트 현지는 어떠할 것인가? 한 사람이 일생을 다 바쳐도 이 압도적인 과업을 결코 완수할 수 없으리라는 것은 분명했다. 또 매물로 나와 있는 자료들에 관해 부자들에게 깊은 인상을 심어 주려면 몹시 열심히 연구해야 할 것이었다. 샹폴리옹은 토리노를 떠나기 전에, 다른 사람의 부정확한 사본에 의존하는 대신 유물 원본을 조사하는 것이 얼마나 중요한지 썼다.

나는 내가 따라가야만 하는 길을 보고 있다. 이 새롭고도 풍성한 분야를 향해 정확하게 한 걸음 한 걸음 나아가기 위해 사용해야 하는, 여전히 유효한 수단도 알고 있다. 하지만 한 사람의 열정과 일생이 이 거대한 과업에 충분한지는 모르겠다. 무슨 일이 생겨도 나는 십 년간 해 왔듯이 내 연구를 계속할 것이고, 이집트 위원회가 내놓은 위대한 결과물에 있는 부정확한 비문 사본 대신, 뒤처질 위험 없이 따를 수 있는 유일한 길잡이인 유물 원본을 쫓을 것이다.

이 시기에 샹폴리옹은 단지 그것에 사로잡혔던 것이 아니라, 쫓기고 있었다. 샹폴리옹은 그 텍스트들을 읽을 수 있는 유일한 사람이었기 때문에 거기에 담겨 있는 정보를 알아볼 수 있도록 번역을 해야 했다. 또 그는 다른 사람들에게 자신의 해독 체계를 가르쳐야 했고, 무엇보다 최근에 자신이 활용하는 방법과 결과물을 널리 알리기 위해 책도 내야 했다.

컬렉션에 대한 최초의 흥분이 지나간 후, 샹폴리옹은 즉시 텍스트를 체계적으로 조사하는 데 착수했다. 한때는 건강이 좋아져서, 산을 넘는 여정으로 인해 생긴 후 그를 평생 괴롭힌 귀울림(그는 그것을 '기악 연주회'라고 불렀다.)도 다 나은 것 같았다. 또한 토리노에서 받은 따뜻한 환대와 그에게 제공된 편의(거푸집을 만들고 비문의 흔적을 뜨고 텍스트 사본을 만드는 과정을 도와주는 많은 자원봉사자들까지 포함되어 있었다.) 덕분에 기분이 좋아졌다. 그중에는 두 가지 언어로 된 손상된 비석이 있었는데, 영이 그 사본을 입수하려고 힘겹게 노력했더랬다. 비석의 원문은 클레오파트라와 카이사르의 아들인 카이사리온이 어머니와 함께 공동으로 이집트를 다스렸다는 사실을 확인해 주었는데, 이는 샹폴리옹이 이미 발견해 낸 것이었다. 그리스어와 민중 문자, 약간의 온전한 성각 문자로 된 대역(對譯) 기록은 샹폴리옹의 해독 체계가 옳다는 것을 확인해 주었다. 하지만 이 비석에 쓰여 있는 정보는 다른 비석들에 비해 별로 중요하지 않았다. 그것은 분명 영이 바라던 해독의 실마리를 제공해 주지 못했다.

이 단계에서 로제타석 비문은 샹폴리옹에게 더 이상 거의 쓸모가 없었다. 그는 심지어 그 번역을 출판조차 하지 않았고, 수고스럽게도 누군가가 그것을 출판하려 하게 된 것도 수십 년이 지나서였다. 로제타석 원문이 성각 문자를 비롯한 세 가지 언어로 쓰여 있다는 사실 때문에 그것은 해석의 수단이 되어 줄 수 있을 것처럼 보였고, 그래서 그토록 유명해졌으며, 성각 문자에 대한 새로운 연구를 촉발하며 관심의 초점이 되었다. 실제로 로제타석 원문은 쓰임새가 제한되어 있었는데, 성각 문자가 너무 많이 손상되었기 때문이다. 샹폴리옹은 이에 대해 『다시에 씨에게 드린 편지』에서 이렇게 지적했다. "로제타 비문은 연구를 하는 데 꽤 쓸모 있을 것 같았지만 성각 문자 원문이 손상되어 프톨레마이오스의 이름 하나만 알아볼 수 있었다." 그 비문이 해독가 지망생들에게 관심의 초점이었기에, 비록 그것이 불러일으켰던 희망과 기대에 부응하는데 실패했음에도 불구하고 로제타석은 대중적으로 여전히 영향력 있는 상징으로 남아 있었다. 그러나 해독의 열쇠를 마련하는 데에는 다른 비문과 파피루스가 훨씬 더 중요했다.

드로베티 컬렉션의 이집트 예술 작품들을 토대로 비문을 해독하기 시작했을 때, 샹폴리옹은 자신 앞에 서른 명이 넘는 파라오의 실제 조각상과 이름이 놓여 있음을 깨달았다. 그는 정말로 파라오의 이름을 얼굴에 맞춰 볼 수 있었고 이집트 예술이 그때까지 여겨졌던 것처럼 순수하게 형식적인 것이 아니라는 사실도 발견했다. 비록 어떤 조각상들은 파라오를 양식화된 대로 표현했지만, 분명 사실적으로 묘사하려고 시도한 작품들도 있었다. 불현듯 그는 몇몇 조각상을 통해 수천 년 전에 이집트를 다스렸던 사람들과 얼굴을 맞대고 있음을 깨달았다. 조각상들에 새겨져 있는 짧은 비문조차 역사적인 텍스트라는 것이 입증되면서, 이집트 예술 작품이 그리스와 로마에서 만들어진 것들보다 훨씬 더 유용하다는, 애초에는 상상조차 하지 못했던 결론을 내리게 되었다. 잠시 후, 여전히 마술처럼 보이는 컬렉션에 매료된 채 샹폴리옹은 처남에게 편지를 썼다.

내가 나의 시간을 지배할 수 있다면, 아니, 분초까지 지배할 수 있다면, 역사적인 비문으로 가득 찬 50개가 넘는 이집트 조각상, 성각 문자로 쓰인 200개도 넘는 필사본, 25~30개의 미라, 비문이 새겨져 있는 4000~5000개의 작은 조각상, 이것들은 거의 모두 내가 그 정수(精髓)를 빨아들일 수 있는 귀중한 자료들이야. 6월 12일 이후에 가련한 옛 이집트가 남긴 흥미로운 유물들을 연구하는 데 모든 시간을 보냈는데도 처음 느꼈던 흥분이 아직 가시지 않았어. (……) 이렇게 나는 거의 일생을 죽은 자들 가운데에서, 역사로부터 휘몰아치는 낡은 먼지 속에서 보내게 되는군.

상폴리옹은 이집트 예술 작품에 있는 상대적으로 짧은 비문에서 나온 정보의 양에 기겁했고, 곧이어 좀 더 긴 텍스트가 신관 문자와 성각 문자로 쓰여 있는 엄청난 양의 파피루스를 조사해 나갔다. 그것들 중 일부는 양면의 내용이 달랐고, 심지어 여백에 간단한 메모가 쓰여 있기도 했다. 이집트어로는 〓🐦〜(*shefedw*, 파피루스 두루마리)로 알려진 파피루스는 한때 이집트 습지의 잔잔하고 얕은 물에서 자랐던 파피루스라는 식물로 만든 종이 형태였다. 이 식물은 샌들과 바구니부터 강을 운행하는 배까지 다양한 물건들을 만드는 데 사용되었다. 종이를 만드는 데는 파피루스 줄기를 활용했다. 채취 후에 줄기는 필요한 길이로 자르고 바깥쪽 껍질은 벗겨 낸다. 줄기의 가운데를 자르거나 벗겨서 가늘고 긴 조각을 만든 다음 나란히 놓고 첫 번째 층 위에 다른 조각 층을 직각으로 놓는다. 그다음에 두 겹을 누르거나 두들겨서 편다. 그러면 파피루스의 천연 점성 때문에 그 조각들이 마르면서 함께 붙는다. 그리하여 현대의 필기용 종이보다 약간 두꺼운 파피루스 한 장이 나오고 당장 그 위에 글씨를 쓸 수 있다.

서기관은 〓🏮(*menhed*, 서기관의 팔레트)라고 칭했던 기초 도구를 다양한 목적으로 사용했다. 펜은 갈대로 만들었는데, 그 끝을 비벼서 펜촉보다는 붓에 가까운 필기도구를 만들었다. 일반적으로 필기를 할 때에는 검은색과 빨간색 잉크를 썼지만 문서에 삽입되는 삽화에는 다른 색도 사용했다. 잉크는 고형 덩어리로, 대개 나무로 만든 긴 사각형 팔레트의 움푹 팬 곳에 보관했다. 서기관은 잉크를 액체 상태로 쓰지 않았고, 갈대 펜에 물을 묻혀 잉크 덩어리에 대고 문질렀다. 편의상 파피루스들을 말아서 묶고 봉했다. 두루마리는 대개 나무 상자나 도자 항아리에 보관했고, 이야기처럼 내용이 길 때에는 파피루스 두루마리 여러 개에 써서 전용 상자나 항아리에 보관했다.

샹폴리옹이 파피루스를 연구하기 시작하면서, 그중의 다수는 죽은 자가 확실히 내생에서 소생하도록 하는 주술(이제는 『사자의 서』로 알려져 있다.)을 적은 기록이라는 점이 명백해졌다. 하지만 그 가운데에는 손상된 무덤 도면도 있었다. 고대 이집트인의 무덤 도면은 희귀한데, 몇몇 크기가 표시돼 있는 1:28 축척의 도면이 하나 전해지고, 그것이 지금까지 남아 있는 왕실 무덤 도면 중에서 가장 세부적인 것이다. 샹폴리옹은 그것을 『이집트 묘사』에 실린 왕가의 계곡 삽화와 비교한 후, 람세스 3세의 무덤 도면이라고 결론지었다. 그러나 그 후에 그것은 람세스 4세의 무덤 도면으로 밝혀졌다.

토리노에서 샹폴리옹은 가끔 읽기도 전에 끈질기게 파피루스 조각들을 맞춰 보며 집중해서 체계적으로 연구했고, 그러다가 '쓸모없다'고 여겨 사람들에게 보여 주지 않은 더 작은 파피루스 조각들이 박물관의 다른 곳들에 있다는 것을 알았다. 그는 11월 초순에 형에게 보낸 편지에서 그 조각들을 보고 받은 충격을 이렇게 기록했다.

앞으로 내가 역사의 영묘라고 부를 이 방에 들어섰을 때, 최소한 0.5피트(약 15센티미터) 높이는 되는 파피루스 파편으로 전체가 뒤덮인 10피트(약 300미터) 길이의 탁자를 보고 끔찍하게 으스스해졌어. "이런 것들에 대해 이야기하면서 과연 그 눈물을 감출 수 있는 이는 누구인가!"당황한 마음을 억누르기 위해 나는 가장 먼저 장례 관련 원고 400~500개만을 보려 했고, 그다음에 규모가 가장 크고 형체도 알아볼 수 없는 조각들을 볼 엄두를 낼 수 있었지. 파라오 아멘호테프맴논 24년 때까지 거슬러 올라갈 파피루스 조각을 손에 쥐었을 때, 내 상처가 다시 벌어졌어. 그때 난 이 폐허의 탁자를 뒤덮고 있는 크고 작은 조각들을 하나씩 조사해야겠다고 다짐했지.

파피루스의 상태가 끔찍했던 것은 대체로 운송되다가 거칠게 취급당했기 때문이다. 파피루스는 이집트의 기후에서는 얼마든지 잘 버틸 수 있다.(가장 오래된 파피루스는 거의 오천 년이나 되었다.) 그러나 파피루스는 섬세하기 때문에 부적절하게 관리하거나 습한 기후에 두면 금방 부서져버릴 수 있다. 또 다른 문제는 부서지기 쉬운 파피루스 두루마리를 푸는 일이었다. 많은 파피루스들이 박물관에서 미봉된 채 내용도 알 수 없는 상태로 방치되어 그것들을 풀 수 있는 새로운 기술이 나오기만을 기다리고 있었다.

'쓸모없는' 파피루스 조각들을 옮기기 시작한 것은 샹폴리옹이 이미 토리노에서 아침부터 저녁까지 휴식도 없이 집요하게 일에 매진하며 다섯 달을 보냈을 무렵이었다. 또다시 긴장감이 그의 건강에 영향을 미치기 시작했다. 토리노에서는 겨울이 다가올 때 습기로 인해 가을 내내 홍수가 났고, 샹폴리옹은 류머티즘으로 고생했으며, 고열과 어지럼증을 몇 차례 겪었다. 박물관으로 밀려드는 인파는 늘어났는데 그들을 돌려보낼 수 없다고 여긴 샹폴리옹은 하던 일을 멈추고 컬렉션의 다양한 면면을 설명해야 했고, 이로 인해 그의 상태는 악화되었다. 그는 자신이 원한 것보다 더 느린 속도로 파피루스 조각들을 다시 취합해 해석하기 시작했다. 그 내용에 그는 그저 경외심을 느꼈다.

나는 역사가 완전히 잊고 있었던 시기의 이름들, 백오십 년 동안이나 그들을 위한 제단을 차리지 못했던 신들의 이름이 쓰여 있는 두루마리를 손에 놓고 보았다. 나는 먼지로 화하지나 않을까 하는 두려움으로 거의 숨도 못 쉬면서, 평생 카르낙의 거대한 성에 갇혀 있다는 것을 깨달은 왕에게 아마도 마지막, 그리고 유일한 기억의 피난처였을 그 작은 파피루스 조각들을 모았다.

그러고 나서 문서 수천 장의 잔해들 가운데서 그는 풀릴 듯 말 듯한 조각 몇 개를 찾아냈다. 그 조각들 때문에 그는 엄청나게 흥분했고, 사본의 조각을 총 50개 찾아내어 여드레 동안 조사한 끝에 "왕실 명부"라고 이름 붙이는 것으로 마무리했다.

현재 토리노 왕실 명부라 칭해지는 것은 람세스 2세 재위 기간(기원전 1279~1213)까지 거슬러 올라가는 파피루스 조각으로, 그전에 이집트를 통치했던 자들의 이름을 열거하고 있다. 드로베티가 처음에 그것을 입수했을 때, 파피루스는 외관상으로 거의 완벽한 상태였고 이집트 통치자 300여 명의 이름을 포함하고 있었지만, 이집트에서 이탈리아로 옮겨지는 와중에 부서졌고 몇 조각이 없어졌다. 이 파피루스에는 다른 명부에서는 거의 찾아보기 힘든 외국인 통치자의 이름도 있을 뿐 아니라 각 통치자의 정확한 재위 기간도 기록되어 있었다. 샹폴리옹은 이집트 초기 역사와 연표를 확립하는 데 미칠 영향으로 미루어 볼 때 이 왕들의 명단이 말할 수 없이 귀중하다는 사실을 깨달았다. 하지만 철저하게 연구했음에도 불구하고 파피루스의 일부 조각을 찾을 수가 없어서 명부에 결함이 생겼다. 샹폴리옹은 모든 결함을 자신의 개인적 비극으로 받아들였고, 자크조제프에게 보낸 편지에 자신의 참담한 심정을 적었다. "고백하건대 내 학술 인생에서 가장 크게 실망한 일은 이 사본의 상태가 이토록 절망적이라는 것을 발견한 거야. 나는 결코 스스로를 위로할 수 없어. 이 상처에서는 오랫동안 피가 멈추지 않을 거야."

토리노에서 샹폴리옹은 형과 친구들에게 거의 매일 편지를 썼다. 또한 후원자인 블라카 공작에게도 상세한 편지를 두 통 썼는데, 첫 번째 것은 이집트 예술에 관한 것이었고 이는 1824년에 파리에서 출판되었다. 편지는 연작으로 기획되었지만, 두 해가 지나서야 한 편이 더 출판되었을 뿐이다. 계속 파피루스를 연구하는 동안 신관 문자(성각 문자의 필기체로 이 파피루스의 대부분에 사용되었다.)를 읽는 데에도 전문가가 된 샹폴리옹은 또 다른 방대한 파피루스 컬렉션이 리보르노의 검역소에 도착했다는 소식을 들었다. 이는 주이집트 영국 영사 헨리 솔트의 것으로, 팔려고 내놓은 물건들이었다. 샹폴리옹은 이런 컬렉션 구매와 관련한 프랑스 정부의 태도에 절망해 형에게 "이집트 유물들은 프랑스를 제외한 모든 곳에 넘쳐 날 거야. (……) 산마리노 공화국 수도에도 이집트 박물관이 곧 생기겠지. 파리에는 흩어지고 어디선가 떨어져 나온 조각들만 있을 텐데 말이야!"라고 썼다. 그의 새 후원자인 루이 18세가 8월 16일에 죽고, 아르투아 백작이 왕위를 이어받아 샤를 10세가 되었다는, 더 심란한 소식도 전해졌다. 형 루이 18세보다 반동적이었던 아르투아 백작은 과거에 샹폴리옹을 괴롭혔던 과격파들의 중심이었다. 하지만 샹폴리옹이 루이 18세와 화해하고 이탈리아 여행 자금을 원조받았듯이 새로운 왕과도 비슷하게 좋은 관계를 재정립할 수 있었다. 더구나 샤를 10세는 루이 18세보다 과학 분야 계획에 관심이 많고 덜 인색하다고 알려져 있었다. 샹폴리옹은 낙관적으로 생각하기로 마음먹었다.

샹폴리옹은 토리노에서도 어려움에 직면했다. 그와 박물관 관장 코르데오 디 산 퀸티노 사이에 반목이 심해졌다. 샹폴리옹이 명사(名士)로, 전문가로 추앙받으면서 산 퀸티노의 개인 자치구라고도 할 수 있던 박물관을 몇 달 동안 사실상 장악해 버린 터라 둘 사이의 갈등은 불가피하다고 볼 수 있었다. 샹폴리옹은 연구 대상에 열정적이었고, 마음대로 조언했으며, 그 조언 방식이 언제나 세련되지는 않았다. 반면 산 퀸티노는 박물관 관장으로서 자신의 지위를 걱정했고, 영향력 있는 친구들을 둔 외국인의 간섭에 분노했다.

1825년 1월에 샹폴리옹은 아직 할 일이 남았지만 나중에 다시 토리노로 돌아와 일을 마치고, 이탈리아의 다른 곳으로 옮겨 가야겠다고 생각했다. 산 퀸티노와 그의 지지자들은 그것을 박물관의 드로베티 컬렉션을 조직하고 카탈로그를 작성해 샹폴리옹이 돌아오는 이유를 없앨 수 있는 기회로 보았다. 이에 자극받은 산 퀸티노의 경쟁자들은 샹폴리옹을 토리노 학회 회원으로 받아들이기로 했고, 샹폴리옹과 자크조제프는 1월 중순에 무기명 투표를 통해 선출되었다. 샹폴리옹은 3월 초에 마침내 토리노를 떠나 로마로 향했다. 열흘간의 여정 동안 샹폴리옹은 밀라노와 볼로냐 같은 다양한 지역에 잠시 멈춰 다른 이집트 컬렉션을 신속히 조사하고 성각 문자 텍스트 사본을 만들었다. 거의 계속 폭우 속에서 이동하고 불편한 여관에서 제대로 잠도 자지 못한 채, 샹폴리옹은 3월 11일 아침 6시에 손발이 퉁퉁 부은 상태로 기진맥진하여 로마에 도착했다. 그럼에도 불구하고 그는 로마에 처음 온 여느 관광객과 마찬가지로 흥분을 억누르지 못해, 호텔에 체크인을 하고 도시를 보러 나갔다. 그는 자크조제프에게 이렇게 썼다. "나는 곧장 성 베드로 대성당으로 갔어. 성 베드로 대성당을 본 후 내 마음은 절정에 이르렀어. 가장 훌륭한 것부터 조금씩 시작해야겠어. 이 바실리카에 도착했을 때 내가 받은 인상을 묘사하는 것은 거의 불가능해. 프랑스에 있다니 우리는 너무 비참해. 우리의 유물은 로마의 이 빛나는 유물 앞에서 비루할 따름이지." 그는 특히 오벨리스크와 다른 이집트 유물에 주목하면서 도시를 빠르게 돌아보고 자정이 지나서야 호텔에 도착했다. 그는 형에게 보낸 편지에 그 하루에 맛본 흥분을 묘사하면서, 이렇게 마무리했다. "여기까지가 로마에서 첫째 날이었어. 난 이것을 결코 잊을 수 없을 거야!"

샹폴리옹은 토리노를 떠난 후 처음으로 숙면을 취했지만 그다음 날에도 발이 부어서 거의 걷지 못했다. 그가 쓸 수 있도록 친구가 사륜마차를 보내 주었다. 샹폴리옹은 그다음 나흘 동안 친구들과 로마의 지인들을 방문하고 로마 명승지를 가능한 많이 보러 다녔다. 하지만 시간도 돈도 한계가 있다는 것을 깨닫고 곧 블라카 공작을 만나러 남쪽으로 향했다. 그때 블라카 공작은 프랑스 대사로 나폴리에 있었다. 계속 이동한 데다 로마에서는 짧지만 바쁘게 돌아다닌 후여서, 샹폴리옹에게는 휴식이 절실히 필요했다. 다양한 사교 약속을 지켜야 하긴 했지만, 토리노에서 그의 일과였던 이집트 유물과 문서를 끊임없이 조사하는 일로부터 이번에는 거의 해방된 것이나 마찬가지였다. 그의 주된 일은 미라 유골 단지 및 나폴리의 새로운 왕 프란시스 1세의 소유인 다른 이집트 유물들에 대한 논문을 준비하는 것이었다. 이사벨라 왕비를 비롯한 몇몇 사람들이 그의 성각 문자 해독 체계를 설명해 달라고 했다. 그의 해독 방법을 설명해 달라고 처음으로 부탁을 받았던 때로부터 시간이 꽤 흐른 상태였고, 그의 명성이 퍼져 나가며 계속 커져서, 그가 만난 많은 사람들은 그 방법을 터득한 사람의 입으로 직접 성각 문자 이야기를 듣고 싶어 아우성이었다.

샹폴리옹은 나폴리에서 잠시 머무는 동안 최대한 많은 것을 얻겠다고 생각했고, 베수비오 화산이 폭발하며 도시를 묻어 버린 재와 용암 속에서 발굴된 폼페이 유적을 방문했다. 가장 최근에 일어난 심각한 폭발은 그가 도착하기 겨우 삼십 년 전에 일어난 것이었다. 그것이 폼페이에까지 영향을 미치지는 않았지만 용암은 바다로 흘러 들어갔다. 그는 자크조제프에게 보낸 편지에 새로 발굴된 폐허를 보고 느낀 놀라움을 적어 놓았다.

4월 1일, 오늘 하루는 일 분처럼 지나갔어. 한 사람이 거기서 본 모든 것에 대해 정확한 생각을 적으려면 한 권 분량은 필요할 거야. 나는 시장터를 가 보았고, 포룸으로 급히 발걸음을 옮겼지. 메르쿠리우스, 넵투누스, 유피테르, 디아나, 베누스 신 앞에서 나는 주기도문을 외웠어. 그러고 나서 이시스 신전에서 오랫동안 명상을 했지. 내 여행에는 세속적인 것과 신성한 것이 함께하기에, 나는 그 후 극장 두 개를 방문했다가 시간 안에 원형 경기장으로 가기 위해 재빨리 떠났지. (……) 마침내 급히 거리로 와서 다소 흥미로운 프레스코화가 발견된 주거 밀집 지역으로 들어섰어. 한 달 전에 발견되었다는 그림 두 개가 특히 마음에 들었는데, 소묘가 괜찮았고 색채는 탁월했어. 최소한 내 생각에는, 이것들이 여태까지 알려진 것들 중 가장 아름다운 고대 그림이야.

그는 여전히 이집트의 고분 벽화를 보지 못한 상태였다.

폼페이에서 감동을 받긴 했지만, 샹폴리옹이 정말 보고 싶어 한 고대 그리스 로마 도시는 초기 그리스 신전 세 채가 아름답게 보존되어 있고 포세이도니아라고도 불리는 파이스툼이었다. 하지만 고립된 습지에 있는 그곳은 산적이 출몰해 악명이 높았고 사람들은 건강도 좋지 않은 샹폴리옹을 만류했다. 그런 경고에도 불구하고 그는 4월 10일에 고집스럽게 나폴리를 떠났고 그날 밤 에볼리 마을에서 잤다. 다음 날 그는 장관을 이루고 있는 유적을 보고 깊이 감동받았다.

짐마차꾼이 산기슭으로 가느라 빠른 길을 잊어버려서 세 시간 반 동안 걸은 후, 마침내 황량한 평원에 흩어져 있는 포세이도니아의 폐허를 목도했어. 파이스툼의 폐허에 대해서는 100번 정도 묘사된 바 있지. 그 건물들의 건축보다 간결한 것은 없어. 그러나 놀라울 정도로 보존이 잘되어 있고, 이탈리아에 있는 그리스 식민지 시대로 거슬러 올라가는 그리스 신전 세 곳을 본다면, 그 강력한 인상을 전부 표현할 수는 없을 거야. (……) 특히 하늘과 바다의 아름다운 담청색을 배경으로 신전들이 황금빛으로 서 있는데, 나는 이집트 신전을 보는 듯했어. (……) 나는 원래부터 고대의 양식과 사랑에 빠져 있었지만, 이제 이것은 공공연한 열정이 되었어. 파이스툼을 방문한 모든 사람들처럼 (그리고 새로운 스타일의 그리스 영웅들이 교외에 자주 불을 질러서 그 수는 썩 많지 않겠지만) 나 역시 이보다 더 아름답고 인상적인 것은 없다고 생각한다고, 그 안에 로마도 포함된다고 강조하는 것은 쓸데없는 짓일 거야. (……) 이 주위에는 까마귀와 물소의 울음소리 말고는 아무런 소리도 나지 않고, 그나마 들려오는 이 소리들은 아름다운 포세이돈 신전에 대한 애정 표시 같아. 까마귀들은 총총 서 있는 기둥머리들 사이로 훨훨 날아다니고, 난간에 앉아 있기도 하고, 줄지어 서 있는 늠름한 기둥의 그늘에서 쉬기도 했지. 나는 그 모습을 결코 잊을 수 없을 거야. 내가 경험한 여행 중에서도 이것을 가장 깊은 기억 속에 간직할 거야.

샹폴리옹은 그날 밤 살레르노에서 묵었고, 다음 날 나폴리로 돌아갔다. 돌아가는 길에는 폼페이에 다시 들러 "이시스 신전에서 라크리마 크리스티를 바치고 (……) 베누스 신전에 다시 그 술을 바치며" 네 시간을 보냈다. 그리스도가 아름다운 나폴리 만을 내려다보고는 그 주민들이 지은 죄에 슬피 울었다는 전설에서 이름이 유래한, 그 지방의 포도주인 라크리마 크리스티를 이용해 샹폴리옹은 로마의 사랑의 여신과, 이집트의 최고 여신인 이시스 신전에 제물을 바쳤다. 이 행위가 상징하는 바는 여러 가지로 해석할 수 있겠지만, 그의 가톨릭 신앙을 사랑과 이집트에 바쳤다는 것으로도 해석할 수 있다. 하지만 샹폴리옹은 이 신주(神酒)에 대해, 최소한 외부적으로는 아무런 설명도 남기지 않았고 남은 일생 동안 가톨릭 신자로 살았다. 그의 신앙의 진정한 본질에 대해서는 여전히 의문점이 남아 있다.

나폴리에 도착했을 때보다 훨씬 원기 왕성해진 샹폴리옹은 형에게 파이스툼을 묘사한 편지에서 이렇게 끝을 맺었다. "일상적으로 아픈 것만 빼면 건강은 좋은 편이야. 형도 이를 잘 관리하길 바라. 자기 자신을 잘 돌보려면 그것이 급선무니까. 나는 치아 상태가 좋고 뭐든 씹을 수 있어." 샹폴리옹은 가장 보고 싶었던 곳을 보고 나니 나폴리에서는 할 일이 별로 없었고 더 이상 머무를 필요가 없다고 여겨 열흘 후에 다시 로마로 돌아갔다. 로마에서 그는 곧 천오백 년 전에 여러 로마 황제들이 들여온 이집트 오벨리스크에 대한 연구에 착수했다. 로마의 4월 햇살에 달궈지고 소나기에 젖은 채 좋지 않은 냄새를 풍기는 폐허에 둘러싸인 오벨리스크 비문을 베끼면서 샹폴리옹은 예전 사본에 틀린 곳이 많다는 것을 알았다. 자신이 성각 문자를 해독해 냈다고 오해한 17세기 사제 키르허가 출판한 판본은 특히 부정확했다. 샹폴리옹은 비문의 원본을 가능한 많이 봐야 한다는 자신의 주장을 강화할 수 있었다. 그가 가야 하는 곳은 이탈리아가 아니라 이집트였다.

샹폴리옹은 로마에서 처음에는 블라카 공작과 함께 지냈다. 블라카 공작은 샹폴리옹과 함께 로마로 돌아와 그를 영향력 있는 사람들에게 소개해 주었다. 하지만 이미 해독 체계에 대해 직접 듣고 싶어 하는 사람들을 만나느라 시간을 많이 낭비한 샹폴리옹에게 그것은 온전한 축복이 아니었다. 스스로 고립된 학자이기를 간절히 바라고 있을 때 본인이 명사라는 사실을 다시 확인해야 했기 때문이다. 그러나 블라카 공작이 로마를 떠났을 때 최소한 이 때문에 샹폴리옹은 묵을 곳을 제공받을 수 있었다. 샹폴리옹은 오벨리스크 같은 공공 기념물 말고도 공적, 사적 소유를 망라해 접근할 수 있는 모든 이집트 컬렉션을 연구하기 시작했다. 그중에는 바티칸 컬렉션도 있었는데, 일부는 그가 파리에서 학생이었을 때 보고 연구했던 것이었다. 나폴레옹이 마지막으로 유배된 후 바티칸의 전리품 일부가 로마로 반환되었기 때문이다.

로마를 떠나기 이틀 전인 1825년 6월 15일에 샹폴리옹은 교황 레오 12세를 알현했다. 교황은 그를 따뜻하게 맞아 주었고, 샹폴리옹은 나중에 형에게 "프랑스어를 유창하게 구사하시는 교황은 내가 이 발견을 통해 우리 종교에 아름답고 훌륭한 의무를 다한 것이라고 기꺼이 세 번이나 말씀하셨어."라고 썼다. 교황이 감격한 것은 성각 문자를 해독했기 때문이 아니라, 샹폴리옹이 덴데라 황도 십이궁의 연대를 계산했고 이로 인해 일시적으로 성서 연대기를 적대시하는 자들이 조용해졌기 때문이었다. 교황은 감격한 나머지 샹폴리옹에게 추기경 자리를 제안하기도 했다. 샹폴리옹은 놀라고 당황해서 자신이 결혼했고 딸도 있다는 이유를 대며 사양했다. 그래도 어떤 식으로든 샹폴리옹의 명예를 인정해 주어야 한다고 여긴 교황은 프랑스 국왕에게 자신의 영향력을 행사했고, 한 달이 좀 지나서 프랑스 정부는 샹폴리옹에게 레지옹 도뇌르 훈장을 준다고 통보했다. 자크조제프도 십 년 전에 나폴레옹에게서 레지옹 도뇌르 훈장을 받은 적이 있었다.

샹폴리옹이 이미 깨달은 것처럼, 영향력 있는 사람들의 호의와 우정은 종종 영향력 없는 사람들의 질시와 증오를 불러오기 마련이었다. 교황이 샹폴리옹을 알게 되자, 샹폴리옹의 연구가 교회의 권위에 위협이 된다고 여기던 몇몇 가톨릭 성직자들의 반대가 미처 잠잠해지지도 않은 상태에서, 샹폴리옹에 반대하는 새로운 목소리들이 등장했다. 유럽 학자들 사이에서는 반대파와 지지파의 변화가 생겼다. 샹폴리옹에 반대할 이유가 있는 토리노 박물관 관장 산 퀸티노 같은 사람들은 성각 문자를 해독할 때에는 샹폴리옹의 체계를 사용하면서도 샹폴리옹의 라이벌인 영과 연대했다. 자신의 실수를 깨달은 사람들은 영에 대한 지지를 철회했다. 그중에는 로마에서 샹폴리옹을 만나 그 체계가 옳다고 확신하게 된 윌리엄 겔 경 같은 사람도 있었다. 많은 독일 학자들이 샹폴리옹을 지원했지만, 몇몇은 방해가 되기도 했다. 샹폴리옹보다 열여덟 달 연하로 라이프치히에서 그리스 로마 문학 교수로 일하던 프리드리히 아우구스트 스폰은 자신이 성각 문자를 해독했다고 발표했으나 그 이론이 검증되기 전인 1824년 초에 죽었다. 독일의 근동학자 구스타프 세이파르트가 스폰의 저작을 완성하는 일을 맡았고, 그는 평생 샹폴리옹에 반대했다. 한편 베를린에서의 오리엔트 언어학 교수 지위와 급료를 유지하면서 1815년에 파리에 정착한 학식이 깊은 독일 근동학자 하인리히 율리우스 클라프로트는 그전까지는 샹폴리옹을 지지했으나 이제는 완전히 샹폴리옹과 대립하게 되었다. 샹폴리옹은 이탈리아로 출발할 때 클라프로트의 학문적 음모에 휘말리는 것을 뚜렷이 반대했고, 그때부터 클라프로트는 샹폴리옹의 모든 발견에 대해서 익명으로 쓴 소책자를 통해 복수하기 시작했다. 이는 그 후 몇 년 동안 샹폴리옹을 귀찮게 했다.

샹폴리옹은 로마에서 토스카나 대공 영지인 피렌체로 옮겨 갔다. 비록 두 주일 남짓 머물렀지만 피렌체와 사랑에 빠지는 데에는 충분한 시간이었다. 샹폴리옹은 피렌체에 대해 "이탈리아에서 진정한 자유를 누릴 수 있는 유일한 도시이다. 사실 이곳은 정부가 있는 유일한 지역이다. 그리고 그 정부는 꽤 대단하다."라고 보았다. 다시 한 번 샹폴리옹은 사교적 모임과 학술적 모임에 나가는 데 열중해야 했다. 고대 이집트 유물 컬렉션에 대한 연구 시간을 줄이지 않은 상태에서 영향력 있는 사람들의 초대에 응해 자신의 발견을 설명하는 일이 일과가 되다시피 했다. 샹폴리옹은 대공 레오폴트 2세에게서 최근 모은 수집품의 목록을 작성해 달라는 부탁도 받았다. 로마에서 이런저런 일을 겪은 후에 샹폴리옹이 피렌체에서 가장 참신하다고 여긴 것은 널리 퍼져 있던 학문적 자유의 분위기였다. 그의 연구는 그가 원하는 대로, 편견이나 종교적 편협 없이 논리적이고 과학적인 관점에서 평가받았다.

샹폴리옹은 6월 초에 피렌체를 떠났다. 프랑스로 돌아가기 전 그가 마지막으로 들른 곳은 토리노였다. 하지만 그는 몇 달 전에 이집트 유물과 파피루스의 컬렉션이 매물로 나왔다는 소식을 들었고, 그것을 보기 위해 신속하게 리보르노로 갔다. 컬렉션 주인의 이름은 비밀에 부쳐졌지만, 샹폴리옹은 그것이 헨리 솔트의 소유임을 알았다. 컬렉션에 어떤 물건들이 포함되어 있는지를 실제로 보자, 샹폴리옹은 자크조제프에게 편지를 쓰지 않을 수 없었다. "(없어진 대형 조각상들을 제외한다면) 드로베티 컬렉션보다도 아름다운 이 컬렉션이 매물로 나와 있고 25만 프랑이면 정부가 이 컬렉션을 입수할 수 있을 거야." 샹폴리옹은 프랑스 정부가 이번에는 나서 주리라는 희망을 품은 채 컬렉션의 세부 항목을 가지고 블라카 공작과 만났다. 토리노에서 샹폴리옹은 형에게 곧 다시 편지를 써서 솔트가 프랑스에 팔고 싶어 한다는 점을 강조했다. "내가 말했듯이, 그리고 반복하건대, 이 컬렉션은 부질없이 사라져 버릴 거야. 프랑스의 명예는 영국 놈이 오랫동안 수고한 끝에 거둔 결실을 들여오지 않는 데 있나봐. 별로 거명되기를 원치 않는 그 영국인 도망자가 국가적 자존심에도 불구하고 프랑스 놈의 돈을 어느 정도 받고 싶어 하는 데도 말이야."

마흔다섯 살 된 헨리 솔트는 십 년 동안 이집트에서 영국 영사로 근무했다. 그의 첫 이집트 컬렉션은 삼 년 전에 대영 박물관에 팔렸는데 솔트는 그 매매 계약에 불만을 품고 있었다. 샹폴리옹의 생각과 달리, 솔트는 두 번째 컬렉션을 프랑스가 아니라 영국에 팔고 싶어 했다. 그는 친구에게 쓴 편지에서 "이것이 영국으로 간다면 굉장히 기쁠 거야. 하지만 대영 박물관과는 더 이상 거래하지 않겠어."라고 썼다. 솔트가 가장 원한 대가는 이집트에서 은퇴해 연금을 받는 것이었다. "내가 모아 온 컬렉션이 지금 리브르노에 있어. 4000파운드에 달하는 유물들이지. 현존하는 최고의 파피루스들, 최고의 이집트 동상들, 납화 몇 점에다 금과 도자기로 된 물건들도 많아. (대영) 박물관에서 세계 최고의 전시품이 될 만한 것들이지."

토리노에서 샹폴리옹은 토리노 컬렉션의 목록 작성을 마치기 위해 전력을 다했다. 그는 프랑스 정부가 솔트의 컬렉션과 관련해 아무런 활동도 하지 않는 데 대해 점점 절망했다. 하지만 최소한 박물관 관장 산 퀸티노는 샹폴리옹이 자신의 일을 계속 하도록 내버려 두기는 했다. 솔트가 자신이 펴낸 성각 문자에 관한 책(『영과 샹폴리옹의 성각 문자 음성 표기 체계에 관한 에세이』) 사본을 직접 보냈는데, 이 역시 샹폴리옹을 고무했다. 솔트는 이미 영의 주장을 지지하고 있었으나, 이제 샹폴리옹의 발견이 유효하다는 사실 또한 받아들인다는 것이 그 책에 드러나 있었다. 바로 일 년 전에 그는 윌리엄 해밀턴에게 바로 이렇게 썼다. "내가 성각 문자 설명과 관련해 소(小) 샹폴리옹 씨(원문에 따름)의 체계로 완전히 돌아섰다는 말을 하면 깜짝 놀라겠지. (……) 나는 곧 그것을 비웃은 행동이 잘못되었음을 깨달았어." 솔트는 스스로 성각 문자를 해독하려는 시도를 했지만 샹폴리옹의 진지한 라이벌이 되기에는 한참 모자랐고, 그의 책은 "본인의 연구와 관련해서는 절망적으로, 완전히 잘못된 불만족스러운 작업."이라는 평을 받았다. 또한 샹폴리옹은 자신이 외국 신문에서 명사로 추앙받는다는 사실을 알고 기분이 좋아졌다. 이는 로마에 있는 외교관들이 본국에 그의 연구를 호의적으로 보고했고, 그것이 몇몇 언론인들에게 새어 나간 덕분이었다. 그는 뜻밖의 명성이 프랑스 정부가 솔트 컬렉션을 구매해 주기를 원하는 자신의 탄원에 무게를 실어 주기를 바랐다.

샹폴리옹이 토리노에서 연구를 마치는 데에는 거의 세 달 반이 걸려 어느새 11월 초가 되었고 알프스 고갯길이 닫힐 위험이 생겼다. 주위 마을에 엄청난 피해를 끼친 끔찍한 폭풍 때문에 몽스니 고개를 넘는 일이 지체되었고, 그는 밤 10시에 도착해 남편이 그날 안으로 올 것이라고 생각지도 못한 아내를 놀라게 했다. 일 년 반 만에 해후한 뒤에 딸 조라이데가 자란 것을 본 샹폴리옹은 깜짝 놀랐지만 오랜 부재에도 딸을 끔찍이도 예뻐하는 마음은 그대로였다. "내가 이 아이의 아버지가 되는 영광을 누리지 않았다면, 나는 벌써 두세 지역에 퍼진, 이 아이가 도피네에서 가장 예쁜 아이라는 말은 명불허전이라고 말하겠다."

상폴리옹은 자크조제프와도 다시 만났고, 두 형제는 솔직한 편지를 자주 주고받으면서도 이야기하지 못했던 것(파리에서 프랑스 정부가 솔트 컬렉션을 구매하는 일을 반대하는 것을 포함해서)에 대해 이야기했다. 교황이 상폴리옹에게 찬사와 존경을 표했음에도 불구하고 많은 가톨릭 성직자들이 반대했는데, 토리노에서 그가 한 연구 때문이었다. 상폴리옹이 덴데라 황도 십이궁을 다시 계산해서 성서의 연대를 보존하기는 했지만, 그는 왕실 명부를 발견함으로써 또다시 성서의 연대를 위협했던 것이다. 왕실 명부에서는 성서 연대기에서 예상한 천지 창조 시기보다 훨씬 전으로 거슬러 올라가는 아주 옛날 왕조까지 언급하고 있었기 때문이다. 가톨릭교회로서는 문서라기보다 조각 그림 맞추기 퍼즐에 가까울 정도로 조각나 버린 왕실 명부는 쉽게 잊을 수 있었지만, 이집트에서 온 새로운 파피루스 컬렉션에는 교회가 성서를 잘못 해석했다는 증거가 있을 수도 있었고, 많은 성직자들은 솔트 컬렉션을 구매해서 그것을 뒷받침할 수 있는 증거를 확보하게 되는 상황을 원치 않았다. 증거가 정말로 강력하거나 명백하지 않았기에 상폴리옹은 당분간 이집트 왕조가 몹시 오래되었다는 증거를 혼자서만 가지고 있었다. 그럼에도 불구하고 교회에 있는 그의 적들은 돌아가는 상황을 제대로 파악했고 그의 명예를 실추시키려고 계속 노력했다.

자크조제프는 금방 파리로 돌아가야 했지만 상폴리옹은 솔트 컬렉션에 대한 소식을 듣기를 바라며 그르노블에 남아 자신의 출판물 중 몇 편을 수정하고 있었다. 그 몇 달 전이었던 7월에 말(馬) 장수였다가 발굴

자 겸 수집가로 변신한 이탈리아인 주세페 파살라콰의 컬렉션이 파리에
온 적이 있었는데, 그것은 솔트 컬렉션에 필적할 만했다. 『이집트 묘사』
의 편집자였던 조마르는 프랑스 정부가 그것을 구매하도록 열심히 로비
를 펼쳤다. 솔트 컬렉션을 구매할 경우 아마도 샹폴리옹이 그 큐레이터
자리를 얻겠지만 파살라콰 컬렉션을 구매하면 조마르 자신이 그 큐레이
터로 가장 유력했기 때문이다. 샹폴리옹은 해외에서도 많은 자리를 제
의받았기 때문에 그의 적들은 파리에서 큐레이터로 일할 수 있는 기회
를 차단하면 샹폴리옹을 외국으로 쫓아 버릴 수 있을 것이라 여겨 뒤에
서 조마르와 결탁했다. 파살라콰 컬렉션이 솔트 컬렉션에 비해 훨씬 저
렴했지만, 왕은 망설였고 파리 언론에서는 논쟁이 불붙었다.

혈전은 1826년 초까지 계속되었고, 파리에서는 자크조제프가 그
치열한 논쟁의 한가운데 있었다. 어느 순간 일들이 샹폴리옹에게 유리
하게 돌아가는 듯하자, 조마르와 그의 지지자들에게서 그런 결정이 '부
당하다'는 공개 규탄이 쏟아져 나왔다. 하지만 2월 말 무렵 샹폴리옹은
리보르노에 가서 솔트 컬렉션을 연구하고 그 가격을 매겨 보는 데 왕이
5000프랑을 배정했다는 통지를 받았다. 그가 경쟁에서 이긴 듯했다. 기
회를 잡은 샹폴리옹은 당장 여행 준비를 했고 3월 1일에 그르노블을 떠
났다. 하지만 고갯길이 열리기에는 너무 이른 계절이었고, 샹폴리옹이 형
에게 보낸 편지에서 일부러 억누르며 썼듯이 몽스니 고개는 아직도 눈
에 묶여 있었다.

나는 마차로 들어왔다가 다시 나가야 했어. (……) 몽스니 기슭에
서 높이가 4.5피트(약 1.4미터) 정도 되는 상자로 뛰어들기 위해서였지.
이 상자를 말 궁둥이에 단 썰매 위에 놓고 눈 위를 미끄러져 갈 때 사용

했어. 산을 올라갈 때에나 내려갈 때 편안하긴 했지. 물론 내려갈 때 공포스럽지 않았다는 건 아니야. 눈이 20~30피트(약 6~9미터)나 쌓인 길(네 달 전에는 땅 위로 건넜던 바로 그 길) 위로 별다른 감정 없이 미끄러져 내려가는 건 힘든 일이야.

이탈리아 쪽 알프스에서 보낸 첫 번째 편지에서 기록한 대로 샹폴리옹은 간신히 시간 내에 도착했다. "사흘 후면 목숨을 걸어야 알프스를 지날 수 있을 거야. 눈이 녹기 시작했고, 벌써 산사태가 두 번이나 나서 길이 끊겼고 계곡이 묻혔어."

　3월 중순에 리보르노에 도착한 샹폴리옹은 당장 일을 시작했다. 컬렉션의 규모가 늘어나 있었는데, 샹폴리옹이 컬렉션을 처음 봤을 때에는 대형 조각과 큰 석관이 이집트에서 이탈리아로 오는 길이었기 때문이다. 그는 이제 그르노블에 남아 거의 5000개나 되는 수집품을 하나하나 조사하는 데 공을 들여야 했다. 샤를 10세가 블라카 공작에게서 컬렉션에 대한 보고를 받았고, 구매를 승인했다는 소식이 곧 전해졌다. 샹폴리옹의 임무는 컬렉션을 올바르게 감정하는 것이 아니라 수송 중에 없어지는 물건이 없도록 모든 일을 확실히 보고하는 것이 되었다. 그는 파리로 보낼 유물을 포장하는 일을 열성적으로 준비하기 시작했다.

　엄청난 명성 덕분에 샹폴리옹은 거의 모든 학술 협회에서 환영받았고, 그가 협회 회원이 되는 것을 모두 영광으로 여겼다. 리보르노에서 그는 과학 아카데미 회원이 되었다. 여기서 그는 피사의 오리엔트 언어 교수 이폴리토 로셀리니를 소개받았다. 그는 샹폴리옹의 제자가 되고 싶어 했고, 만일 샹폴리옹을 따라 여행하게 된다면 그 비용을 충당할 보조금도 받아 놓은 상태였다. 스물다섯 살 된 로셀리니는 이미 일 년 동안 성각 문자를 공부해 왔고, 샹폴리옹은 주저 없이 그를 학생으로 받아들였다. 샹폴리옹이 이 과학 아카데미의 회원이 된 것은 또 다른 운명적 만남으로 이어졌다. 4월 2일에 그를 환영하는 모임이 열렸는데, 연사 중 한 명이 안젤리카 팔리였다. 스물여덟 살의 이 여성은 리보르노의 가장 잘나가는 사업가의 딸이었고 이미 시인으로서 명성을 얻고 있었다. 이 모임에서 그녀는 샹폴리옹에게 경의를 표하는 시를 낭송했고, 그는 언어로 된 이 선물에 감명을 받아 "십오 년 동안 이집트 먼지를 주식(主食)으로 한 데 대해 내가 받은 가장 달콤한 포상."이라 여겼다. 그는 이내 그녀를 사랑하게 되었다. 토리노 대학 사서이자 샹폴리옹의 체계를 이용해 성각 문자 해석의 대가가 된 친구 코스탄초 가체라에게 보낸 편지에서 샹폴리옹은 그녀를 이렇게 묘사했다.

상당히 교육을 잘 받았고 더할 나위 없이 상냥해. 자네가 야만인이 아니라면 그녀의 이야기 정도는 들어 봤을 테지. 나로 말하자면 그녀와 안면을 트게 해 주어서, 그녀의 눈에 들게 해 주어서 위대하신 아몬라에게 감사할 따름이야. 하지만 미라가 아무 말을 하지 않고 있어도 역시 권리를 가지고 있다는 것을 기억하기에 나는 가능한 한 그들 가운데 머물러. 그리고 내가 감사하는 데 대해 하토르(이집트의 사랑의 여신)가 지나치게 혼란스러워할까 봐 사랑스러운 시빌(안젤리카 팔리)은 가끔 볼 뿐이야.

샹폴리옹이 안젤리카 팔리에게 보낸 소수의 편지가 남아 있는데, 그는 그녀를 사랑했지만 사랑이 아닌 우정으로만 화답을 받았다는 사실을 분명히 알 수 있다. 그녀는 그 후 리보르노에서 가장 오래된 가문

중 한 집안의 후계자와 결혼했다. 하지만 샹폴리옹은 솔트 컬렉션을 운송할 준비를 하고 프랑스로 가져갈 배가 도착하기를 기다려야 했기에 안젤리카가 그의 머릿속을 지배한 것은 단 몇 주에 불과했다. 4월 말에 그는 솔트 컬렉션에 대한 보고서를 썼는데, 왕이 컬렉션을 구매하는 것을 반대하며 울부짖는 적들을 잠재우기 위해 그 보고서가 파리에서 출판되었다. 하지만 6월에도 그는 배를 기다리고 있었다. 그는 시간 낭비에 초조해했지만, 모든 유물이 안전하게 실리는 것을 보지 않고서는 프랑스로 돌아갈 수 없다고 느꼈다. 특히 5월 중순에 자크조제프로부터 받은 편지에서 사람들이 탐내던 자리인, 루브르 박물관에 새로 생기는 이집트 부문 큐레이터에 마침내 지명되었다는 소식을 보고 나서는 더욱 그렇게 느꼈다. 이제 솔트 컬렉션은 완전히 그의 책임이었다. 오랫동안 학계 재야인사였던 그는 마침내 전문적인 지위를 얻게 되었다.

깨어 있는 동안 일 분 일 초를 연구에 매진하며 보내 왔기에, 리보르노에서 배가 도착하기만을 기다리며 보낸 몇 주는 샹폴리옹에게 완전히 손해였다. 하지만 그 기간 동안 로셀리니가 성각 문자와 이집트 유물에 대한 정보를 최대한 많이 모으며 샹폴리옹과 함께했다. 그 후 로셀리니와 그의 학생들은 이탈리아에서 이집트학을 연구할 때 그것들을 기초 지식으로 활용했다. 마침내 6월 말에 배가 도착했고, 6월 둘째 주에 컬렉션이 선적되었고 프랑스 북부에 위치한 센 강 하구의 르아브르 항구로 갔다가 그다음에 파리로 향하는 길을 떠났다. 파리에 도착해 솔트 컬렉션을 풀 때까지는 몇 주가 남아 있었고 그는 그 시간을 최대한 활용하기로 마음먹었다. 그와 로셀리니는 피사와 피렌체를 거쳐 7월 중순에 로마에 도착했다.

샹폴리옹은 로마에서 이집트 오벨리스크 비문을 기록하는 일과 예전에 탁본을 모사한 것을 바로잡는 일을 재개했다. 그는 출판 비용을 원조하겠다는 교황의 약속에 힘입어 이 오벨리스크들의 모든 비문을 완전히 정확하게 기록하려 했다. 그는 로마에서 세 주일을 보냈는데 그때 흔치 않은 일이 일어났다. 그의 라이벌 중 하나인 독일 근동학자 구스타프 세이파르트와 맞닥뜨렸던 것이다. 샹폴리옹은 조마르, 루아크, 영 같은 다른 라이벌과 개인적으로 만났을 때는 반목하지 않았고 사교적인 예의를 지켰다. 세이파르트는 달랐다. 그는 이집트 컬렉션과 콥트 문자 문헌을 연구하며 유럽을 여행하고 있었는데, 이는 성각 문자를 해독했다고 주장하는, 라틴어로 쓴 스폰의 저작을 완성하기 위해서였다. 세이파르트가 샹폴리옹에 필적할 만한 훌륭한 학자라는 것은 의심의 여지가 없다. 하지만 그는 성각 문자 같은 특정 주제에 관한 터무니없는 관념에 천착해서 천재성을 낭비했다. 그는 샹폴리옹의 연구를 대부분 부정했고, 성각 문자가 콥트어의 전신에 기반을 두고 있고 콥트어는 히브리어에서 나왔으며 모든 성각 문자는 음절을 나타내고 노아의 알파벳에서 나왔다는 주장을 펼쳤다. 샹폴리옹이 이탈리아에 있다는 소식을 듣고 세이파르트는 누구의 해독 체계가 맞는지 판단해 줄 전문가 증인들 앞에서 그에게 맞서기 위해 일부러 로마로 왔다. 샹폴리옹은 그 일에 감정이 격해져서 "그를 카피톨 언덕 기슭에서 죽여 버리겠다."라고 단언했다.

윌리엄 겔은 토머스 영에게 8월 초에 보낸 편지에서 세이파르트와의 만남과, 그 후 세이파르트와 샹폴리옹의 만남에 관해 적었다. "당신이 샹폴리옹과 교류했는지는 모르겠지만, 그는 로마에서 한창 신나 있습니다. 여기서 열흘 정도는 그의 경쟁자 세이파르트 교수가 앞서 갔습니다. 세이파르트 교수는 파머스턴 경과 같은 부류의 훌륭한 신사입니다." 겔은 성각 문자로 쓰인 이름을 해독하는 것으로 세이파르트를 시험해 보았는데, 세이파르트는 샹폴리옹이 이미 해독해 놓은 이름들만 정확하게 읽었다.

    하지만 그가 보거나 들은 바 없는 이집트의 생경한 이름에 대해 시험해 보자 그는 장서표로 가득한 자신의 대단한 4절판 책을 손에 들고도 아무것도 하지 못하더군요. (……) 나는 문제의 사이풉 씨(Mr. Sighpoop, 괼이 세이파르트를 경멸하며 붙인 이름)가 미쳤다고 확신했죠. 샹폴리옹이 (로마에) 왔을 때, 저는 그 둘이 오벨리스크를 칼 삼아, 그리고 몬테 카발로의 라브룸(labrum, 거대한 대리석 수반(水盤))을 방패 삼아 싸우는 게 어떨까 제안했죠. 그들은 이탈린스키의 집에서 만났는데, 대단한 4절판 책의 영향을 받은 니비가 말하기를 이탈린스키는 사이풉의 편이었다는군요. 하지만 모두가 반대로 얘기했고, 나는 그들을 다음 날 프랑스 영사의 집에서 만났어요. 샹폴리옹은 그에게 성각 문자를 어느 언어로 번역했느냐고 물었고, 그는 "콥트어."라고 대답했지요. 샹폴리옹이 "당신이 번역을 못 했다고 말하지는 않겠지만 콥트어 단어는 단 하나도 찾아볼 수 없더군요."라고 하자 세이파르트는 "오, 그건 책에 있는 것보다 더 오래된 콥트어입니다."라고 말했어요. 그러자 샹폴리옹이 "그건 어디서 배웠습니까?"라고 하자 세이파르트는 "로제타 비문에서요."라고 했고요. 다시 샹폴리옹이 "당신이 출판한 그 두 줄 말입니까?"라고 하자 세이파르트는 "네."라고 대답하더군요. 샹폴리옹이 이렇게 말했어요. "그렇다면 당신이 그걸 출판했으니 말이지만 미안하게도 그 두 줄은 너무 엉망으로 모사되어서 원래 모양이 어떻게 생겼는지도 전혀 알 수 없고 열 군데 정도는 틀렸다는 것을 알려 줘야겠군요. 게다가 당신이 고른 이름은 원문에서 잘못 쓰인 것이었습니다……."(모두 사실이었지요.)

사실, 세이파르트는 그 비석에 대해 아무것도 몰랐고 아무것도 못 봤습니다. 그는 아무 대답도 못 했고, 그러면서도 샹폴리옹이 너무 격해졌기 때문에 그냥 조용히 있는 편이 낫겠다고 니비에게 말했습니다. 내가 보기에 샹폴리옹은 별로 흥분하지 않았는데 말이지요. 내가 말할 수 있는 건, 심지어 독일인들도 그를 지지하지 않았고, 또 그의 모든 상형 문자들이 그 위치에 따라 알파벳(alpbabet)[sic]의 어떤 글자를 의미하고 있으니, 그의 가설이 옳다면 그건 배울 가치가 없다는 거예요. (……) 나는 샹폴리옹이 얼마나 진보했는지를 보고 꽤 놀랐습니다. 미국인식으로 말하자면, 올해에는, 콥트어를 상형 문자들에 적용하는 데 있어서는 말이지요.

샹폴리옹은 자신이 이 라이벌을 완전히 무너뜨렸다고 생각했다. "나는 그가 해 놓은 일의 모든 그릇된 점들을 그에게 노골적으로 보여 주었고 그가 어떻게 대답해야 할지 모르는 지점까지 논쟁을 몰아붙였어. 입회한 사람들이 그의 침묵을 판단했지. 나는 요즘 그를 매일 보지만 성각 문자 얘기는 더 이상 하지 않아. (……) 그는 이탈리아에서 완전히 망가졌어." 많은 학자들이 세이파르트의 체계가 괴이하고 증명되지 않았다고 여겼고, 반대가 점점 늘었다. 같은 해, 샹폴리옹은 파리에서 로셀리니에게 편지를 썼다. "자네가 토리노에서 세이파르트를 찾는다면, 마음을 바꿔 먹고 말도 안 되는 몽상으로 자기 자신을 웃음거리로 만들지 말라고 다시 충고해 주게. 그는 독일에서 웃음거리가 되었고, 프랑스에서는 아무도 그의 편을 들어 주지 않아. 이탈리아에서 그의 위치에 대해서는 자네도 알겠지. 그에게 훈계를 해 준다면 참으로 훌륭한 일일 거야. 할 수만 있다면 꼭 해 주게." 1828년에 다시 독일로 돌아온 세이파르트는 자신의 상황이 점점 어려워지고 있다는 것을 깨닫고 이십오 년쯤 후에 미국으로 이주하여 샹폴리옹과 그의 추종자들에 대한 격렬한 반대를 계속 펼쳐 나갔다.

영에게는 원통하게도, 겔은 세이파르트를 대면한 후 샹폴리옹을 열렬히 지지하게 되었다. 여전히 세인트 조지 병원에서 근무하던 영은 런던의 파크스퀘어 9번지에 있는 넓고 우아한 집으로 이사해 유럽 전역의 학자들과 성각 문자를 주제로 서신을 왕래하고 있었다. 그의 주 관심사는 두 가지로, 하나는 이집트 민중 문자였고, 다른 하나는 자신이 최초로 성각 문자를 해독했다고 전력을 다해 학자들을 설득하는 일이었다. 겔이 편지에서 계속 샹폴리옹을 높이 평가하자 영은 씁쓸하지 않을 수 없었다. 겔은 샹폴리옹이 기꺼이 정보를 공유하려고 한다는 점을 편지에서 언급했다. "자신이 새로 발견한 것들을 감추기는커녕, 샹폴리옹 본인이 아직 출판하지 않은 것들을 내게 정말 많이 알려 줬습니다. 만일 내가 마음만 먹는다면 내가 고안해 낸 양 굴 수 있을 정도로 말이죠."

로마에서 샹폴리옹은 지난번 로마에 왔을 때 자신이 깊은 인상을 심어 주었던 외국 외교관들을 만나 자신의 지휘 아래 다양한 국가 출신의 전문가들로 구성된 유럽 학자들의 이집트 원정이 가능한지 타진해 보았다. 그는 자신의 다음 단계는 이집트에 직접 가서 그곳의 비문과 유물을 연구하는 것이라고 확신했고, 이미 그 주제를 놓고 블라카와 만나 지지를 얻어 낸 후였다. 샹폴리옹은 마음속에서 곧 다가올 미래를 면밀히 계획했다. 솔트 컬렉션이 파리에 도착하기 전에 남은 시간은 이탈리아에서 가능한 많은 것을 얻기 위해 보낼 예정이었다. 그러고 나서 일 년을 루브르 박물관의 새 부문을 출범시키는 데 보낼 계획으로, 이에 대해 원안을 이미 짜 놓은 터였다. 또한 동시에 이집트 원정대를 조직할 생각이었다. 그는 로셀리니와 함께 이탈리아를 여행하면서 원정대원으로 누가 가능할지 구상하기 시작했다. 그때 로셀리니는 빠르게 배워 나갔고 이미 유용한 조수가 되어 자동으로 대원 후보에 올라 있었다.

로마에서 남쪽 나폴리로 향하면서 샹폴리옹은 시간을 내어 파이스툼에 다시 들렀다. 그곳의 신전들은 그에게 큰 감명을 준 바 있었다. 나폴리에서 그는 켈과 조우해 켈이 그 근래에 출간한 책 『폼페이아나』를 받고 함께 폼페이를 여행했다. 그의 저작에 좋은 인상을 받은 샹폴리옹은 그 역시 이집트 원정대에 참여할 만한 사람으로 추가했다. 그때 블라카는 에트루리아와, 로마 도시였으며 이집트를 정복한 로마 아우구스투스 황제가 말년을 보내기도 했던 놀라에서 발굴 중이었다. 나폴리 지역의 맑은 공기가 건강과 활력을 회복하는 데 무엇보다 좋다는 것을 깨달은 샹폴리옹은 현장을 방문해 이를 최대한 이용했다. 그는 일을 마치기 위해 로마로 돌아가려 했지만, 그 무렵 로마에서는 역병이 기승을 부리고 있어 교황을 비롯해 누구나 다 가능하다면 병이 창궐하는 도시를 버리고 도망갔다. 샹폴리옹은 곧 파리로 돌아가야 해서 시간이 촉박했기 때문에 베네치아로 가서 리보르노와 피렌체를 거쳐 북쪽으로 이동해 1826년 10월 말에 그르노블에 도착했다. 이탈리아의 '빛나는 푸른 하늘' 과 로셀리니를 비롯한 많은 친구들을 두고 떠나야 해서 그는 울적했다. 북쪽으로 이동하는 동안 날씨까지 나빠져서 나폴리에 머무르며 얻은 좋은 효과가 몽땅 사라져 버렸다. 그르노블에 도착하자마자 오른발에 통풍(痛風)이 왔으나 샹폴리옹과 자크조제프의 가족이 파리로 이사 갈 준비를 마친 터라 쉴 시간은 없었다. 그들은 파리의 마자랭 거리 19번지에서 처음으로 한 지붕 아래 살게 되었다. 이동하는 데 닷새가 걸렸고, 그들은 11월 20일에 새 집에 도착했다.

샹폴리옹은 이제 루브르 궁 안의 샤를 10세 박물관에 있는 이집트 부문 일을 시작했다. 이집트 부문은 센 강 옆 쿠르 카레(안뜰 광장) 위층의 방 네 개를 차지하게 되었고, 위층에 올리기에는 너무 무거운 조각들은 1층 방에 전시했다. 그때 샹폴리옹은 토리노의 가체라에게 보낸 편지에 새 박물관에 대해 썼다. "1층에 있는 웅장한 방에는 큰 조각들을 놓을 것이고, 궁 2층의 방 네 개를 쓰게 되었어. 곧 있으면 나는 여기서 화가, 건축가, 석공 들에 둘러싸일 테고, 일이 진행되면 아마 어려움이 없지는 않을 거야." 그러나 어려움이 곧 닥쳤다. 그는 원래의 적과 새로운 적의 반대에 부닥쳤다. 특히 조마르는 샹폴리옹이 큐레이터 자리를 차지한 것을 몹시 원통히 여겨 그에 반대하는 음모를 계속 꾸미고 있었다. 하지만 반대자 중 다수는 샹폴리옹을 침입자로 여긴 박물관 관계자들이었고, 이들은 이집트 부문을 배치하는 것에 관한 샹폴리옹의 계획을 마음에 들어 하지 않았다. 로셀리니에게 보낸 편지에서, 샹폴리옹은 이렇게 투덜댔다. "내 생활은 악전고투가 되었어. (……) 내가 이 박물관에 들어와서 모두 불행해졌지. 나는 내 자리를 한직으로 여기기보다는 내가 맡은 일에 열중하는 사람 아닌가. 이 때문에 내 동료들은 내게 반하는 꿍꿍이를 꾸미고 있지. 자신들이 자기 일은 전혀 하지 않는다는 것이 필연적으로 드러날 텐데 말이야. 이게 바로 문제의 요점이야! 못 하나를 얻는 데에도 전쟁을 치러야 하니."

그는 많은 전투에서 졌다. 그는 이집트 컬렉션 전시실을 이집트식이라기보다는 그리스와 로마식으로 꾸미는 것을 격렬하게 반대했지만, 이집트와 일말의 관계라도 있는 천장화는 성서풍이거나 그리스와 로마풍 내용을 담고 있었고 샹폴리옹이 고른 것도 아니었다. 그는 간신히 자신의 『이집트 판테온』 출판을 책임졌던 화가 장조제프 뒤부아를 자신의 보조로 임명해 논리적이고 과학적인 원칙에 따라 전시품을 배치하기 위해 사력을 다해 싸웠다. 교사였던 샹폴리옹은 전시품을 통해 박물관 방문자들이 지식을 얻고 교육받기를 바랐다. 이는 예술적 가치가 가장 효과적으로 돋보이도록 전시품을 배치하던 박물관 관행에서 완전히 벗어난 것이었지만, 그는 새 기준을 확립했다. 그는 전시품들이 이렇게 배치되어야 한다고 여겼다.

일련의 신성한 것들, 고대부터 로마에 이르기까지 이집트 통치자들의 이름을 언급하는 유물들을 가능한 한 완전히 보여 주기 위해, 그리고 고대 이집트인의 공적, 사적 삶과 관계된 물건들을 방법론적 체계에 따라 분류할 수 있도록 배치해야 한다. 따라서 이런 식으로 하면 종교와, 왕들의 역사와, 이집트 사람들의 풍습에 관해 유물의 체계를 세울 수 있다.

대부분의 전시품에 성각 문자로 된 비문이 있었기 때문에 샹폴리옹은 논리적 배치 체계에 따라 결정하기 위해 비문을 읽기만 하면 되었다. 그리스 로마 유물에는 글이 거의 적혀 있지 않았기 때문에 다른 수집품들을 맡은 그의 동료들은 이런 이점을 누리지 못했고, 이런 방법으로 수집품들을 배치하려면 몇 년이나 고고학적 연구를 해야 했다.

박물관에서의 작업은 분투였지만, 샹폴리옹은 최소한 마자랭 거리 19번지(그의 예전 하숙집이었던 28번지에서 그리 멀지 않았다.)에서는 행복했다. 그곳에서 그와 형의 가족은 화목한 '그르노블 공동체'를 이루었다. 그는 루브르의 동료들을 가르치는 데에는 실패했지만 집에서 아이들을 가르치고 함께 놀면서 헤아릴 수 없는 기쁨을 찾았다. 그는 이집트 원정 계획을 잊어버리지 않았고, 주이집트 프랑스 영사 드로베티는 유물이 모두 파괴되기 전에 유물을 기록하고 구하기 위해 최대한 열심히 원정에 대해 로비를 벌이고 있었다. 이집트의 통치자 무함마드 알리는 나라 경제를 발전시키느라 여념이 없었고, 늘어나는 설탕과 면직물 생산이 더욱 번영하기 위한 길이라고 여겼다. 그런데 사탕수수 처리 공장과 방직 공장을 짓는 과정에서 필요한 돌을 고대 이집트 유적들을 파헤쳐 가져오고 있었다. 샹폴리옹이 이집트에 일찍 도착할수록 가장 중요한 유물들을 식별하는 일이 가능해지고, 그것들을 보존하는 길도 열리는 것이었다. 하지만 그는 왕궁의 지인들을 통해 아직 적들이 국왕 가까이 있다는 것을 알았고, 루브르의 새 이집트 부문이 마무리되기 전에 원정대를 조직할 수 있는 희망은 전혀 없었다. 샹폴리옹에게는 선택의 여지가 없었다. 그는 일을 완수할 때까지 박물관에서 매일 이어지는 싸움을 견뎌야 했다.

이번엔 드로베티가 모은 유물의 두 번째 컬렉션이 판매에 부쳐졌으나, 첫 번째 컬렉션을 소장하고 있던 사르디니아 왕은 이 새 컬렉션을 사서 토리노에 가져다 놓을 생각이 없었다. 샹폴리옹과 조마르는 이 컬렉션을 프랑스가 구입하도록 이번만은 사이좋게 협력했다. 드로베티는 이미 샤를 10세에게 암석 하나로 된 성물함 등 선물을 보내 사전 준비를 하고 있었다. 결국 1827년 가을 무렵에 마침내 이 컬렉션을 구매하여 루브르의 솔트 컬렉션에 보탤 수 있었다. 9월에 토리노의 가체라에게 쓴 편지에서 샹폴리옹은 신이 나 있었다. "꽤 중요한 구매가 이루어졌어. 바로 드로베티의 새 컬렉션이지. 이제 이것이 파리에 있어. (……) 여기엔 믿을 수 없을 만치 기품 있는 이집트 보석들도 포함돼 있어. (……) 대부분은 왕가의 문장이 새겨져 있어. 예를 들면 금으로 만든 컵마저도 말이지." 그는 이어 나갔다. "더군다나 이 컬렉션엔 조각상, 이집트나 그리스의 것인 문서 50개, 스카라베(고대 이집트에서 다산이나 풍작의 상징으로 신성시한 풍뎅이 모양의 부적 또는 그 장신구 ─ 옮긴이) 500개, 꽃병, 비석 80개 등 많은 것들이 있지. 자네도 알다시피, 우리는 이제 자네들보다 더 아름답고 풍성한 컬렉션을 가지게 되었네. 자네들은 최고가 될 수 있었는데도 이것들을 원하지 않았지만 말이야."

이제 샹폴리옹은 이집트 유물 전시가 국왕의 생일인 11월 4일에 맞춰 공식 개장되도록 하느라 온갖 역경을 헤쳐 나가야 했다. 그는 또한 이집트 상황에 대해 직접 전해진 정보에 쫓기는 중이었다. 드로베티가 9월에 파리에 도착했고 골치 아픈 소식을 두 가지 전했다. 하나는 유물이 더욱 빨리 파괴되어 가고 있다는 것이었고, 다른 하나는 지중해 동쪽의 정치적 상황이 이집트로 진입하는 길을 방해할 것 같다는 것이었다. 1820년 이래 그리스는 독립을 쟁취하기 위해 오스만 제국과 전쟁을 치르고 있었다. 유럽 열강들은 처음엔 연루되지 않으려 했지만, 1825년 이집트의 무함마드 알리가 오스만 제국을 지원하자 러시아와 영국이 오스만 제국에 그리스와 협약을 체결하라는 압력을 넣기 시작했다. 1827년에 영국과 프랑스와 러시아가 오스만 제국으로부터 협약을 끌어내기 위해 필요하다면 무력 사용도 불사하겠다는 조약을 체결하자 상황은 악화되었고, 10월 20일에 영국, 프랑스, 러시아의 함대가 오스만 제국과 이집트의 해군을 나바리논 해전에서 격침했다. 그럼에도 불구하고 무함마드 알리는 여전히 프랑스에 호의적이었고, 그해 말에 이집트의 유럽인들을 보호하겠다는 그의 약속이 파리의 신문에 실리기도 했다.

전시관을 다시 단장하는 일이 아직 끝나지 않았기 때문에 루브르의 이집트 유물 전시는 11월 4일의 기한을 넘기게 되었고, 샤를 10세는 새 전시관을 12월 중순에 공식적으로 개장했다. 그 무렵 드로베티가 파리를 떠나 알렉산드리아로 돌아갔다. 비록 이집트 학술 원정의 가능성은 명확히 하지 못한 상태였지만, 그의 두 번째 컬렉션과 솔트의 두 번째 컬렉션은 루브르의 이집트관을 가장 중요한 부문 중 하나로 바꿔 놓았다. 그토록 은퇴해서 고향으로 돌아가고 싶어 하던 헨리 솔트는 1827년 10월 29일에 47세를 일기로 이집트에서 세상을 떠났기 때문에 샹폴리옹은 파리에서 자신의 삶을 완전히 바꿔 놓은 컬렉션의 주인이었던 영국 영사를 영원히 만나지 못했다. 솔트는 알렉산드리아에 묻혔고, 그의 비문에는 이런 구절이 새겨져 있다. "그는 준비된 재능으로 성각 문자와 이 나라의 다른 유물들을 탐사하고 설명했다."

그동안 영은 마침내 성각 문자 연구를 그만두고 민중 문자 연구에 전념하기로 결정을 내렸다. 영은 영국 학자인 헨리 태텀 목사가 콥트어 문법에 관한 책을 편찬한다는 것을 알고서 자신이 거기에 포함될 민중 문자 사전을 쓰겠다고 제의했지만, 결국 연말에 태텀에게 완성하려면 몇 달은 더 걸리겠다고 알려야 했다. 역설적이게도 샹폴리옹의 운은 상승세를 타고 있었고 그는 풍부한 컬렉션을 책임지고 있었던 반면, 이제 영이 연구하기에 적합한 문서가 없다는 이유로 투덜거릴 차례였다. "심술 맞게도 이 사람들은 자신들이 여물을 먹지도 않으면서 내게 씹을 것을 조금도 허해 주지 않는다. 나는 유럽 전역에 민중 문자로 된 파피루스가 있다는 것을 알고 있지만 단 한 줄도 얻을 수가 없다."

전시를 마치느라 긴장했던 샹폴리옹은 쇠약해졌다. 하지만 왕정 대신들이 바뀌면서 요직에 있던 그의 적 중 몇몇이 물러났고, 새로 개장한 전시관이 호평을 받아 입지가 올라간 샹폴리옹은 이집트 원정대를 조직할 수도 있겠다고 좀 더 낙관적으로 생각하고 있었다. 1828년 봄에 샹폴리옹의 궁내(宮內) 지지자들은 왕이 원정 계획에 관심을 갖게 하는 데 성공했고, 4월 말에 왕은 지지를 약속했다. 샹폴리옹이 나아갈 길에 대한 불안 요소는 모두 없어졌다. 이집트 원정대는 프랑스 샤를 10세와 토스카나 대공 레오폴트 2세의 보호 아래 프랑스-토스카나 합작 형태가 될 것이었다. 샹폴리옹이 총지휘를 맡고 로셀리니가 보좌할 것이었다.

그 원정을 이 년 동안 꿈꾸며 계획해 오던 샹폴리옹은 자크조제프의 협력을 받아 일분일초도 허비하지 않고 계획을 실천에 옮기고 함께 갈 사람들과 접촉하고 모든 비품, 장비, 외교적·법적 문서를 준비해 모든 일을 두 달 안에 준비했다. 1828년 6월에 영은 과학 아카데미의 외국인 준회원 여덟 명 중 한 자리에 발탁되어 파리에 와서 따뜻한 환대를 받았다. 그는 샹폴리옹을 만났는데, 샹폴리옹은 이집트 원정 준비로 눈코 뜰 새 없이 바쁘면서도 영이 민중 문자 파피루스 사본을 얻도록 주선해 주었다. 샹폴리옹의 도움에 기세가 꺾인 영은 그의 성공에 또 한 번 경탄했고, 6월 초에 천문학자 아라고에게 이렇게 썼다. "샹폴리옹의 연구를 보면 볼수록 나는 그가 열심히 일하는 모습, 그리고 그의 독창성에 찬사를 보낼 수밖에 없다는 점을 인정하게 돼. 또한 그는 내가 요청한 모든 문서의 사본을 직접 주거나 조달해 줄 정도로 친절하고 후하기도 하지."

1828년 6월 말에 툴롱에서 샹폴리옹은 배가 떠날 수 있도록 순풍이 불어오기를 기다리고 있었다. 그러나 그동안 이집트의 상황이 악화되었다. 이집트 해군이 패배했다는 소식이 이집트인들에게 드디어 전해진 것이다. 알렉산드리아는 유럽인들을 향해 무장한 자들로 넘쳐 났고, 드로베티는 상황이 너무 유동적이라 안전을 보장할 수 없다고 생각하게 되었다. 5월 초에 그는 샹폴리옹에게 이집트로 오지 말라고 경고하는 편지를 보냈지만, 편지가 파리에 도착하는 데에는 거의 세 달이 걸렸고, 그때 샹폴리옹은 이미 툴롱에 있었다. 자크조제프는 편지를 열어 그 사본을 샹폴리옹에게 보냈지만, 이는 전해지지 않았다. 나폴레옹과 그의 학자들이 같은 항구에서 떠난 지 삼십여 년 후인 1828년 7월 31일, 샹폴리옹은 이집트로 출정했다.

9장 번역가

쾌속 코르베트 함 에글레는 평소에는 프랑스와 동부 지중해 사이에서 상선을 호위하는 데 쓰였다. 그러나 그리스 독립 전쟁이 진행되면서 중동 정세가 불안해져 동부 지중해와 프랑스의 무역이 거의 끊겼고, 에글레는 샹폴리옹 원정대를 이집트까지 데려가는 임무를 맡게 되었다. 샹폴리옹은 "걱정하지 마. 이집트의 신들이 우리를 지켜보고 계셔."라는 낙관적인 말을 남기고 가족과 헤어졌다. 심한 폭풍이 한 차례 불긴 했지만 대체로 순풍이 불었고, 그들은 지중해를 지나 십구 일 만에 이집트에 도착했다. 이집트 정세가 너무 위험해서 원정을 포기해야만 한다는 것을 샹폴리옹에게 알려 주기 위해 배가 이미 파견되었다는 사실을 알지 못한 채 원정대는 파견된 배를 앞질러 도착했다. 따라서 샹폴리옹의 희망은 산산조각 나지 않을 수 있었고 결국 그는 1828년 8월 18일에 알렉산드리아에 도착했다. 드디어 그는 오랫동안 그를 완전히 사로잡고 있던 곳의 흙을 밟게 되었다.

장프랑수아 샹폴리옹이 부관 이폴리토 로셀리니와 함께 인솔하는 프랑스-토스카나 합작 원정대는 그 외 열두 명으로 구성되었다. 그중 다수가 화가나 데생 화가라는 점은 유물 기록이 몹시 중요하게 여겨졌음을 알려 준다. 프랑스에서는 이집트학 학자이자 화폐 연구자인 샤를 르노르망, 건축가 앙투안 비방, 여행가이자 화가인 알렉상드르 생 로맹 뒤셍, 고고학자이자 데생 화가인 네스토르 로트, 그리고 화가인 에두아르 프랑수아 베르탱과 피에르 프랑수아 르우가 참가했다. 토스카나 파견단은 로셀리니를 필두로, 공학자이자 건축가인 그의 삼촌 가에타노 로셀리니, 화가 살바토레 케루비니와 주세페 안젤렐리, 식물학자 주세페 라디와 그 조수 갈라스트리, 그리고 탐험가이자 의사로 이미 이집트를 여행한 바 있는 알레산드로 리치로 구성되어 있었다.

알렉산드리아의 풍경에 모두가 놀랐다. 많은 배들이, 특히 항구를 봉쇄하러 온 프랑스와 영국의 선박이 그 돛으로 숲을 이루고 있었다. "동맹국과 적국을 비롯해 세계만방에서 온 선박이 혼재하고 있는 광경이 가장 주목할 만한 점이고, 그것은 지금 이 시기의 특징을 여실히 보여 준다." 맨 처음으로 해야 할 일은 프랑스와 토스카나 영사를 만나는 것이었다. 프랑스 영사 드로베티는 원정대를 띄우지 말라고 경고한 자신의 편지를 받았어야 할 샹폴리옹이 "제가 편지를 제 시간에 못 받은 걸 보면 나의 수호 성(星)이 이런 중차대한 일을 비춰 주는 거지요."라고 하면서 여전히 침착한 것을 보고 소스라치게 놀랐다. 드로베티는 여전히 정국을 비관적으로 보고 있었으나 이집트의 통치자인 무함마드 알리에게서 필요한 허가를 받아 주기로 했다.

이집트와 누비아를 여행하고 발굴에 착수하는 데 필요한 허가를 기다리는 동안 원정대원들은 알렉산드리아를 돌아보기 시작했다. 나폴레옹 원정대의 학자들처럼 그들은 곧 '클레오파트라의 바늘'이라 불리는 오벨리스크에 매력을 느꼈다. 나폴레옹 원정대는 오벨리스크를 보고 훌륭한 유물이라는 찬사를 보내는 것 말고 할 수 있는 일이 거의 없었다. 하지만 이제 샹폴리옹은 성각 문자를 읽을 수 있었고, 비록 후대 람세스 2세의 비문이 있긴 했지만, 이 오벨리스크가 투트모세 3세에 의해 그곳에서 160킬로미터도 더 떨어진 헬리오폴리스의 태양신 신전 앞에 세워졌다는 것을 초창기 비문들이 알려 주었다. 그들은 『이집트 묘사』에 이미 나온 바 있는 이 오벨리스크 비문의 사본을 떴다. 책과 실제 비문을 비교해 보자 명백하게 잘못된 점들이 다수 드러났다. 샹폴리옹은 형에게 보낸 편지에 이렇게 썼다. "비방은 위원회에도 알려져 있는 오벨리스크의 삼면 모사를 마쳤어. (……) 아주 당당하게 성각 문자 비문을 망쳐 놓은 그 위원회 말이지."

나폴레옹의 학자들이 성각 문자 비문 연구에 있어서는 깊은 인상을 주지 못했을지라도 이집트인들에게는 쉽사리 잊히지 않았다. 나이 먹은 이집트인 중 몇몇은 여전히 프랑스어로 말할 수 있었다. 샹폴리옹은 조제프 푸리에가 공명정대하며 관대한 행정관으로 기억되고 있다는 점에 특히 기뻐했다. 한번은 샹폴리옹이 "안녕하쇼, 시민 동지. 내가 아무것도 못 먹었으니 뭘 좀 주쇼."라고 말하는 눈먼 아랍인을 보았다. 나폴레옹 원정대에서 비롯한 게 분명한 공화국풍 말투에 놀란 샹폴리옹은 노인에게 프랑스 동전 몇 개를 주었다. 노인은 동전을 만져 보고 "이건 더 이상 쓸 수 없어요, 친구!"라고 말했다. 샹폴리옹은 다시 이집트 동전을 주었다. 나중에 그는 일기에 이렇게 기록했다. "알렉산드리아에서는 옛 이집트 출정을 되새기게 하는 일을 매 순간 접할 수 있다." 데생 화가 로트는 많은 이집트인들이 자신들을 세금 징수원으로 여겨 도망가지만 그들이 프랑스인이라는 걸 알면 환영하는데, "(그들의 말을 빌리자면) 자신들의 당나귀와 소를 가졌고 세금을 두 번 낼 필요가 없었던 때를 기억하는 가난한 아랍인들은 보나파르트의 인상적이었던 원정을 아직 완전히 잊지 않았기 때문"이라고 했다.

알렉산드리아에는 연구할 만한 성각 문자 비문이 새겨져 있는 유물이 얼마 되지 않았지만, 최소한 샹폴리옹은 이 이집트 도시의 일상을 관찰하는 것이 성각 문자를 이해하는 데 남아 있는 몇 가지 문제를 해결해 준다는 사실을 알아냈다. 샹폴리옹은 길 잃은 개 떼들을 못 보고 지나치지 않고 성각 문자와 비교했다. "이집트에서 개는 완전한 자유 속에 살고 있다. (……) 개는 그 적황색 가죽만 제외한다면 자칼과 너무나 닮았다. 나는 더 이상 성각 문자 비문에서 개와 자칼을 구별하는 게 어렵다는 것에 놀라지 않겠다!" 사실 🐕(그레이하운드), 🐕(드러누운 개), 🐕(자칼), 🐕(대체로는 늑대) 등 이 네 가지 성각 문자는 혼동하기 쉽다.

허가가 나기를 기다리며 몇 주를 보내는 동안 원정대원들은 이집트와 이집트 풍속에 적응할 수 있었다. 그들은 서서히 열기에 길들었고 당나귀를 타는 데에도 익숙해졌으며 하루 중 가장 더운 때에는 쉬게 되었다. 너무 이목을 끌지 않기 위해 그들은 유럽식 의상을 포기하고 이집트 옷을 입었다. 머리를 깎고 인상적인 터번을 썼고, 줄무늬 실크 조끼에 수놓은 재킷을 입었고, 통 넓은 바지에 넓은 허리띠를 하고 언월도를 찼으며, 부드러운 신발이나 슬리퍼를 신었다. 샹폴리옹은 피부가 까무잡잡한 데다 흠잡을 데 없는 아랍어를 구사해 이집트인으로도 통할 만했다. 또한 그들은 나일 강을 거슬러 올라가는 여행에서 필요할 장비와 식량을 준비했고, 배도 두 척 구했다.

허가가 나지 않은 채 계속 시간이 흐르자 누군가가 고의로 그들의 원정을 지연하려 하고 있다는 것이 명확해졌다. 샹폴리옹은 골동품 상인들이 "그가 발굴을 위해 이집트에 왔다는 소식에 덜덜 떨며" 훼방을 놓는다는 것을 알게 되었다. 샹폴리옹은 골동품 거래와 밀접한 관계가 있는 드로베티가 연루되었을 것이라고 의심했고, 그것이 이집트에 오지 말라는 편지의 진짜 이유가 아니었나 생각하게 되었다. 그는 그 원정이 샤를 10세의 전폭적인 지지를 받고 있으며, 만일 허가가 나지 않을 경우에는 왕에게 몇몇 골동품 상인들이 이해관계 때문에 이 과학 원정을 방해했다고 설명할 수밖에 없다는 점을 들면서 드로베티를 압박했다. 최후통첩 며칠 후에 허가가 나왔다.

원정대의 배 두 척에는 고대 이집트의 가장 중요한 여신인 이시스와 하토르의 이름을 붙였다. 1828년 9월 14일에 원정대원들과 무함마드 알리가 보낸 선원들과 경찰 두 명을 비롯한 현지 인원은, 알렉산드리아와 나일 강의 로제타 지류를 연결하기 위해 겨우 구 년 전에 사막을 가로질러 만든 마무디에 운하를 따라 떠났다. 샹폴리옹의 원정 계획은 남쪽으로 나일 강을 거슬러 두 번째 폭포까지 올라가는 것으로, 유적지가 보이면 가장 중요한 비문과 부조를 모사하러 머무르기로 했다. 그다음에 두 번째 폭포에 닿아 상대적으로 중요해 보이는 곳을 감정한 후 돌아오는 길에는 본 것들 가운데 가장 중요한 장소들을 세부적으로 연구하기로 했다. 원정대는 프랑스와 토스카나의 이집트 컬렉션의 질을 높일 만한 유물 또한 찾아봐야 했다. 하루 정도 후에 그들은 마무디에 운하를 떠나 드디어 나일 강에 들어섰다. 나일 강의 물맛을 본 샹폴리옹은 "물을 섞은 샴페인" 같다고 평가했다.

나일 강의 로제타 지류를 따라 남쪽으로 항해해 가면서 그들은 도수크 마을을 지나갔다. 샹폴리옹은 헨리 솔트와 자신이 루브르로 가져온 자신의 훌륭한 유물 컬렉션을 떠올리며 슬픈 기분에 젖어 일기에 썼다. "나일 강 동쪽 기슭의 이 마을 별장에서 영국 총영사였던 솔트 씨가 몇 달 전에 죽었다는 것을 알았다. 성각 문자 연구를 사랑했던 교양인이었던 이 사람을 더 이상 이집트에서 볼 수 없다는 점이 아직도 애석하다." 그다음 날 원정대는 네이트 여신 숭배의 중심지였던 나일 강변 마을인 사이스를 조사하기 위해 잠시 멈췄다. 사이스는 그들이 조사한 첫 번째 유적지로, 깨진 도자기 덩어리가 뒤덮여 있었고 나일 강이 범람하여 홍수가 진 데다 원정대원들 사이에 이집트의 역병을 통제해야 할 필요성을 논의해야 할 정도로 공동묘지에서 풍기는 악취가 가득한 황폐한 곳이었다.

그들은 고대 유적의 흔적이 보이는 곳이라면 어디에서든 멈추기를 반복했고, 그 와중에 나폴레옹과 맘루크 왕조의 전투 장소도 눈에 들어왔다. 카이로 지역에 접근하는 데에는 닷새가 걸렸고, 그때 멀리 떨어진 피라미드를 처음으로 볼 수 있었다. 샹폴리옹은 자크조제프에게 보낸 편지에 이 광경을 생생히 묘사했다. "19일 아침에 일어나서 우리는 마침내 피라미드를 보았어. 피라미드는 8리그(약 40킬로미터) 정도 떨어져 있었지만 그 위용은 충분히 감상할 수 있었지. 오후 1시 45분에 우리는 나일 강이 로제타와 다미에타의 두 지류로 갈라지는, 델타 지역 꼭대기(*Bathn-el-Bakarah*, 소의 배)에 닿았어. 그 광경은 장엄했고, 나일 강의 폭은 엄청났지. 서쪽으로는 작은 보트들과 큰 배들이 여러 방향으로 교차하는 가운데, 야자수 사이에 있는 피라미드가 보였어. 동쪽으로 (……) 그 광경의 아래쪽은 카이로의 요새를 에워싼 무카탐 언덕이 차지하고 있었어. 요새의 아랫부분은 첨탑들의 숲으로 가려져 있었어."

나폴레옹과 그 병사들의 망령들로부터 인사를 받으며 피라미드 전투 장소를 지나, 원정대는 그다음 날 카이로에 입성했다. 카이로는 예언자 마호메트의 생일을 축하하느라 떠들썩했고, 원정대는 생각지도 못한 환대를 받았다. 샹폴리옹은 사람들이 이미 그를 '오래된 돌에 쓰인 글을 읽을 수 있는 사람'으로 알고 있는 데 대해 화들짝 놀랐다. 다음 날 그들은 카이로를 구경했고, 샹폴리옹은 나폴레옹의 군대와는 달리 카이로를 매혹적으로 여겼다.

사람들은 카이로에 대해 몹시 나쁜 말들만 했지만 나에게 이곳은 꽤 괜찮아. 사람들은 거리의 폭이 8~10피트(약 2.4~3미터) 정도 된다고 그토록 비난했지만 내가 생각하기에는 끔찍한 더위를 피하기 위해 잘 계산된 것 같아. (……) 카이로는 그야말로 기념비적인 도시야. (……) 모스크가 수없이 많은데 그중 표면이 아라베스크로 덮여 있고 매력적인 첨탑들로 장식되어 우아한 모습을 자랑하는 몇몇 모스크는 이 도시를 당당하고 다채롭게 만들어 주지. (……) 카이로는 여전히 『천일야화』의 도시인 거야.

샹폴리옹의 건강 상태는 그가 자크조제프에게 이야기한 것처럼, 이집트에 도착한 후로 꾸준히 좋아졌다. "내 건강은 유럽에서보다 훨씬 나아졌어. 나는 지금 형에게 한 번에 일곱 장의 편지를 쓰고 있는데, 파리에서 이랬더라면 머리에 경련이 일어났겠지. 나는 마치 새로운 사람이 된 것 같아." 샹폴리옹은 긴 여정과 힘든 연구가 기다리고 있다는 것을 잘 알고 있었기 때문에 원정대원들이 카이로에서 자유를 누리도록(격무가 시작되기 전 짧은 휴가처럼) 해 주었다. 하지만 그는 시간이 흘러가는 데 대해 언제나 압박을 느꼈다. 카이로에서 열흘을 지낸 후, 새 식량을 실은 보트들은 남쪽으로 향했다.

첫 번째 정박지는 카이로에서 강을 따라가다가 바로 있는 투라였다. 그곳은 둘레가 9.6킬로미터 정도 되는 석회암 채석장으로, 선사 시대 부터 돌을 가져온 곳이었다. 여기서 원정대는 처음으로 하나의 체계를 활용해 탐사 작업을 수행하였는데, 이 체계는 나일 계곡을 따라 유적지 에서 유적지로 이동하는 동안 거의 반사적으로 많이 사용되었다. 각각 의 원정대원은 탐사하고 기록할 구역을 할당받는다. 특별히 흥미롭다고 여겨지는 것이 눈에 띄면, 특히 비문이라면 조사를 위해 샹폴리옹을 부른다. "나는 발견된 것의 중요도를 감정하기 위해 각각의 장소로 가. 비문이 흥미로워 보이면 내가 그것을 따라 그리고, 뚜렷한 선으로 이루어져 있다면 다른 사람이 그리기도 하는 거지." 투라에는 민중 문자로 된 비문이 많았고 성각 문자 비문도 약간 있었다. 강렬한 더위 속에서 최대한 빨리 비문을 모사하는 것은 몹시 힘든 일이었다.

원정대는 나일 강 서쪽 기슭으로 향해, 한때는 고대 이집트의 수도 였지만 이제는 나일 강이 범람하여 일부가 잠긴 멤피스의 폐허 지역에 도착했다. 해마다 일어나는 나일 강 범람은 에티오피아에 내린 여름 폭우가 아스완에 6월 말, 카이로에 9월 말에 도착하기 때문인데, 이때쯤 수량이 줄어들기 시작한다. 이 홍수의 영향으로 나일 계곡을 따라 비옥한 검은 진흙이 퇴적된다. 고대 이집트에서 물이 범람하는 높이는 이듬해의 풍흉을 좌우했기에 나일 강 수면의 고저를 '나일로미터'(나일 강 수위계)를 통해 측정했고, 하피 신을 홍수의 화신으로 숭배했다. 일 년에 한 번씩 있는 홍수는 고대 이집트의 맥박과도 같았지만, 이제는 이집트 남쪽의 아스완 댐 뒤에 있는 나세르 호에서 넘친 물을 저장하기 때문에 더 이상은 범람이 일어나지 않는다.

1828년 10월 초에 멤피스에 있던 원정대는 홍수 때문에 방해를 받았다. 물에 젖지 않은 지역은 대부분 모래 사이에 흩어져 있는 화강암 덩어리 부분이었다. 하지만 거대한 람세스 2세 조각상의 남아 있는 부분을 기록할 수는 있었다. 이 조각상은 황량한 사막 지역에서 오늘날까지 남아 있는 얼마 안 되는 유물 중 하나이다. 고대 도시 자리에 들어선 마을인 미트라인 근처에서 원정대는 묘지와 하토르에게 바쳐진 신전을 발굴해 냈다. 다시 범람이 일어나면 발굴이 중단될 것이라는 생각에 그들은 천막과 장비를 낙타 행렬에 싣고 3킬로미터쯤 떨어진 사카라로 향했다. 사카라가 나일 강에서 꽤 떨어져 있어서 그들은 배에서 잘 수 없었다. 야영지를 세우는 동안 그들은 베두인족 무리를 만나 (나폴레옹 원정대와는 완전히 달리) 좋은 관계를 맺었다. 원정대는 베두인족 몇 명을 일꾼과 야경꾼으로 고용했다. 샹폴리옹은 공평함에 대해 개방적이었고, 이렇게 적었다. "이들은 인간으로 대우받으면 용감하고 훌륭한 사람들이다."

원정대는 처음에 사카라를 보고 실망했다. 사카라는 왕과 상류 계급을 위한 멤피스의 가장 큰 묘지였다. 원정대는 화려한 건물, 수많은 피라미드, 사원, 무덤, 그리고 스핑크스가 늘어선 길을 기대했지만, 그 대신 도굴꾼들이 지난 이십 년 동안 그 지역을 완전히 뒤집어엎은 후 남은 잔해만을 발견할 수 있었다. 잔해는 많은 곳에서 모래 더미에 묻혀 있었다. 샹폴리옹은 형에게 보낸 편지에서 이 상황에 대해 탄식했다. "멤피스의 옛 묘지, 미라의 평원 사카라에는 도굴당한 무덤과 피라미드가 흩어져 있어. 골동품 상인들의 야만스러운 탐욕 때문에 이곳은 완전히 텅 비어서 연구할 것도 없어져 버렸어." 건축가 비방이 원정대를 떠난 곳도 바로 이곳이었다. 비방은 출발할 때부터 건강이 악화되었고, 더 이상 처음 만났을 때 샹폴리옹을 감탄시킨 것처럼 활력과 열정으로 가득하지도 않았다. 사실, 비방은 이집트를 떠난 후 일 년도 더 살지 못했다.

샹폴리옹의 편지(자크조제프가 그중 많은 부분을 편집해서 프랑스에서 출판하기도 했다.)에 실리지 않은 주제는 사카라에서 발견한 파라오 이름들의 중요성이었다.

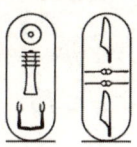

위의 카르투시(제드카레와 이세시)는 기원전 2414년쯤부터 사십 년 정도 재위했던 제5 왕조의 파라오 이름을 알려 주었다. 이 파라오의 연대를 정확히 알 수는 없었으나, 이 파라오가 제5 왕조 때 재위했다는 사실을 확인하기에는 충분했다. 학자들은 기원전 3세기 후반의 이집트 고위 신관이자 역사가였던 마네토의 그리스어 저작을 통해 이집트의 초기 왕조에 대해서는 알고 있었다. 마네토의 이집트 역사(『이집트사』)에는 신, 반신반인(半神半人), 죽은 자 들의 영혼부터 시작해 대홍수와 서른 개 왕조로 이어지는 이집트 연대기가 나온다. 그중 파라오를 열거하는 체계는 샹폴리옹도 채택했으며 지금도 여전히 쓰이고 있다. 샹폴리옹이 발견한 토리노 왕실 명부 같은 다른 명단과도 잘 맞아떨어지는 마네토 체계에 따르면 왕조는 멤피스나 테베처럼 왕들이 다스렸던 도시에 따라 나뉜다. 성서 연대에 따르면 마네토가 언급한 첫 열다섯 개 왕조는 너무 이르게 등장했기 때문에(그래서 출현할 수 없었기 때문에) 부정된다. 제5 왕조의 파라오 이름을 발견한 것은 천지 창조 시기에 대해 당연한 의문을 던지게 하므로 성서 연대와 직접 상충되었다. 샹폴리옹은 신학적 도그마와 충돌하는 증거를 더 많이 발견했지만 그 사실을 개인적인 기록과 일기에만 조심스럽게 써 놓았고, 심지어 발견한 내용에 관해 다른 원정대원들과 이야기하려 들지도 않았다.

기대와 달리, 사카라의 무덤 중 하나가 고대 이집트 역법에 대해 좋은 증거를 제시해 주었다. 샹폴리옹은 일기에 이집트인들이 낮과 밤을 각각 열두 시간으로 나누었고 🐦☆가 '시간'을 의미한다고 기록했는데(보통 🐦로 더 많이 쓰여 있다.) 이는 옳은 설명이다. 사실 오늘날 이십사 시간을 사용하기에 앞서 이집트인들이 최초로 하루를 이렇게 나눈 듯하다. 일 년은 🔲(akhet, 나일 강의 범람기), 🔲(peret, 봄과 동등함. 농작물이 자라나기 시작하는 때), 🔲(shemu, 수확기)의 세 계절로 나뉘었다. 각 계절은 네 달로 이루어져 있었고, 각 달은 세 주로, 한 주는 열흘로 이루어졌다. 즉 일 년은 삼십 일짜리 열두 달로 이루어져 삼백육십 일이 되었다. 이 숫자를 365로 맞추기 위해 오시리스, 이시스, 호루스, 세트, 네프티스 신의 생일이라고 여긴 닷새를 더했다. 날짜는 재위 중인 파라오의 즉위 연도에 맞추어 셌다. 예를 들어 🔲는 '카카우레 왕 2년 범람기 2월 1일'을 뜻한다. 카카우레는 제12 왕조의 파라오 세누스레트 3세의 왕명이며, 그는 기원전 1878~1841년 무렵에 통치했다.

원정대 행렬은 사카라에서의 좌절로부터 벗어나 북서쪽으로 16킬로미터 떨어져 있고 피라미드와 스핑크스가 있는 기자로 옮겨 갔다. 기자는 지금은 카이로 근교 가장자리에 있으며 또 다른 가장 큰 묘지였다. 그곳을 찾는 지금의 관광객들처럼 샹폴리옹도 그곳에 다가갈수록 거대한 세 곳의 피라미드가 그 웅대함을 잃어버리는 듯한 환각에 사로잡혔다. 그는 그 이상한 기분을 일기에 적었다.

이 거대한 유적의 모습이 다가갈수록 작아진다는 사실에 누구나 다 나처럼 놀랄 것이다. 나 자신도 50보 정도 떨어진 곳에서 어림잡아 보는 것만으로도 그 규모에 경탄하게 되는 이 건축물을 보고 기절초풍까지는 아니더라도 스스로 완전히 작아지는 기분이었다. 하지만 가까이 다가가면 피라미드는 가라앉는 듯, 그것을 구성하고 있는 돌은 아주 작은 돌덩이에 불과하게 느껴진다. 돌과 피라미드의 엄청난 규모를 느끼려면 눈으로 보는 동시에 꼭 손으로 만져 봐야 한다. 10보 거리에서는 (작아지는) 환상이 다시 그 힘을 발휘하기 시작하고, 위대한 피라미드가 평범한 건축물 이상으로 느껴지지 않는다. 가까이 다가간 것을 진심으로 후회하게 된다.

반면 스핑크스는 그 불가사의함 때문에 계속 인상적이었다. 데생화가 로트는 이렇게 기록했다. "사자의 몸과 인간의 머리를 한 이 유적은 어깨까지 모래 속에 파묻혀 있어 그 사이로 등, 뒷다리, 엉덩이 등 뒷부분 형상을 그려 볼 수 있다." 기자의 피라미드 주변 지역을 사흘간 탐사한 후, 원정대는 배로 돌아가 베니하산까지 상류 쪽으로 긴 여정을 떠났다. 200킬로미터를 가는 데에는 십이 일이 걸렸고, 원정대는 10월 23일 저녁 늦게야 도착했다. 그전의 탐험가들이 그곳에 석회암 절벽을 파서 만든 무덤이 있지만 별로 중요하지 않다고들 해서, 샹폴리옹은 하루나 이틀이면 모든 일을 마칠 수 있으리라고 예상했다. 무덤 내부를 일단 둘러보니 먼지가 두껍게 쌓여 있었고 몇몇 흔적이 쓸 만한 것 같았지만 볼 만한 장식이나 비문이 그리 많이 있을 것 같진 않았다. 하지만 샹폴리옹이 젖은 해면으로 닦아 볼 생각을 해 냈다. 놀랍게도 먼지 아래에선 농업, 기술, 군사, 사냥 등 백성들의 모든 풍속과 음악가, 가수, 무용수 등을 다채로운 색상으로 그린 그림이 드러났다. 이 그림들을 기록하는 데에는 하루 이틀보다는 훨씬 더 오래 걸릴 것이었다.

원정대는 샹폴리옹이 원래 계획했던 것보다 훨씬 뒤처져 11월 초에야 마침내 베니하산을 떠났다. 샹폴리옹은 자크조제프에게 이렇게 썼다.

이건 모두 이곳의 바위 무덤에 대해 부정확하고 애매모호하게 말한 대단한 조마르의 잘못이야. 덕분에 난 이 동굴들을 보는 데 하루면 될 줄 알았지. 하지만 십오 일을 잡아먹더군. (……) 그 결과 우리는 이 무덤의 실물을 완벽하게, 아주 정확하게 그린 그림을 300장도 넘게 갖게 되었어. 이것들만으로도 나의 이집트 여행은 이미 위원회의 모든 논문보다 만족스럽고, 보다 많은 수확을 거두었다고 감히 말할 수 있지.

무덤에 있던 모든 그림과 비문이 이집트의 것은 아니었다. 많은 여행자들이 낙서로 그들이 왔다는 흔적을 남겼다. 한 무덤에는 나폴레옹의 병사 중 한 명이 간단히 "1800년, 제3 기병 연대"라고 남긴 글씨가 있었다. 샹폴리옹은 이 낙서가 좀 더 잘 보이도록 잉크로 공손히 덧쓴 후, 그 아래에 자신의 흔적을 덧붙였다. "J. F. C. Rst. 1828."

놀라우리만치 풍부했던 베니하산의 무덤 벽화 덕분에 원정대는 엄청난 양의 자료를 얻긴 했지만, 이는 별로 좋지 않은 결과도 가져왔다. 원정 계획의 손실을 최소화하기 위해 테베로 가는 길을 재촉하느라 샹폴리옹은 최대한 빨리 무덤 벽화 기록하는 일을 마치도록 다른 원정대원들과 스스로를 닦달해야 했다. 그 결과 샹폴리옹 자신은 건강이 악화되었고 다른 원정대원들 사이에서는 불만이 터져 나왔다. 마침내 베니 하산을 떠나 테베를 보러 320킬로미터를 가는 동안 최소한 두 번째 폭포에 닿을 때까지 원정대원들은 지쳐서 투덜대고 있었다.

비록 시간은 촉박했지만, 원정대는 여전히 중요한 곳에 들르고 있었다. 하지만 소요되는 시간은 최소한으로 줄여야 했는데, 가끔 파괴된 곳을 발견하면 이는 몹시 쉬워지기도 했다. 안티노폴리스는 2세기에 하드리아누스 황제가 나일 강에 빠져 죽은 연인 안티오누스를 기억하며 세운 로마 도시였다. 나폴레옹의 학자들이 기록했던 그곳의 기둥, 목욕탕, 개선문, 전차 경기장의 포르티코, 극장은 모두 없어졌고, 상폴리옹은 그런 일에 넌더리가 났다. 이집트 위원회가 기술했던 그 어떤 유물도, 정부의 허가를 받아 신나서 모든 것을, 심지어 주춧돌까지 파괴해 버린 야만적인 원주민들의 손을 피하지 못했다. 그들은 서둘러 다시 길을 나섰고, 한 주일을 약간 넘겨 11월 16일 해가 진 후에 덴데라에 도착할 수 있었다.

덴데라는 나폴레옹 원정대와 화가 비방 드농에게 두드러지게 영향을 끼친 곳이었고 논쟁을 불러일으킨 황도 십이궁을 가져온 곳이었지만, 나일 강에서는 보이지 않았다. 그러나 눈부시도록 달 밝은 밤, 그곳은 원정대원들의 마음을 강렬하게 끌어당겼다. 상폴리옹은 그들을 사로잡은 흥분 상태에 대해 자크조제프에게 보낸 편지에 다음과 같이 기술했다.

달빛은 황홀했고 우리는 신전에서 한 시간밖에 떨어져 있지 않은 거리에 있었어. 우리가 유혹을 이길 수 있었을까? 인간 중에 가장 냉정한 이에게 물어보라지! 우리는 게 눈 감추듯 식사를 하고는 당장 떠났지. 우리 배가 있는 곳에서 정면에 신전이 있으리라고 생각하며 길잡이는 없었지만 완전히 무장을 한 채로 들판을 지났어. 가장 최신 오페라 행진곡들을 부르며 이렇게 한 시간 삼십 분 정도를 아무것도 찾지 못한 채 걸었어. 마침내 우리는 사람을 한 명 보고는 그를 불렀지만 그는 우리를 베두인족으로 생각하고 도망갔어. 우리가 동양식으로 입고 모자 달린 커다란 망토를 쓰고 있었기 때문이지. 유럽인들이었다면 주저 없이 우리를 총과 사브르 검과 권총을 든 카르투지오 수도사라고 생각했겠지만. 우리는 이 사람을 잡았고 (……) 나는 그에게 우리를 신전으로 데려가 달라고 했어. 이 불쌍한 녀석은 처음엔 별로 안심하지 못했지만, 우리를 좋은 길로 데려다 주었고 나중엔 제법 점잔을 떨며 걷더군. 마르고 무뚝뚝하고 까맣고 누더기를 걸치고 있으니 미라가 걸어 다니는 꼴이었지만. 그는 여하튼 우리를 잘 인도했고, 우리도 그를 비슷하게 대했어. 마침내 신전이 나타났지. 신전 입구와, 특히 이 위대한 신전의 포르티코가 우리에게 준 인상에 대해서는 굳이 구구절절 쓰지 않을게. 이 신전을 평가하는 건 쉽겠지만, 그 인상을 전하는 건 불가능하거든. 이곳은 우아함과 장엄함이 최고 수준으로 결합된 곳이니까.

그들은 잠을 자러 새벽 3시에 배로 돌아왔고, 밝을 때 신전을 탐사하기 위해 네 시간 후에 일어났다. 샹폴리옹은 이제 훌륭한 부조를 똑똑히 보고 성각 문자를 읽어 이 신전이 프톨레마이오스 시대에 지은 것이며, 그전까지 믿기던 바와 달리 이시스가 아닌 하토르에게 바쳐진 것이라는 것을 알았다. 성각 문자가 쓰여 있어 읽을 수 있지 않는 한, 신의 이름을 구분하는 일은 종종 어려운데, 특히 이시스와 하토르는 더욱 구분하기 힘들다. 샹폴리옹은 이 신전은 퇴폐적인 조각들로 가득한 걸작이라고 생각했다. 하지만 그를 정말 놀라게 한 것은 이름이나 통치자의 직위 없이 비어 있는 카르투시(⬭)였다.

　　방에서나, 신전 테라스 위에 지어 놓은 건물에서나, 내부의 어떤 곳에서도 무엇인가 쓰여 있는 카르투시를 찾아볼 수 없었어. 모든 카르투시는 비어 있었고, 뭔가 지워진 것도 아니었지. 그중 가장 만족스러운 것은 그 유명한 황도 십이궁에도 카르투시가 있지만, 그것 역시 이 신전 내부의 다른 모든 것과 같이 텅 비어 있으며, 끌로 손댄 자국 하나 찾아볼 수 없다는 점이야. 친구들이여, 웃음을 참아도 좋소! 비문을 베끼면서 아우토크라토르라는 단어를 덧붙인 것은 위원회 회원들이었어. 그들은 존재하지도 않았던 비문을 그리는 것을 잊어버렸다고 믿은 거야.

　몇 년 동안 덴데라 황도 십이궁의 연대에 대한 논의가 한창 진행되고 있었다. 영은 이집트 위원회가 펴낸 간행물에서 카르투시를 아르시노에일 것이라고 감정했다. 샹폴리옹은 문제의 카르투시를 '아우토크라토르'로 똑바로 읽어 그 논쟁에 종지부를 찍었는데, 이는 로마 시대에 사용된 용어여서 황도 십이궁의 연대를 명백히 알 수 있었다. 샹폴리옹은 덴데라 황도 십이궁의 연대를 계산하여 성서 연대기의 수호자라는 평판을 얻었고 교황에게서 호의를 사 레지옹 도뇌르 훈장까지 받았지만, 이는 날조된 모사에 기반한 것이었다는 아이러니를 맛보았다.

　　덴데라는 정말로 경이로웠지만 샹폴리옹이 언제나 가 보고 싶어 했던 테베가 바로 근처에 있었다. 원정대는 역풍에 맞서 사흘 동안 항해하여 테베에 닿았다. "테베! 이 이름은 이미 내 머릿속에 큼지막한 자리를 차지하고 있었어. 내가 세계에서 가장 오래된 곳인 옛 수도의 폐허를 둘러보고 있을 때부터 테베라는 이름은 거대해졌지. 나흘 내내 나는 불가사의

한 것들 사이를 헤치고 다녔어." 나일 강 동쪽과 서쪽 기슭의 유물을 둘러보는 데 그들은 나흘을 들였다. 샹폴리옹은 첫째 날을 람세스 2세 신전과 아멘호테프 3세 신전에 유일하게 남아 있던 거대한 조각상을 조사하는 데 썼다. 둘째 날에는 마디나트하부의 신전을 조사했고, 셋째 날은 묘지에서 보냈다. 샹폴리옹은 자크조제프에게 보낸 장문의 편지에 룩소르와 카르낙에서 보낸 마지막 날 접한 장관을 열렬히 적어 내려갔다.

네 번째 날에 (……) 나는 테베의 동쪽 부분을 보려고 나일 강 왼쪽 비탈로 갔어. 가장 처음에 나는 룩소르를 보았지. 거대한 궁전 앞에는 8피트(약 2.4미터)는 족히 될 법한 오벨리스크가 두 개 서 있었어. 오벨리스크들은 장밋빛 화강암 한 덩어리로 되어 있는데 정교한 솜씨를 자랑하지. 그 옆에는 같은 재료로 만들었고 가슴까지 묻혀 있지만 아마도 30피트(약 9미터)는 되는 거대한 조각상 네 개가 있었어. (……) 마침내 나는 궁전으로, 더 정확히 말하면 유물의 도시로, 즉 카르낙으로 갔어. 그곳에서 내게 파라오다운 위엄이 현현했지. 인간이 생각할 수 있는 모든 것이 거대한 규모로 구현되어 있었어. 내가 테베에서 본 것은, 나일 강 왼쪽 비탈에서 그토록 정열적으로 찬미했던 것들은, 나를 둘러싼 거대한 것들에 비하면 하잘것없을 뿐이야. (……) 유럽에 사는 우리들은 난쟁이에 불과해. 어떤 고대인이든 현대인이든, 이집트인처럼 이처럼 장엄하고 규모가 거대한 건축 예술을 생각해 내지는 못했던 거야.

원정대는 테베에서 남서쪽으로 16킬로미터 정도 내려가서 헤르몬티스에 있는 프톨레마이오스 시대의 신전 비문을 기록하는 데 하루를 보냈다. 그 신전은 나중에 해체되었고 석재들은 석회 가마에서 불타 버렸기 때문에 원정대의 기록은 그 신전이 존재했다는 거의 유일한 증거 자료가 되었다. 상류로 더 올라가면서 남쪽으로 향한 여정이 지체된 것을 안타까워해야 할 이유가 생겼다. 그들이 도착하기 겨우 십이 일 전에 에스나 인근의 신전이 파괴되었고, 그 석재가 연례 홍수에 쓸려 갈 위험에 처한 둑을 보강하는 데 사용된 것이다. 더 남쪽으로 다급히 내려간 그들은 에드푸의 신전은 돌덩이들과 아랍식 오두막의 잔해에 뒤덮여 있긴 하지만 아직 건재하다는 데 한숨을 돌렸다. 접근할 수 있는 비문들을 기록한 후, 그들은 마침내 12월 4일에 아스완에 닿았다.

아스완의 첫 번째 폭포는 이집트와 누비아 사이의 경계 역할을 톡톡히 하고 있었다. 폭포가 지리적으로 가로막고 있었기 때문에 원정대는 여정을 계속하기 위해 폭포 남쪽에서 그들이 타고 온 배 두 척 대신 더 작은 배 몇 척으로 갈아타고 식량과 장비를 옮겨 실었다. 오래된 도시였던 아스완 자체도 흥미로웠지만 샹폴리옹은 아스완 맞은편 엘레판티네 섬에 있는 신전 두 곳이 특히 보고 싶었다. 하지만 그들이 가 봤던 많은 다른 곳들처럼 그 신전들 역시 해체되었고 석재는 다른 곳(이번에는 군영과 무함마드 알리의 새 궁전을 짓는 데)에 쓰였다는 사실에 씁쓸한 실망을 안고 돌아서야 했다.

아스완에서 샹폴리옹은 건강 문제로 다시 한 번 고생했다. 그는 통증이 심해서 두 사람의 부축을 받고서야 겨우 걸을 수 있었다. 그는 그런 식으로 인근의 필레 섬에 있는 이시스 신전에 갔다. 샹폴리옹은 그곳의 로마 관문에 384년 8월 24일에 제일 마지막으로 새겨진 성각 문자 비문이 있다는 것은 몰랐다. 그는 나폴레옹의 이집트 원정에서 프랑스 군대가 갔던 최남단에 도달한 것을 기념하며 1799년 3월에 세운 기념 명판(名板)에 대해 기록했다. 샹폴리옹과 그의 동료들은 이제 누비아를 지나 두 번째 폭포를 향해 가서 그 기록을 깰 참이었다. 그 시기에 샹폴리옹의 건강은 너무나 나빠져서 힘겹게 필레의 신전을 찾은 후 회복하기 위해 며칠간 휴식해야 했다. 하지만 1828년 12월 16일에는 폭포 위에서 배 일곱 척에 짐을 다 꾸렸고, 원정대는 이집트를 떠나 누비아를 향해 나섰다.

남쪽으로 가는 중에는 가능한 한 멈추지 말자는 계획을 꽤 잘 지켜서 그들은 열흘 후 아부심벨에 있는 암석으로 만든 두 신전에 도착했다. 샹폴리옹은 육 년도 더 전에 (건축가 우요가) 이 신전의 비문을 모사한 것을 보고 성각 문자로 쓰인 문서의 원칙을 알아내는 데 몹시 중요한 실마리를 얻었기 때문에, 그 비문을 직접 보고 싶어 어쩔 줄 몰라했다. 원정대는 거대한 신전 두 개를, 그중 큰 쪽에 집중하여 조사하는 데 이틀을 보냈다. 대신전에서 엄청난 양의 모래를 치우고 만든 입구가 위험했다고 샹폴리옹은 자크조제프에게 보낸 편지에 쓰고 있다.

아부심벨 대신전 하나만으로도 누비아를 여행할 만해. 테베에 있었더라면 한층 더 아름다웠겠지만. 우리는 이 발굴 때문에 상상도 못 할 수고를 했어. 건물의 정면은 61피트(약 18미터) 정도는 되는 거대한 좌상 네 개로 장식되어 있어. 네 개 모두 람세스 2세를 표현했는데 굉장한 솜씨야. 묘사된 람세스 2세의 얼굴은 멤피스, 테베 등지에서 본 왕의 모습과 꼭 닮았어. 우리가 도착했을 때에는 모래와, 그 모래를 치우던 누비아인들이 입구를 가로막고 있었어. 우리는 그들이 열어 준 작은 길을 확보하기 위해 모래를 치웠지. 우리는 이집트에서나 누비아에서나 모든 것을 삼켜 버리겠다고 위협하는 지옥의 모래바람을 막을 수 있는 모든 수단을 동원했어. 나는 아랍식 셔츠와 면으로 된 속바지만 빼고는 다

벗어 버렸고, 작은 문틈을 향해 납작 엎드려 갔어. 마치 오븐 입구로 향해 가는 것 같았지. 내가 신전으로 완전히 들어갔을 때 52도 공기 속에 있다는 걸 깨달았지. 로셀리니, 리치, 나, 그리고 아랍인들 중 한 명이 각각 손에 촛불을 들고서 계속 발굴을 해 나갔어. (……) 모든 부조를 보고 감탄하는 두 시간 삼십 분 정도의 시간이 흐른 후, 우리는 신선한 공기를 마셔야 할 필요성을 느껴 이 용광로 입구로 돌아왔지.

신전 밖에서 다시 샹폴리옹은 플란넬 조끼 두 벌, 군용 외투, 아랍식의 두건 달린 겉옷까지 겹겹이 껴입었고(그 시대에는 이것이 열기를 차단하는 방법으로 사용되었다.) 체력을 회복하기 위해 람세스 2세의 거대한 조각상 옆에 앉아 살을 에는 듯한 바람을 피해 쉬었다. 그는 신전을 탐사하느라 힘들어 배에 돌아가서도 여전히 땀을 뻘뻘 흘렸다. 하지만 그의 머릿속은 아름다운 부조를 떠올리며 바쁘게 돌아가고 있었다. 그는 사본을 만들어야겠다고 마음먹었다. 그는 "그것들을 갖기 위해서는 무엇이라도 할 것이었다."

샹폴리옹은 초조한 마음을 억누르며, 아부심벨에서 원정대를 이끌고 두 번째 폭포 바로 아래에 있고 현재는 수단에 속해 있는 와디할파로 짧은 여행을 나섰다. 그들은 그곳에서 더 남쪽으로 가려면 배와 보급품을 두고 사막을 건너야 한다는 것을 알고 있었다. 그러나 그때 누비아에는 기근이 들어 있었고, 원정대는 식량이 부족한 위험을 겪을 만큼 먼 거리를 갈 수 없을 것 같았다. 결국 그들은 계획대로 나일 강 하류로 다시 돌아가 중요한 곳을 좀 더 상세히 연구하기로 했다. 원정대는 신년을 와디할파에서 맞았고, 그것은 샹폴리옹에게는 그들이 무엇을 얻었고 무엇이 남아 있는가를 생각해 보는 시간이 되었다. 그는 네 달 동안 이집트에 있었고, 자신의 해독 체계를 모든 형식의 비문에 시험해 보았다. 해독 체계는 잘 들어맞았을 뿐 아니라, 끊임없이 다듬어지고 확장되었다. 비록 그의 라이벌 중 몇몇은 아직도 부인하는 사실이었지만, 성각 문자가 해독되었고 고대 이집트 문서를 다시 읽을 수 있다는 데에는 더 이상 조금도 의심의 여지가 없었다.

샹폴리옹은 와디할파에서 편지를 몇 통 썼다. 편지들은 각기 다른 방식으로 그가 이 무렵에 품었던 생각, 희망, 두려움을 드러낸다. 다시에 씨에게 쓴 편지에서 샹폴리옹은 원정대가 지금까지 거둔 성과와 자신의 해독 체계가 어떻게 작용하는지 간략히 적었다.

그 하구에서부터 두 번째 폭포까지 나일 강을 죽 따라 내려온 지금, 저는 우리의 『다시에 씨에게 드린 편지』에 고칠 것이 하나도 없다고 당신에게 자랑스럽게 말할 수 있습니다. 우리의 알파벳은 훌륭해서 로마와 그리스 시대의 모든 이집트 유물에 적용할 수 있고, 좀 더 중요한, 파라오 시대의 신전, 궁전, 무덤의 모든 비문에도 적용할 수 있습니다. 이는 아무도 좋게 봐 주려 하지 않을 때 당신이 저의 성각 문자 연구를 격려해 준 것을 정당화할 수 있을 듯합니다. (……) 우리는 나일 강을 거슬러 올라가는 동안 필레에서 열흘간 머무르면서 그곳을 초토화했습니다. 테베의 신전은 그리 대단하게 여기지 않았던 이집트 위원회가 그토록 자랑했던 옴보스, 에드푸, 에스나의 신전들이 나를 그리 오래 멈추게 하진 못하더군요. (……) 저는 유물을 풍성하게 모았습니다. 당신 앞에서 고대 이집트, 종교, 역사, 예술, 공예, 풍습에 대한 모든 것을 늘어놓는 것을 고대하고 있습니다. 저의 사본 중 상당수는 색을 칠한 것이고, 원본의 진짜 모양을 세심하게 되살려 냈기 때문에 우리의 옛 친구 조마르가 모사한 것과는 차원이 완전히 다르다고 단언할 수 있습니다.

형에게 쓴 편지에서 샹폴리옹은 덜 주저하는 말투로 남아 있는 일에 대해 언급했다. "이미 600장도 더 되는 사본을 만들었지만 내 일은 오늘 진짜로 시작되었어. 하지만 아직도 할 일이 너무 많아서 기가 질려." 이 편지에서 그는 자크조제프에게 프랑스 해군이 10월 초쯤 알렉산드리아로 그들을 데리러 올 수 있도록 해 달라고 부탁했다. 옛 친구 테브네에게도 편지를 썼다. "내 몸은 버텨 주는 중이고, 나는 이 상태가 계속 가기를 바라고 있어. 나는 필요에 의해서, 그리고 운이 좋아서 냉정한 상태야. 이 두 가지 힘으로 이 땅의 온갖 질병들을 피할 거야."

이집트학 학자인 샤를 르노르망은 충실한 원정대원이었지만 애초에 두 번째 폭포까지만 가는 데 동의했기에 북쪽으로 돌아갔다. 원정대는 비방도 일찍 떠나보내 이제 열두 명으로 줄어 있었다. 그들은 와디할파에서 나일 강으로 1829년 1월 1일에 돌아갔고, 다음 날 그들은 절벽 정면의 높은 곳에 있는 마차킷 동굴 아래에 배를 댔다. 샹폴리옹, 로트, 리치는 위험을 무릅쓰고 동굴로 올라갔다. 마차킷 동굴은 기원전 1300년쯤 호렘헤브 파라오 때 제실로 만든 곳이었다. 샹폴리옹이 비문을 모사하는 동안 다른 두 사람은 부조를 따라 그렸다. 강한 폭풍이 몰아닥쳐서 동굴에서 내려가는 길은 더 위험했지만 세 사람은 안전하게 절벽 아래에 닿았고 배는 즉시 떠났다. 맹렬한 바람이 배를 강둑으로 밀어붙였기 때문에 그들은 삼십 분 남짓 가다 멈춰 섰고, 다음 날 일찍 폭풍이 잦아들 때까지 기다려야 했다.

폭풍이 친 다음 날 샹폴리옹은 오른쪽 무릎에 통풍으로 인한 격심한 통증을 느껴 침대에 머물러야 했다. 그는 아부심벨에 도착해서도 직접 비문 모사에 나설 수 없어 짜증이 났다. 다른 원정대원들이 주신전 내부와 외부에서 꼭 필요한 것을 모사하는 동안 그는 성각 문자 사전 편찬 작업을 계속했고, 선원 중 누군가가 배가 가라앉을까 봐 자신의 다양한 암석 표본을 던져 버렸다는 것을 막 알게 된 박물학자 라디의 한탄을 들어 주며 시간을 보냈다. 1월 6일, 샹폴리옹은 아직 다시 작업에 나설 정도로 낫지 않은 상태였지만 신전에서 작업을 하겠다고 고집했고 거의 실리다시피 해서 신전으로 들어갔다. 일단 안에 들어가자 조각상, 부조, 비문을 보고 힘이 솟았는지 그는 두 시간여 동안 작업을 할 수 있었다. 신전 내부의 습한 열기가 통증을 덜어 주었고, 건강이 점차 나아진 다음 며칠 동안 그는 신전에서 한 번에 세 시간씩 일했다.

원정대원 모두 신전 안에서 일하는 게 죽을 맛이라고 여겼지만, 그들이 기록하는 정보는 그냥 지나치기에는 너무 중요했다. 샹폴리옹은 자크조제프에게 보낸 편지에서 동료들의 훌륭한 작업을 칭찬하는 한편 이 문제에 대해 써 내려갔다.

우리의 작업을 포함해서 여기 있는 모든 것이 거대해. 이 결과는 대중의 관심을 불러일으킬 거야. 이곳에 익숙한 모든 사람들은 대신전 안에서 성각 문자 한 글자를 따라 그리기 위해 어떤 어려움을 극복해야 하는지 잘 알고 있어. (……) 지금은 지하에 있는(모래가 신전 입구를 거의 덮고 있기 때문이지.) 이곳에서 겪는 더위를 뜨거운 터키탕에 비유할 정도야. 거의 벌거벗고 신전에 들어서야 한다는 점, 땀이 엄청나게 끊임없이 흘러내리고 눈으로도 들어가고 이미 오븐 안처럼 후덥지근한 공기에 푹 젖은 종이 위로 떨어지기도 한다는 것을 들으면, 매일 이 용광로에 서너 시간씩 맞서서 더 이상 다리가 지탱해 주지 못할 때에야 기진맥진해 작업을 멈추는 이 젊은이들의 용기에 감탄하지 않을 수 없을 거야.

화가들과 데생 화가들이 무엇이든 다 그려 오면 그 성각 문자 문서 사본을 정확하게 관리하는 것은 샹폴리옹과 로셀리니의 몫이었다.

우리, 즉 로셀리니와 나는 성각 문자 비문 작업을 위해 온 힘을 비축해 두지. 비문에는 역사적인 부조에 나오는 그림이나 군상이 종종 포함돼 있고, 아주 방대해. 우리는 이를 현장에서 즉시 모사하거나, 높은 곳에 있는 것은 탁본을 떠서 이를 모사해. 나는 원본과 몇 번이고 대조해 제대로 된 사본을 만들어서, 그전에 그들이 받기로 되어 있는 비석들에 표시를 하고 찾아 둔 데생 화가들에게 넘기는 거야.

원정대는 아부심벨의 두 신전을 상세하게 기록하기 위해 십삼 일 동안 전력을 다해 일했다. 그것은 그동안의 작업 가운데에서도 가장 어려운 일이었다. 작업이 끝날 때쯤에 샹폴리옹은 이제 정말 집으로 가는 것처럼 여겨졌다고 일기에 썼다. "나는 이런 식으로 (……) 다시는 볼 수 없을 아름다운 유물과 제1 신전을 영원히 떠나면서 슬픔을 억누를 수가 없었다."

아부심벨에서 카스르이브림으로 가는 데에는 하루가 채 안 걸렸다. 카스르이브림은 낭떠러지 위에 높이 세워진 견고한 요새였으나 몇 년 전 무함마드 알리의 군대가 맘루크 군대가 사용하는 것을 막기 위해 파괴해 버렸다. 원정대는 사다리를 타야 겨우 닿을 수 있는 절벽 아랫부분의 동굴을 조사하기 위해 잠시 멈췄다. 이 동굴들은 피난처이자 제실로, 암석을 깎아 만들었으며 최소한 기원전 1500년쯤 제18 왕조까지 거슬러 올라가는 것으로 밝혀졌다. 1960년대 아스완 댐 준공과 함께 카스르이브림을 포함한 광대한 지역이 나세르 호수에 수몰되었다. 이제 한때 난공불락 요새였던 곳의 무너진 벽면에는 물결이 치고, 동굴들은 수면의 수십 미터 아래에 잠겨 있다. 댐을 지으면서 누비아의 여러 곳이 파괴되었고, 40개 국가 이상이 참여한 유네스코의 거대 프로젝트 덕분에 샹폴리옹 원정대가 방문했던 곳 중 몇 군데를 구하긴 했지만 다른 많은 곳들은 다른 곳으로 옮겨지지 못했고 나세르 호수에 수장되어 접근할 수 없게 되었다. 가장 극적이었던 구조(救助)는 돌을 깎아 만든 아부심벨의 두 신전을 콘크리트 언덕 위에 마련한 새로운 장소로 옮긴 것이었다.

카스르이브림에 아침 일찍 도착한 원정대는 서둘러 여정을 계속했고, 그날 저녁 무렵에는 누비아의 수도인 데르에 닿았다. 데르는 당대의 여행 안내서에는 "진흙 오두막이 멀리까지 뿔뿔이 흩어져 있는 마을이다. (……) 필레를 떠난 후 처음으로 모스크를 볼 수 있다."라고 나와 있고 샹폴리옹은 "200채의 가옥이 있는 큰 마을로, 길이 넓고, 특히 집들이 작은 야자수 숲으로 둘러싸여 있어 이집트의 다른 많은 마을들보다 쾌적하고 청결하다."라고 기록했다. 달빛 속에서 식사를 한 후, 샹폴리옹은 주민 중 한 명과 대화를 나누었다. 샹폴리옹은 그에게 "혹시 데르 신의 신전을 지은 술탄의 이름을 아느냐고 물었고, 그는 자신은 그런 것을 알기에는 너무 어리지만 마을 노인들은 모두 이 비르베(신전)가 이슬람이 들어오기 삼천 년쯤 전에 세워졌다고 했으며, 하지만 이 노인들은 한 가지(그때 그 일을 해낸 것이 프랑스인이었는지, 영국인이었는지, 러시아인이었는지)는 모른다고 했다고 대답했다." 이 설명을 썩 마음에 들어 한 샹폴리옹은 덧붙였다. "이것이 누비아에서 역사를 쓰는 방식이다."

다음 날 해가 뜰 무렵에 데르의 돌을 깎아 만든 신전을 찾은 샹폴리옹은 자신을 괴롭혀 오던 작은 문제를 푸는 실마리를 얻었다. 몇몇 부조에는 전쟁에 출정한 람세스 2세 옆에 사자(그가 여전히 애착을 품고 있던 상징적인 동물)가 함께 나타난다. 하지만 샹폴리옹은 그것이 람세스가 전쟁에서 사자의 용기와 힘을 가지고 있다는 것을 나타내려 상징적으로 연계된 것인지, 전쟁에 쓰기 위해 진짜 사자를 길들여 훈련한 것인지 확정하지 못한 상태였다. 데르에서는 파라오의 사자가 실제로 적에게 몸을 던지는 장면이 묘사되어 있었고, 그 옆에는 🐂🦅🐍🐎🦉 🐆🦁🐊🦎('파라오의 종인 사자가 적을 갈가리 물어뜯는다.')라는 설명이 적혀 있었다. 샹폴리옹은 이에 이렇게 기록했다. "내가 보기에 이는 사자가 실제로 있었고 람세스를 따라 전쟁터에 나갔다는 것을 나타내는 것 같다."

그들은 일련의 신전들을 정밀하게 조사해 가며 나일 강 하류를 따라 계속 북쪽으로 갔고, 1829년 2월 1일 저녁에 필레에 닿았다. 장비를 첫 번째 폭포 근처로 옮겨 원래의 배 이시스와 하토르에 옮겨 싣는 동안 그들은 아스완에서 엿새를 보냈다. 그곳에서 출발한 원정대는 나일 강을 따라 많은 장소를 기록하며 3월 8일에 마침내 테베로 돌아왔다. 테베에서 초반 두 주일은 나일 강변 동쪽의 룩소르 신전을 상세히 조사하는 데 보냈다. 잘 만한 곳이 따로 없었기 때문에 그들은 동쪽 강기슭에 배를 대 놓고 배에서 잤다. 원정대는 그다음으로는 서쪽 기슭에 있는 파라오의 매장지를 조사하기로 했다. 고대 이집트인들은 이 묘지를 "아름다운 곳", "위대한 들판", "서쪽의 아름다운 사다리"를 비롯해 여러 이름으로 불렀으나, 그 정식 명칭은 🐂🦅🔲🔷🦅⚡🌊⚡⚡⚡🔷⚡🐂 로 그 뜻은 '테베 서쪽에 있는 파라오와, 생명과, 권력과, 건강의 수백만 년의 고귀한 묘'이다. 샹폴리옹은 이 묘지를 뜻하는 아랍어 이름이 '왕들의 관문'이라는 뜻의 비반알몰루크(Biban-el-Molouk)라는 것을 알게 되었다. 이는 호메로스의 「일리아드」에서 그리스의 테베와 구분하기 위해 이집트의 테베를 "100개의 문이 있는 테베"라고 했던 것을 알게 모르게 모방한 듯했다. 이 이름을 약간 바꾸어 샹폴리옹은 그곳을 왕가의 계곡이라 칭했고, 이는 오늘날까지 널리 알려진 이름이다.

원정대는 파라오 람세스 4세의 무덤에 거처를 정했다. 그곳은 아주 옛날에 완전히 도굴당했고, 예전에 여행자들이 가끔 숙소로 사용했다. 며칠 후 형에게 보낸 편지에서 샹폴리옹은 그들의 색다른 숙소에 대해 썼다.

그래서 당나귀와 학자 들로 이루어진 우리 행렬은 같은 날 여기에 자리를 잡았어. 우리는 이집트에서 찾을 수 있는 가장 웅장한, 최상의 숙소에 들어간 거지. 우리에게 호의를 베푼 것은 람세스 왕(제19 왕조의 네 번째 왕)으로, 우리는 비반알몰루크 계곡에 들어오면 오른쪽에서 두 번째에 있는 그의 장엄한 무덤에 머무르고 있어. 돌을 깎아 만든 이 무덤은 정말 잘 보존되어 있어. 공기도 잘 들고 빛도 충분히 들어와 우리는 아주 잘 지내. 우리는 입구 쪽에 있는 세 개의 방을 차지하고 있는데 길이가 65보는 되는 것 같아. 벽의 높이는 15~20피트(약 4.5~6미터) 정도 되고, 천장에는 아직도 색깔이 선명하게 보존돼 있는 채색된 조각들이 가득하지. 이건 진짜 왕자의 처소야. (……) 이런 식으로 우리는 왕가의 계곡에 정착했어. 이곳은 죽은 자들을 위한 진정한 휴식처야. 여기서는 풀 한 포기, 생명체 하나 찾아볼 수 없어. 그제 밤에 우리 궁전으로부터 100보 떨어진 곳에서 내 시종 모하메드를 태우고 온 당나귀를 먹어

치운 자칼과 하이에나는 제외하고 말이야.

샹폴리옹은 편지에 그 무덤으로 들어가는 긴 터널이 어떻게 방으로 갈라지는지, 모두 어디서 자는지를 표시한 도면을 동봉했다. 그 도면은 그가 그 무덤을 람세스 4세의 것으로 여겼음을 확실히 보여 준다. 무슨 이유에서인지(어쩌면 로마 숫자 IV와 VI가 혼동하기 쉽기 때문이었는지) 원정대는 나중에 람세스 6세의 무덤에서 지냈다고 잘못 기록했다. 우연히도 그들은 샹폴리옹이 토리노의 드로베티 컬렉션의 파피루스 가운데 발견해 낸 고대 이집트 도면의 무덤에서 지낸 것이었다. 고대의 도면은 불완전했고, 그가 참고할 수 있었던 유일한 근대의 기록은 이집트 위원회가 그린 불완전한 도면뿐이었던지라 샹폴리옹은 이 기막힌 우연을 알아채지 못했다. 고대의 도면이 람세스 4세의 무덤을 나타냈다는 사실은 한참 후, 하워드 카터가(파리에서 샹폴리옹이 성각 문자를 밝혀낸 지 정확히 백 년 후에 그가 투탕카멘의 무덤을 발견해서 유명해지기 전에) 정확한 조사를 실시했을 때에야 밝혀졌다.

왕가의 계곡에서 그들은 16기의 무덤에서 부분적으로나 전체적으로 연구에 사용할 수 있는 그림과 비문을 꼼꼼하게 기록했으며, 가장 훌륭한 그림들을 가져갔다. 무덤들은 최근 수십 년간의 누수, 돌발 홍수, 암석 붕괴, 염분, 그리고 지나치게 많은 방문객들로 인해 손상을 입었고, 이제 이 초기 기록은 귀중한 역사적 자료이다. 샹폴리옹과 로셀리니가 각각 훌륭한 그림이 있는 석고 부분을 세티 1세의 무덤에서 가져갔으니, 프랑스-토스카나 원정대 또한 손상에 기여(혹은 그림을 손상으로부터 구출)했다고 할 수 있다. 현재 이 그림들은 파리의 루브르 박물관과 피렌체의 고고학 박물관에 있다.

원정대의 편지는 도보로 카이로를 왕래하는 급사를 통해 전해졌다. 최소한 한 번은 급사가 돌아오지 못하는 때가 있었고, 그의 생사를 알기 위해 다른 급사가 파견되었다. 1829년 4월 2일, 급사가 다음 날 아침에 떠나기로 했기 때문에 샹폴리옹은 마지막 편지 한 통을 마무리했다. 자크조제프에게 보내는 그 편지에는 그날 저녁 그들이 샹폴리옹의 딸 조라이데의 네 번째 생일을 뒤늦게 축하하기 위해 별식을 먹을 것이라는 내용이 담겨 있었다. 조라이데의 원래 생일은 3월 1일이었지만 그때 그들은 첫 번째 폭포에 도달하고 있었고, 식량이 거의 남아 있지 않아 제때 기념할 수가 없었다. 그 기념 식사를 위해 그들은 마침내 악어를 손에 넣었다. 그 전해 9월에 알렉산드리아를 떠나면서부터 원정대는 필사적으로 악어를 잡으려 했다. 아마도 악어 고기가 별미로 여겨진 듯하다. 급사가 떠나기 전에 샹폴리옹은 추신을 덧붙였다. "우리의 악어 고기는 밤 동안 상해서 녹색이 되었고 냄새가 났어. 운도 없지!"

비록 가끔 아프고 과로하긴 했지만, 샹폴리옹은 이집트에서 모험을 겪으며 탐사하는 동안 몹시 행복해했다. 마침내 그는 자신의 운명을 완수했다고 여겼고, 테베에서 특히 그러했다. 그는 유럽에서, 특히 파리에서 아직도 조마르, 영, 클라프로트의 중상모략에 의해 그의 성각 문자 해독을 둘러싼 논쟁이 불타오르고 있다는 것을 알지 못했다. 익명으로 된 공격과 험담이 끊이지 않았지만, 자크조제프는 아마도 일부러 그 일에 대해서는 편지에 쓰지 않았을 것이다. 그래서 가끔 자크조제프는 별로 할 말이 없었고, 샹폴리옹은 이에 실망하곤 했다. "형의 편지가 좀 짧은 것 같아. 내가 수천 리그 떨어진 곳에 있다는 사실을 기억해." 자크조제프는 그제야 동생에게 영이 그들의 친구인 천문학자 아라고를 포함해 파리의 몇몇 학술원 회원에게 편지를 보내 사람들이 샹폴리옹의 발견을 너무 떠받든다며 비난했다고 알려 주었다. 자신이 성취한 바를 완전히 확신하고 있던 샹폴리옹은 격분과 연민을 섞어 항변했다.

그 불쌍한 영 박사는 구제불능인가 보지? 왜 이미 미라가 된 옛일을 들쑤시는 거야? 아라고 씨가 프랑스계 파라오 시대 알파벳의 명예를 걸고 용감하게 변호해 주어 고맙네. 그 영국인이 뭘 하든 그건 계속 우리의 업적으로 남을 거야. 늙은 영국은 모두 다 같이 '랭커스터식'(영과 조마르에 대한 조롱)이 아닌 완전히 다른 방법으로 젊은 프랑스로부터 성각 문자 쓰는 법을 배우게 될 거야. 더구나 영은 아직도 알파벳 타령이지만, 나는 이집트 유물 한가운데에서 여섯 달 동안 지내며 이곳에서 읽은 것에 놀란단 말이야. 내가 생각했던 것보다 훨씬 더 유창하게 말이야! 나는 놀랄 만한 결과들을 얻었어.(이건 우리 둘만 아는 거야, 형!)

이 편지는 자크조제프조차 이해하기 어려운 몹시 애매한 암시들로 이루어져 있었다. 샹폴리옹은 자신이 얻은 결과에 너무 놀라서, 이집트에서 수집한 초기 파라오와 관련된 기록이 성서 연대를 완전히 무너뜨릴 것이라는 사실을 인정하기 어려웠던 것이다.

4월이 지나 5월, 6월, 7월로 흘러갔고 이집트 여름의 더위는 심해져 작업 환경을 견뎌 내기가 어려워졌다. 원정대원 모두가 고생하고 있었다. 그러나 그것은 단지 더위 때문만이 아니었다. 탐험가 겸 의사인 리치는 팔을 전갈에 쏘여서 더 이상 일할 수 없었다. 원정대와 함께 머무르긴 했지만, 그는 회복되지 못했고 결국 피렌체에서 1834년에 죽었다. 다른 사람들은 과로로 고생하고 있었다. 특히 샹폴리옹이 제일 심해서 체력이 거의 떨어졌고, 동료들은 겁을 먹었다. 샹폴리옹은 왕가의 계곡의 무덤에 혼자 남아 작업을 하겠다고 고집을 부렸고, 몇 번이나 종이 위에 쓰러진 채로 발견되었다. 동료 중 몇몇은 성각 문자 문서에 대한 그의 끝도 없는 집착에 지쳐 버렸다. 로트는 부모님에게 보낸 편지에서 성각 문자에 대해 투덜거렸다. "성각 문자가 저희를 삼켜 버리고 있어요! 저희는 일 년 동안 작업했습니다. 끊임없이 일 년을, 하루도 쉬지 못하고, 단 일 분도 멈추지 않고요." 7월 말쯤에 화가 베르탱, 르우, 뒤셴 모두 떠나겠다고 협박했지만, 실제로 떠난 것은 뒤셴뿐이었다. 그는 7월 30일에 그리스를 향해 출발했고, 샹폴리옹을 대신해 알렉산드리아까지 유물 상자 몇 개를 가져다주었다.

샹폴리옹은 기진맥진하긴 했지만, 여전히 열정적이고 낙관적이었다. 그가 완전히 전념했다는 것은 7월 초에 자크조제프에게 보낸 편지에서 드러난다.

친애하는 친구, 아마도 늦은 듯 하지만, 형이 보낸 편지 세 통에 마침내 답장을 해. (……) 하지만 형은 아마도 나를 방금 소생한 사람처럼 여길 것 같네. 6월의 첫날까지 나는 무덤의 주민으로, 세상사에는 거의 신경 쓰지 않고 있었어. 하지만 그 어두운 천장 아래에서 내 심장은 살아 움직였고, 센 강변에서 보낸 좋은 기억 속으로 다시 빠져들기 위해 마음으로는 종종 이집트와 지중해를 건넜어. 가족끼리 일광욕 갔던 일은 내 원기를 회복해 주고 내 심장을 두근거리게 해. (……) 적절한 때에 드 사시 씨에게 나 대신 존경을 표하는 걸 잊지 말아 줘. 내가 얻은 결과로 그분이 내 연구에 보여 준 호의가 옳았다는 것을 증명할 수 있다면 참 기쁠 텐데. 블라카 공작에게 쓴 편지 두 통에는 답장을 못 받았어. (……) 만일 그 편지들이 도착하지 않아 공작이 내가 그분의 호의를 모두 잊어버렸다고 생각하게 된다면 나는 절망할 거야. 나는 그렇게 배은 망덕한 사람이 아니니까.

원정대는 왕가의 계곡에서 일을 모두 마치고 본부를 인근 쿠르나의 집으로 옮겼다. 그들은 그곳을 자신들의 "성(城)"이라고 불렀다. 그곳에서 그들은 아침 7시부터 한낮까지, 그리고 오후에 두 시간 더 일하는 일정을 시작했다. 다만 저녁에는 보고서를 작성하거나 데생의 사본을 만들거나 편지를 쓰면서 보낼 수 있었다. 샹폴리옹은 가까운 다이르알바리 유적의 비문을 연구하기 시작했다. 그는 자신이 발견한 것에 오히려 당혹스러워했는데, 두 파라오의 이름을 읽을 수 있었지만 한 파라오의 이름은 알려져 있지 않았고 여성형으로 끝나면서도 수염이 난 파라오의 초상에 연결되어 있었기 때문이다. 여성형으로 끝나는 이름이 일부러 지워졌다는 것을 알아챈 그는 한 파라오가 다른 파라오가 권력을 잡을 때까지 섭정으로 다스렸지만, 후대에 그 섭정 시기를 불쾌하게 여겨 섭정의 이름을 지워 버렸다고 추론했다. 하지만 그는 여성형 어미를 설명할 수는 없었다. 테베에 위치한, 석회암 절벽을 뒤에 둔 나일 강 서쪽 기슭의 다이르알바리 유적은 한때 모든 장제전(죽은 파라오를 숭배하는 의식이 행해지던 곳) 중에서 가장 극적인 곳이었다. 샹폴리옹은 섭정으로 다스린 그 파라오가 정말로 여자였고 그곳이 그녀의 장제전이라는 사실을 간신히 추론해 냈다.(그때까지 학자들에게 이 개념은 낯선 것이었다.) 이 여성 파라오는 𓇓𓏏𓈖𓊪𓏏(마트카레 핫셉수트아몬, 대개는 핫셉수트로 알려져 있다.)였다. 파라오 투트모세 1세의 딸이었던 핫셉수트는 이복 남매였던 투트모세 2세 다음에 즉위한 어린 조카 투트모세 3세의 섭정이 되어 권력을 잡았다. 그녀는 드물게도 자기 자신을 파라오로 선포

하고 아마도 기원전 1498년부터 1483년까지, 오랫동안 조카와 권력을 공유하며 통치했던 것 같다. 그녀가 죽은 후 조카가 분노해서라기보다는 여자 파라오가 다스렸다는 불경스러운 일을 은폐하기 위해 그녀의 이름이 지위졌을 것이다.

다이르알바리 다음에, 샹폴리옹은 경이로운 부조가 있는 마디나트 하부의 신전 지구를 비롯해 나일 강 서쪽 기슭 테베의 다른 곳에서 작업했다. 그곳에서 그는 부조에 묘사된 장면으로부터 고대 이집트인들이 전쟁 후에 적의 사상자를 센 방법을 정확히 알아내 기록했다.

왕자들과 이집트 군대의 지도자는 포로를 4열종대로 호송해 왕에게 데려온다. 서기관들은 전쟁터에 있는 죽은 로부(아시아인)의 오른손과 생식기의 잘려 나간 수를 세어 기록한다. 비문은 원문 그대로 이렇게 기술된다. "포로들을 폐하 앞으로 데려온다. 그 수는 1000개이다. 잘려 나간 손은 3000개이다. 남근은 3000개이다." 발 아래 이 트로피들을 둔 파라오는 장교들이 말을 이끄는 전차에 평온하게 앉아 용사들에게 연설을 한다.

테베의 신전과 무덤은 이집트 예술이 최초로 발전했고 고전 그리스 예술의 영향을 전혀 받지 않았으며 오히려 순수한 그리스 예술이 이집트 예술에서 비롯했다는, 샹폴리옹이 오랫동안 가져온 견해를 풍부하게 뒷받침해 주었다. 그는 자크조제프에게 자신이 내린 결론에 대해 말했다.

아직도 이집트에 있던 그리스 세력을 통해 이집트 예술이 그 완벽함을 얻었다고 완고하게 믿는 자들에게 보여 줄 엄청나게 많은 증거들 중 하나가 여기에 있어. 다시 말할게. 이집트 예술은 단지 그 자신에게만 빚지고 있어! 이집트 예술이 만들어 낸 모든 것이 위대하고 순수하고 아름다워. (······) 옛 이집트가 그리스에 예술을 가르쳐 주었던 거지. 이집트 덕분에 그리스는 가장 숭고한 발전을 이룰 수 있었지만, 이집트가 없었다면 그리스는 결코 예술에 있어 고전의 나라가 될 수 없었을 거야. 여기서 나는 이 중대한 문제에 대해 신앙 고백을 하겠어. 나는 이집트인들이 가장 우아한 기술과 솜씨로 기원전 1700년에 만든 부조의 거의 맞은편에서 이 글을 쓰고 있어. 그리스인들은 그때 무엇을 하고 있었을까?

샹폴리옹은 남은 이집트 원정에 대한 계획 수정안(8월 1일에는 나일 강을 건너 동쪽 기슭에 가서 룩소르와 카르낙을 연구하고, 9월 1일에는 모두 함께 돌아가는 여정에 나선다. 중간에는 덴데라와 아비도스에만 들르고, 9월 마지막 날에 알렉산드리아에 도착한다.)을 1829년 7월 초에 형에게 보내는 편지에 함께 보냈다. 오벨리스크 연구 과제를 완성하기 위해 로마로 우회하려던 계획은 그의 후원자였던 교황 레오 12세가 2월에 서거했기 때문에 포기했다. 그래서 그는 형에게 원정대를 위해 알렉산드리아에 배를 확실히 준비해 달라고 강력하게 부탁했다. 겨울을 파리에서 나야 한다는 생각에 잔뜩 겁을 먹은 그는 부인 로진이 어떤 종류의 아파트를 찾아봐야 하는지에 대해서도 지시했다. 그가 이집트에서 머무는 동안 로진은 자크조제프가 그 전해에 새로 얻은 국립 도서관에 딸린 집에서 그의 가족과 함께 지내고 있었다. 샹폴리옹은 "내가 돌아갔을 때 기다리고 있을 무자비한 겨울을 편하게 나려면 특히 따뜻한 아파트여야 해."라고 강조했다.

샹폴리옹은 편지에 자신이 완전히 탈진 상태라고 쓰지 않았다. 그는 남아 있는 원정대원들과 8월 초에 나일 강을 건너가 거대한 룩소르 신전과 두 개의 오벨리스크에 남아 있는 기록들을 신속하게 옮겼다. 이 시기의 편지에서 두 형제는 오벨리스크를 파리로 가져오는 일에 대해 논했는데, 샹폴리옹은 신전 밖에 있는 두 개의 오벨리스크 중 하나를 마음에 들어 했다. 그는 열정에 차서 써 내려갔다.

다시 이 문제로 돌아와서, 만일 정부가 파리에 오벨리스크를 두고 싶어 한다면, 룩소르에 있는 것 중 하나(들어갈 때 오른쪽에 있는 것)를 가져와야 국가적 위신을 살릴 수 있을 거야. 이것은 하나의 돌로 되어 있고, 높이가 70피트(약 21미터)에 달하며 몹시 아름답고 (……) 정교한 솜씨로 만들어졌으며 놀랄 만큼 잘 보존되어 있거든. 이런 경이로운 것으로 파리를 장식해서 자신의 명성을 영원히 떨치고 싶어 하는 대신을 찾기를 바라. 아마 30만 프랑이면 될 거야. 이 문제를 중요하게 생각하도록 만들어 줘. 그리고 가능하다면, 돈을 잔뜩 줘서 건축가나 실용적인 기술자를 보내도록(학자는 안 돼!) 해 줘. 그러면 오벨리스크가 들어갈 수 있을 거야. (……) 나에게 아름다운 오벨리스크 두 개에 대한 완벽한 사본이 있어. 우리는 탁본과 관련된 위원회의 잘못을 바로잡는 한편, 발굴을 통해 오벨리스크 기저까지 완전하게 모사하는 일을 몹시 주의하면서 마쳤어. 불행히도 오른쪽 오벨리스크의 동쪽 면 끝과 왼쪽 오벨리스크의 서쪽 면을 기록하는 것은 불가능했어. 그러려면 흙집을 몇 채 허물어야 했고, 그러면 가난한 농부 가족들이 집을 잃거든.

동시에 샹폴리옹은 알렉산드리아의 프랑스 영사 드로베티에게도 편지를 보내 프랑스 정부가 알렉산드리아의 오벨리스크 대신 룩소르의 오벨리스크를 고르도록 영향력을 행사해 달라고 부탁했다. 비록 그 후의 협상에는 관여하지 않았지만 샹폴리옹이 고른 오벨리스크가 결국 파리로 이송되었고 1836년 10월에 콩코르드 광장에 세워졌다.

그다음으로 원정대원들이 씨름해야 하는 것은 카르낙이었는데, 테베의 100헥타르에 달하는 종교 건물 단지로 그 전해에 처음 방문했을 때부터 그들을 사로잡은 것이었다. 그들은 룩소르 신전으로 이어지는 스핑크스 거리에 가까이 있는 오페트의 작은 신전에 본부를 두었다. 오페트는 어머니의 화신이자 출산의 수호자로 여겨지고, 대개 암컷 하마로 묘사된다. 테베의 주요한 축제 두 가지 중 하나가 연례 오페트 축제로, 신상(神像)을 실은 예전선(禮典船)이 카르낙에서부터 룩소르 신전까지 스핑크스 거리를 따라 행렬했다. 또 다른 주요 축제는 계곡의 축제로, 그때는 신상이 카르낙에서 나일 강을 건너 서쪽 기슭으로 옮겨졌다.

테베에서 여섯 달을 보낸 후, 원정대는 1829년 9월 4일 저녁에 덴데라로 떠났다. 샹폴리옹은 황도 십이궁 옆에 있는 카르투시가 빈 것을 확인하기 위해 다음 날 신전을 찾았다. "나는 내 눈과 손으로 직접 황도 십이궁도 옆의 비문에 있는 카르투시가 비어 있고 결코 파낸 흔적이 없다는 것을 확인하고 싶었다. 그 점은 의문의 여지가 없었다. 그 유명한 아우토크라토르는 아마도 우리의 친구 조마르의 작품인 듯하다." 덴데라를 떠날 때 그들은 편지를 가져오던 두 명의 급사와 맞닥뜨렸다. 한 명은 샹폴리옹이 조마르와 그의 동료들의 반대에 부딪혀 2월에도 또다시 비문과 문학 학회 회원으로 선출되지 못했다는 것을 전하는 자크조제프의 편지를 가져왔다. 자크조제프 역시 몇 년 동안 학회의 종신 간사 다시에의 서기로 일해 왔지만, 여전히 그르노블에 본거지를 둔 '통신 회원'으로 취급당했다.

　나일 강의 범람이 특히 심한 시기여서 원정선은 서둘러 하류로 갔
다. 샹폴리옹은 강이 범람하는 광경을 장관이라고 여기면서도 동시에
수확물과 밭을 모두 못 쓰게 된 농부들의 딱한 처지를 안타까워하기도
했다. 아비도스로 가기로 했던 계획은 홍수 때문에 포기해야만 했지만,
샹폴리옹의 건강이 너무 악화되었기 때문에 그리 큰 타격은 아니었다.
이제 그는 카이로에 잠깐 들렀다가 알렉산드리아로 가서 고국으로 돌아
가기를 기대하고 있었다. 박물학자 라디는 건강이 좋지 않은데도 모두의
만류를 뿌리친 채 혼자서 델타로 떠나기로 했다. 그의 조수 갈라스트리
는 건강상의 이유로 몇 달 전에 이미 이탈리아로 돌아간 후였다. 라디는
델타에서 실종된 것으로 추정된다. 사람들은 다시는 그를 볼 수 없었다.

　카이로에서, 샹폴리옹은 그의 오랜 적수이자 동료였던 토머스 영이
몇 달 전에 죽었다는 소식을 듣고 상심했다. 그들은 샹폴리옹이 이집트
(영은 결코 가 보지 못한 곳이었다.)로 떠나기 전날 파리에서 마지막으로 만
났다. 영은 파리에서 제네바로 갔고, 1828년 가을에 런던 파크스퀘어의
집으로 돌아왔다. 그는 정착하여 건강하게 꽤 즐거운 삶을 살았다. 그는
돌아온 후 이렇게 적었다. "나는 내가 영위하고 있는 생활에 완벽하게
만족한다. 매일 11시부터 2시까지는 일정에 따라 생업에 종사하고, 남는
시간에는 서재에 앉아 성각 문자나 수학을 연구하고, 알프스 너머, 혹은
지중해 근처에 있는 사람들과 대화한다."

　영은 콥트어 문법에 관한 태텀의 책에 첨부할 민중 문자 사전 작업
을 계속했다. 그는 12월 중순에(샹폴리옹이 필레에서 누비아로 향하고 있을
때) 오랜 친구이자 옛 제자이기도 한 허드슨 거니에게 보낸 편지에 이렇
게 썼다.

이제 막 이집트어 사전 원고 작성을 마쳤네. 이제 석판 인쇄가 되는 대로 사본을 찍기만 하면 돼. 손가락과 눈은 두세 달 정도 고생하겠지만, 머리는 거의 안 써도 되겠지. 별 대단한 건 아니야. 다만 모든 것을 필기체로 써서 망각으로부터 지켜 냈지. 어디에서도 체계적으로 기록되지 않은 것을 말이야. 한 100쪽쯤 될 것 같아.

겔은 한 달 전에 나폴리에서 영에게 이런 편지를 보냈다.

당신이 저를 샹폴리옹과 함께 이집트로 보내 줬더라면 좋았을 텐데요. 샹폴리옹은 저를 데려가겠다고 제안했지만 전 돈이 없었습니다. 제가 뭔가를 했어야 한다는 것은 확실합니다. 저는 이웃들보다 빨리 보고 계획을 세울 수 있을 테고, 성각 문자 작업도 끝까지 버티면서 할 수 있을 텐데요. (……) 당신들이 다시금 친구가 되었다니 다행입니다. 그냥 민중 문자 사전이나 어서 편찬하세요. 몇몇 추잡한 독일인들이 당신보다 먼저 하지는 못할 겁니다. 감히 말하자면 그들 중 수십 명이 현재 그것을 꾸준히 연구하고 있지만 아무것도 해내지 못했거든요.

샹폴리옹이 누비아에서 필레로 돌아오고 있던 1829년 2월부터 영은 천식 발작을 겪었고 쇠약해진 듯하다. 4월에는 폐와 심장에 병증이 나타났다. 그는 침대에 갇혀 꼼짝 못 하는 신세가 되었는데 사전을 제외하고는 모든 연구를 마쳤다고 공언했다. 이제 그는 펜도 못 들고 연필만 겨우 들 수 있을 정도로 몹시 약해졌지만, 사전 인쇄 작업을 지휘하고 있었다. 그는 사전 편찬이 자신에게 큰 기쁨이며 "설령 병환이 삶을 단축한다 해도, 살아 있는 동안 결코 빈둥거리지 않았다는 점이 만족스럽다."라고 말했다. 샹폴리옹이 왕가의 계곡에 있는 무덤에 있었을 때인 1829년 5월 10일에 마침내 영은 '대동맥 경화'로 쉰다섯에 세상을 떠났다. 그는 켄트의 판버러 마을에 있는 세인트 자일스 대수도원 납골당에 처가 식구들 곁에 안장되었다. 그의 아내는 추도식이 웨스트민스터 사원에서 거행되기를 간절히 바랐다. 이는 원형 장식의 조각에 거니가 쓴 비문으로 남아 있다. 서머싯 주 밀버턴의 그가 태어난 집의 명판과 런던의 웰벡 거리에 있는 그의 집 명판 등 영을 기념하는 물건 몇 가지가 오늘날까지 전해진다. 서머싯 주 톤턴 형사 법원의 샤이어 홀에는 그 아래에 거니 비문의 축약판이 있는 영의 대리석 흉상이 있다.

의학 박사이자 영국 왕립 학술원 외무 간사이자 프랑스 학술원 회원이었던 토머스 영은 유례없이 방대하고 정확한 지식의 소유자였다. 현상의 원인, 특히 물리 광학에 관한 그의 예리한 식견은 오직 뉴턴만이 능가할 수 있을 것이다. 이집트 성각 문자를 처음으로 해독했다. 자연 철학 강의의 저자이다. 그것은 과학 문헌의 고전적인 표본 중 하나이다. 소탈한 성품으로 친구들에게 사랑받았다. 걸출한 학식으로 세계적인 존경을 받았다. 정의에 의해 부활할 것이라는 희망 속에 죽었다. 서머싯 주 밀버턴에서 1773년 6월 13일에 태어나 향년 56세로 런던 파크스퀘어에서 1829년 5월 10일에 영면했다.

영의 『고대 민중 문자 원리 사전(규명된 모든 단어 포함)』은 태텀과 거니의 노력으로 그가 죽은 이듬해에 출판되었다. 그의 책에는 주로 천문학적 증거를 이용해 밝혀낸 이집트 연대기에 관한 주석이 포함돼 있었고, 민중 문자 숫자와 달과 날짜의 이름이 실려 있었는데, 이는 샹폴리옹이 그에게 구해 준 파피루스를 이용해 알아내고 확인한 것이었다. 그의 작업 전체에 대한 마무리이기도 하고 가장 광범위하기도 했던 부분은 영어 번역이 붙은 민중 문자 단어와 숙어 사전이었다. 영은 성각 문자 해독에 돌파구를 마련하지는 못했지만, 민중 문자(기원전 7세기 중반부터 고대 이집트에서 쓰인 언어이자 문자) 연구에 있어 진일보를 이룬 최초의 학자였다. 토머스 영은 민중 문자를 진정으로 해독한 사람으로 평가받아야 할 것이다. 성각 문자 해독에 있어서 그의 역할에 대한 논쟁이 이 업적을 가려 버리는 것은 유감스러운 일이다.

1829년 9월 말, 영이 죽은 지 네 달 후, 남아 있던 샹폴리옹의 원정대원들은 카이로를 떠나 알렉산드리아로 갔다. 그들은 프랑스로부터 배가 제때 도착해 있기를 간절히 바랐다. 알렉산드리아에서 그들은 뒤센이 떠나면서 가져다 놓고 간 유물 상자들이 드로베티의 후임으로 새로 온 프랑스 영사에게 없고 상인들의 손에 들어가 있다는 것을 알았다. 많은 유물들이 없어진 상태였다. 약속한 프랑스 배편이 툴롱을 떠나지도 않았기 때문에 그들은 한동안 아무것도 하지 못하고 시간만 헛되이 보냈다. 그동안 샹폴리옹은 이집트 통치자 무함마드 알리와 몇 차례 회동을 했다. 알리는 샹폴리옹에게 이집트 고대사 요약본을 써 달라고 요청했다. 이 요청에 따른 보고서에서 샹폴리옹은 처음으로 이집트 고대 유물에 관한 그 무렵 자신의 생각을 드러냈다. 그는 "이슬람 전(前) 6000년"이라고 쓰기를 주저하지 않았다. 이는 기독교 신학에 따르면 천지 창조보다 최소한 천 년은 앞서는 것이다.

무함마드 알리는 요청하지 않은 두 번째 보고서도 받았는데, 그것은 샹폴리옹이 시급하다고 생각한 문제(이집트와 누비아의 유물 보존)에 관한 내용이었다. 이 보고서에서 그는 재치를 발휘해서 많은 여행자와 학자 들이 "몇 년 전부터 흔적도 찾을 수 없을 정도로 많은 고대 유물들이 파괴되었음을 개탄하고 있습니다. 이러한 야만적인 파괴가 폐하의 선의와 진보한 관점에 반해 이루어지고 있음은 잘 알려져 있습니다."라고 서글픈 논조로 썼다. 샹폴리옹은 최근에 파괴된 유물 목록과 어떤 대가를 치르더라도 보존해야만 하는 유물 목록을 첨부했고, 그 결과로 얻을 수 있는 정보가 너무나 귀중한 만큼 고고학 발굴이 중단되어서는 안 되지만 발굴자들이 도를 넘어서는 일은 막아야 한다고 마무리 지었다.

요약컨대 이 작업을 통해 새로운 사실과 기대하지 않은 발전이라는 결실을 맺을 수 있기 때문에, 과학적 관심은 발굴이 방해받지 않을 것을 요구합니다. 하지만 오늘날 발굴되는, 그리고 미래에 발굴될 묘지가 무지나 눈먼 탐욕의 습격을 받지 않도록 잘 보존되기 위해서는 발굴자들도 어느 정도 통제를 받아야 합니다.

로셀리니와 토스카나 원정대의 남은 대원들은 약속된 프랑스 배편을 기다리는 데 지쳐서 곧장 리보르노로 가는 상선을 타고 돌아갔다. 이제 샹폴리옹, 케루비니, 로트, 베르탱, 르우만 알렉산드리아에 남았는데, 프랑스 화가 세 명은 이집트에 좀 더 머물러 주문받은 초상화와 무대 배경을 그리기로 했다. 결국 샹폴리옹은 충직한 케루비니와 함께 남아 있다가 아스트롤라베 호를 타고 12월 초에 툴롱으로 돌아갔다. 그들이 마침내 툴롱 항에 도착한 것은 샹폴리옹의 서른아홉 번째 생일이기도 한 1829년 12월 23일이었다. 이집트의 가래톳 페스트가 끊임없이 문제가 되었기 때문에 그들은 검역소에서 한 달을 보내야 했다. 그들이 최악의 겨울을 보낸 지루한 나날들은 난방 때문에 틀어 놓은 오븐에서 연기가 풀풀 나는 지저분하고 아무것도 없는 검역소에서 지낸 생생한 기억으로 채워졌고, 난방도 되지 않는 배의 갑판에서 잠을 자기도 했다.

검역소에서 풀려난 것은 1830년 1월 말쯤이었다. 샹폴리옹은 파리로 돌아가면 몸이 견디지 못할 것이란 걸 알았기에 파리로 돌아가는 것을 끔찍하게 두려워했다. 그는 춥지만 건조한 남쪽 지방에서 친구들을 방문하고 이집트 유물을 보며 2월 말까지 지내고자 했다. 그는 자크조제프에게 이렇게 써서 보냈다. "올해 우리는 끔찍한 겨울을 보냈어. (……) 날씨 때문에 너무나 아파. 안개가 자욱한 파리의 날씨에 통풍이 재발할까 봐 정말 두려워." 그가 이집트에 가 있는 동안 그에 대한 반발이 더 심해졌으며 심지어 그의 해독 체계에 맞게 증거를 조작했다는 비난까지 있다는 것을 듣자, 파리로 돌아가고 싶지 않은 마음이 더욱 커졌다. 샹폴리옹은 로셀리니에게 보낸 편지에서 첫 번째 관심사는 성각 문자 문법을 완성하는 것이라고 했고 "올해 말쯤 윤곽이 드러날 것 같아. 이는 우리 여행에서 절대 빼놓을 수 없는 계기이기도 하지. 그래도 나의 체계에 반대하고 이에 맞서 싸우는 자들을 전향시킬 수는 없을 거야. 왜냐하면 이 신사 분들은 결코 개종할 생각도 없고 유례없이 부정직하거든. (……) 나는 그들에게 침을 뱉겠어."라고 썼다.

1830년 3월 4일 새벽 2시에 샹폴리옹은 파리로 돌아왔다. 돌아온 지 얼마 안 되어 통풍이 재발했고, 이로 인해 그는 자크조제프의 집에서 몇 분 거리에 있고 루브르에서 가까이 위치한 파바르 거리 4번지의 새 아파트 2층에서 꼼짝 못 하는 신세가 되었다. 그의 조용한 귀환은 토스카나 원정대원들이 열렬한 환영을 받으며 귀국하여 이탈리아에서 아낌없이 환호와 존경을 받은 것과 사뭇 달랐다. 대공 레오폴트 2세는 최대한 빨리 원정의 결과물이 출간되기를 바랐고, 4월 말에 로셀리니는 샹폴리옹에게 피사로 와서 자기 부부와 지내며 도움을 달라고 요청하는 편지를 보냈다. "자료들을 들고 여기로 오세요. (……) 저와 제 아내가 당신의 벗이 되어 드리겠습니다. 여름 내내 함께 지내고 가을까지 함께 보냅시다. (……) 부인과 사랑스러운 딸을 대동하셔도 대환영입니다."

파리의 상황은 그리 간단하지 않았고 샹폴리옹은 점점 어떤 연구에도 몰두하기 힘들어졌다. 이집트 유물은 한동안 프랑스 루브르에 도착하지 않았고, 이집트 원정 직전에 구입한 드로베티 컬렉션의 전 부문에 대한 목록이 급히 필요했다. 그의 주의를 요하는 일이 이어지는 가운데, 이집트 원정 결과에 대한 중요한 보고서를 작성하는 일에 착수하기 전에, 샹폴리옹은 불안한 건강을 돌보며 성각 문자 문법책을 쓰려고 했다. 학회는 3월에도 그를 받아들이지 않았다. 유럽 전역의 학자들은 도저히 그 사실을 믿을 수 없었고, 프랑스 학술원의 명성은 실추되었다. 이에 학술원은 새 회원들이 대거 참여하는 투표를 강행했고, 5월 7일에 마침내 샹폴리옹은 학술원 회원이 되었다.

나흘 후에는 조제프 푸리에가 62세로 세상을 떠났다. 그는 샹폴리옹과 바로 며칠 전에 만나 이집트 원정 이야기를 듣고 이집트를 추억했다. 나폴레옹이 유배지를 탈출하는 바람에 푸리에는 1815년 이제르 현 지사직을 잃었고, 론 지사 자리를 새로 얻었지만 겨우 몇 주 봉직했을 뿐이었다. 그는 파리로 돌아와 처음에는 통계청에서 일했고, 그다음에는 과학 아카데미에서 일했다. 1822년 8월에는 과학 아카데미 수학 부문의 종신 간사가 되었고, 만년의 몇 해 동안에는 샹폴리옹의 행보에 지대한 관심을 보였다. 샹폴리옹이 이집트로 떠나기 하루 전, 푸리에는 팡테옹(프랑스의 위인들이 묻힌 곳)을 가리키며 이런 말로 샹폴리옹을 격려했다. "언젠가 이집트가 자네를 저곳에 데려다 줄 거야."

1830년 후반에 몇몇 유럽 국가에서 혁명이 일어났고, 극도로 보수적인 샤를 10세의 통치에 대해 자유주의자들의 반대가 거세지던 프랑스 역시 예외는 아니었다. 왕당파들은 새로 선출된 의회를 해산했고, 6월 25일에 헌법을 사실상 폐기했다. 이에 사람들은 무기를 들었고, 이는 7월 27일부터 일어난 7월 혁명으로 알려졌다. 그 당시 튈르리 궁과 이어져 있던 루브르는 근위대의 기지로 사용되었다. 7월 29일에 무장한 시민들이 루브르의 샤를 10세 박물관으로 침입했다. 그러나 대부분은 혁명보다는 도둑질에 관심이 있었다. 그들은 샹폴리옹의 이집트관에서 작은 조각품, 작은 입상, 부적, 파피루스, 금은보석으로 된 물건 들을 가져갔는데 그중에는 샹폴리옹이 막 이집트에서 가져온 것들과 솔트 컬렉션과 드로베티 컬렉션에 속한 것들도 있었다. 그것들을 다시는 찾을 수 없었다.(그것은 샹폴리옹에게, 그리고 이집트학에 모두 비극적인 손실이었다.)

샤를 10세는 영국으로 피신했고, 오를레앙 공 루이필리프가 프랑스 국왕(King of France)이라기보다는 프랑스인들의 왕(King of the French)으로 선포되었다. 많은 사람들이 새 군주정의 전망에 불만스러워했고 프랑스는 여전히 정치적으로 일촉즉발의 상황이었다. 많은 귀족들은 중요한 일을 그만두었고, 샤를 10세와 지나치게 친밀한 관계였던 블라카 공작도 망명 준비에 들어갔다. 푸리에가 죽은 지 겨우 몇 주 만에 그토록 오랫동안 자신의 친구이자 지지자였던 블라카와 작별하게 된 샹폴리옹은 망연자실해졌다. 그는 르노르망에게 이렇게 털어놓았다. "이 분과 헤어지게 되어 나는 몇 년은 늙어 버린 것 같아."

블라카는 샹폴리옹이 이집트에서 돌아오기 전에 샤를 10세로 하여금 감사 표시로 샹폴리옹에게 이집트학과 관련된 자리를 마련해 주도록 하는 데 실패했다. 하지만 루이필리프는 샹폴리옹에게 훨씬 호의적이었고, 샹폴리옹은 오벨리스크를 룩소르에서 파리로 가져오는 문제를 포함해 중요한 문제들을 새로운 왕과 의논할 수 있었다. 혁명으로 인한 혼란이 모두 지나간 후, 1830년 9월 말이 되어서야 샹폴리옹은 일상적인 연구를 재개할 수 있었다. 샹폴리옹은 몹시 오랫동안 로셀리니에게 편지를 보내지 않고 미뤄 오다 마침내 자기 계획의 윤곽을 잡았다는 편지를 보냈다. 그리고 10월과 11월에 성각 문자 문법책에 남아 있던 문제를 해결하고 그 후 두 달 동안 인쇄에 들어갔다. 동시에 이집트 원정에 관한 방대한 공동 저술 작업에 착수했다.

로셀리니가 이탈리아에서 계획한 책을 발표하려고 하던 바로 그때 샹폴리옹의 편지가 늦게서야 도착했다. 그는 이듬해부터 정기적으로 책을 출간하기를 고대하고 있었다. 10월 초에 그가 보낸 답장은 다시 출간이 늦춰진 데 대한 노여움으로 가득했다. 프랑스에서는 표면적으로 여전히 혁명이 활기를 띠고 있었고, 루브르는 12월에 다시 한 번 군사 기지로 사용되었지만 금방 침입자들로부터 위협을 받았다. 정치적 불안이 가져온 걱정거리에 더하여, 샹폴리옹에게 감탄한 국내외의 방문자들이 루브르로 밀어닥쳤다. 박물관 점검을 해야 할 필요성을 비롯해 늘어난 업무 부담도 샹폴리옹을 압박했고, 이로 인해 개인적인 연구를 밤에 할 수밖에 없어 건강은 계속 나빠져 갔다.

샹폴리옹이 관계되어 있던 또 다른 연구는 천문학자 장바티스트 비오와 협력해 역법, 계절, 농사 연도 및 천문학과 관련한 이집트 그림과 기록을 분석하는 것이었다. 이 주제에 관한 보고서는 1831년 3월과 4월에 과학 아카데미와 비문과 문학 학회에서 발표되었고, 일식이나 지점(至點) 같은 고대의 천문 현상을 증거로 이용해 날짜를 확실하게 알아냈다는 점 때문에 청중에게 깊은 인상을 심어 주었다. 3월 18일에 열린 가장 중요한 회합 말미에 샹폴리옹은 콜레주 드 프랑스의 교수로 임명한다는 왕명을 받았다. 그 학교는 샹폴리옹이 십삼 년 전에 학생으로 지내던 곳이었다.

그 전해 겨울 샹폴리옹은 검역소의 끔찍한 환경에서 몇 주를 보냈고, 이로 인해 폐와 목이 안 좋아져 마지막 몇 달 동안은 오래 말하는 데 어려움을 겪었으며, 루브르에 점점 더 자주 결근하게 되었다. 그는 조수 뒤부아의 도움에 더욱더 의존했고, 다행히 그 몇 달 전부터 자신의 문하에서 공부하던 학생에게도 의지할 수 있었다. 막 스물두 살이 된 프란체스코 살볼리니는 볼로냐에서 오리엔트 언어를 공부했고, 토리노에 있는 샹폴리옹의 친구 가체라에게서 로셀리니보다 유망해 보인다는 강력한 추천을 받아서 왔다. 살볼리니는 루브르에서 어떤 식으로라도 도움이 되려 했고, 샹폴리옹과 박물관 사이에서 메시지를 전달하고 샹폴리옹의 아파트로 돌아와 성각 문자 문법책을 저술하는 일과 대학 강의를 준비하는 일을 도왔다. 이는 그에게 샹폴리옹이 성각 문자와 이집트에 대해 최근에 생각한 바를 상세하게 알 수 있는 유일무이한 기회가 되었다.

샹폴리옹은 이제 대학에서 첫 강의를 할 준비를 했고, 이에 앞서 "샹폴리옹 씨는 이집트-콥트어 문법의 원리를 설명하고 신관 문자 작문 체계를 전체적으로 밝히고 성각 문자와 신관 문자로 된 문서에 흔히 쓰이는 모든 문법적인 형식을 알려 줄 것."이라고 알려졌다. 첫 강의는 앞으로 나올 문법책의 서문이 될 예정이었으나 그의 건강이 좋지 않아 몇 주 미뤄졌다. 1831년 5월 10일에 샹폴리옹은 마침내 콜레주 드 프랑스의 교수로서 첫 강의를 했다. 그 강의에서 그는 고대 이집트의 글쓰기에 대해 발전시킨 내용을 요약하여 제시했다. 그는 고대 언어를 연구하는 것은 철학과 고고학의 결합이라고 단언했다. "이는 주로 고고학과 철학, 이 두 학문이 필수적으로 역사학의 보조를 받아 결합된 영역에 속합니다. 이와 같이 그것들의 정수(精髓)를 통해 고대 이집트 유물을 표현해 낼 수 있고, 이것이 오늘 시작하는 강의의 핵심 주제입니다."

첫 번째 강의에 대한 반응은 몹시 고무적이었다. 유럽 전역의 많은 학자들이 이 중대한 행사에 참석하려 애썼다. 하지만 샹폴리옹의 부담은 막중했다. 그는 기관지가 갑자기 나빠져서 아파트를 벗어나지 못했고, 이틀 후로 예정되었던 그다음 대학 강의는 두 주 후로 미뤄졌다. 그는 토스카나의 대공 레오폴트 2세에게 공동 출판의 세부 사항들을 해결하도록 로셀리니가 파리로 올 수 있게 해 달라고 부탁하는 편지를 썼다. 아직 로셀리니는 화가 덜 풀린 상태였다. 샹폴리옹은 말하는 데 어려움을 겪어 간신히 강의를 두 번 더 한 후에 그 학기에 강의하는 일을 포기해야 했다. 이제 그는 반복해서 격렬한 통증을 수반하는 통풍에 시달리고 있었다. 주변 사람들 모두가 (특히 독감이 유행하고 있었기 때문에) 그에게 파리를 떠나라고 권했다. 하지만 로셀리니가 언제 올지 몰랐기 때문에 샹폴리옹으로서는 따를 수 없는 충고였다.

1831년 7월 중순에 숨 막힐 듯한 더위와 소요 속에 로셀리니가 파리에 도착했다. 그는 샹폴리옹의 건강이 몹시 좋지 않은 것을 알고 걱정스러워했다. 7월 말쯤 샹폴리옹은 조금 회복되어 로셀리니와 함께 이집트 유물을 연구했고, 로셀리니는 샹폴리옹이 최근에 생각한 아이디어들과 발견한 것들을 알게 되었다. 자신이 알아낸 바를 남들에게 알려 주려고 하는 동생을 보호하는 일에 늘 힘썼던 자크조제프는 공동 저술에 대해 확실히 법적 계약을 맺도록 했다. 샹폴리옹은 루이필리프 왕에게 자신의 저작을 헌정하기 위해 허락을 구하는 편지를 썼다. 이는 십칠 년 전에 화가 나서 자신의 첫 책이 루이 18세에게 헌정되는 것을 막으려고 했던 것과는 대조적이었다. 8월 중순에 잡힌 개인 면담에서 루이필리프는 그 헌정을 받아들였다. 며칠 후인 8월 21일, 샹폴리옹은 더 이상은 파리의 공기를 마실 수 없겠다고 여겨 조용히 고향 피자크로 떠났다.

그는 나흘 후 피자크에 도착해 자신을 기려 샹폴리옹 거리로 다시 이름 붙여진 거리의 옛 집에 갔다. 두 누이 마리와 테레즈는 그를 보고 무척 기뻐했다. 그가 고향을 찾은 것은 곧바로 많은 마을 사람들의 흥미를 불러일으켰다. 샹폴리옹은 파리를 떠나자마자 몸 상태가 좀 나아진 것을 느꼈고 지체 없이 문법책의 개정판을 출간하기 위해 원고를 쓰기 시작했다. 집 밖으로 나서는 것은 대낮에 잠시 산책할 때뿐이었다. 그의 누이들은 손님들의 원치 않는 관심으로부터 샹폴리옹을 보호했고 그가 편안하게 머무를 수 있도록 최선을 다했다. 전쟁과 혁명의 조짐이 보였고 유럽 전역에서 콜레라가 창궐해 샹폴리옹은 앞날을 염려하며 그 책을 마치기를 간절히 바랐다. 그러나 그는 르노르망에게 몇 번이나 자신이 확실히 몇 년은 더 살 것이라고 자신했고, 너무 일찍 책이 나오는 것도 걱정스러워해 당장 출판하고 싶어 하지는 않았다. 샹폴리옹은 11월에 파리로 돌아가려 했고, 형에게 책의 인쇄를 준비해 달라고 채근했다. 그때 자크조제프는 로셀리니와의 법적 계약의 세부 항목을 마무리 지은 상태였다. 로셀리니는 9월 초에 서명한 계약서 사본을 들고 파리를 떠나 이탈리아로 돌아갔다.

피자크에서 많이 회복된 샹폴리옹은 스무 달 전 툴롱에서 검역 격리 기간에 그랬던 것처럼 파리로 별로 돌아가고 싶지 않았다. 샹폴리옹은 자크조제프에게 편지를 써서 대학 강의를 시작해야 할 때에나 돌아가려 하며, 겨울을 견디기가 너무 힘들기 때문에 아침 8시에 강의를 시작하고 싶지는 않다고 알렸다. 이집트 여행 후 처음으로 평온하게 연구할 수 있는 때였지만, 오래 지속되지는 못했다. 자크조제프는 루브르에서 샹폴리옹을 몹시 필요로 하고, 드 사시는 문법책이 자신에게 헌정되지 않았음에도 불구하고 샹폴리옹이 콜레주 드 프랑스로 돌아오기를 바라며, 해군 대신은 오벨리스크를 룩소르에서 옮기는 문제를 의논하고 싶어 하기 때문에 샹폴리옹에게 즉시 돌아오라고 고집했다. "바벨에서 죽음이 나를 기다리고 있어." 샹폴리옹은 슬퍼하며 피자크의 친구에게 이렇게 말했고, 형에게 성각 문자 문법책을 완성하기 위해 조금만 더 있었으면 한다고 편지를 보냈다. "한 달만 더 있으면 돼, 그러면 500쪽을 마칠 수 있어. 하지만 포기하고 가능한 것에 만족해야만 하겠지."

샹폴리옹은 1831년 11월 28일에 파리행 승합 마차를 탔고, 사흘 후에 도착해 12월 2일에 다시 강의를 시작할 생각이었다. 하지만 리옹에서 봉기가 일어났고, 파리에 도착할 때까지 추운 날씨에 지체한 것이 그의 건강에 악영향을 미쳤다. 그는 콜레주 드 프랑스에서 12월 5일 목요일에 겨우 강의를 재개했고, 명료한 표현과 믿기지 않을 정도의 열정으로 청중을 매료했다. 그는 간신히 강의를 한 번 더 했지만, 12월 9일에 그다음 강의를 시작하려다 쓰러졌다. 나흘 후에는 뇌졸중이 와 부분 마비를 겪었다. 며칠 후에 침대를 벗어날 수는 있었으나 글을 쓰는 데에는 큰 곤란을 겪었다. 그는 몹시 걱정이 되어 형에게 손으로 쓴 문법책 원고와 메모들을 넘겼다.

그동안 로셀리니는 그들의 첫 번째 책이 1832년 1월에 출판되기를 바라고 있었고 다시금 샹폴리옹에게 자신들 부부와 지내러 오라고 권했다. "제가 당신의 생활을 책임지고 돌보겠습니다. 저와 제 아내와 함께라면 집처럼 편안할 겁니다." 샹폴리옹은 점차 나아져서 자신이 곧 작업을 재개할 수 있을 것이라 여겼지만 한바탕 우울증이 시작되었다. 오랫동안 제자 살볼리니가 샹폴리옹과 함께 있었지만, 살볼리니가 사르디니아 국왕이 보낸 스파이라는 소문을 들은 자크조제프는 그의 동기를 수상쩍어했다.

1831년 12월 23일은 샹폴리옹의 마흔한 번째 생일이었고, 그는 자신이 잠시 머물렀던 마자랭 거리 28번지의 방을 보러 가고 싶어 했다. 그는 깊이 감동했고 "이곳이 내 학문이 태어난 곳이고, 우리는 떨어질 수 없는 하나의 실체를 이루고 있지. 우리는 하나야!"라고 부르짖었다. 또한 그는 몇 년 동안 누워만 있으면서 종종 자신을 불렀던 다시에를 방문했다. 1832년에 천문학자 비오가 샹폴리옹을 보러 왔고, 그들은 날짜를 계산하기 위해 천문학적 현상을 증거로 사용하여 한층 더 혁신적인 연구를 할 계획을 의논했다. 그들은 다음 날 논의를 재개했는데, 연구 계획을 세우려 할 때 샹폴리옹이 고통 속에 신음하며 쓰러졌다. 즉시 불려 온 의사는 샹폴리옹이 격심한 통풍과 중풍을 앓고 있는 데다 말도 거의 못한다는 것을 알아차렸다. 그 증상들은 점점 나아졌고 1월 말쯤에는 눈에 띄게 좋아졌다. 그러나 샹폴리옹은 여전히 괴로워했고 이렇게 부르짖었다. "신이시여, 이 년만 더, 왜 안 되는 것입니까!" 그리고 자신의 머리를 가리키며 단언했다. "너무 일러, 여기 이렇게 많은 것들이 있는데."

샹폴리옹의 병은 몇 주 동안 이어졌고, 2월 말에는 의식이 돌아왔다 나갔다 했다. 3월 3일 저녁 늦게 샹폴리옹은 갑자기 정신이 맑아졌고 다시 말을 할 수 있게 되었다. 하지만 자크조제프는 끝이 가까이 왔다는 것을 감지하고 동생이 병자 성사를 받게 하려고 사제를 불렀다. 몇몇 친구들과 가족들이 작별을 고하러 왔다. 그중에는 이제 여덟 살이 된 샹폴리옹의 딸 조라이데도 있었다. 그의 조카들은 두 달 이상 밤을 새워

삼촌을 간호해 왔고, 샹폴리옹은 그들에게 자신의 사무실에서 그가 이 집트에서 가져온 몇 가지 물건(그의 아랍 의상과 샌들, 그리고 공책)을 갖다 달라고 부탁했다. 이집트에서 파리로 돌아온 지 이 년하고도 두 시간 만인 1832년 3월 4일 새벽 4시쯤 장프랑수아 샹폴리옹은 운명했다.

그가 죽었다는 소식은 파리에 충격을 주었다. 가족들이 신문에 알리지 못하게 했기 때문에, 그가 아팠다는 것을 알았던 많은 사람들도 병세가 그토록 위중할 줄은 몰랐다. 샹폴리옹의 외모가 완전히 변해 버렸기 때문에 그의 시신을 본 사람은 거의 없었다. 3월 6일 오전 11시쯤에 샹폴리옹은 가까운 생로슈 교회로 운구되었다. 거의 이십오 년 전에 그는 그곳에서 사제와 함께 콥트어를 배웠다. 참회의 화요일을 기념하느라 밀려드는 군중 속으로 거대한 장례 행렬이 그곳에서부터 동쪽의 페르라세즈 묘지(나폴레옹이 파리의 벽 밖에 세웠고 자신이 묻히기를 원했으나 이루어지지는 않았던 곳)까지 이어졌다.

비문과 문학 학회 회장인 M. 발케나르가 조사를 맡았다. 그는 죽음이 너무 젊은 천재를 데려갔음을 안타까워하며 이런 말로 조사를 마쳤다.

고인은 이제 막 『이집트어 문법』 저술을 마치며 인쇄에 들어갔음을 알리고는 그를 사랑하던 가족과, 동료들만큼이나 많은 친구들을 두었던 학회와, 그를 수많은 위인 중 한 명으로 여긴 프랑스와, 그의 이름을 이미 탁월한 학자 가운데 새겨 둔 조예 깊은 유럽으로부터 갑자기 떠나갔습니다. 이 이름은 결코 사라지지 않을 것입니다. 그러나 샹폴리옹 씨가 고대 이집트 땅과 유물에 비춘 선명한 빛은 가장 밝게 빛나던 바로 그 순간 꺼졌고, 우리가 빛 속에서 사라지기를 바라던 그림자는 우리에게,

아마도 오랫동안, 후세와 함께 나누게 될 슬픔을 남겼습니다. 한 가족의 사별은 학문을 아끼고 그 진보에 관심 있는 모든 이들 전체가 겪는 사별이 되었습니다.

10장 말과 글을 주신 분

자크조제프는 결코 이집트에 가 보지 못했다. 그는 1798년에 나폴레옹 원정대의 자리를 얻지 못한 것과, 이력을 쌓는 동안 다른 기회가 오지 않은 것을 항상 안타까워했다. 그러나 그는 동생이 완성하지 못한 연구를 편집하고 출판하여 이집트학 발전에 결정적인 역할을 했다. 샹폴리옹이 세상을 뜨자 자크조제프는 망연자실해졌다. 그는 이제 쉰네 살이었고, 동생과 모든 경험을 함께 나누었음에도 불구하고 동생의 때 이른 죽음은 그에게 깊은 충격을 안겼다.

의학이 병을 확실하게 규명할 수 없던 시대에, 샹폴리옹의 목숨을 구하지 못한 의사들은 정확히 무엇 때문에 그가 죽었는지를 판단하는 것도 어려워했다. 계속 되풀이된 통풍 말고, 그를 차츰차츰 죽음으로 몰고 간 질병에 대해 보고서들은 상충된 입장을 보였다. 샹폴리옹은 결핵이나 심장 질환, 당뇨 같은 중병을 앓았을 수도 있다. 좀 더 확실한 것은 그가 결국 뇌졸중으로 죽었다는 점이다. 너무나 짧았던 생애 동안 샹폴리옹은 프랑스 혁명, 나폴레옹의 등장과 몰락, 국왕 세 명의 통치를 거쳤다. 그는 이집트와 이탈리아를 여행했고 학교와 대학에서 학문을 가르쳤으며 루브르 박물관의 이집트 컬렉션을 정리했고 고대 이집트의 다양한 면면에 대해 많은 조사를 했지만 그의 주요 연구 내용은 아직 출판되지 않은 상태였다. 그는 자신을 그토록 오랫동안 사로잡아 왔던 꿈을 달성하여 커다란 성과를 자신의 기념품으로 남기고 떠났다. 바로 성각 문자 해독이었다.

자크조제프의 첫 번째 과업은 동생의 출판되지 않은 논문을 안전하게 보관하고 샹폴리옹의 미망인 로진과 딸 조라이데의 생활을 보장하기 위해 정부가 동생의 논문을 사게 하는 것이었다. 그 논문들 중에는 성각 문자 문법과 사전, 콥트어 문법과 사전, 고대 이집트 종교와 연대에 관한 기록 외에도 이집트 원정과 관련된 방대한 양의 저작도 포함되어 있었다. 자크조제프는 샹폴리옹이 이집트 수 체계에 관해 쓴 저작과 성각 문자 사전의 절반 이상을 비롯해 원고 일부가 사라진 데 깜짝 놀랐다. 그는 곧장 샹폴리옹의 와병 중에 그의 사무실에 자유로이 드나들 수 있었던 살볼리니를 의심했고, 친구들에게 무엇이 없어졌는지를 알렸다. 살볼리니는 분노했고 꿋꿋한 자세를 견지하며 자신이 유죄임을 인정하려 들지 않았다. 그러나 그는 그 후 성각 문자에 관한 선구적인 논문들을 발표하기 시작했고 격찬을 받았다.

처음에 프랑스 정부는 샹폴리옹의 논문을 구입할 수 없다는 입장을 표명했지만, 언론은 강력히 운동을 펼쳤고 이로 인해 그 계획을 검토하는 위원회가 조직되었다. 모든 논문은 임시로 국립 도서관 보관소로 옮겨졌다. 위원회의 보고서는 콥트어 문법책은 출판할 만하지 않다고 평가했지만 이집트 원정 동안의 자료 수집 활동이 샹폴리옹의 죽음에 부분적으로 책임이 있을 수도 있다는 점을 들면서 나머지 논문들은 구입하기를 권고했다.

한 사람이 이집트에서 꽤 짧은 기간 동안 머무르며 도움도 받지 않고 이토록 어마어마한 양의 원고를 써냈다는 것은 상상하기 어려운 일이다. 이 원고에서는 거의 장마다 성각 문자 비문을 찾아볼 수 있다. 이런 막대한 노고와 엄청난 업적이 학문 발전을 위한 귀중한 생명을 단축하는 데 일조했을 것이라는 끔찍한 생각을 하지 않을 수 없다.

1833년 4월, 샹폴리옹이 죽은 후 일 년 남짓 지나 프랑스 정부는 마침내 그의 원고들을 총 5만 프랑에 구매하고 로진에게 연금 3000프랑을 주는 안을 가결했다. 이 원고들은 지금 파리 국립 도서관에서 88권의 총서를 이루고 있다.

논문 구입을 결정한 위원회의 일원이기도 했던 실베스트르 드 사시는 이제 다시에의 자리를 이어받아 비문과 문학 학회의 종신 간사가 되었다. 1833년 학회의 공식 회합에서 그는 샹폴리옹을 기리는 긴 추도사를 낭독했고, 그의 죽음으로 인해 다시 한 번 고대 이집트가 어두움과 미혹 속으로 빠질 수 있음을 경고했다.

학계가 잃은 것은 한 특출한 학자만이 아닙니다. 고대 이집트의 모든 학문과 예술이 그와 함께 무덤 속으로, 그림자와 죽음의 영역으로 빨려 들어가 버릴 것 같습니다. 테베와 멤피스의 유물 위에 비출 것 같았던, 그 폐허에서 유물들을 꺼내려 했던 서광은, 마치 사막에 아지랑이가 만들어 내는 호수, 목마른 여행자가 이제 다 왔다고 생각하여 타들어 가던 목을 축이려 하는 바로 그 순간에 사라져 버리는 그런 호수처럼 희미해졌습니다. 그렇게 되어 버리지 않기를 바랍시다. 총명하고 불굴의 의지를 지녔던 샹폴리옹의 연구는 그 후로도 그의 천재성을 물려받을 사람들을 낳을 것이고, 그가 가장 먼저 개척했던 분야를 그들이 이어서 경작해 나갈 것입니다.

드 사시는 샹폴리옹이 일생 동안 일궈 낸 업적과 연구 내용에 대해 이야기한 후, 청중들에게 이렇게 상기시키며 추도사를 끝맺었다.

샹폴리옹 씨는 레지옹 도뇌르 훈장 말고도 토스카나 훈장을 받았습니다. 괴팅겐, 상트페테르부르크, 토리노, 스톡홀름의 아카데미와 런던의 왕립 아시아 학회와 문학 학회를 비롯해 국내외 여러 다른 학회들이 서둘러 그를 회원으로 받아들이려 했습니다. 비문과 문학 학회에서 그의 자리는 M. 외젠 뷔르누프 씨가 계승했습니다. 왕립 콜레주 드 프랑스에서 그의 자리는 아직 공석입니다.

자크조제프는 이제 동생의 저작을 출판하려는 준비를 시작했다. 가장 처음으로 한 일이자 제일 쉬웠던 일은 『이집트어 문법』을 출판하는 것이었다. 『이집트어 문법』의 원고는 대부분 그가 갖고 있었지만 일부가 없어진 상태였는데, 아마도 살볼리니가 훔친 듯했다. 샹폴리옹은 피자크에 머무르는 동안 원고의 반 이상을 정서해 놓았고, 이는 자크조제프가 출판한 첫 번째 책이 되었다. 자크조제프는 그 책을 드 사시에게 헌정했고, 드 사시는 샹폴리옹의 마흔다섯 번째 생일이 되었을 1835년 12월 23일에 책을 받았다. 『이집트어 문법 — 구어 표현에 적용되는 이집트 신관 문자 글쓰기의 기본 원리』는 파리에서 1836년부터 오 년 동안 나누어서 출판되었다. 서문에서 자크조제프는 샹폴리옹이 그의 마지막 작업인 이 책에 얼마나 많은 노력을 쏟았는지 설명했고, 마지막 투병 기간에 이런 말과 함께 원고를 맡겼다고 밝혔다. "조심해서 맡아 줘. 이것이 후세에 내 명함이 되기를 바라."

『이집트어 문법』이 출판될 즈음이 되자 살볼리니의 저작들 중 최소한 몇 편은 그의 것이 아니라는 사실이 드러났고 그는 사람들로부터 점점 경멸을 당하게 되었다. 1833년 학회 공식 회합에서 드 사시는 샹폴리옹의 원고를 갖고 있는 사람 혹은 그런 사람들이 그 원고를 포기하기를 요청했으나, 살볼리니는 단지 그 끔찍한 사태를 안타까워하고 있다고 말할 뿐이었다. 일련의 이상한 우연으로 인해 살볼리니의 전반적인 표절이 몇 년 지나지 않아 밝혀졌다. 이는 그가 파리에서 1838년 2월에 스물여덟의 나이로 일찍 세상을 떴기 때문이었다. 이탈리아에 있던 그의 가족은 그의 논문을 돌려 달라고 하는 대신 파리에 있던 옛 친구에게 논문을 처분해 달라고 했지만 아무도 사려 하지 않았다. 샤를 르노르망이 전문적으로 판단하기 위해 원고를 봤을 때에야 샹폴리옹의 원고들을 알아볼 수 있었다.

도둑맞은 원고가 돌아오자 자크조제프는 없어졌던 논문들을 어떻게 다시 찾았는가에 대해 친구들에게 보여 줄 짧은 보고서를 썼고, 성각 문자 사전 편찬 작업에 착수했다. 손으로 쓴 원고는 전혀 출판 준비가 되어 있지 않았기 때문에 훨씬 더 노력을 요하는 작업이 되었다. 그는 어떻게 단어를 배열할지 몰랐으나 마침내 주제에 따라 단어를 분류했다.(조류와 동물 같은 식) 현대에는 단어들을 배열할 때 알파벳 순서에 따른 접근법이 더 많이 쓰이지만 말이다. 『성각 문자를 중심으로 한 이집트어 사전』은 1841년부터 1844년까지 나누어서 출판되었다. 하지만 사용하기에 너무 힘들었고 연구자들은 색인이 없다는 점에 못마땅해했다. 어쨌든 자크조제프는 동생의 유작을 출판하기 위해 필연적으로 직접 연구까지 해야 했고, 그가 이렇게 헌신한 점은 칭찬받아 마땅하다. 비록 저자의 사후에 출판된 『이집트어 문법』과 『이집트어 사전』에 샹폴리옹이라면 저지르지 않았을 오류가 있긴 해도 이 책들은 성각 문자 연구에 큰 자극을 주었고, 이집트학 학자의 새 물결이 전 유럽(특히 독일, 영국, 프랑스)에서 솟아났다.

자크조제프가 샹폴리옹의 권리를 보호하기 위해 토스카나 원정대와 연결되는 것을 거부했기 때문에, 프랑스 원정대의 이집트와 누비아 원정 결과물을 출판하는 일은 더욱 복잡했다. 로셀리니는 일을 진행해 이탈리아에서 몇 권을 출판했다. 하지만 그는 1843년에 마흔두 살로, 샹폴리옹보다 겨우 한 살 더 많은 나이에 세상을 떠나 그 작업을 완수하지 못했다. 프랑스 원정대의 기록에는 우선 모든 유적에 대한 짧은 설명이 곁들여진 훌륭한 모사본이 준비되어 있었다. 1835년부터 십 년에 걸쳐 500개도 넘는 삽화가 수록된 네 권의 책이 출판되었다. 격차를 줄이기 위해 프랑스 정부는 1838년에 로트를 이집트로 보냈다. 이집트에서 로트는 샹폴리옹 생전에, 특히 이집트 원정 동안에 그의 진가를 알아보지 못한 것을 통렬히 자책했다. 지난 십 년 동안 이집트가, 특히 왕가의 계곡이 변한 것을 보자 그의 슬픔은 더욱 심해졌다. 그는 왕가의 계곡의 람세스 4세 무덤(샹폴리옹도 한때 묵은 바 있는 곳)에 처소를 정했다. 그리고 그곳에서 샹폴리옹과 함께 보낸 시간을 기억하며 그의 모습을 떠올리는 것으로 위안을 삼았다.

1848년에 프랑스에서는 또 다른 혁명이 일어나 루이필리프 왕이 타도당하고 조제핀의 손자 루이 나폴레옹(1852년에 황제 나폴레옹 3세가 된다.)을 대통령으로 한 제2 공화정이 수립되었다. 자크조제프는 국립 도서관에서의 자리를 잃어 프랑스 원정대 보고서를 출판하는 일을 포기해야만 했다. 그가 죽은 이듬해인 1868년에야 그 일이 재개되었다. 마지막 권은 1889년에(상폴리옹이 이집트를 떠나고 육십 년이 지난 후) 나왔다. 이 마지막 작업은 후에 19세기 후반의 가장 뛰어난 이집트학 학자인 젊은 가스통 마스페로에게 맡겨졌다.

상폴리옹의 비극적인 죽음에도 반대파들은 태도를 누그러뜨리지 않았다. 특히 조마르와 클라프로트는 상폴리옹의 연구를 계속 헐뜯었다. 많은 학자들이 상폴리옹이 내놓은 결과물의 중요성을 받아들이려 하지 않고 그에 맞선 저작을 출판했지만, 독일의 리하르트 렙시우스나 영국의 새뮤얼 버치, 아일랜드의 새뮤얼 힝크스, 그리고 프랑스의 에마뉘엘 드 루제 같은 학자들은 상폴리옹이 거둔 막대한 성과를 인정했고 성각 문자가 더 많이 해독되도록 방도를 강구했다. 렙시우스는 새로 출판된 『이집트어 문법』을 보며 성각 문자를 독학했고 상폴리옹의 해석 체계를 확장하고 교정하기 시작했다. 그가 이뤄 낸 가장 중요한 진보 중 하나는 한 글자의 음자(音字)(한 음절에 일치하는)만 있는 것이 아니고 두 음절이나 세 음절짜리 음자도 있다는 것을 알아냈다는 점이다.

렙시우스는 베를린 이집트 박물관의 컬렉션 관리인으로서 1866년에 두 번째 원정길에 올라 델타와 수에즈 운하 지역을 탐험했다. 타니스(현대의 산엘하가르, 카이로에서 북동쪽으로 약 110킬로미터 떨어져 있다.)는 기원전 1000년쯤으로 올라가는 왕의 무덤이 있어 동쪽 델타에서 가장 중요한 지역이었지만 샹폴리옹은 그곳을 방문할 시간이 없었다. 렙시우스는 그곳에서 자신의 원정대가 발견한 석회암 기둥들(프톨레마이오스 3세 재위 기간인 기원전 238년 사제들의 법령을 공표하는 데 쓰였다.)을 연구했다. 그 포고문은 이집트 역법을 개편하기 위한 것이었고, 그 돌기둥은 이집트의 신전에 놓인 많은 유물들 중 하나였다. 그 사제들은 카노푸스(나중에 아부키르로 알려지는 항구)에 모였고, 그래서 타니스에서 발견된 돌기둥들은 카노푸스 법령 혹은 타니스 문서로 알려지게 된다. 지금 카이로의 이집트 박물관에 있는 이 돌기둥에는 로제타석처럼 두 개의 언어로 된 법령이 세 개의 문자로 쓰여 있다. 성각 문자로는 37줄, 그리스어로는 76줄이 앞면에 있고, 민중 문자로는 74줄이 옆면에 있다.(발견 당시 후자는 인지되지 않았다.) 그 비문은 샹폴리옹과 그 후계자들의 해독 체계가 완전히 정확하다는 결정적인 증거였다.

19세기 후반에도 샹폴리옹에 반대하는 목소리는 여전히 높았다. 건지 출신의 이집트학 학자이자 근동학자인 피터 르누프 경은 수십 년 동안 지치지 않고 이러한 주장을 펼쳤고, 1863년에는 이렇게 썼다.

그의 후계자들이 해결할 것이 그토록 많이 남아 있다면 어떻게 샹폴리옹이 '성각 문자로 된 문서를 쉽고 확실하게 읽었다.'라는 것이 사실일 수 있는가? 사실 그는 몇몇 문서는 쉽고 확실하게 읽었지만 읽지 못한 것도 많았다. 성각 문자로 쓰인 문서는 다른 모든 문서들처럼 난이도에 따라 몹시 다르다. 어떤 것은 비교적 쉽고 어떤 것은 어렵다. 어떤 것은 아직까지도 해석할 수 없다.

르누프는 공격을 계속했고, 삼십 년쯤 후인 1896년 성서 고고학 학회 회장으로서 연설을 통해 영을 지지하면서 과거부터 현재까지 진행되고 있는 샹폴리옹에 반대하는 논쟁을 불식하려 했고 이런 말로 끝맺었다.

모든 것이 쓰이고 난 후에도 두 가지 부정할 수 없는 사실이 남아 있습니다. 샹폴리옹은 영에게 아무것도 배우지 않았고, 다른 누구도 영에게서 배우지 않았습니다. 이집트학이 지금 점하고 있는 위치로 성장하기까지 오직 샹폴리옹과 그가 채택한 체계만 있을 뿐입니다. 렙시우스, 버치, 드루제가 그 체계에서 드러난 오류들과 결함들을 수정한 것은 그 체계를 충실히 따른 결과일 뿐 결코 그 본질에 관련한 것은 아닙니다.

서서히 샹폴리옹을 반대하는 사람들 대부분에게 침묵이 엄습해 왔다. 여전히 샹폴리옹을 공격하려는 자들은 그가 영의 성과를 충분히 인정하지 않았다는 것을 트집 잡는 데 그쳤다.

성각 문자 해독의 여파는 믿기지 않으리만치 굉장했다. 사실상 이는 완전히 새로운 문명을 발견한 것이나 마찬가지였다. 일단 성각 문자와 신관 문자로 쓰인 고대 이집트 기록들이 본격적으로 해석되기 시작하자 고대 이집트에 관한 갖가지 정보가 알려졌다. 영국인 이집트학 학자 프랜시스 루엘린 그리피스는 1922년 이 상황에 대해 "샹폴리옹은 갈피를 잡을 수 없었던 연구를 명석하고 지속적인 해석으로 바꿔 놓았다."라고 요약했다. 그 해독 과정은 그리피스를 포함해 그 뒤를 이은 이집트학 학자들에 의해 퍼져 나갔다. 해석이 가능해진 것들은 양과 다양성 면에서 놀라울 정도였다. 파피루스, 목판, 가죽에 쓰인 기록뿐 아니라 부서진 조각이나 돌맹이(도편(陶片))를 긁어 쓴 글, 신전과 무덤 벽 전면에 칠하고 새긴 글, 파라오의 거대한 조각상부터 미라를 만드는 과정에서 사체를 싸는 리넨 붕대에 이르기까지 다양한 종류의 물건에 쓴 글 등이 있다. 마침내 나폴레옹의 이집트 원정대에 참여한 학자들의 꿈이 이루어졌다. 그들은 고대 이집트의 비밀을 푸는 꿈을 꾸었고, 이제 그 꿈은 실현되었다. 심지어 　 '기록(annal)', 　 '해먹', 　 '녹색 아이섀도', 　 '맥주', 　 '궁수', 　 '거짓말', 　 '납세자' 등 단어 자체도 이집트 문명의 복잡성과 샹폴리옹이 성공한 결과로 드러나기 시작한 방대한 범위의 정보를 보여 준다.

성각 문자와 신관 문자로 쓰인 기록을 해독하는 일이 그토록 중요해진 것은 순전히 고대 이집트에 관한 정보의 양과 다양성 때문이었다. 수십만 장의 파피루스와 수십만 개의 도편을 비롯해 많은 기록들이 살아남았다. 이는 유리한 기후 조건과 고대 이집트인의 태도가 결합한 덕분이었다. 그들은 서기관을 가장 중요한 사람으로 여겼고(파라오도 서기관이었다.) 서기관은 동시대인뿐 아니라 후대를 위해서 글을 썼다. 이런 특별한 태도는 서기관의 높은 지위를 찬양하는 많은 기록에서 찾아볼 수 있다. 그중에서 약 삼천 년을 넘긴 한 교훈적인 문서는 글이 다른 어떤 것보다 더 오래 남는다는 것을 보여 준다. 그것은 현재 「죽은 작가들에게 바치는 조사」로 알려져 있다.

> 그러나, 당신들은 이런 일을 해야 하고, 글을 쓰는 것은 현명한 행동
> 　이다.
> 신들 이후의 시간으로부터
> 서기관들과 현자들
> (무엇이 올지, 무슨 일이 일어날지 내다보는 사람들)
> 그들의 이름은 영원토록 계속될 것이다.

비록 그들이 사라지더라도, 비록 그들이 생을 마치고 같은 시대 사람
　　들이 모두 잊히더라도.
그들은 철로 된 비석이 있는
청동으로 된 피라미드를 만들지 않았다.
그들은 후계자들이 아이로 머물지 않을 것이라는 것을,
자신들의 이름을 읊조릴 후손이 있을 것이라는 것을 알았다.
그들은 스스로
자신의 글과 가르침을 후계자로 삼았다.
그들은 책을 강사로 삼았고,
필판(筆板)을 사랑스러운 아들로,
가르침을 자신의 피라미드로,
펜을 아기로,
돌의 표면을 아내로 삼았다.
가장 위대한 것부터 가장 사소한 것까지
그의 아이가 되었다.
서기관은 그들의 우두머리이다.
문과 저택이 지어졌으나 무너졌고,
장례식 사제는
그 돌기둥이 흙으로 덮이는 동안 떠났다.
방들은 잊혔다.
하지만 그 이름들은 그들의 두루마리 위에서
아직도 읊어진다.
그들의 기억과 그들이 만들어 낸 것이 얼마나 좋은가.
영원토록!

서기관이 되어라! 마음속에,

너의 이름도 그들의 이름처럼 지속될 것이라는 사실을 명심하라!

(파피루스) 두루마리는 조각된 돌기둥보다,

지어진 담장보다 훌륭하다.

두루마리는 그들의 이름을 읊는 자의 마음에

제실이자 피라미드 역할을 한다.

분명 인간의 입에서 나온 이름은

묘지에서도 유효하리라!

사람은 죽어 시체는 먼지가 되었고,

그와 함께 있던 사람들도 지상에서 떠났지만.

말하는 사람의 입에

그를 기억되게 하는 것은 책이다.

(파피루스) 두루마리는 지어진 집보다,

서쪽 제실보다 훌륭하다.

이는 지어진 별장보다,

신전 돌기둥보다 훌륭하다.

고대 이집트에서 글을 쓰는 일은 인구의 5퍼센트도 채 되지 않는 상류층(왕족, 귀족, 서기관, 사제, 그리고 몇몇 숙련공)에만 국한되었다. 그들의 눈을 통해 보게 되므로 성각 문자로 된 기록은 어느 정도 고대 이집트에 대해 편향된 관점을 제공할 수밖에 없고, 평민의 삶이 어땠는지 시선을 돌리는 일은 극히 드물었다. 하지만 그 상황은 샹폴리옹의 시대에 유럽을 지배하고 있던 상황에 비해 크게 나쁘지는 않았다. 읽고 쓸 줄 아는 사람의 비율은 50퍼센트를 넘지 않았고, 대개는 그보다 훨씬 낮았다.(몇몇 지역에서는 고대 이집트의 문맹률에 근접했다.) 편향되는 측면이 있음에도 불구하고 전해지는 기록들이 워낙 다양해서 고대 이집트 문화에 대해 놀라운 통찰력을 제공한다. 그 내용으로는 매매 증서, 보고서, 공문서, 조세 문서, 인구 조사 명단, 법령, 전문적인 논문, 군사 공문, 왕의 계보, 장례 주문(呪文)과 의식, 산 사람과 죽은 사람에게 보내는 편지, 이야기 등 대본만 제외하고 현대 사회에서 볼 수 있는 모든 종류의 글이 상상하기 어려울 정도로 망라되어 있다. 도자기 조각이나 돌멩이에 간단히 적혀 있는 메모에는 건축 재료 목록, 일하기 위해 특정한 날에 나온 사람, 창고에 보관된 것 등 사소한 사실이 기록되어 있다. 아마도 보조 교재나 작업 참고 자료로 사용된 듯한 문서도 있다. '전문 용어집'으로 알려진 이 문서는 식물, 동물, 자연 현상, 심지어 물의 종류 등 분류에 따라 이름을 목록으로 만든 것인데, 몇몇 이집트어는 이런 목록을 통해서만 알려졌다.

이집트 사회는 종교와 사후 세계에 대한 기대에 초점이 맞춰져 있었다. 이는 샹폴리옹을 특히 매혹시킨 주제였고, 이 가치를 반영하는 성각 문자 문서도 비교적 풍부하다. 이는 나폴레옹을 따라 이집트에 간 학자들이 알아챘듯이 몇몇 건축물이 비교적 잘 보존된 것과도 연관되어 있다. 화가이자 작가였던 비방 드농은 군인들과 함께 나일 계곡을 따라간 여정을 기록하며 그가 본 유적들이 "끝도 없이 신전뿐이다! 공공 건물도 없고, 시간을 이겨 낸 튼튼한 집도 없고, 궁전도 없다! 그렇다면, 사람들은 어디에 살았던 것인가? 군주는 어디에 살았던 것인가?"라고 적었다. 신전과 무덤은 몹시 중요했기 때문에 가능한 한 오래 버틸 수 있도록 돌로 지었다. 하지만 이와는 대조적으로 집은, 빈농의 거처부터 파라오의 궁전까지, 모두 점토질 벽돌로 지었고 이 주거 형태는 이제 거의 남아 있지 않다. 죽음과 내세에 대한 이집트인의 접근 방식은 논리적이었다. 초라한 집이나 궁전은 살아 있는 동안에만 영유하는 것이지만, 무덤은 𓉐𓂋𓆓𓏏(per n djet, 영원히 살 집)이라는 것이다.

고대 이집트 종교는 다른 신화 체계에서 나온 다양한 신에 대한 믿음으로부터 발전한 것이었기 때문에 고대 이집트에 단일하고 통합된 종교는 없었다. 하지만 이집트에서는 파라오가 신과 인간의 매개자였다. 많은 신전에서 사제들은 파라오를 대신해 신성한 질서를 유지하고 그 질서를 삼켜 버릴지도 모르는 혼돈을 막기 위해 고안된 의식을 집전했다. 이는 이집트인 자신들이 처한 상황에 대한 당연한 반응이었다. 자연계의 힘이 조용하고 계절이 규칙적으로 바뀌고 전쟁이나 이웃 나라의 침략이 없을 때에는 나일 계곡에서 사는 것이 몹시 좋았지만, 매년 범람하는 나일 강이 비정상적으로 높거나 낮아지면 곡식이 망가지고 반드시 가뭄과 기아가 이어졌다. 이집트인들은 파멸로 치닫는 재해를 초래할지도 모르는 모든 변화를 두려워했고, 그래서 그들은 변화를 막고 지속성을 유지하려는 보수적인 견해를 갖고 있었다. 우주의 본질적 조화(harmony)의 화신은 여신 𓐙(마아트(Maat))였다. 마아트는 또한 진실과 정의 등 조화의 다른 측면의 화신이기도 했다. 하지만 다른 신과 여신 들도 혼돈을 막는 데 한몫한다고 믿었고, 그것이 한 종교의 일부분을 이루는 서로 다른 신들에 대해 그토록 많은 신전이 존재했던 이유이다.

많은 사람들에게 대개 신과의 관계는 개인적이었다. 여러 방식으로 질서를 유지하고 혼돈을 막으려 했지만, 개인은 신이 자신의 삶에 직접 개입해 주리라고 믿었다. 지역의 신도 많았다. 𓆓𓏏𓎛𓁐𓃀(메레트세게르)는 테베의 왕가의 계곡을 내려다보는 산의 코브라 신이다. 하지만 이집트 전역에서 숭상받은 𓊨𓏏(이시스) 같은 신들도 있다. 좀 더 근원적인 단계로 가면 가정의 신이 있는데, 비록 신전은 거의 없었지만 평범한 집에서는 사당에 모셨고 자주 도움과 보호를 구했다. 가장 인기 있는 신 중 하나는 𓊃𓏏𓊃(베스)였다. 베스는 대개 괴기하게 추한 난쟁이로 묘사되는데, 그의 무시무시한 외모는 악령을 쫓아낸다고 생각되었다. 특히 좋은 기운을 가져오고 가족 구성원을 지켜 준다고 여겨져서 고대 이집트에서 특히 위험했던 출산을 할 때면 베스의 가호를 기원했다.

현대에는 종교 제의, 기도, 마술, 과학을 구분하지만 고대 이집트인들에게는 이런 구분이 없었다. 의사는 병을 약 이외에 마술 주문과 제의로도 치료하려 했고, 그것들은 모두 치료에 꼭 필요한 부분으로 여겨졌다. 특정한 악령으로부터 스스로를 보호하기 위해 부적도 종종 사용했고, 나폴레옹도 이집트에서 부적을 가져와 아들이 태어날 때까지 행운을 바라며 언제나 품고 다녔다. 파피루스에 쓰인 아래의 주문은 아이를 열로부터 보호하기 위해 홍옥수 도장 부적(여기서는 '매듭'이라 불린다.)에 악어와 손의 모양과 함께 새기는 것이었다.

매듭을 위한 주문
아이를 위해, 이제 막 깃털이 난 새를 위해.
둥지에서 덥니?
덤불에서 타는 듯하니?
엄마가 곁에 없니?
부채를 부쳐 줄 누나가 곁에 없니?
보호해 줄 유모가 없니?
내게 작은 금덩어리 하나와
구슬 마흔 개와

악어와 손 모양을 새긴 홍옥수 도장을 가져오너라.

욕망의 악마를 때려눕혀 몰아내고, 팔다리를 따뜻하게 하도록.

서방에서 온 이 남녀 적들을 때려눕히도록.

너는 갑작스레 시작할 것이다! 이것은 보호이다.

이 주문을 작은 금덩어리 하나와,

구슬 마흔 개와, 악어와 손 모양을 새긴

홍옥수 도장에 대고 읊을지어다.

고운 리넨 조각 위에 묶고

부적으로 만들어

아이의 목에 걸어 줄 것이다.

잘되었다.

부적은 산 사람뿐 아니라 죽은 사람을 보호하기 위해 미라를 싼 덮개에도 묶여 있었다. 여기에는 종종 『사자의 서』에 나오는 주문이 새겨져 있었다. 상폴리옹은 『사자의 서』를 현대식 이름으로 '장례 의식'이라 불렀고 이집트인은 ⳤ𓏺𓂀𓅱𓅓𓆓(낮에 출현하는 장(章))이라 불렀다. 친척이나 사제는 죽은 자가 내세에서 확실히 살아나도록 주문을 외웠다. 하지만 그 의식을 하지 못할 경우에는 주문을 보다 영구적으로 남게 하기 위한 방법을 썼다. 기원전 2300년 무렵에는 파라오들을 위해, 성각 문자가 남아 있는 한 주문이 계속 효과를 발휘하도록 피라미드 내실 벽에 성각 문자로 주문을 새겨 놓았다.(「피라미드 텍스트」로 알려진 주문) 기원전 2000년쯤에는 의식이 바뀌어 무덤이 아닌 망자의 관에 주문을 새겼다. 이 「관 텍스트」가 도입된 시기는 미라와 마법 주문을 통해 죽은 후에도 영생을 누리려고 한 사람의 수가 늘어난 때와 일치한다. 원래 이러한 대접은 파라오의 특권이었고 조신(朝臣)들은 파라오의 무덤에 최대한 가까운 곳에 묻혀 그의 부활을 나누고 싶어 했는데, 이제 상류층도 자신의 관에 주문을 써서 사후 영생을 파라오와 관계없이 직접 추구하게 되었다. 그 주문들은 관 속에 갇히는 것부터 '부패를 막고 사자의 왕국에서 일해야 하는 상황을 막는 것'까지 모든 경우를 대비하려 했다.

오백 년쯤 후에 현재는 『사자의 서』로 알려진 주문들이 「관 텍스트」를 밀어냈다. 『사자의 서』는 특정한 내용을 담고 있다기보다 200가지 정도의 주문으로 이루어져 있는데, 그중 다수는 「피라미드 텍스트」와 「관 텍스트」에서 유래한 것이다. 『사자의 서』의 다른 판본들에는 조금씩 다른 주문이 담겨 있다. 그것들은 더 이상 관 위에 쓰이지 않았고, 파피루스 두루마리에 쓰여 망자의 무덤이나 관에 함께 묻혔다. 샹폴리옹은 토리노의 드로베티 컬렉션에서 그중 많은 사례를 해독하고 연구했다. 죽은 자를 보호하기 위한 주문이 영속적으로 유지되어서 가능한 한 오래 효능을 발휘해야 했기 때문에, 어떤 다른 종류의 이집트 문학보다도 더 많은 주문들이 여러 판본으로 남아 있다. 「피라미드 텍스트」와 「관 텍스트」의 주문들처럼 『사자의 서』의 주문도 죽은 자가 묻힌 몸과 함께 부활하는 것을 보장하려 한다. 하지만 이를 달성하기 위한 방법은 복잡하다. 고대 이집트인들은 사람이 육신(body)과 영혼(soul), 혹은 정신(mind)과 육신과 영혼(spirit)이 아니라 다섯 부분으로 이루어진다고 생각했다. 이는 육체 혹은 사체인 🛏(khat), 🐦(ba), ⊔(ka)와 사람의 이름인 〰️🐦(ren), 그리고 사람의 그림자인 ⵯ(shut)이다.

개략적으로 '성격(personality)'이라고도 번역되는 'ba'는 사람을 특별하게 만들어 주는 비(非)물리적인 특성으로 이루어져 있다. 대략 '영혼(soul)'이라고도 번역되는 'ka'는 사람이 죽은 후에 살아가게 하는 힘으로, 음식을 필요로 한다. 'ka'가 죽은 자에게 바쳐진 양식을 먹는다고 생각되지는 않았지만, 그 양식으로부터 생명을 유지해 주는 특성을 직접 흡수한다고 생각했다. 죽은 후에 살아가려면 무덤에서 여정을 떠나 자신의 'ka'와 다시 결합해야 하는데, 육신이 결합할 수는 없기 때문에 그 대신 'ba'가 그 일을 맡았다. 일단 재결합하면 'ba'와 'ka'는 망자가 저승에서 영원히 사는 불변의 형태인 🦩(akh, 가끔은 '축복받은 망자'로도 번역된다.)가 된다. 『사자의 서』의 주문은 죽은 사람을 적절한 형태의 'akh'로 변하게 하고, 내세에서 'akh'를 위협하는 모든 것으로부터 보호하며, 일도 안 하고 책임도 없는 가장 즐거운 삶을 누릴 수 있도록 보장하려 한다. 고대 이집트인들이 그 주문을 보는 관점은 '불사(不死)의 서' 혹은 '부활의 서'에 가까웠기 때문에 현대의 '사자의 서'라는 불길한 제목은 그릇된 인상을 심어 준다.

이집트인들은 산 자와 죽은 자의 세계가 겹친다고 믿었기 때문에 종종 파피루스나 음식을 바칠 때 쓰는 그릇에 죽은 자에게 보내는 편지를 썼다. 반면 궁정 관료, 왕, 사제와 장인 들이 쓴 일상적인 편지들도 있으며, 그중에는 질그릇 조각 위에 간단히 적은 것도 있다. 가정사를 다룬 편지 중에는 죽은 고관(高官) 이피의 장례 의식을 맡은 나이 지긋한 사제 헤카나크트가 테베에 사는 친척에게 보낸 편지도 있다. 그는 그 편지에서 자신이 일 때문에 나일 계곡 하류로 가 있는 동안 자신의 새로운 두 번째 부인 이우텐헤브가 형편없는 대접을 받았다고 투덜거리면서 그녀를 데려와 달라고 한다.(호테페트는 누이나 숙모일 것이다.)

내가 이야기했지요. "호테페트의 친구든, 미용사든, 보조든 그녀에게서 떼어 놓아야 한다."라고. 그녀를 잘 돌봐 주세요! 그러면 당신이 하는 모든 일이 잘될 겁니다! 하지만 당신은 과거에 그녀(호테페트)를 사랑하지 않았지요. 이제 당신은 이우텐헤브를 내게 데려와야 해요. 이 사람(이피를 말하는 거요.)을 걸고 말하건대, 나의 새 아내에게 성적인 악행을 범하는 인간은 누구라도 나의 적이고 나도 그의 적이에요. 이 여자는 나의 새 아내란 말이죠. 어떤 사람이 새 아내를 얻었을 때 그녀가 어떤 대접을 받아야 하는지는 잘 알려져 있는 바예요. 내가 그녀에게 하는 것처럼 그녀를 대하는 자에 대해서라면(당신들 중 누가 자기 아내에 대한 밀고를 받고서 참을 수 있겠어요?) 나는 당신들만큼이나 참을 수가 없습니다!

신전 문헌 보관소에서는 모든 종류의 문서를 찾을 수 있었다. 그중에는 의술에 관한 파피루스도 있었는데 다양한 의학적 상태에 대한 진단 방법과 치료 방법에 대해 조언하고 있다. 한 파피루스에는 최초로 알려진 임신 테스트 방법이 적혀 있다. 여성은 매일 보리와 에머 밀 낟알에 소변을 본다. 만일 두 낟알에서 모두 싹이 트면 그 여성은 임신한 것이다. 만일 보리만 자라나면 이는 사내아이라는 뜻이고, 에머 밀만 자라나면 여자아이라는 뜻이다. 현대의 실험을 통해 임신하지 않은 여성의 소변은 보리의 발육을 막는다는 사실이 알려졌으니, 이 고대의 방법에는 어느 정도 과학적 근거가 있는 셈이다. 골절, 뱀에 물린 상처, 다른 종류의 동물에 물린 상처, 눈병 등에 대한 진단과 치료 방법을 다루는 의학 문서도 있는데, 이는 고대 이집트인이 맞닥뜨렸던 일상적인 위험을 생생하게 알려 준다. 몇몇 문서들에서는 일반적인 도덕적 충고를 찾아볼 수 있다. 「고관 프타호테프의 가르침」이 그런 종류의 문서로, 아래와 같은 금언 모음집이다.

네가 윗사람이라면

청원인이 말하는 것을 들을 때에는 가만 있어라!

그가 혐의를 풀기 위해

너에게 말하려 하는 것을 막지 마라!

누명을 쓴 사람은 자신의 목적을 이루려 하는 것이 아니라

자신의 마음을 토로하고 싶어 하는 것이니.

청원을 막는 사람에 대해, 사람들은

"왜 방해하는가?"라고 말한다.

어떤 사람이 청원하는 바가 모두 이루어지지는 않더라도

그의 말을 잘 들어 주면 사람의 마음이 위로받는 법이다.

상폴리옹은 자신이 해독해 낸 성각 문자가 세계에서 제일 오래된 문서이며, 글쓰기가 이집트에서 처음 생겨났다고 믿었다. 그가 죽은 지 수십 년 후, 메소포타미아에서 기원한 설형 문자가 마침내 해독되었다. 설형 문자로 쓰인 몇몇 글은 설형 문자가 성각 문자보다 먼저 나왔음을 보여 주었고, 메소포타미아는 글쓰기가 처음 시작된 곳이 되었다. 그런데 가장 오래된 성각 문자보다도 앞서는 설형 문자 기호의 최초 형태가 남아 있긴 하지만, 이집트에서 고고학자들이 찾아낸 초기 성각 문자 가운데 가장 최근에 발견한 것은 어쨌든 상폴리옹이 옳았을 수도 있음을 증명하는 듯하다. 그것들은 표음 문자 문서들 중에서도 가장 오래된 사례로 기원전 3400년까지 거슬러 올라가며 상폴리옹이 전 생애를 바쳐 연구한 문서의 원형이기도 하다. 아무튼 진짜 글쓰기는 이집트와 메소포타미아에서 동시에 발생했지만, 이집트에서 먼저 생겨났다는 설이 유력하다.

성각 문자 문서들은 긴 시간에 걸쳐 쓰였고 종종 역사적인 사건들이 기록되어 있기 때문에, 샹폴리옹은 성각 문자를 해독해 내기 전에 이미 해독으로 얻을 수 있는 가장 값진 보상 중 하나는 고대 이집트 연보일 것이라고 생각하고 있었다. 시간적 격차와 모호한 표현에도 불구하고 이집트 연보는 여전히 로마 문명이 출현하기 전의 지중해 지역 국가 연보 중에서 가장 믿을 만하고 완전한 것으로 남아 있다. 동북쪽으로는 아라비아, 아나톨리아, 레반트의 청동기 문명 및 그리스와 크레타의 미노아와 미케네 문명과, 서쪽으로는 리비아의 아프리카 문명과, 남쪽으로는 수단과 교류를 하고 있었기 때문에 이집트는 그 지역 전체 고대사의 중추였다. 성각 문자 해독을 통해 이집트 초기 역사의 자물쇠를 풀었을 뿐 아니라 광대한 영역에 걸친 고대사 연구가 엄청나게 발전했다.

샹폴리옹은 오늘날 프랑스의 국가적 영웅으로 추앙받고 있지만, 그가 세계사에 기여한 바는 여전히 일부분만 마지못해 인정받고 있다. 이는 많은 부분 그의 적들과 토머스 영의 지지자들의 편견이 학자들 사이에 불균형한 영향을 미치고 있기 때문이다. 특히 영어권에서는 영의 업적을 과장하고 샹폴리옹의 업적을 축소하려 한다. 균형 잡힌 시각은 거의 찾아볼 수 없고 가장 중요한 점이 종종 간과된다. 누가 먼저 특정한 성각 문자 기호를 알아보았는지, 누가 다른 연구자들의 결과물을 활용했는지에 관계없이, 샹폴리옹의 해독 체계는 성공을 거두었지만, 영의 체계는 그렇지 않았다. 영의 지지자들은 영을 진정으로 성각 문자를 해독한 사람으로 추앙하려고 그가 민중 문자 해독에서 이룬 진정한 업적을 크게 무시하여 오히려 영에게 큰 해를 입혔다.

프랑스에서는 동상, 흉상, 초상화, 기념 명판, 거리 이름, 학교 이름,

기념비, 학회, 박물관 등에서 장프랑수아 샹폴리옹의 자취를 많이 찾아볼 수 있다. 레옹 코니에가 그리고 루브르 박물관에 있는 샹폴리옹의 초상화는 한때 그가 큐레이터로 일했던 이집트관에서 멀지 않은 곳에 전시되어 있다. 프레데리크 오귀스트 바르톨디가 제작해 파리 콜레주 드 프랑스 안뜰에 있는 동상과 페르라셰즈 공동묘지에 있는 묘비는 가장 감동적이다. 남편을 잃은 로진이 세운 무덤에는 "작은 샹폴리옹(Champollion le Jeune)"이라는 말이 있는 단순한 오벨리스크 모양의 표식이 있고 "여기 로트 현 피자크에서 1790년 12월 23일 태어나 파리에서 1823년 3월 4일 세상을 떠난 장프랑수아 샹폴리옹 잠들다"라고 새겨진 석판에 울타리가 쳐져 있다. 마자랭 거리 19번지에 있는 그가 살았던 집은 지금도 찾아볼 수 있고, 샹폴리옹이 성각 문자를 해독할 때 중요한 연구가 이루어졌던, 좁은 마자랭 거리 28번지에는 샹폴리옹의 기념 명판이 있다. 하지만 그가 죽은 파바르 거리 4번지는 허물어졌다. 그를 기려 명명된 거리(샹폴리옹 거리)가 파리에도 있고 그르노블에도 있지만, 그가 몇 년을 살아 고향이나 같은 그르노블에는 20세기 초 대규모 재개발이 있어서 샹폴리옹이나 자크조제프가 알았을 건물들은 쓸려 없어졌다. 두 사람은 오직 샹폴리옹이 학생으로, 교사로 다녔던 리세(현 스탕달 고등학교)와 두 형제가 일했던 도서관으로 들어가는 가까운 입구만 쉽게 알아볼 수 있을 것이다. 샹폴리옹 고등학교(그르노블 사람들에게는 '샹포(Champo)'로 알려져 있다.)는 1886년에 개교했다.

피자크는 샹폴리옹이 살아 있는 동안 잠깐 머물렀던 곳이지만, 지금 샹폴리옹의 존재를 가장 강하게 느낄 수 있는 곳이다. 샹폴리옹과 자크조제프가 태어난 부두스퀘리 거리(이제는 샹폴리옹 형제 거리)의 집은 현재 작지만 훌륭한 박물관이 되었고 그곳에는 이집트 유물과, 성각 문자 해독을 주제로 한 전시실이 있다. 샹폴리옹이 어렸을 때 놀던 아버지의 서점은 현재 스핑크스 카페가 되었고 위층은 약간 바뀌었다. 혁명 기간 동안 처형과 함께 축하 의전을 목격했던 광장은 샹폴리옹 광장으로 이름이 바뀌었다. 고등학교를 비롯해 마을의 다른 건물들도 샹폴리옹을 기려 그의 이름을 땄다. 마을 남쪽 언저리에 있는 셀레 강변의 붐비는 간선 도로에는 샹폴리옹이 죽은 후 공공 출자를 통해 세운 오벨리스크가 샹폴리옹의 기념물로 남아 있다.

자크조제프 샹폴리옹피자크와, 샹폴리옹이 살아 있을 때와 죽은 후에 그를 도왔던 자크조제프의 역할을 기리는 기념물은 피자크 말고는 거의 찾아볼 수 없다. 루이필리프 왕을 퇴위시킨 1848년 2월의 혁명 후에 자크조제프는 고문서 학교의 고문서학 교수직(1830년에 임명되었다.)과 왕립(국립) 도서관의 필사본 관리직을 잃었고, 도서관에서 일어난 절도 혐의로 고발되어 하숙집에서도 쫓겨났다. 그러나 1852년 나폴레옹 3세 아래에서 제2 공화정이 제2 제정으로 바뀌면서 자크조제프는 다시 총애를 얻어 퐁텐블로 궁 도서관 관리인으로 임명되었다. 그는 1867년 5월 9일에 89세를 일기로 죽을 때(동생이 죽은 지 삼십오 년 정도 후)까지 이 직위를 유지했고 퐁텐블로 묘지에 묻혔다. 그의 아들 알리는 1840년에 죽었고, 부인 조에는 1853년에, 아들 쥘과 폴은 1864년에 세상을 떠났다.(아들 에메와 딸 조에만 자크조제프보다 오래 살았다.) 샹폴리옹의 누이 마리는 샹폴리옹이 죽고 이듬해인 1833년에 죽었고, 페트로니유는 십사 년 후에, 테레즈는 1851년 말에 죽었다. 마리와 테레즈가 부모와 함께 묻혀 있는 소박한 가족묘는 피자크 북쪽 묘지에 있다. 부두스퀘리 거리의 집은 1854년에 팔렸고 서점은 그 이듬해에 팔렸다. 자크조제프의 후손들은 여전히 그르노블 지역에 살고 있다. 반면 샹폴리옹의 딸 조라이데는 1845년에

아메데 셰로네와 결혼했고 그들의 자녀 중 한 명인 르네 셰로네샹폴리
옹은 미국인 메리 코빈과 결혼해 미국에서 일가를 이루었고 뉴욕에 정
착했다.

　　샹폴리옹을 기리는 또 다른 기념물은 일견 희한해 보이기도 한다.
예를 들어 달의 분화구 하나가 그의 이름을 따 명명되었다. 또한 샹폴리
옹을 성각 문자에 입문시킨 조제프 푸리에의 이름을 딴 분화구도 있고,
샹폴리옹의 주된 경쟁자 토머스 영의 이름을 딴 분화구도 있다. 이는 성
각 문자 해독과 밀접하게 관련되어 있던 이 사람들을 묘한 방식으로나
마 적절하게 기념하는 것이다. 고대 이집트에서 달은 죽은 자를 보호하
는 이들의 영역이었을 뿐만 아니라 이집트 신화에서 다양한 역할을 하
는 토트 신의 영역이었다. 샹폴리옹은 （토트메스, 토트 신에게서 태
어났다.)라는 이름에서 토트 신의 표시를 알아보았고 성각 문자 는
해독에서 중요한 역할을 했다. 고대 이집트 종교에서 토트는 달과 동일
시되었고 (달-토트)라 불렸다. 이집트의 어떤 지역에서 망
자는 달에서 토트 신의 보호를 받으며 하늘을 여행한다고 믿겼다. 하지
만 좀 더 중요한 점은 이집트 전반에서 토트가 서기관의 신이자 지식과
진리의 신이었다는 것이다. 무엇보다 토트는 성각 문자를 만든 신으로
여겨졌다.(그의 많은 명칭 중 하나는 (말과 글을 주신 분)이다.)

　　고대 이집트인들은 사람의 이름은 그 사람을 구성하는 필수 불가
결한 일부분이어서 이름을 완전히 지우는 것은 그 사람을 없애는 일이
라고 믿었다. 샹폴리옹의 경쟁자와 적 들은 그의 이름과 명성을 무너뜨
리려고 각고의 노력을 기울여 자주 비방을 했지만, 그는 자신이 해독에
성공했다는 점을 결국 인정받으리라는 것을 알았다. 고대 이집트의 저자
들이 그들의 글이 영원히 남으리라는 것을 확신했듯, 샹폴리옹은 이 고

대 이집트 격언이 담고 있는 지혜의 진가를 알았다. "미래를 향해 말하는 것은 좋다. 미래가 들어 줄 것이다.(It is good to speak to the Future; it shall listen.)" 샹폴리옹의 진정한 기념비는 그의 이름이 영원히 고대 이집트 문명의 재발견과 연결되리라는 점이다. 고대 이집트를 여는 열쇠는 장프랑수아 샹폴리옹에게도 역사에서의 명예로운 자리로 향하는 문을 열어주었다.

감사의
말

이 책을 쓰는 데 도움을 주신 많은 분들과 기관들에게 기쁜 마음으로 감사를 전한다. 우선 우리는 에다 브레시아니가 1978년에 출간한 *Jean-François Champollion: Lettres à Zemire*에 들어 있는 안젤리카 팔리에게 보낸 편지를 인용할 수 있도록 허락한 라지아테크 출판사에 감사한 마음을 전한다. 「고관 프타호테프의 가르침」의 일부와 "미래를 향해 말하는 것은 좋다. 미래가 들어 줄 것이다."라는 문장은 R. B. 파킨슨이 1997년에 번역하고 각주를 달아 출간한 *The Tale of Sinuhe and Other Ancient Egyptian Poems 1940~1640 BC*에서 옥스퍼드 대학 출판부의 허락을 받아 인용한 것이다. 1991년에 대영 박물관 출판부에서 나온 파킨슨의 *Voices from Ancient Egypt: An Anthology of Middle Kingdom Writings*에 담겨 있는, 헤카난크트가 지은 어린아이를 보호하기 위한 주문과 죽은 작가를 찬양하는 시의 일부를 재인용할 수 있어 감사드린다. 이 주문은 *Voices from Ancient Egypt*에서 파킨슨에 의해 수정되어 출판되었다.

레슬리 앳킨스와 로이 앳킨스는 책에 등장하는 모든 그림들의 판권을 가지고 있다. 단, 로제타석의 사진은 대영 박물관의 허락을 받아, 젊은 장프랑수아 샹폴리옹과 자크조제프 샹폴리옹피자크의 사진은 에메루이 샹폴리옹피자크가 1887년에 *Les Deux Champollion*에 실었고 나중에 대영 도서관의 허락을 받아 이 책에 게재했다.

수많은 도서관 직원들이 우리를 도왔다. 특히 런던 도서관, 브리스톨 대학 인문예술 및 사회과학 도서관, 워슬리 화학 도서관, 옥스퍼드의 그리피스 연구소 도서관과 보들리 도서관, 런던 도서관의 버나드 너스와 에이드리언 제임스 골동품 연구소, 데이비드 브러미지 서머싯 연구 도서관, 그르노블 시립 도서관의 마리프랑수아 부아델라트. 우리는 그르로노블에서 장윌리엄 데레메와 샹폴리옹 학회의 도움을 받았다. 그리고 근처 비프에 사는 샤토미누아 부부가 우리를 정성껏 돌봐 주었다. 피자크에서 샹폴리옹 박물관, 시립 도서관 직원들, 비기에 뒤 로이와 탁시 프리쿠의 샤토로부터 받은 도움은 즐겁고 유용했다.

유용한 정보를 아낌없이 제공한 대영 박물관 고대 이집트 유물 담당 부서의 리처드 파킨슨 박사에게 감사한다. 또한 이 책의 구성과 이집트 성각 문자의 세심한 조판은 나이절 스트러드윅 박사의 도움이 절대적이었다. 그리고 길 심스와 알프레드 심스의 도움도 잊지 못한다.

이 책을 출판한 하퍼콜린스의 래리 아시미드, 마이클 피시윅, 케이트 모리스, 소니아 도비, 그리고 크리스 번스타인의 도움에 감사드린다.

마지막으로 패트릭 월시에게 감사의 말을 전한다. 그의 도움이 없었다면 이 책을 쓰지 못했을 것이다.

옮긴이의
말

이 책의 주인공은 장프랑수아 샹폴리옹이다. 그는 1790년 프랑스 시골 마을 피자크에서 책방을 하는 가난한 집에서 태어났다. 몸이 유약하지만 기억력은 좋았던 이 신동은 열두 살 되던 해 그리스어와 라틴어를 거의 마스터했다. 그는 우주와 세상의 기원을 알고자, 당시 가장 오래된 책이라고 여겨졌던 성서를 원전으로 보기 위해, 히브리어, 아랍어, 시리아어, 아람어를 공부하고 있었다. 그 어린 나이에 그 누구도 걸어 보지 않은 새로운 길을 걷기 시작한 것이다.

샹폴리옹이 아홉 살 되던 해, 즉 1798년에 나폴레옹은 영국과 인도의 해상 무역길을 막기 위해 3만 8000명의 군인들과 함께 이집트로 갔다. 나폴레옹은 로마 시대의 카이사르와 같은 인물이 되려는 야심을 품고 있었다. 사실 유럽인들은 로마 문화를 문명의 원형으로 생각해 왔는

데, 그보다 수천 년 앞선 이집트 문명을 발견한 것은 그들의 세계관을 획기적으로 바꿔 놓은 사건이었다.

나폴레옹의 위대한 점은 군인들과 함께 당시 프랑스 최고의 학자들 150명을 이집트로 데리고 갔다는 것이었다. 그중에는 프랑스의 가장 위대한 물리학자이며 수학자였던 장 바티스트 푸리에뿐만 아니라 수학자 가스파르 몽주, 연필을 발명한 니콜라 콩테도 포함되어 있었다. 그들은 이집트에서 수많은 성각 문자 유물을 보게 되었는데, 그것들은 거의 천육백 년 동안이나 잊혀 있던 언어로 기록된 것이었다. 학자들은 이 신비한 문자를 판독하기 위해 경쟁하기 시작했고, 신비한 유물이 유입되면서 유럽은 이집트 열풍에 휩싸였다.

샹폴리옹의 운명은 푸리에와의 만남으로 결정되었다. 푸리에는 어린 샹폴리옹에게 자신이 가지고 있는 이집트 유물을 보여 주면서, 거기에 기록된 그림같이 생긴 문자를 읽을 수 있는 사람이 아무도 없다고 말했다. 바로 그 순간, 나이 열한 살에, 어린 샹폴리옹은 자기의 인생을 성각 문자 판독에 걸기로 했다.

이집트 원정은 나폴레옹과 프랑스에게는 실패였지만, 문화적으로 학문적으로는 획기적인 성공이었다. 이집트에서 가져온 수많은 이집트 유물 중에 로제타석이 있었기 때문이다. 이 석비는 1799년 나폴레옹의 이집트 원정대가 알렉산드리아에서 동쪽으로 60킬로미터 떨어져 있는 로제타(현 지명 라시드)에서 발견한 현무암이었다. 프랑스 군대가 영국 군대와의 전투에서 패하는 바람에 지금 로제타석은 영국 대영 박물관에 소장되어 있다. 그러나 나폴레옹 군대는 이 석비의 석고 사본을 떠서 프랑스로 가져왔다. 이 석비에는 다른 세 가지 문자(그리스어, 이집트 성각 문자, 이집트 민중 문자(성각 문자의 필기체))로 같은 내용이 기록되어 있다. 당시 학자들은 그리스어를 알고 있었기 때문에, 거기에 기록된 다른 언어들을 쉽게 판독할 수 있을 것이라고 생각했다. 그러나 수많은 시도에도 불구하고 학자들은 그 실마리조차 찾지 못했다.

이집트 성각 문자를 과학적으로 연구하기 시작한 최초의 학자는 독일 예수교 신부 아타나시우스 키르허(1601~1680)였다. 그는 이집트학, 중국학, 지질학, 의학에 있어 레오나르도 다빈치와 비교될 정도로 최고의 학자였다. 키르허는 그 당시 성각 문자의 '판독자'로 이름을 날렸다. 성각 문자 판독에 관한 그의 가정(假定)과 번역은 실수투성이였지만, 그는 이집트어와 콥트어의 연관성을 증명하였기 때문에 이집트학의 아버지라 불릴 수 있었다. 그전까지 성각 문자에 관한 이론은 394년 그리스 문법학자 호라폴로의 주장, 즉 이집트 성각 문자는 그림 문자라는 주장에 기초하였다. 그 후로 거의 천 년 이상 학자들은 성각 문자의 상징적인 의미를 찾으려고 애썼다. 그러나 키르허는 콥트어가 고대 이집트어의 마지막 단계라는 사실을 밝혀냈다. 이 가정은 그 후에 이집트어 판독을 시도하는 사람들에게 중요한 출발점이 되어 주었다.

실베스트르 드 사시(1758~1838)는 프랑스의 언어학자이면서 근동학자였다. 그는 샹폴리옹과 동시대를 살았는데, 로제타석에 등장한 민중 문자의 고유 명사를 알아냈다. 이 고유 명사의 판독은 드 사시의 스웨덴인 제자 요한 오세르블라드가 완성하였다. 1802년에 그는 로제타석의 민중 문자 부분에 나오는 모든 고유 명사를 판독하였다. 그가 판독한 스물아홉 개 중에 열아홉 개의 음가는 정확하다. 그러나 그는 민중 문자가 전체적으로 알파벳 형태라고 잘못 가정하였다. 민중어를 콥트어와 비교하여 그 음가를 찾으려는 시도는 나중에 샹폴리옹이 이집트어를 판독하는 데 결정적인 영향을 주었다.

토머스 영(1772~1829)은 샹폴리옹과 성각 문자 판독 경쟁을 펼친 최대 맞수였다. 그는 당시 노벨상이 있었다면 두세 개 정도는 받았을 만큼, 이집트학뿐만 아니라 빛의 파동 이론, 색과 시력 이론 등 여러 분야에서 두각을 드러낸 위대한 학자였다. 영은 오셰르블라드가 밝혀낸 민중 문자 알파벳 스물아홉 개를 기초로 로제타석의 민중 문자를 모두 번역하였다. 그 후에는 성각 문자 판독을 시도하였다. 그러나 영은 다양한 분야에 관심이 있어서 오랜 기간 연구와 집중이 필요한 성각 문자 판독에는 과학에서만큼 성과를 거두지 못했다.

그와는 반대로 샹폴리옹은 이십 년 동안 자신의 꿈인 성각 문자 판독에 집착하며 매달릴 수 있었다. 1807년 샹폴리옹은 파리 대학에서 오리엔트 언어 연구에 대해 본격적으로 배우기 시작했다. 그는 오리엔트어 연구를 계속하여 열아홉 살에 성서와 관련된 언어 외에 암하라어, 산스크리트어, 아베스타어, 팔레비어, 페르시아어, 게즈어(고전 에티오피아어)를 읽고 말할 수 있게 되었다. 푸리에의 도움으로 군대를 면제받은 샹폴리옹은 그르노블에서 역사학 교수가 되어 1814년 『파라오 치하의 이집트』라는 두 권짜리 책을 출판했다.

1815년 그르노블 대학 문학부가 문을 닫아 샹폴리옹은 무직 상태가 되었지만, 바로 이때 성각 문자 판독에 있어 획기적인 성과를 이룬다. 그는 이집트에서 가져온 성각 문자 문헌과 비(非)성각 문자 문헌과의 관계를 연구하기 시작했다. 그는 1822년부터 1824년까지 로제타석 해독에 매달렸다. 마침내 그의 저서 『성각 문자 체계에 대한 개요』는 현대 이집트학을 탄생시켰다. 그의 이집트학은 나폴레옹의 이집트 원정으로부터 영감을 받은 것이었고, 샹폴리옹은 프랑스 대학에서 이집트학 교수가 되었다.

영은 1823년 이집트 성각 문자에 대한 책을 내면서 자신의 연구가 샹폴리옹이 판독하는 데 기초가 되어 주었음을 증명하려 했다. 영은 자신이 발견해 낸 성각 문자의 비밀이 담긴 책이 1816년 파리에서 출판되었고, 샹폴리옹이 그것에 기초하였다고 주장했다. 그러나 영은 성각 문자 가운데 여섯 개의 음가만 맞혔을 뿐, 어떤 문법 체계도 제시하지 못했다.

나폴레옹의 등극과 폐위로 혼란에 빠진 정치적인 혼돈 속에서 샹폴리옹은 친나폴레옹파로 분류되어 쫓기고 유배당하고 반역죄로 기소되기까지 하면서도, 성각 문자 판독이라는 일생의 꿈을 위해 혼신을 다했다. 샹폴리옹은 최고의 라이벌 토머스 영을 물리치고 거의 천사백 년 동안 사라져 있었던 언어인 이집트 성각 문자를 판독하였다. 샹폴리옹은 루브르 박물관의 이집트 컬렉션을 논리적으로 역사적으로 정리할 수 있게 되었다. 오늘날 우리가 아는 이집트에 관한 모든 것은 그가 일생 동안 노력한 결과로 이루어진 것들이다.

이 책의 저자인 앳킨스 부부는 고고학자이다. 이들은 자신들의 고고학 발굴 경험에 비추어, 격변하는 당시 프랑스의 상황, 토머스 영과의 경쟁, 그리고 로제타석 판독 과정을 통해 샹폴리옹의 일생을 생생하게 전해 준다. 그들은 특히 허약한 체질에도 불구하고 성각 문자 판독에 매달려 성공한 샹폴리옹의 희로애락을 감동적으로 소개하고 있다.

2012년 2월

배철현

더
읽을거리

성각 문자에 관한 입문서

Hilary Wilson, *Understanding Hieroglyphs: A Complete Introductory Guide*(1995)

Jaromir Malek, *ABC of Egyptian Hieroglyphs*(1994)

W. V. Davies, *Egyptian Hieroglyphs*(1987)

성각 문자에 대한 상세한 논의가 담겨 있는 책

Maria Carmela Betrò, *The Writing of Ancient Egypt*(1996)

Richard H. Wilkinson, *Reading Egyptian Art: A Hieroglyphic Guide to Ancient Egyptian Painting and Sculpture*(1992)

Werner Forman, Stephen Quirke, *Hieroglyphs and the Afterlife in Ancient Egypt*(1996)

Richard Parkinson, Stephen Quirke, *Papyrus*(1995)

성각 문자를 읽는 법에 대한 책

Mark Collier, Bill Manley, *How to Read Egyptian Hieroglyphs: A Step-by-step Guide to Teach Yourself*(1998)

Alan Gardiner, *Egyptian Grammar: Being an Introduction to the Study of Hieroglyphs*(개정판 3쇄, 1957)

James P. Allen, *Middle Egyptian: An Introduction to the Language and Culture of the Hieroglyphs*(2000)

성각 문자 사전

Raymond O. Faulkner, *A Concise Dictionary of Middle Egyptian*(1962)

Rainer Hannig, *Die Sprache der Pharaonen: Grosses Handwörterbuch Ägyptisch-Deutsch*

(2800~950 v. Chr)(1995)

성각 문자와 로제타석에 관한 최신 연구

Richard Parkinson, *Cracking Codes: The Rosetta Stone and Decipherment*(1999)

Robert Solé, *Dominique Valbelle, La pierre de Rosette*(1999)

파라오와 그 카르투시에 대한 연구

Stephen Quirke, *Who were the Pharaohs? A Hostory of their Names with a List of Cartouches*(1990)

Peter Clayton, *Chronicle of Pharaohs: The Reign-by-reign Record of the Rulers and Dynasties of Ancient Egypt*(1994)

성각 문자 문서 번역본

R. B. Parkinson, *Voices from Ancient Egypt: An Anthology of Middle Kingdom Writings*(1991)

R. B. Parkinson, *The Tale of Sinuhe and Other Ancient Egyptian Poems 1940~1640 BC*

고대 이집트 문학의 다양성을 개관하는 책

Miriam Lichtheim, *Ancient Egyptian Literature A Book of Readings Volume I: The Old and Middle Kingdoms*(1973), *Ancient Egyptian Literature A Book of Readings Volume II: The New Kingdom*(1976), *Ancient Egyptian Literature A Book of Readings Volume III: The Late Period*(1980)

Raymond O. Faulkner, *The Ancient Egyptian Book of the Dead*(개정판, 1985)

나폴레옹의 이집트 원정에 대한 책

J. Christopher Herold, *Bonaparte in Egypt*(1962)

Henry Laurens, *L'expédition d'Egypte 1798-1801*(1997)

Yves Laissus, *L'Egypte, une aventure savante 1798-1801*(1998)

Vivant Denon, *Travels in Upper and Lower Egypt during the Campaigns of General*

Bonaparte

샹폴리옹에 대한 책

H. Hartleben, *Champollion, sein Leben und sein Werk*(1906)

Denise Meunier, *Jean-François Champollion: Sa vie et son oeuvre 1790-1832*(1983)

Jean Lacouture, *Champollion: Une vie de lumière*(1988)

토머스 영에 대한 책

Alexander Wood, Frank Oldham, *Thomas Young Natural Philosopher 1773-1829*(1954)

샹폴리옹의 경쟁자들과 성각 문자 초기 연구자에 대한 책

Erik Iversen, *The Myth of Egypt and its Hieroglyphs in European Tradition*(1961, 중판
  1993)

고대 이집트와 그 유적에 대한 책

Iann Shaw, Paul Nicholson, *British Museum Dictionary of Ancient Egypt*(1994)

Salima Ikram, Aidan Dodson, *The Mummy in Ancient Egypt: Equipping the Dead for
  Eternity*(1998)

Mark Lehner, *The Complete Pyramids*(1997)

Alberto Siliotti, *The Pyramids*(1997)

Nigel Strudwick, Helen Strudwick, *Thebes in Egypt: A Guide to the Tombs and Temples of
  Ancient Luxor*(1999)

Alberto Siliotti, *Guide to the Valley of the Kings*(1996)

Nicholas Reeves, Richard H. Wilkinson, *The Complete Valley of the Kings*(1996)

John Baines, Jaromir Malek, *Atlas of Ancient Egypt*(1984)

Regine Schulz, Matthias Seidel, *Egypt: The World of the Pharaohs*(1998)

옮긴이 배철현

고대 오리엔트 언어에 매료되어 하버드 대학교 고대근동학과에서 셈족어와 인도-이란어 연구로 박사 학위를 취득했다. 현재 서울대학교 인문대학 종교학과와 아시아언어문명학부 서아시아언어문명 주임교수이다. 또한 베이징 대학교 고대근동학과에서 연구교수로 재직하며 격주로 베이징에서 학생들을 가르치고 있다. 주요 관심사는 고대 오리엔트 문명과 후대 헤브라이즘 및 헬레니즘과의 상관관계를 규명하는 일이다. 주요 저서로는 「타르굼 옹켈로스 창세기」, 「타르굼 아람어 문법」, 「창세기, 샤갈이 그림으로 그리다」, *Comparative Studies of King Darius's Bisitun Inscription* 등이 있다.

문자를 향한 열정

세계 최초로 로제타석을 해독한
샹폴리옹 이야기

1판 1쇄 찍음 2012년 2월 7일
1판 1쇄 펴냄 2012년 2월 17일

지은이 레슬리 앳킨스, 로이 앳킨스
옮긴이 배철현
발행인 박근섭, 박상준
편집인 장은수
펴낸곳 (주)민음사

출판등록 1966. 5. 19. (제16-490호)
서울시 강남구 신사동 506 강남출판문화센터 5층 (135-887)
대표전화 515-2000 팩시밀리 515-2007
www.minumsa.com

장프랑수아 샹폴리옹 Jean-François Champollion

1790년 12월 23일 프랑스 시골 마을 피자크에서 태어났다. 샹폴리옹이 태어나기 전 해에 프랑스 혁명이 일어났기 때문에, 그는 어렸을 때 교육을 제대로 받지 못했다. 그럼에도 어린 샹폴리옹은 책 속에 파묻혀 지내며 스스로 읽기와 쓰기를 터득했다. 어렸을 때부터 어학적 재능으로 두각을 나타낸 샹폴리옹은 이미 열여섯 살 때 그리스어, 라틴어 등 12개 언어를 마스터했고 고대 언어 공부에 몰두하면서 고대 이집트 문명 연구에 관심을 기울이기 시작했다. 1809년 샹폴리옹은 그르노블에서 대학 교수로 일하게 되었고 이집트 로제타석을 해독하는 작업에 본격적으로 착수했다. 그 당시 '이집트 열풍'에 휩싸인 유럽에서는 수많은 학자들이 이집트어를 해독하기 위해 경쟁하고 있었다. 그중에서도 샹폴리옹의 최대 경쟁자는 영국의 토머스 영이었다. 영은 뛰어난 언어학자이자 과학자이자 의사로, 다양한 분야에서 업적을 남겼고 로제타석의 민중 문자를 모두 해독해 냈다. 그러나 그는 성각 문자 해독에 있어서는 샹폴리옹을 이기지 못했다. 샹폴리옹은 로제타석과 이집트 오벨리스크 등의 원문을 집요하게 탐구한 끝에 마침내 1822년 '성각 문자=표의 문자와 표음 문자가 혼합된 체계'라는 사실을 밝혀냈다. 그리고 루브르 박물관 이집트관의 큐레이터로 일하기도 했다. 그 후 샹폴리옹은 직접 이집트에 가서 자신의 해독 체계가 맞는지 확인해 보기로 했다. 1828년 그는 프랑스를 떠나 이집트로 향했고 아부심벨, 왕가의 계곡 등 유적지를 발굴하여 고대 이집트학 연구의 기틀을 세웠다. 3년 만에 돌아온 샹폴리옹은 그러나 과로 등으로 급격히 쇠약해졌다. 그는 와병 중에도 자신의 연구 내용을 정리하는 작업을 계속 진행했으나 결국 다 완성하지 못하고 1832년 세상을 떠나고 말았다. 그가 죽은 뒤 형 자크조제프가 샹폴리옹의 미완성 원고를 정리하여 책으로 출간했다. 평생 경쟁자 및 적 들의 비방과 견제, 요동치는 정국 속에서 힘겹게 연구에 매진했던 샹폴리옹은 마침내 고대 이집트학의 선구자로서 영원히 역사에 이름을 새기게 되었다.